'금융강국'
신기루

'금융강국' 신기루

제1판 1쇄 인쇄 | 2014년 9월 20일
제1판 1쇄 발행 | 2014년 9월 25일

지은이 | 김학렬
고　문 | 김학민
펴낸이 | 양기원
펴낸곳 | 학민사

등록번호 | 제10-142호
등록일자 | 1978년 3월 22일

주소 | 서울시 마포구 독막로 10 성지빌딩 715호(121-897)
전화 | 02-3143-3326~7
팩스 | 02-3143-3328

홈페이지 | http://www.hakminsa.co.kr
이메일 | hakminsa@hakminsa.co.kr

ISBN 978-89-7193-222-3 (03320), Printed in Korea

이 도서의 국립중앙도서관 출판시도서목록(CIP)은 e-CIP홈페이지(http://www.no.go.kr/ecip)와
국가자료공동목록시스템(http://nl.go.kr/kolisnet)에서 이용하실 수 있습니다.
(CIP제어번호 : CIP2014025779)

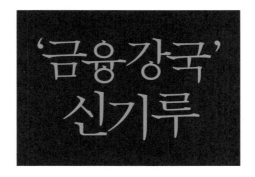

'금융강국' 신기루

지은이 **김학렬**

학민사
Hakmin Publishers

필자는 1990년대 중반 한국은행 워싱턴 주재원으로 근무하면서 워싱턴 D.C에 수없이 많은 민간연구소들이 둥지를 틀고 있음을 알고서 많은 것을 느낀 바 있다. 이들 민간연구소들은 미국 정부의 정책 수립을 폭 넓게 지원하는 한편 미국정부의 정책을 비판하고 감시하는 다양한 활동을 전개하고 있었다. 지금은 많이 달라지고 있지만 당시만 하여도 한국에서는 정부나 재벌의 영향력 하에 있는 정부 출연 또는 재벌 산하 연구원들이 주종을 이루고 있었을 뿐 순수 민간연구소들은 손으로 꼽을 정도로 찾기가 어려운 실정이었다. 더욱 흥미로웠던 것은 워싱턴 D.C에는 브루킹스연구소처럼 매우 큰 규모의 민간연구소만 있는 것이 아니라 연구 인력이 한 두 사람인 민간연구소들도 상당수 있었다는 점이다. 이들 작은 연구소들은 워싱턴 D.C 시가지 내의 옛날 가정집에 사무실을 두고 있기도 했다.

당시 한국은행의 중간간부였던 필자는 이처럼 한 두 사람이 운영하는 민간연구소들의 활동상을 보면서 필자의 은퇴 후 삶과 관련하여 중요한 아이디어를 얻을 수 있었다. 한국은행에서 퇴직한 이후 필마단기로라도 기획재정부(당시 재정경제원) 등 정부의 정책을 모니터링하고 비판하는 일을 한다면 개인적인 여가선용은 물론 나라 발전을 위해서도 매우 유익할 것이라고 생각하게 된 것이다. 당시 한국은행법이 개정되기 이전이어서 기획재정부장관(당시 재정경제원 장관)이 한국은행 금융통화운영위원회 의장을 겸하는 등 기획재정부가 재정정책은 물론 통화정책에 대해서도 막강한 영향력을 행사하고 있었다. 필자는 이런 한국경제의 고질적 병폐인 관치금융을 철폐하는 데 미력이나마 이바지하려면 은퇴 후에는 기획재정부 등 주요 경제부처의 제반 정책 등을 추적하고 비판하는 일을 하는 것이 좋겠다고 생각한 바 있다.

이 책을 쓰게 된 것은 오래 전에 구상했던 대로 은퇴 이후 자유롭고 홀가분한 입장에서 기획재정부 및 금융위원회 등 정부 부처의 주요 경제정책을 끈질기게 추적하여 문제점을 발견하고 이를 기록으로 남김으로써 정부가 앞으로 같은 잘못을 반복하는 것을 방지하기 위함에 있다. 이 책은 노무현 정부 및 이명박 정부가 무리하게 밀어붙였던 동북아 금융허브 정책 및 금융 중심지 정책이 한국경제에 미친 부정적 영향을 다루고 있다. 당시 정부가 우리나라를 금융 강국으로 만들기 위하여 추진하였던 정책들이 2008년 글로벌 금융위기 직후 한국경제를 거의 위기국면으로 치닫게 하는 주요 요인으로 작용하였음을 독자들에게 구구절절 보여주려고 한다.

그런 점에서 이 책은 필자가 한국은행을 퇴직한 직후인 2009년 출간한 『금리전쟁』의 제2탄으로서의 성격을 갖는다. 『금리전쟁』은 1997년 말 외환위기 직후의 통화신용정책을 둘러싸고 전개되었던 정부와 한국은행 간의 대립과 갈등을 소재로 하였다. 당시 필자는 『금리전쟁』을 통해서 한국은행의 통화정책에 대한 정부의 집요한 간섭이 어떠한 의도에서 비롯되었는지를 짚어 보고, 이러한 간섭이 한국경제에 미친 부정적 영향을 보여주려고 나름대로 노력한 바 있다.

필자는 『금리전쟁』을 출간하면서 앞으로 저술가의 길을 걸어가겠 노라고 다짐한 바 있다. 그런데 대학교에서 학생들을 대상으로 경제학 강의하는 데 재미를 붙이다 보니, 첫 책을 출간한 이후 5년이 훌쩍 지나 버렸다. 이제야 한 권을 더 내게 되어 불민함과 게으름에 대한 부끄러움이 앞선다. 이 책을 집필하면서 어려움에 부딪쳤을 때마다 꺼내 읽었던 다음의 글을 되새기면서 이제 초심으로 돌아가 더욱 각고면려할 것을 다짐해 본다. 아래 글은 필자의 조부(김경종)께서 오래 전에 쓰셨던 문집 『백수여음』 서문의 한 구절이다.

사람이 젊은 시절에는 뜻하는 바가 원대하고 바라는 바가 높다. 스스로 학문, 사업, 문장, 저술로써 앞길을 기대하여 마음을 쓰고 기질을 갈고 닦는다. 그러나 또한 타고난 재주와 분수에 막히고, 일의 형편에 그르침을 당하여 끝내는 뜻하고 바라던 곳에 이르지 못하고 몸은 이미 백발이 되어 버린다. 예부터 오늘에 이르기까지 이 길에서 머뭇거리던 사람이, 묻건대 얼마인가? 아무개(나)의 평생의 일이 바로 이런 유인 것이다. 뜻은 있었으나 용감히 나아갈 수 없었고, 바램은 있었으나 계획하여 마칠 수 없었다. 도중에서 망설이다 빈궁한 오두막에서 헛되이 보내버렸다. (그렇지만) 다시는 옛날의 뜻하고 바라던 바에 이를 수 없음을 비탄하면서 어찌 빈손으로만 돌아가야 하겠는가?

이 책이 나올 때까지 많은 분들의 도움을 받았다.

무엇보다 연세대학교 동서문제연구원 박영렬 전 원장(현재 경영대학장)님과 이연호 원장님, 백기범 부장님은 천학비재한 필자를 객원교수로 받아주시어 쾌적한 연구공간을 제공하여 주시고 각종 지원을 원활하게 해 주셨다. 이 분들의 호의와 배려가 없었다면 청운의 꿈을 키웠던 연세동산에 다시 돌아와 이 책을 쓸 수 있는 혜택을 누리지 못했을 뿐만 아니라 이 책의 출간 자체도 어려웠을 것이다.

죽마고우인 곽재선 학형과 김성집 학형, 그리고 한국은행 금융경제연구원 민준규 차장 등은 원고를 숙독하여줌은 물론 비판적인 시각에서 건설적이고 창의적인 제안을 많이 해 주셨다. 이 분들의 소중한 코멘트에 힘입어 원고의 완성도가 크게 높아질 수 있었다. 그럼에도 불구하고 혹시 남아있을지 모를 오류 등에 대해서는 전적으로 필자의 책임이다.

원고의 편집과정에서 많은 조언과 노력을 기울여주신 김학민 선배님과, 사상 최악의 출판 불황에서도 이 책의 가치를 인정하고 선뜻 출간을 결정해 주신 학민사 양기원 대표님께 감사의 말씀을 드린다.

　　끝으로 5남2녀 자식들의 건강과 행복을 위해 지금도 아침저녁으로 열심히 기도하고 계신 어머님께 감사드린다. 이 책을 집필하는 동안 부족한 남편을 인내하며 지켜봐 준 아내, 늘 따뜻한 우정으로 격려를 아끼지 않았던 오랜 친우들에게도 고마움을 전한다.

고양 꽃우물 동네에서 **김학렬**

CONTENTS '금융강국' 신기루

우리나라는 2008년 글로벌 금융위기 이후 1997년
말의 외환위기에 버금가는 큰 경제적 어려움을 겪었다. 2007년 11월
2일 902원이었던 환율은 국내에 유입되었던 외국자본이 한꺼번에 빠
져나가면서 2009년 3월 3일에는 1,574원까지 급등하였다. 2007년 10
월 말 2,065로 사상 최고치를 기록하였던 종합주가지수는 2008년 10
월 24일 939로 반 토막이 났다. 결국 2008년 10월 30일 한국은행과
미 연준 간 통화스왑계약 체결을 통해 미 연준의 보호막이 드리워진
데 힘입어 우리나라 금융·외환시장은 가까스로 안정을 되찾기 시작
하였다. 이처럼 당시 외환 및 금융 면에서 우리나라가 처한 입장은
매우 곤궁하였다. 많은 사람들은 1997년 말과 같이 외환위기가 재발
하는 것이 아닌가 우려하였다.

　　그때로부터 6년 가까운 세월이 흘렀다. 이제 국민들은 2008년 당
시의 위기에 대해서 어떤 생각을 가지고 있을까? 아마도 대다수의
국민들은 당시 우리나라가 경제적으로 큰 어려움을 겪었던 것은 미
국의 서브프라임 모기지 사태와 리먼 브러더스 투자은행의 몰락으로
2008년 9월 글로벌 금융위기가 발발하였기 때문으로 생각하고 있을

것이다.

　일반 국민들의 이러한 인식은 대체적으로 사실에 접근하는 것이다. 당시 우리나라의 환율 급등과 주가 폭락 등의 사태는 기본적으로 글로벌 금융위기의 발발이라는 외부요인에 의해 점화되었다. 그런데 여기서 주목할 점은 글로벌 금융위기에도 불구하고 우리나라처럼 모든 신흥시장국들이 예외 없이 어려움을 겪었던 것은 아니라는 사실이다. 싱가포르, 대만, 태국, 말레이시아, 필리핀 등 상당수의 신흥시장국들은 우리나라와 같은 환율급등 등의 어려움을 겪지 않았다.

　그렇다면 당시 어떤 특수한 취약요인이 있었기에 한국경제가 유독 상당수의 신흥시장국들과 달리 위기에 버금가는 어려움을 겪게 되었던 것일까? 필자가 이 책을 집필하게 된 것은 2008년 글로벌 금융위기 당시 우리나라가 외환과 금융 면에서 큰 어려움을 겪게 된 원인이 정부의 경제정책 실패에 있었음을 밝히고, 이를 사실대로 기록하여 후대에까지 전하고자 하는 데 있다.

　당시 한국경제의 위기가 전적으로 외부요인에서 비롯되었다면 소규모 개방경제인 우리나라로서는 그로부터 얻을 수 있는 교훈이 별로 없게 된다. 그러나 한국경제의 위기가 외부요인에 의해 점화되었지만 정부 정책의 실패에 따라 파생된 우리 내부의 취약요인 때문에 그 어려움이 증폭되었다는 사실을 이해하게 된다면 우리는 그로부터 많은 교훈을 도출할 수 있는 이득이 있다. 그러므로 외환위기의 재발을 방지하기 위해서도 당시 위기의 원인을 제대로 규명해야 할 필요성은 아무리 강조해도 지나치지 않다.

우리나라가 2008년 위기로부터 소중한 교훈을 얻기 위해서라면 정부가 백서를 발간하거나 국회가 청문회를 개최하여 그 결과를 보고서로 채택하는 것이 좋았을 것이다. 그런데 유감스럽게도 지금까지 행정부나 국회 차원에서 그런 작업은 이루어지지 않았다. 감사원도 해당 경제부처의 정책 잘잘못을 가리기 위해 특별감사를 실시하지 않았다. 이것은 당시의 위기가 2008년 초 정권을 잡은 이명박 정부 초기의 정책 실패는 물론 그 직전에 5년 동안 집권하였던 노무현 정부의 경제정책 실패가 복합적으로 어우러져 발생하였던 특수성에 기인한 것이다.

이런 점 때문이었는지 야당인 민주당은 당시의 경제적 어려움을 외환위기라고 규정하지도 않았으며, 이를 초래한 정부정책 실패의 문제를 끈질기게 추궁하려고도 하지 않았다. 결과적으로 정부 여당에 대해 국회 청문회의 개최 등을 요구하지 않았다. 여당인 한나라당으로서도 집권 초 환율정책 등의 실패로 발목이 잡혀 있었던 데다 위기 극복을 위한 국회에서의 법안 처리 등을 위해 야당의 협조를 절실히 필요로 하고 있었기 때문에 여유 있게 네 탓 내 탓을 따질 계제가 되지 못하였다. 이처럼 여야의 이해관계가 절묘하게 맞아떨어져 청문회나 감사원의 특별 감사가 이루어지지 않았던 것으로 추정할 수 있다.

정부와 국회 차원에서 이처럼 시큰둥한 반응을 보이다 보니 학계 및 언론 등 우리 사회 전반적으로도 당시 위기의 원인 및 배경을 본격적이고 입체적으로 규명해 보려는 노력이 부족하였다. 그 결과 당시 우리나라가 겪었던 위기의 원인에 대해 몇몇 단편적인 논문들이 발표되었을 뿐 아직까지도 이런 연구 결과를 집대성한 결과물, 또는 처음부터 끝까지 2008년 한국 외환위기의 원인 및 배경 등을 천착한 단행본은 출간되지 않았다. 이것은 정작 미국의 서브프라임 모기지 사태로부터 시작된 2008년 글로벌 금융위기에 관한 책들은 우리나라에서도 다수 출간된 추세와 비교하면 의아한 일이며, 나라 전체로 보아서도 부끄러운 일이다.

이 책은 2008년부터 2009년까지 한국경제가 위기에 이를 만큼 심각한 어려움을 겪게 된 결정적 요인으로 노무현 정부와 이명박 정부가 공통적으로 추진하였던 금융강국 정책을 지목하고 있다. 이러한 정책들이 2008년 한국의 외환위기를 가져오는 데 미친 영향을 심층적으로 살펴보고자 한다.

노무현 정부는 집권 초인 2003년부터 동북아 금융허브 전략을 강도 높게 추진하였다. 2008년 초 집권한 이명박 정부도 이를 계승하여 금융중심지 정책을 야심차게 추진하였다. 대통령 선거과정에서 동일하게 연 7%의 성장률 목표를 공약으로 내걸었던 노무현 대통령과 이명박 대통령은 선거 공약인 높은 성장을 달성하기 위해 신성장동력의 확보가 긴요하였다. 이때 일부 경제 관료들과 관변 경제학자들은 금융산업이야말로 한국 경제의 신성장동력임을 설파하였으며, 두 대통령도 결국 이에 대해 확신을 갖게 되었다. 이에 따라 2003년부터 우리나라를 금융강국으로 만들기 위한 제반 시책이 본격적으로 추진되었다.

당시 정부는 금융기관들의 경쟁력을 높이기 위해 대형화 시책을 추진하였다. 금융감독 당국이 직접 나서서 대형화의 필요성을 역설하였으며, 대형화가 되지 못하면 약육강식이라는 정글의 법칙에 따라 생존하지 못할 것이라고 공언하였다. 금융기관의 건전성 유지에 최우선의 정책목표를 두어야 할 감독당국이 이와는 정반대로 행동하였던 것이다. 이에 따라 은행들은 몸집을 불리기 위해 적극적으로 인수합병에 나서는 한편 필사적으로 대출경쟁 및 외화 영업경쟁을 벌였다. 그 결과 은행들의 예대율이 과도한 수준으로 치솟았을 뿐 아니라 단기외채를 중심으로 외채 규모가 급증하게 되었다.

더욱이 금융감독 당국은 금융규제 완화를 위해 전력투구하였다. 다른 나라 금융기관들의 지점 및 사무소가 우리나라에 둥지를 많이 틀게 하려면 금융 규제가 선진국 수준으로 완화되어야 한다는 믿음을 가지고 있었기 때문이다. 당시 금융감독 당국의 수장은 국내 외국회사 대표 및 주한 외교관 등을 대상으로 한 연설에서 한국의 감독규제수준이 '금융기관들을 가볍게 툭 건드리는 정도(light touch regulation)'로 낮아진 결과, "영국 등 금융허브 국가의 규제수준에 근접해 가고 있다"고 자랑하기까지 하였다.

또한 정부는 우리나라를 자산운용업에 특화된 금융허브로 만들기 위해 2005년 한국투자공사(KIC)를 설립하였다. 설립된 지 얼마 지나지 않아 KIC는 정부가 외환보유액을 헐어 넘겨준 외화자금으로 메릴린치 지분투자에 나섰다가 투자원금의 절반 가까이를 날려버리는 손실을 입었다. 더욱이 국책은행인 산업은행은 서브프라임 모기지 사태의 여파로 위기에 봉착한 리먼 브러더스를 인수하려고 통 크게 달려들다가 막판에 가서야 당국에 의해 제지당하는 추태를 보였다. 두 경우 모두 동북아 금융허브 구축 및 '글로벌 플레이어'급 금융기관의 출현이라는 정부의 금융강국 건설 목표를 달성하기 위해 공기업이 동원된 대표적 사례였다.

결과적으로 이 사건들은 국제금융계에서 한국이 외환보유액의 수익성 증대에 혈안이 되어 있으며 이를 위해서라면 위험한 투자에 기꺼이 나설 수 있는 나라라는 인상을 심는 데 기여하였다. 이러한 국제금융계의 인식은 결국 한국의 외환보유액은 공식적으로 한국 정부가 발표하는 것만큼 온전하지 않을 수도 있다는 의구심을 낳게 하는 불씨가 되었다. 고위험 고수익을 추구하다 보면 투자 손실이 발생할 수 있음을 시장은 너무나 잘 알고 있기 때문이다.

이 책을 쓰면서 다음과 같은 점들에 역점을 두었다.

첫째, 금융강국 건설을 위한 구체적인 정책들은 어떤 의사결정과정을 거쳐서 수립되었으며, 어떤 부처 및 기관들이 거기에 관여했는지 정책의 수립 및 결정 과정에 분석의 초점을 맞추었다. 이것은 당시 위기가 초래되는 데에 어떤 부처 또는 기관이 무엇을 어떻게 잘못했는지를 공정하게 평가하여 기록함으로써 후대 사람들이 이로부터 교훈을 얻기 위해서이다.

둘째, 가능한 한 처음부터 끝까지 독자들이 이해하기 쉽도록 평이하게 서술하려고 노력하였다. 독자들이 경제나 금융 외환 등에 관한 전문지식이 없더라도 참을성 있게 이 책만 따라 가면 2008년 한국 경제가 겪었던 어려움이 어디에서 비롯된 것인지를 쉽게 이해할 수 있도록 하였다. 딱딱한 경제 이야기이지만 할아버지가 어린 손자에게 옛날이야기를 들려주듯이 차분하게, 그리고 박진감 넘치도록 생생하게 이야기보따리를 풀어나가도록 노력하였다.

셋째, 우리나라가 2008년 글로벌 금융위기 직후 경제적 어려움을 어떻게 성공적으로 극복했는가 하는 것보다 당시 어려움을 겪게 된 원인과 배경이 어디에 있었는지에 방점을 두고 이를 소상하게 설명하려고 노력하였다. 결과적으로 당시 정부 및 한국은행이 위기를 극복하기 위해 취했던 제반 정책에 대해서는 Part 07에서 간략하게 다루었다. 당시 위기 극복을 위한 정책 수립 및 집행에 참여하였던 인사들이 추후 당시의 제반 정책을 평가하고, 정책 입안 과정의 비화들을 소개해 줄 것을 고대해 본다.

한편 우리나라 경제학자들 사이에서는 2008~09년 한국경제가 겪었던 어려움을 어떻게 평가해야 하는 지에 대해 아직까지 통일된 견해가 정리되어 있지 않은 실정이다. 2008년 글로벌 금융위기가 발발한 직후에는 '외환위기'라고 보는 견해가 제기된 바 있으나, 그 이후에는 '외화유동성 위기' 또는 '외화자금 조달 상의 어려움' 등으로 평가하는 견해들이 주류를 이루고 있다.

필자는 2008~09년 한국경제가 겪었던 어려움을 지칭할 때 다음과 같은 원칙을 적용하였다. 첫째, 본문을 서술할 때에는 '외환 금융 면에서 어려움을 겪었다'거나 '환율이 급등하고 주가가 폭락하는 등의 경제적 어려움을 겪었다'라고 표현하였으며, 간략한 표현이 필요할 때에는 '위기'라고 하였다. 둘째, Part 제목에서는 그 역사성을 강조하기 위하여 '2008년 외환위기'라고 하였다.

'금융강국' 신기루

동북아
금융허브와
금융강국의 꿈

노무현 정부의
동북아 금융허브 전략

2003년 2월 25일 노무현 대통령의 취임식이 거행되었다. 이날 취임식에서 노 대통령은 '동북아 중심국가'를 지향하는 그의 비전을 천명하였다. '동북아 중심국가'는 취임사를 꿰뚫는 핵심 개념이었고 취임사에서 가장 많은 분량을 차지하였다.

노 대통령은 동북아 시대가 도래하고 있다고 밝히고, 근대 이후 세계의 변방에 머물던 동북아시아가 이제 세계경제의 새로운 활력으로 떠오르고 있다고 선언하였다. 그는 한반도가 갖는 "중국과 일본, 그리고 대륙과 해양을 연결하는 다리"로서의 지정학적 위치가 "지난날에는 우리에게 숱한 고통을 주었지만, 오늘날에는 오히려 기회를 주고 있다"고 말했다. 노 대통령은 한국이 "고급 두뇌와 창의력, 그리고 세계 일류의 정보화 기반"에 더하여 "인천공항·부산항·광양항과 고속철도 등 하늘과 바다와 땅의 물류 기반"도 구비해 가고 있는 점을 들면서 한반도가 "동북아의 물류와 금융의 중심지로 거듭날 수 있다"고 강조했다.

노 대통령은 동북아에 번영의 공동체를 이룩하고 이를 통해 세계의 번영에 기여하려면 "한반도에 평화가 정착되어야 한다"고 전제하고 "이를 위한 북한의 핵개발 계획 포기와 북핵 문제의 평화적 해결"을 역설하였다. 또한 세계 기준에 맞게 시장과 기준을 공정하고 투명하게 개혁해서 기업하기 좋은 나라, 투자하고 싶은 나라로 만들어야 함을 강조하였다. 취임사의 결론 부분에서 다시 한 번 "오랜 세월 우리는 변방의 역사를 살아 왔다. 그러나 이제 21세기 동북아 시대의 중심국가로 웅비할 기회를 맞이하고 있다"고 선언하면서 이 기회를 살려나가야 함을 역설하였다. 노무현 대통령은 이처럼 취임사를 통해 동북아 중심국가 건설에 대한 강력한 의지를 대내외에 과시하였다.

노 대통령이 취임사에서 밝힌 '동북아 중심국가' 구상은 몇 차례의 변환을 거친 후 참여정부의 7대 전략 과제[1] 중 두 번째 과제로 구체화되었다. '동북아 경제중심 구현' 과제가 바로 그것이다. '동북아 경제중심 구현'을 위한 세부 정책과제로는 개방과 경쟁 촉진, 전략적 외국인투자 유치, 동북아 물류·금융·R&D 중심구축, 남북경협 및 동북아 협력 강화 등 네 가지가 제시되었다.

이 가운데에서 노무현 정부 기간 중 재정경제부와 금융감독위원

---

1   대한민국정부, 『역동과 기회의 한국』, 재정경제부 편저, 2004. 6. 14. 참여정부는 7대 전략과제로 기술혁신 및 인재양성, 동북아 경제중심 구현, 노사관계 안정, 시장개혁, 국가균형발전, 민생안정·복지확충, 행정서비스 혁신 등을 제시하였다. 참여정부의 7대 전략과제와 이를 달성하기 위한 구체적인 전략은 참여정부가 발간한 375페이지 분량의 이 책자에 소상하게 수록되어 있다. 이 책자는 재정경제부와 KDI가 편저자로 되어 있지만, 노무현 대통령이 모두에 직접 발간사를 쓸 정도로 참여정부가 집권 초기 혼신의 힘을 기울여 국정철학을 집대성한 자료로서의 의의를 갖는다.

회가 추진했던 금융정책과 밀접한 관계가 있는 정책과제는 '동북아 물류 · 금융 · R&D 중심 구축' 과제[2]의 하나인 '동북아 금융중심 구축' 과제였다. '동북아 금융중심 구축'은 나중에 '동북아 금융허브 구축'으로 과제명이 바뀌게 되는데, 이 사업에 노무현 정부의 금융 정책 철학과 근간이 담겨 있었다.

그러므로 노무현 정부 기간 중 재경부와 금감위 등 경제부처가 수립 시행하였던 주요 금융정책은 '동북아 금융허브 구축' 사업을 구체화하기 위한 수단 내지 방편이었다고 해도 과언이 아니다. '동북아 금융허브 구축'은 여타의 모든 금융정책 과제를 압도할 정도로 당시 재경부와 금감위의 핵심 정책과제였다. 따라서 2003년 2월부터 2008년 2월까지 집권했던 노무현 정부 금융정책의 골격을 이해하기 위해서는 먼저 '동북아 금융중심 구축' 전략을 살펴보아야 한다. 2008년 9월 글로벌 금융위기 당시 한국경제가 왜 1997년 외환위기에 비견될 만큼 큰 어려움을 겪었는지를 이해하기 위해서도 '동북아 금융중심 구축' 전략을 제대로 파악해야 할 필요성이 크다. 이것은 2008년 글로벌 금융위기가 이명박 대통령 집권 이후에 발발하였지만, 노 대통령의 임기 종료 후 7개월이 채 지나지 않은 시점에서 시작된 점을 고려할 때 그러하다.

노무현 정부가 동북아 금융허브를 구축하기 위한 구체적인 정책 방안을 처음으로 발표한 것은 2003년 12월 11일이었다. 이 날 정부는 청와대에서 노무현 대통령 주재로 '동북아 금융허브 추진전략'을

---

2   이 과제는 다시 ① 동북아 물류중심 건설, ② 동북아 금융중심 구축, ③ 동북아 연구개발거점 구축 등의 정책과제로 세분되었다.

주제로 한 동북아경제중심추진위원회 국정과제회의를 개최하였다. 이 날 노 대통령은 "실수가 없는 범위 내에서 가급적 빠른 속도로 (동 북아 금융허브 구축이) 가시화될 수 있도록 노력해 달라"고 당부하였다.[3]

당시 정부는 "금융 중심지로의 도약이라는 목표를 달성하기 위해 금융의 선진화, 금융의 국제화, 하부구조의 개선 등 3대 전략적 과제 를 추진할 계획"임을 밝혔다. 이 3대 과제를 추진함에 있어서는 "국 내 금융기관의 경쟁우위, 세계 유수 금융기관 유치 효과, 향후 성장 가능성, 금융산업 및 연관부문에 대한 파급효과 등을 고려하여 선도 부문을 선정하고 이를 집중적으로 육성하여 금융 중심지로의 도약을 위한 기폭제로 삼을 계획"임도 밝혔다.[4] 한 마디로 여기에는 금융산 업 개편 및 육성에 관한 정부의 큰 그림이 담겨 있었다. 국내 금융기 관간 치열한 경쟁을 통해 우위를 확보하는 은행이나 증권회사, 보험 회사 등이 시장에서 자연스럽게 부각되면 이런 금융기관을 선정하여 집중 육성함으로써 한국을 대표하는 금융기관으로 만들겠다는 구상 이 바로 그것이었다.

이 날 정부는 '동북아 금융중심'을 구축하기 위한 7개의 구체적 인 주요 과제를 제시하였는데, 핵심 사업 중심으로 요약하면 다음과 같다.[5]

첫째, 자산운용업을 선도부문으로 발전시킬 것이다. 이를 위해 연기금과 외환보유고의 외부위탁 비율을 제고하거나 전문기관을 설 립하여 금융전문가에게 자산운용을 맡길 것이다. 연기금 및 외환보

---

3   머니투데이, 2003. 12. 11.
4   앞의 『역동과 기회의 한국』, p.182.
5   위의 책, pp.183~84.

유고의 운용 권한을 인센티브로 제공함으로써 해외금융기관을 유치할 것이다.

둘째, 외환보유고의 운용과 관련해서는 싱가포르의 GIC를 벤치마크한 한국투자공사(KIC, 이하 KIC라고 칭함)(가칭)의 설립을 추진할 계획이다. 한국은행은 지급체제 안정성 보장을 위한 유동성 확보 목적의 외환보유액 관리에 역량을 집중토록 한다. 수익성을 확보하기 위한 외환보유액은 전문기관인 KIC에 맡겨 외환보유고 운용의 효율을 제고할 것이다.

셋째, 금융산업의 발전을 촉진하기 위해 주식·채권 등 개별 금융시장 부문에서 획기적인 개혁을 추진할 것이다. 신용파생상품 거래를 활성화하는 등 헤지(hedge)수단을 제공하여 외국인의 국내 채권 투자를 촉진할 계획이다. 투자 목적의 건전한 외화유출을 장려하고 이를 위해 시장안정장치와 무관한 외환규제를 철폐할 계획이다.

넷째, 정부는 경쟁우위가 있는 우리 금융기관이 동북아 금융수요를 충족시킬 수 있도록 적극 지원할 것이다. 이와 함께 자산관리공사(KAMCO) 등이 동북아지역 부실채권 정리과정에서 창출되는 사업기회를 적극 활용하도록 할 계획이다.

다섯째, 금융산업의 국제 네트워크를 강화할 것이다. 이를 위해 외국기관의 국내진출 및 영업확대를 저해하는 제도를 개선하는 한편 국내 금융기관의 자발적 합병 및 대형화를 유도하기 위한 여건을 조성할 계획이다. 또한 국내 금융기관의 국제화를 간접 지원할 것이다.

여섯째, 시장 참여자들이 느끼는 체감 자유도를 대폭 제고하기 위해 금융규제를 네거티브 시스템으로 전환하고, 일선 금융감독 행정을 획기적으로 개선할 계획이다.

일곱째, 금융기관이 법률·회계·컨설팅 등 금융 관련 분야에서 국제 수준의 전문 서비스를 받을 수 있도록 할 것이다. 이와 더불어 세제는 물론 교육·주택·문화 등 전반적인 생활여건도 국제적으로 경쟁력이 있는 수준으로 개선할 것이다.

재경부와 금감위는 이처럼 2003년 12월 11일에 확정 발표된 '동북아 금융허브 추진전략'에 입각해서 노무현 정부가 끝날 때까지 이들 주요 사업의 추진을 위해 전방위 노력을 경주하였다. 노무현 정부가 동북아 금융허브 구축에 얼마나 골몰하고 있었던가 하는 것은 노 대통령의 임기 후반에 「금융중심지의 조성과 발전에 관한 법률안」을 국회에 제안했던 데에서 잘 드러난다. 정부는 2006년 11월 21일 국회에 이 법률안을 제출하면서 "부가가치가 높은 산업임과 아울러 관련 서비스업 및 실물경제 전반에 파급효과가 큰 금융산업을 국가경제의 새로운 성장동력으로 육성하고 금융거래의 중심지를 조성 발전시키기 위해 국가적 차원의 대응책을 마련할 필요가 있음"을 제안이유로 강조하였다. 당시 정부는 노 대통령이 퇴임한 이후에도 금융허브 정책이 국가의 중장기과제로서 일관되고 지속적으로 추진되기 위해서는 별도의 입법 조치가 필요하다고 판단했던 것이다.

이 법률안은 2007년 11월 23일 국회 본회의에서 재적 195인 중 181인(반대 11인,[6] 기권 3인)의 압도적 찬성으로 통과되었으며, 이명박 정부가 출범한 2008년 3월 22일 시행되었다. 이 법은 제3조에서 국가는 금융 중심지의 조성과 발전을 위하여 다양한 시책을 수립 시행하여야 하며, 매년 금융 중심지의 조성과 발전에 관한 시책과 동향에

---

6   강기갑, 김종률, 노회찬, 단병호, 심상정, 이영순, 임종인, 차명진, 천영세, 최순영, 현애자 의원.

대한 보고서를 정기국회 개시 전까지 국회에 제출하는 것을 '국가의 기본책무'로 규정하고 있다. 국회는 이처럼 별다른 대립없이 이 법을 통과시킴으로써 우리나라를 동북아 금융허브로 만드는 데 대해 여야가 거의 전폭적으로 동의하고 있음을 보여주었다.

02

동북아 금융허브 전략
결정 과정

　　　　　　노무현 대통령이 당선된 직후인 2002년 12월 30일, 대통령직인수위원회(이하 인수위)가 현판식과 첫 공식회의를 갖고 본격적인 정권인수 활동을 개시하였다. 인수위는 노 대통령 취임 이후 그의 대선 공약이 국정에 효과적으로 반영될 수 있도록 구체화하기 위한 국정과제 수립에 박차를 가하고 있었다. 인수위는 2003년 1월 초 노무현 정부 국정 운영의 기본 축이 될 10대 국정과제를 발표하였다.[7] 이중 두 번째 국정과제로 발표되었던 것이 바로 '동북아 경제중심국가 건설'이었다.

　　그렇다면 동북아 금융허브 전략도 당연히 이때 국정과제로 발표되었던 '동북아 경제중심국가 건설'의 주요 내용에 포함되어 있었을까? 당시 언론 보도 및 인수위에 참여했던 관계자의 증언에 따르면,

---

[7]　　MBC, 2003. 1. 4 ; 경향신문, 2003. 1. 8.

당초 인수위는 금융 허브 전략에 대해 부정적으로 생각했다. 그렇기 때문에 인수위가 처음 마련한 10대 국정과제인 '동북아 경제중심국가 건설'의 구체적인 내용에는 금융허브 전략이 포함되어 있지 않았다. 이것은 인수위가 발표했던 10대 국정과제의 구체적 내용을 보도한 경향신문 2003년 1월 8일자 기사에서도 명확하게 드러난다.

이 기사에 따르면 '동북아 경제중심국가 건설'은 "남북의 평화와 번영을 기반으로 우리나라를 동북아 경제중심국으로 만들어 새로운 성장잠재력을 창출함을 목표로 하는 국정과제"였다. 경향신문은 그 구체적 내용으로 "이를 위해 대통령 직속으로 동북아 중심국 프로젝트 전담기구가 설치되고 동북아 평화·경제공동체, 동북아개발은행 등의 설립이 추진된다"고 보도하였다. 또한 "특히 남북 철도망 연결을 기반으로 동북아 '철의 실크로드'를 완성, 우리나라를 대양과 대륙을 잇는 물류의 중심으로 발전시키게 되고, 인천국제공항, 부산항, 광양항 등은 동북아 물류 허브(Hub)기지로 개발된다"고 보도하였다.

그렇다면 2003년 1월 초 인수위가 발표한 10대 국정과제에는 언급조차 되지 않았던 동북아 금융 허브 전략이 어떻게 노무현 정부의 핵심 정책으로 채택될 수 있었을까?

첫째, 위 경향신문의 보도대로 인수위가 1월 초에 발표한 10대 국정과제는 "정확히 말해서 노무현 대통령 당선자에 대한 부처 합동보고를 위한 잠정 과제"의 성격을 띠고 있었다. 인수위가 선정하여 발표한 과제 및 구체적 내용이 그대로 노무현 정부 출범 이후의 국정과제가 되는 것이 아니었다. 곧 노무현 당선자에 대한 부처 합동보고 및 기타 인수위 내부 토론 등을 거쳐 살아남는 사안만이 최종 국정과제가 되는 것이었다.

둘째, 당시 재경부가 이러한 틈새를 간파하고 '동북아 경제중심국가 건설' 사업범위에 금융산업을 포함시키기 위해 적극 노력한 것이 주효하였기 때문이다. 경향신문의 2003년 2월 5일자 보도에 따르면, 재경부와 인수위는 동북아 경제중심국가 건설을 위한 구체적인 방안을 둘러싸고 상당한 의견 대립을 보이고 있었다. 당시 재경부가 마련한 방안은 금융, 물류, 정보기술(IT), 서비스 산업 및 다국적기업 지역본부 등을 종합적으로 육성함과 아울러 경제특구에 외국기업을 유치하는 데 중점을 두고 있었다. 반면 인수위 방안은 경제특구를 IT 연구개발(R&D), 허브(송도), 물류기지(영종도), 벤처단지(김포매립지) 등으로 특화하되 경제특구에 금융산업을 유치하는 것은 중장기 과제로 미루는 것이 바람직하다고 판단하고 있었다. 곧 인수위 방안이 최종안으로 확정되면 금융산업은 노무현 정부의 동북아 경제중심국가 건설을 위한 육성 대상에서 제외되는 형국이었다.

그런데 인수위가 군이 재경부 방안을 수정하려고 했던 배경은 무엇이었을까? 이에 대해서는 한겨레신문의 2003년 1월 29일자 보도가 있다. 인수위는 재경부 방안을 따를 경우 내외국 기업 사이에 역차별 문제가 발생할 뿐 아니라 외자유치 목표의 실현 가능성도 그다지 높지 않다고 생각하였다. 금융산업을 위시한 서비스 산업 육성이 중요한 과제이긴 하지만 이들 부문에서 곧바로 경쟁력을 확보하기가 어렵다는 판단도 작용하였다. 그렇기 때문에 선택과 집중 전략에 따라 단계적 추진방안을 선호했던 것이다. 이 신문은 인수위 관계자가 "외국기업 관계자들을 만나본 결과 홍콩, 싱가포르에 있는 다국적 금융회사나 주요 서비스 기업을 한국으로 끌어오기는 어렵다는 결론을 내렸다"고 말했다고 보도하였다. 홍콩, 싱가포르와 같은 소규모

도시국가의 성장 모델을 한국에 적용하기는 무리라는 설명도 있었다고 덧붙였다.

한편 재경부가 인수위와의 불화를 감수하면서까지 재경부 안을 관철시키려고 했던 것은 우선 국정의 연속성 확보를 고려한 측면이 있었다. 재경부는 김대중 정부가 2002년 7월 24일자로 확정 발표했던 동북아 비즈니스 중심국가 실현을 위한 세부실행계획(Action Plan)[8]의 골격이 그대로 노무현 정부의 정책으로 채택되기를 희망하고 있었다. 이 계획서 3페이지에 있는 '동북아 비즈니스 중심지 개념도'를 보면 '기업·금융의 동북아 거점' 바로 하단에 '다국적기업의 아시아 본부'와 '동북아 금융 중심지'를 병기하고 있다. 다시 말해 재경부는 노무현 정부가 출범하기 전부터 한국을 '동북아 비즈니스 중심' 국가로 만드는 데 있어 금융산업이 그 대상에 포함되어야 한다고 판단하고 있었다. 그렇기 때문에 재경부는 노무현 정부가 출범한다고 해서 겨우 몇 개월 전에 확정 발표하였던 정부 정책을 접거나 수정할 필요성을 전혀 느끼지 않고 있었다고 추정할 수 있다. 그간 특별한 사정 변경이 없었고, 특히 같은 민주당 내에서의 정권 이양이었던 상황도 감안되었을 것이다.

다음으로 인수위가 부정적으로 생각했던 금융허브 전략이 노무현 정부의 핵심 정책이 될 수 있었던 데에는 서울파이낸셜포럼의 김기환 회장을 중심으로 한 민간 인사들의 적극적인 활동도 크게 영향을 미쳤던 것으로 분석된다. 노무현 정부의 국정 브리핑 특별기획팀 등이 저술한 『참여정부 경제5년』은 금융허브 전략의 주창자가 정부가

---

8   재정경제부 보도자료, '동북아 비즈니스 중심국가 실현방안(정부시안) 확정' 2002. 7. 29.

아닌 민간이었다고 서술하고 있다.[9] 이 책은 금융허브 전략이야말로 민간 제안이 채택된 대표적인 국가정책이었다고 주장하고 있다. 학계가 김대중 정부의 마지막 해인 2002년에 금융허브를 추진하자는 의견을 내놓았다는 것이다.

2002년 7월 18일자 「헤럴드경제」 기고에서 이재웅 성균관대 부총장은 "금융 시스템의 건전성을 제고하는 구조조정과 함께 금융의 효율성을 제고시키기 위해 선진금융 시스템을 마련해 금융허브로 도약해야 한다"고 주장했다. 국내외 금융인들의 모임인 서울파이낸셜 포럼의 김기환 회장은 2003년 1월 21일 "최근 인수위 관계자들을 만나 대통령 직속 금융허브위원회를 민관 합동으로 설립할 것을 제안했고, 인수위 측도 적극 검토하겠다는 뜻을 밝혔다"고 말했다.[10]

김기환 회장은 2012년 1월 18일자 이데일리와의 인터뷰에서 위 사실을 100% 확인하고 있다. 그는 "노무현 정부 당시 동북아 금융 중심지 전략을 제시해 동북아 금융허브 전략에 반영시켰다. 인수위에 보고서를 들고 직접 찾아가 설득했다. 그 결과 적극적으로 정책에 반영됐다"고 술회하였다.

---

9   이 책은 노 대통령 임기 종료일인 2008년 2월 24일자로 발간되었다. 참여정부의 경제정책 배경과 전개과정 등을 노무현 정부 입장에서 정리해 둘 필요성이 있다는 판단 하에 2008년 1~2월 정부정책 포털 국정브리핑(www.korea.kr)에 15회에 걸쳐 연재된 〈실록 경제정책〉을 묶은 것이다. 취재 및 집필에는 한국금융연구원, 한국조세연구원 등 국책 연구기관과 국정브리핑 특별기획팀이 참여하였다. 이 책은 전·현직 청와대 참모, 정부 부처와 대통령 직속 위원회들의 핵심 관계자, 국책연구소 연구원 등 노무현 정부의 경제정책 수립에 깊숙이 관여한 50여 명과의 인터뷰 결과 등을 토대로 집필되었다고 밝히고 있다.

10 국정브리핑 특별기획팀, 『참여정부 경제5년』, 한스미디어, 2008, pp.279~80.

2003년 2월 6일 노무현 당선인은 인천공항에서 재정경제부로부터 동북아 경제중심국가 건설 방안에 대한 업무보고를 받았다. 이 날의 부처 합동보고회는 인수위가 기획하고 주관한 행사였다. 인수위는 세계로 뻗어나가는 한국의 관문인 인천공항에서 부처 합동보고회를 개최함으로써 동북아 경제중심국가 건설에 대한 노 당선인의 열정과 집념을 대내외에 과시하려고 했던 것으로 보인다. 합동보고회가 열리기 바로 전날 경향신문은 "인수위가 재경부 안에 반대하여 이를 수정하려고 하고 있음에도 불구하고 재경부가 다음 날 개최될 업무보고회에서 동북아 경제중심국가 건설사업 범위에 금융산업을 포함시키도록 하는 재경부의 기존방안을 그대로 노 당선인에게 보고키로 했다"고 보도하였다.[11] 당시 인수위와 재경부 간에 의견 일치를 보지 못하고 있었던 상황임을 감안할 때 이러한 회의 진행은 매우 이례적인 것이었다. 인수위로서는 동북아 금융허브 전략에 동의하지 않고 있었지만 재경부의 입장이 워낙 완강하고 서울파이낸셜포럼까지 나서서 끈질기게 건의하는 상황이었기 때문에 재경부 방안을 노 당선인에게 그대로 보고토록 사전 양해했던 것이 아닌가 생각된다.

주목할 점은 이날 부처 합동보고회에서 노무현 당선인이 동북아 경제중심국가 건설을 위한 사업범위와 관련하여 재경부의 손을 들어주었다는 점이다. 재경부와의 싸움에서 인수위가 판정패한 것이다. 이에 대해 앞에서 언급했던 『참여정부 경제5년』은 다음과 같이 서술하고 있다.[12]

---

11   경향신문, 2003. 2. 5.
12   이 책은 인수위와 재경부 간 의견 대립이 있었다는 사실에 대해서는 전혀 언급하고 있지 않다.

참여정부 인수위는 동북아 중심국가 전략을 위해 물류중심과 금융중심 가운데 어느 것을 선택할 것인지를 놓고 검토에 들어갔다. 2003년 2월 6일, 인천국제공항에서 노무현 당선인이 주재한 인수위원회 회의에서는 인천, 부산, 광양 3대 권역을 물류, 금융, 연구개발 네트워크로 결합하는 동북아 복합허브육성방안을 발표했다. 노 당선인은 "물류와 비즈니스, 금융을 포괄하는 경제중심을 만들 것"이라고 말했다.[13]

당시 인수위 경제1분과위원이었으며 그 후 노무현 정부의 청와대 비서관을 역임한 정태인은 서슬이 퍼렇던 인수위로서도 재경부의 입장을 꺾기가 어려웠음을 다음과 같이 실토하고 있다.

사실 금융허브나 KIC(한국투자공사)는 국민의 정부-김대중 정부 시대에 재정경제부가 마련한 정책이었습니다. 동북아 구상 자체는 참여정부에서 만들었습니다만, 거기에 (금융 허브와 KIC를) 끼워 넣은 거죠. 원래 참여정부의 동북아 구상, 또는 대통령의 원래 구상은 협력 모델이었습니다. 거기에 허브 구상이 들어가 있었던 거죠.
제가 허브 구상에 있어서 잘못한 건 뭐냐면, 재경부가 금융허브냐 물류허브냐를 놓고 싸울 때, 거기다가 IT허브라는 좀 더 그럴 듯 하고 가능성 있는 것만 집어넣었지, 이 두 개(금융허브와 물류허브)를 어떻게 한다는 생각은 하지 못했다는 것입니다. 사실 재경부 내에서 확정된 것들에 대해 재고하기는 참 어렵습니다.[14]

---

13   국정브리핑 특별기획팀, 『참여정부 경제5년』, 한스미디어, 2008, pp.279~80.

『참여정부 경제5년』과 인수위에서 활동했던 정태인의 회고 등을 통해 무엇을 알 수 있는가? 금융허브 전략이 노무현 정부의 핵심 국정과제로 채택되도록 중추적인 역할을 한 것은 바로 재정경제부로 대표되는 경제부처 관료들이었다는 것이다. 재경부는 금융산업을 동북아 경제중심 사업범위에 포함하는 데 대해 인수위가 탐탁지 않게 생각하고 있었음에도 불구하고 이를 노 당선인에게 직접 보고하여 관철시켰다. 더욱이 당초 인수위에 김기환 회장을 소개해 주는 데에도 재경부 출신 전현직 고위인사가 상당한 역할을 했을 것으로 추정할 수 있다. 그렇지 않았다면 민간단체 대표인 김기환 회장이 정권인수업무에 바쁜 인수위 관계자들을 쉽게 만나 금융허브 전략을 건의할 수는 없었을 것이다. 그런 점에서 서울파이낸셜포럼의 성격과 당시의 회원 면면을 살펴보는 것도 의미 있는 일일 것이다.

서울파이낸셜포럼은 "동북아시아에서 으뜸가는 금융 중심지로 한국이 발전하는 것을 돕는 것"을 목적으로 2001년 10월 31일 설립되었다. 이 포럼이 인수위에 금융허브 전략을 건의할 즈음의 회원은 53명이었다. 회원 중에서는 금융기관 CEO가 17명, 교수 등 학계 인사가 12명으로 주축을 이루고 있었고, 재경부·금감위(금감원 포함) 전현직 관료 및 연구기관 인사가 각각 8명씩을 차지하고 있었다. 이 중 재경부 관료 출신으로는 강경식 전 부총리, 사공일 전 재무부장관, 이규성 전 재경부장관, 김기환 전 해외협력위원회 위원장 등이 있었고, 현직으로는 국제금융국장, 금융정책국장 등이 회원이었다.

---

14 최장집 외, 『우리는 무엇을 할 것인가 : 민주화 20년, 한국 사회를 돌아보다』, 프레시안북, 2008, pp.162~63.

〈표 1-1〉 서울파이낸셜포럼의 회원 구성(2002. 12. 31현재)

분　　　류	명
전현직 재경부 · 금감위(금감원 포함) 고위 인사	8
금융기관 CEO	17
산업계　CEO	5
교수 등 학계 인사	12
연구기관 인사	8
법무법인 관련 인사	3
합　　　계	53

*서울파이낸셜포럼, '아시아 국제금융중심지로서의 한국: 비전과 전략', 2003. 1, p.150.

　이러한 구성원 분포를 보면 서울파이낸셜포럼은 민간 인사들이 주축인 모임처럼 보인다. 그러나 재경부 등 경제부처가 한국 사회에서 금융기관 및 정부출연 연구기관 등에 대해 가지고 있는 막강한 영향력을 생각해 보면 얘기가 달라질 수 있다. 이런 점에서 이 포럼은 실질적으로는 전현직 재경부 고위인사들을 필두로 이들과 가치관 또는 이해관계를 함께 하거나 이들의 영향력에 동조하는 금융계 연구기관 및 학계 인사들이 주축을 이룬 모임이라고 규정할 수 있다.

　결국 금융허브를 노무현 정부 국정과제로 채택하는 데 혁혁한 공헌을 세운 세력은 바로 재경부 전현직 고위인사들과 이들 주변에 포진한 상당수의 금융계, 관변 연구기관 및 학계 인사들이었다고 할 수 있겠다.

　동북아 금융허브 전략에 포함되어 있는 대부분의 사업들은 참여정부 출범 이전부터 재경부와 금감위가 금융계, 관변 연구기관 및 학계 등과 폭 넓은 공감대를 형성하면서 이미 추진 중이거나 상당한 정책의지를 갖고 추진하려고 구상하던 사업들이었다. 그러므로 재경부 및 금감위 관료들이 현안과제 또는 향후 추진과제로 가지고 있었던 주요 사업들을 노무현 대통령의 동북아 중심국가 구상에 접목시켜 만든 것이 바로 동북아 금융허브 전략이었다고 할 수 있다. 이 과정에서 서울파이낸셜포럼의 일부 관변 연구기관 및 학계 인사들이 실무작업을 수행하였던 것으로 추정된다. 서울파이낸셜포럼이 인수위에 제출했던 보고서는 요약 및 본문을 포함해서 150쪽에 달하였다.[15] 주도면밀한 사전 준비가 없이는 바로 제출할 수 없는 성격의 문서였던 것이다.

이처럼 재경부 등 경제금융 부처가 추진하던 금융 관련 주요 프로젝트가 노무현 정부의 7대 전략과제 중 하나로 급부상하게 된 것은 한국경제사에서 매우 중요한 의미를 지닌다. 예를 들어 KIC 설립 등의 프로젝트 구상은 김대중 정부에서 태동하였다. 그러나 김대중 정부는 1998년 집권 이후 상당 기간 외환위기 극복을 위한 4대 부문 구조개혁 등에 매여 있어서 KIC 등과 같이 집권 중반에 이슈화된 새로운 프로젝트를 효과적으로 추진할 동력이 소진된 상태였다. 더욱이 김대중 정부는 후반 들어 한국 정치에 고질적인 부정부패 스캔들과 임기 말 레임덕에 시달리고 있었다.

그러던 차에 재경부 등이 부처 차원에서 구상해 왔던 KIC 설립 등의 사업이 '금융허브 전략'으로 그럴 듯하게 포장된 데다가 앞으로 5년을 집권할 신임 대통령이 나서서 이를 국정의 최우선 과제로 채택한 셈이 되었던 것이다. 이에 따라 금융허브 프로젝트는 갑자기 엄청난 추동력을 얻게 되었다. 금융허브 프로젝트를 추진하는 경제금융 관료들도 졸지에 호랑이 등에 올라탄 격이 되었던 것이다.

---

15   서울파이낸셜포럼 홈페이지(www.sff.or.kr)

03

절실하였던 성장률 제고 및 신성장동력 확보

노무현 대통령은 왜 핵심 측근들과 선거 참모들이 포진해 있던 인수위원회의 의견과는 다르게 선선히 재경부 손을 들어주었을까? 노 대통령이 재경부 관료 편에 섰던 것은 그만큼 신성장동력의 확보를 통한 경제성장률 제고가 절실하다고 판단하였기 때문이다. 대통령 선거에서 7% 달성을 공약[16]했던 노 당선인으로서는 경제성장률을 높일 수 있는 신성장동력의 확보가 긴요하였다. 한편 재경부 관료들로서는 임기 개시를 앞둔 대통령 당선인이 부처의 현안과제들을 핵심 국정과제로 채택할 경우 천군만마의 원군을 얻는 것과 같았다. 이처럼 신임 정권이 동북아 금융허브 전략을 채택하여 추진했던 데에는 노무현 대통령과 경제금융 관료들의 이해관계가 맞

---

16   매일경제는 2002년 12월 31일자에서 "노무현 당선자가 선거에서 승리한 데는 '7% 경제성장론'과 '충청권 수도이전론' 등 두 가지 공약이 핵심적인 역할을 했다"고 보도하였다.

아떨어진 측면이 있었음을 간과할 수 없다.

실제로 노무현 정부가 발간한 『역동과 기회의 한국』이라는 보고서는 우리나라가 동북아 금융 중심으로의 도약을 추진하게 된 이유로 금융산업을 미래의 새로운 성장동력으로 삼을 필요성이 큼을 강조하고 있다.

첫째는, 우리 산업의 경쟁력에 대한 위기의식 때문이다. 특히 '세계의 공장'으로 중국이 급부상하고 있다는 점을 감안할 때 새로운 성장동력의 모색이 절실한 형편이다. 금융산업은 실물경제 전반에 미치는 파급효과가 클 뿐 아니라 고도의 정보분석능력을 요구하는 고부가가치 산업으로서, 향후 우리 경제를 이끌어갈 핵심 산업 중의 하나로 주목할 필요가 있다.[17]

당시 정부를 비롯하여 많은 국민들이 가지고 있었던 한국경제에 관한 위기의식이 잘 드러난 내용이다. 일반적인 시각에서 볼 때도 중국, 인도 등 후발개도국은 풍부하고 값싼 노동력과 자원을 바탕으로 한발 앞서 공업화를 이룩한 한국 등을 맹추격하고 있었다. 따라서 일반 제조업을 대체할 성장모형을 찾지 못한다면 가까운 장래에 우리 경제의 활로가 막힐 수도 있다는 절박감이 한국경제를 짓누르고 있었다. 이런 상황이었기 때문에 노무현 정부는 서비스업 중 금융산업을 고부가가치 산업으로 평가하면서 이를 새로운 성장동력으로 삼으려고 했던 것이다.

---

17   대한민국정부, 『역동과 기회의 한국』, 재정경제부 편저, 2004. 6. 14. p.181.

『참여정부 경제5년』도 참여정부가 금융허브 전략을 추진한 것은 새로운 성장동력이 필요했기 때문이라고 서술하고 있다.[18] 이 책은 IMF 외환위기 이후 한국경제의 잠재성장률이 크게 낮아진 점을 지적하면서, "잠재성장률을 끌어올리려면 국제적 분업구조에서 중국이 앞서가는 기존의 제조업보다는 금융부문을 중심으로 한 새로운 성장동력이 필요했다"고 주장하고 있다.[19] 이처럼 동북아 금융허브 전략은 금융산업을 미래의 새로운 성장동력으로 삼을 필요성이 크다는 기본철학을 토대로 만들어졌다.

그렇다면 금융산업을 우리 경제의 새로운 성장동력으로 삼아야 한다는 발상은 언제 어디에서 태동되었고, 어떤 과정을 거치면서 진화하였을까? 이를 몇 단계로 나누어 살펴보도록 하겠다.

먼저 1997년 외환위기를 맞게 됨에 따라 우리나라에서는 사회 전반적으로 한국경제의 미래에 대한 깊은 불안감과 위기의식이 널리 드리워져 있었다. 갑자기 외환위기를 당하게 된 데 따른 충격이 엄청나게 컸음은 물론 그와 비례하여 이 위기상황을 돌파하여 활로를 모색해야 한다는 일종의 강박관념이 한국 사회를 지배하였다.

외환위기라는 전대미문의 국가적 재앙이 도래함에 따라 한국경제의 미래가 과연 어떠한 모습으로 전개될 것인지에 대해서도 국민들이 높은 관심을 갖게 되었다. 살기가 어려워 민심이 흉흉해지면 점집이나 정감록을 찾는 사람들이 늘어나는 것과 같은 현상이었다. 더욱

---

18   국정브리핑 특별기획팀, 『참여정부 경제5년』, 한스미디어, 2008, pp.281~82.

19   이 책은 이러한 논리를 뒷받침하기 위하여 출간 당시 김석동 재경부차관이 "정부가 금융허브 정책을 추진한 것은 위기의식의 소산이었다. 대내적으로는 경제성장률이 정체상태에 있었고, 저출산·고령화로 인해 잠재성장률 하락이 우려되고 있었다. 대외적으로는 중국과 인도의 경제가 급부상하고 그 동안 장기불황을 겪었던 일본도 회복 국면에 접어들고 있었다"고 말했음을 덧붙이고 있다.

이 자라 보고 놀란 가슴 솥뚜껑 보고도 놀란다고 하지 않았던가? 외환위기로 혼줄이 된통 난 터였기 때문에 한국의 외환위기를 사전에 예측했다는 세평을 받았던 경제학자 또는 기관의 논문·보고서가 뒤늦게 국민들의 비상한 관심 대상이 되기도 하였다.

예를 들면 미국의 저명한 경제학자인 폴 크루그먼 교수의 「아시아 기적의 신화」라는 글이 뒤늦게 주목을 받았다. 이 글은 1994년 말에 발표되었는데 1997년 동아시아의 외환위기를 예측한 논문이라는 평가를 받고 있었다. 크루그먼은 이 글에서 아시아의 경제성장은 노동 및 자본 등 생산요소의 투입 증대를 통해서 이루어진 것이기 때문에 앞으로 아시아에서 과거와 같은 높은 성장은 지속될 수 없다고 주장하였다.[20] 그는 아시아 국가들이 앞으로도 과거의 높은 성장을 지속하려면 투입요소의 증대와 더불어 기술진보가 필수적으로 이루어져야 한다고 주장하였다. 그래야만 생산성이 제고되고, 이러한 생산성 제고를 통해 높은 성장이 지속될 수 있다는 주장이었다. 그는 자신의 주장을 뒷받침하기 위해 미국의 1인당 국민소득이 증가한 데에는 기술진보가 80% 기여했고, 나머지는 자본투자의 증대로 설명된다는 로버트 솔로우 교수의 연구결과를 인용하였다.

1997년 10월 발표되었던 부즈앨런 & 해밀턴사의 「한국보고서」도 국민들의 위기의식을 부추기는 데 일조하였다.[21] 이 보고서는 재경부의 전신인 재경원의 용역 발주에 의한 것이었는데, 한국경제가 앞

---

20 Paul Krugman, "The Myth of Asia's Miracle", Foreign Affairs 73-6(1994. Nov.~ Dec.), pp.62~78과 한겨레신문, 1995. 1. 5.

21 부즈앨런 & 해밀턴과 매일경제신문사, 『(부즈앨런 &해밀턴) 한국보고서: 21세기를 향한 한국경제의 재도약』, 1997. 이 보고서는 한국정부가 구조적 장애를 타파하기 위해 정부의 경제기능 재편, 금융시장의 자유화, 노동시장의 유연성 확보 등 개혁을 추진해야 한다고 주장하였다.

으로 잘못 대처할 경우 선진국인 일본과 신흥국인 중국이라는 호두까기 기계(너트 크래커) 사이에 끼여 호두가 으스러지는 것처럼 몰락할 것이라고 경고하였다. 이 보고서도 크루그먼의 글처럼 "IMF 시대의 도래를 미리 짚은 예언서"[22]로 널리 읽히면서 당시 경제난에 허덕이던 한국 국민은 물론 정부에게까지 상당한 영향을 미쳤다.[23]

너트 크래커 가설은 한발 더 나아가 한국의 제조업이 선진 산업 기술을 갖춘 미국, 일본 및 유럽 국가들과 전통적인 제조업 분야에서 값싼 노동력을 무기로 강력한 경쟁자로 부상한 중국 및 동남아 국가 사이에 끼여 있는 것으로 묘사되기도 하였다.[24] 이처럼 외국의 저명 학자와 컨설팅 업체가 사전에 한국의 외환위기를 예측이나 한 듯이 한국경제의 취약점들을 경고하였던 것이다. 그 결과 정부는 물론 각계의 뜻있는 사람들은 한국경제가 생존해 나가려면 새로운 패러다임을 모색해야 한다고 확신하게 되었다.

우리나라는 1997년 말 외환위기 이후 IMF와의 협약에 의거 강도 높은 구조조정을 지속적으로 추진한 결과 붕괴된 시장 시스템이 점차 복원되고 글로벌 스탠더드에 걸맞은 제도들이 폭넓게 도입된 터였다. 2001년 8월에는 IMF로부터 빌린 차입금을 전액 상환하기도 하였다. 이처럼 예상보다 빨리 최악의 위기 국면에서 빠져 나옴에 따라 국정의 중심축도 서서히 외환위기 이후 한국경제가 지향할 좌표를 모색하는 단계로 이동하고 있었다.

---

22 양필승, '화교자본을 유치하는 길', 경향신문, 1998. 6. 9.
23 타릭 후세인, 『다이아몬드 딜레마』, 이세민 옮김, 랜덤하우스중앙(주), 2006. p.166. 이 책은 "한국을 동북아 허브로 성장시키자는 주장은 외환위기 직후 등장하기 시작했다. 일본과 중국이라는 너트 크래커에 의해 한국경제가 몰락할 것이라는 우려감이 팽배하던 때였다"라고 기술하고 있다.
24 김용정, '쿼바디스 코리아', 동아일보, 1998. 4. 21.

여기에는 구조조정만으로는 우리 경제를 다시 일으켜 세울 수 없다는 절박감이 크게 작용하였다. 당시 많은 사람들이 "구조조정은 소극적 의미에서 경제 인프라를 선진국 수준으로 맞추는 것에 불과하며, 그 자체가 성장잠재력을 확대시키거나 산업의 국가경쟁력을 높이는 것은 아니다"[25]라는 생각에 공감하고 있었다. 이러한 과정에서 태동한 것이 바로 "새로운 성장동력 확보"라는 화두이자 캐치 프레이즈였다. 앞서 발전하는 미국, 유럽, 일본 등 선진국과 뒤에서 치고 들어오는 중국 동남아 국가들 사이에 끼여 한국경제가 고사하지 않으려면 새로운 성장동력 확보가 긴요하다는 논리였다.

이러한 인식은 당시 정부가 발표한 정책 자료와 정부 고위인사의 발언 등에 잘 나타나 있다. 정부가 2000년 6월 23일 발표한 「2000년 하반기 경제정책방향」을 보면 '디지털경제 및 지식기반경제로의 이행촉진'이라는 제목 아래 "정보화 사회의 인프라를 정비하고 기술혁신 및 인적자원 개발을 적극 추진하여 10대 지식정보 강국으로 도약하기 위한 기틀을 마련"한다는 내용이 포함되어 있다.[26] 2000년 8월에는 개각을 통해 국민의 정부 제2기 경제팀이 출범하였다. 이때 입각한 신국환 산업자원부 장관은 언론 인터뷰에서 "실물부문의 경쟁력을 강화해 성장의 새 동력을 만들겠다"며 다음과 같은 정책 구상을 피력하였다.

외환위기 이후 각종 개혁과 구조조정을 해왔지만 기업들의 고비용,

---

25 '경제 다시 세우자: 성장 원동력을 찾아라', 국민일보, 2001. 1. 9.
26 재정경제부 보도자료, '2000년 하반기 경제정책방향', 2000. 6. 26, p.5.

저효율은 거의 개선되지 않은 상태다. 비전과 패러다임을 새로 만들어야 한다. 현 정부 2기 내각의 경제부문 국정과제는 정보지식을 중심으로 한 경제강국을 만드는 것이다. 지금까지 (해 왔던대로) 일본, 독일 등의 아류기술을 받아 양적으로 이를 좇아가는 식의 산업정책은 한계에 이르렀다. 우리 문화에 맞는 선진 비즈니스 모형을 내걸고 이를 위한 새로운 정부와 시장의 역할을 만들어야 한다. 정부는 저생산성, 에너지 다소비형, 중후장대설비형 산업 구조를 고생산성, 에너지 저소비형, 저물동량형 산업구조로 바꾸기 위한 기준을 마련해야 한다.[27]

정부는 2000년 8월 22일 청와대에서 제1차 경제정책조정회의를 개최하여 김대중 정부 제2기 경제운용계획을 확정하였다.[28] 이때 처음으로 '새로운 성장 동력 창출'이 당면 국정과제로 명확하게 제시되었다. 정부는 배포한 자료를 통해 "1년 반이라는 최단시일 내에 외환위기를 극복하면서 성장, 고용, 물가, 국제수지 등에서 괄목할 만한 성과를 거양하였으며, 그 결과 대외신인도가 크게 제고되고 국민들의 자신감도 회복되었다"고 자평하였다. 아울러 "금융·기업·노동·공공 등 4대 부문 구조개혁의 조속한 완결"과 함께 "중소·벤처기업, 부품·소재산업의 경쟁력 제고 및 바이오, 문화·관광 등 신산업 육성을 통한 21세기 새로운 성장동력 창출"이 당면 정책과제임을 천명하였다. 정부는 2001년 초에는 그 해 경제운용의 3대 기본방향 중 하나로 '성장잠재력 제고와 경쟁력 강화'를 제시하였다. 이를 위

---

27   '새 경제팀에 듣는다 – 신국환 산업자원부 장관', 한겨레신문, 2000. 8. 16.
28   재정경제부 보도자료, '새 경제팀, 제1차 경제정책조정회의 개최', 2000. 8. 22.

해 지식정보화를 위한 인프라 · 인력을 확충하고 IT · BT 등 신산업 발전과 전통산업의 IT화를 추진하는 한편 설비 · 기술개발투자 및 수출을 촉진키로 하였다.[29]

이러한 과정을 거치면서 등장한 것이 김대중 대통령의 동북아 비즈니스 중심국가 구상이었다. 김대중 대통령은 2002년 1월 14일 연두기자회견에서 "한국이 동북아 비즈니스 중심국가로 발전하기 위한 청사진과 전략을 2002년 상반기 안에 마련하겠다"고 천명하였고, 2002년 중 이를 구체화하는 정부 차원의 조치들이 계속 확정되어 발표되었다. 2002년 4월 4일에는 국민경제자문회의 겸 경제정책조정회의에서 동북아 비즈니스 국가 실현을 위한 기본계획(Master Plan)을 확정하였다.

이 기본계획은 두 개의 골격으로 이루어져 있었다. 하나는 한국의 지정학적 위치를 활용, 공항 · 항만 등 물류시설의 확충을 통해 한국을 동북아의 물류중심지로 육성한다는 것이었다. 다른 하나는 외국인 친화적인 경영 · 생활여건을 조성함으로써 세계 유수 기업 및 금융의 동북아 거점으로서의 위상을 정립한다는 것이었다. 동북아 비즈니스 거점화를 추진할 수 있도록 인천공항 인근지역과 부산신항 · 광양항 배후지역을 경제특구로 지정하여 체계적으로 개발하는 한편, 이를 위해 '경제특별구역의 지정 및 운영에 관한 법률'(이하 '경제특별구역법') 제정을 추진[30]하는 내용도 포함되어 있었다. 2002년 7월 24일에는 동북아 비즈니스 중심국가 실현을 위한 세부실행계획

---

29   재정경제부 보도참고자료, '진념 재경부장관의 전경련 최고경영자 신년 세미나 주제발표: 2001년 경제정책 운용방향', 2001. 1. 17, p.7.
30   2002년 11월 14일 국회에서 '경제특별구역법'이 통과되는 등 가시적인 진전이 이루어졌다.

(Action Plan)이 발표되었다.[31]

이런 점에 비추어 볼 때 노무현 대통령의 동북아 중심국가론은 김대중 대통령의 동북아 비즈니스 중심국가 구상에 그 뿌리를 두고 있음을 알 수 있다. 그러나 동북아 금융허브 구상이 구체화된 것은 노무현 정부가 들어선 이후의 일이었다. 다시 말해 동북아 금융허브 전략은 노무현 정부의 정책이지, 김대중 정부의 정책이 아니었다. 이것은 김대중 정부가 2002년 7월 24일 확정했던 동북아 비즈니스 중심국가 실현을 위한 세부실행계획(Action Plan)을 살펴보면 알 수 있다.[32]

이 계획서의 3페이지에 있는 '동북아 비즈니스 중심지 개념도'는 한국을 '동북아 비즈니스 중심' 국가로 만드는 데 있어 금융산업이 그 대상에 포함됨을 명백히 하고 있다. 그러나 세부 실행계획이 총 68쪽에 달하는 방대한 분량임에도 불구하고 '동북아 금융 중심지'와 관련된 내용은 '금융환경 개선'이라는 제목 아래 단 두 쪽에서 다루고 있고, 서술된 내용도 대부분 이미 재경부가 같은 해 4월 16일 발표했던 「외환시장 중장기 발전방향」을 재탕한 것이었다. 자산운용업을 육성하고 증권회사를 선진투자은행으로 육성한다는 내용이 간략하게 들어가 있지만 구체성이 결여된 선언적 성격의 표현이었다.

이것은 3페이지에 나와 있는 '동북아 비즈니스 중심지 개념도'와는 매우 균형이 맞지 않은 모양새였다. 이 세부 실행계획은 한국을

---

31   재정경제부 보도자료, '동북아 비즈니스 중심국가 실현방안(정부시안) 확정', 2002. 7. 29.
32   위의 보도자료.

동북아 물류중심지로 육성하고 다국적기업의 아시아 본부를 한국으로 유치하기 위한 계획에 주안점을 두고 있었다. 한국을 자산운용업에 특화하는 금융허브로 육성하고, 이를 위해 KIC 등을 설립하기로 구체적인 방안이 수립 확정된 것은 모두 노무현 정부가 들어선 이후의 일이었다.

한국경제의 활로를 개척하기 위해 새로운 성장동력의 확보를 절실히 필요로 했던 시대적 상황을 십분 이해한다고 하더라도 노무현 정부는 어떻게 해서 금융산업을 우리 경제의 신성장동력으로 확신하고 동북아 금융허브 전략을 채택했던 것일까? 2000년대 들어 우리나라에서는 신성장동력을 서비스업 부문에서 찾아야 한다는 논의가 대두되었다. 이것은 거대 신흥국 중국이 값싼 노동력을 무기로 제조업을 통해 높은 성장을 견인하고 있었던 데 대응한 고육책이었다.

서비스산업을 신성장동력으로 삼아야 한다는 논의는 자연스럽게 서비스산업인 금융산업을 신성장동력으로 육성해야 한다는 논의로 연결되었다. 그리고 어느 때부터인가 금융산업을 더욱 띄우는 일이 벌어지게 되었다. 우리나라를 동북아 금융허브로 만들 경우 금융산업의 성장 기여효과가 극대화될 수 있다는 신화가 제조되어 널리 유포되기 시작했던 것이다. 여기에는 서울파이낸셜포럼 등에서 활동했던 관변학자들의 역할이 컸던 것으로 분석된다.

서울파이낸셜포럼은 2003년 1월 인수위에 제출한 자료에서 "어느 나라든 국제금융 중심지로 발돋움하게 되면 엄청난 이익을 얻을 수 있다"고 주장하였다.[33] 구체적인 이익으로는 국내 금융산업의 경

---

33   서울파이낸셜포럼, '아시아 국제금융중심지로서의 한국: 비전과 전략', 2003. 1, p.4.

쟁력 강화, 투자의 효율성 증대에 따른 경제성장의 지속, 투자자금 조달비용의 감소, 고부가가치를 창출하는 고용의 증대, 서비스 및 지식기반 산업 중심 경제로의 이행 촉진 등 10가지를 열거하였다. 서울 파이낸셜포럼은 이 자료에서 "금융서비스산업은 가장 유망한 성장 산업"이라고 주장하면서, 그 근거로 "선진국에서 금융자산의 증가 속도는 경제성장률보다 최소 2배나 높은 성장을 기록해 왔다"고 밝혔다. "금융서비스산업의 발전 없이는, 서비스산업 중심경제로의 이행은 물론 전체 경제성장을 추구하는 것도 불가능하다"고도 주장하였다.[34]

서울파이낸셜포럼의 이 주장은 너무나 쉽게 참여정부에 먹혀 들어갔다. 참여정부 국정브리핑팀이 집필한 『참여정부 경제5년』은 새로운 성장동력을 확보하기 위해 금융허브 전략을 채택하게 되었음을 밝히고 있다. 이 책은 "IMF 외환위기 이후 크게 낮아진 잠재성장률을 끌어올리려면 국제적 분업구조에서 중국이 앞서가는 기존의 제조업보다는 금융부문을 중심으로 한 새로운 성장동력이 필요했다"고 기술하였다. 이를 뒷받침하기 위해 유종일[35] KDI 교수가 2003년 12월 금융허브 로드맵을 확정하는 국정과제회의에서 한 "금융은 그 자체로서 고부가가치 산업이다"라는 발언을 소개하고 있다.[36]

참여정부의 국민경제자문회의가 발간한 보고서인 『동반성장을 위한 새로운 비전과 전략』도 금융이 새로운 성장엔진으로서의 역할을 수행할 수 있도록 금융허브 전략을 추진하게 되었음을 밝히고 있

---

34 앞의 자료, p.41.
35 노무현 당선인의 인수위 제도개혁위원회 간사를 역임하였다.
36 국정브리핑 특별기획팀, 『참여정부 경제 5년 』, 한스미디어, 2008, pp.281~82.

다. 이 보고서는 "세계적으로 금융산업이 고도화되면서 금융은 실물을 지원하는 인프라로서뿐 아니라 그 자체로서 고부가가치를 창출하고 고임금 일자리를 만들어 내는 중요한 미래 성장동력 산업의 하나로 인식되고 있음"을 강조하였다.[37] 또한 "(그렇기 때문에) 금융의 선진화는 금융이 경제의 새로운 성장엔진으로서의 역할을 수행하도록 하기 위해서도 필수적임"을 역설하고 있다. 보고서는 구체적인 수치를 들어 금융허브 구축이 가져올 성장률 제고 효과를 제시하기도 했다. 우리나라 금융업의 GDP에 대한 기여도가 2005년 기준으로 8%[38] 수준인데, 3단계 금융허브 추진전략이 마무리되는 2015년쯤 되면 그 비율이 12%까지 높아지며, 금융 및 보험업의 고용 비중도 2005년의 3.3%에서 2015년에는 4.5~5%로 높아질 것으로 전망했던 것이다.[39]

서울파이낸셜포럼이 신성장동력으로 금융산업의 위상과 금융허브 육성의 중요성을 강조하고 참여정부가 이를 수용하여 금융허브 전략을 채택함에 따라 동 포럼의 주장은 급속도로 확산되어 여론 형성에 큰 영향을 미쳤다. 참여정부 국민경제자문회의 전문위원을 역임한 정신동은 "오늘날의 금융산업은 더 이상 실물산업에 대한 보조적인 위치에 머무르지 않고 첨단 IT기술과 결합한 고도의 장치산업 내지는 지식집약산업으로서 전 세계적으로 부가가치 생산능력이 가

---

37 국민경제자문회의, 『동반성장을 위한 새로운 비전과 전략』, 2006, p.231.
38 'GDP에 대한 기여도'는 금융업이 GDP에서 차지하는 비중을 말하는 것으로 해석된다. 참고로, 한국은행 경제통계시스템에 의거 우리나라 금융보험업이 명목GDP(기준년: 2010)에서 차지하는 비중을 계산해 보면 2005년에는 5.9%였으나 2013년에는 5.0%에 그치고 있다. 이처럼 위에서 인용한 보고서와 수치가 다르게 나타나는 것은 명목GDP를 추계하는 기준년도가 달라졌기 때문이 아닌가 생각된다.
39 국민경제자문회의, 『동반성장을 위한 새로운 비전과 전략』, 2006, p.233.

장 높은 업종으로 부상하고 있다"며 성장산업으로서 금융산업의 의의를 강조하였다.[40] 그는 "포춘지가 선정한 세계 500대 기업을 업종별로 보면 석유 · 유통 · 자동차와 함께 은행 · 보험 업종이 세계 경제의 주력업종인 것으로 나타나고 있으며, 금융산업이 발달한 선진국은 금융업의 GDP 기여도가 높게 나타나고 있다"고 덧붙였다.

이재기도 그의 저서 『국제금융론』에서 "동북아 금융허브의 육성은 국내 고부가가치산업의 발전에 크게 기여할 것으로 기대된다"고 주장하였다. 그는 그 근거로 "고부가가치산업의 하나인 금융산업이 싱가포르 GDP에서 차지하는 비중은 1997년의 7% 수준에서 2002년에는 약 11%로 4%포인트 높아졌음"을 제시하였다.[41] 외국 금융기관의 국내유치 등 싱가포르 정부의 적극적인 금융허브 육성시책으로 동 비중이 크게 상승하였다는 것이다. 한국의 경우에는 2002년 기준으로 동 비중이 약 6.9%에 그치고 있다고 밝혔다.

신성장동력으로서 금융산업을 중시하는 노무현 정부의 경제철학은 참여정부가 동북아 금융허브를 구축하기 위한 전진기지로 KIC를 신설했던 데에 집약되어 나타난다. 당시 재경부 국제금융국장은 국회 재경위에서 KIC를 설립하려는 정부의 구상에 대해 "기존의 제조업 수출 위주의 산업구조로는 21세기 한국경제의 새로운 도약에 한계가 있다고 판단되기 때문에 서비스업을 발전시켜야 되고, 또 그러한 서비스업의 중심에 금융이 있다는 판단을 하고 있다. 그래서 금융허브를 구축해야 되겠다는 생각을 갖고 있다"라고 밝혔다.[42]

---

40 배영목 외 공저, 『금융위기와 금융세계화』, 한울, 2006, pp.257~58.
41 이재기, 『국제금융론』, 한울, 2004, p.369.
42 국회 재정경제위원회 회의록(금융및경제법안등심사소위원회) 제2호, 2004. 11. 24, pp 34~36.

결국 노무현 정부가 금융허브 전략을 채택한 것은 금융산업이 그 자체로서 고부가가치 산업이기 때문에 신성장동력으로 안성맞춤인데다 한국을 금융허브로 만들 경우 성장효과가 극대화될 것이라고 확신하였기 때문이다. 즉, 고부가가치 산업인 금융산업을 중기적으로는 홍콩과 싱가포르 수준, 장기적으로는 미국과 영국 등 선진국 수준으로 끌어올려 경제성장률을 높이려는 것이 참여정부의 목표였음을 알 수 있다.

04

동북아 금융허브 전략에 대한 평가

여기서는 김대중 정부로부터 노무현 정부에 이르기까지 한국 사회를 풍미하였던 여러 경제논리들을 비판적 시각에서 점검해 보고자 한다. 또한 특정 정책을 추진하게 되면 그에 따른 편익과 함께 비용이나 부작용이 파생될 수 있는데, 이들에 대한 고려와 분석이 사전에 제대로 이루어졌는지에 대해서도 살펴보도록 한다.

폴 크루그먼 교수는 맹목적인 자본량 투입증대, 또는 노동력 투입증대로는 높은 경제성장을 지속하기가 어려우므로 한국 등 동아시아 국가들이 기술진보에 힘써야 한다고 제언했다. 경제원론 교과서에 나오는 수확체감의 현상을 동아시아 경제에 적용한 분석이라고 할 수 있다. 그런데 우리나라에서는 이를 앞으로 우리의 제조업 경쟁력이 사라질 것을 예언한 것으로 받아들인 측면이 강했다. 크루그먼의 충언에 좀 더 귀를 기울였다면, 한국이 경쟁력을 가지고 있었던 재래 제조업 부문에서 기술진보를 통해 생산성을 제고하는 쪽으로 정책방향을 잡는 것이 옳은 수순이었다. 김대중 정부에서는 다행히도 그런 방향으로 산업정책 기조가 유지되었다. 그러나 참여정부에 들어와서는 상대적으로 서비스산업을 육성하는 쪽으로 정책방향이 전환되고 있다는 인상을 주었다. 다시 말해 참여정부가 동북아 금융허브 전략을 채택함에 따라 정부의 정책방향이 제조업의 육성발전을 소홀히 하면서 서비스업의 육성을 과도하게 강조하고 있다는 느낌을 주게 된 것이다.

다음으로 너트 크래커 가설에 대해 생각해 보자. 이 가설은 중국이 제조업 강국으로 부상하고 일본이 첨단기술 강국으로 크게 발전해 나감에도 불구하고, 두 나라 사이에 위치한 한국이 잘못 대처할 경우 필연적으로 쪼그라들 수밖에 없음을 경고하면서 한국의 개혁노력을 강조하는 논리였다. 당시 우리나라는 외환위기 직후의 암울한 상황에 놓여 있었기 때문에 국민들이 너트 크래커 가설을 너무 심각하게 받아들인 측면이 없지 않았다. 불확실성이 증대되는 미래에 대비하기 위해 위기의식을 갖는 것은 좋지만 지나친 위기의식은 상황을 오도하여 냉철한 이성과 평정심을 잃게 하고 결국 잘못된 판단에 이르게 할 수 있다.

외환위기 직후인 1999년부터 2013년까지의 거시경제 추이를 보면 우리나라는 중국 및 일본이 성장을 계속하는 가운데에서도 너트 크래커 가설과 달리 비교적 견실한 경제발전을 지속하였다. 다시 말해서 이 기간 중 중국은 고도성장을 지속하였으며, 전통 제조업 부문에서의 신흥강국으로 급부상하였다. 한편 일본은 고질적인 디플레이션 기미에도 불구하고 기복이 있긴 하지만 매우 완만한 성장세를 지속하였다. 한국도 이 기간 중 지속적인 기술진보 및 생산성 향상 노력에 힘입어 전자, 자동차, 조선 및 석유화학 산업 등에서의 동태적 비교우위를 확보하면서 연 4.7%의 성장을 지속하였다. 특히 이 기간 중 역내 분업관계를 토대로 한중일 3국간 교역이 크게 확대되었던 것은 한중일 3국이 비교적 균형 있게 경제발전을 지속하는데 일정 부분 기여했던 것으로 분석된다.[43] 이를 볼 때 1997년 말 외환위기 직후 일부 국민들이 한국경제가 중국과 일본 사이에 끼여 속절없이 쪼그라들 것으로 걱정했던 것은 지나친 비관론이었음을 알 수 있다.

마지막으로 금융산업이 고부가가치 산업임을 믿고 금융산업 육성에 심혈을 기울였던 노무현 정부의 정책에 대해 생각해 보자. 그런데 금융산업은 실물거래를 뒷받침하는 성격을 가지므로 실물부문과 괴리된 채 급속도로 성장할 경우 자산가격의 급등을 초래하고 가계 및 기업부문의 부채를 누적적으로 증가시키는 등 부작용이 클 수 있다. 이러한 금융산업 고유의 특성을 간과한 채 금융산업을 여러 서비스 산업의 하나 정도로 치부하여 별도로 육성하고자 했으니 그 결말이 심히 우려될 수밖에 없었다.

또한 백보를 양보하여 금융산업을 새로운 성장동력으로 삼아 육성할 필요성이 있다고 하더라도 금융산업을 육성하는 데에는 여러 가지 방법이 있을 수 있다. 하지만 노무현 정부는 굳이 동북아 금융허브의 구축을 통해 금융산업을 육성키로 결정하였다. 특히 한국을

---

43   오광옥은 1990년대 중반 이후 한중일 3국간 역내분업 형태가 어떻게 이루어져 왔는지를 분석한 결과 "한국은 일본에 대해, 중국은 한국에 대해 각각 무역적자를 나타내면서 동시에 한국과 중국은 대 세계수출에 있어서 막대한 무역흑자를 실현하는 3국간 역내분업구조가 형성되고 있음을 확인할 수 있었다"고 보고하고 있다. 오광옥, 박사학위 논문 『한중일 3국간 역내분업관계와 경제통합에 관한 연구』 초록, 동아대학교, 2013.

동북아 금융허브로 구축하려고 할 경우 그에 따른 편익과 함께 부작용이 초래될 수 있음을 십분 고려하여 의사결정을 해야 함에도 불구하고 정부가 동북아 금융허브 구축 추진 시 수반될 수 있는 부작용에 대해 충분히 고려하였는지 의문이 든다.

일례로 우리나라는 동북아 금융허브 구축 전략을 채택하기 이전에도 과도한 외국자본의 유출입 때문에 국민경제의 안정적 운용이 어려운 상황이었다. 그래서 만일의 사태에 대비하여 높은 수준의 외환보유액을 유지하고 있었다. 그런데 이런 상황에서 정부가 적극 나서서 동북아 금융허브를 만들어 나가기로 결정했던 것이다. 금융허브란 한 마디로 자본의 국적을 가릴 것 없이 돈이 아무런 제한 없이 어느 때나 들어왔다가 나가는 곳을 말한다. 한국이 금융허브가 되면 국내자본은 물론이거니와 외국자본의 유출입이 종전보다 훨씬 많아질 것은 명약관화한 일이었다. 그 결과 한국경제가 국제금융시장의 변동이나 대외요인의 변화에 더욱 취약해짐은 말할 필요가 없다. 대외 위기상황에 한국경제가 더욱 예민하게 반응하게 됨으로써 국민경제의 안정적 운용이 종전보다 몇 배 더 어려워진다.

그렇지만 우리나라를 동북아 금융허브로 만들어 나가기로 결정하면서 노무현 정부가 이런 부작용에 대해 심사숙고한 흔적을 발견하기가 어렵다. 2003년 12월 11일 청와대에서 열린 제32회 국정과제회의에서 재경부가 보고한 자료인 「동북아 금융허브 추진전략」에는 동북아 금융허브 추진에 따른 비용이 전혀 언급되어 있지 않다.[44] 첫

---

44   동북아경제중심추진위원회, 「동북아 경제중심 추진전략: 국정과제 회의 보고자료」, 2003. 12, p.151.

페이지에 '금융허브 추진의 필요성' 이라는 제목 아래 서비스업 강국으로서의 여건을 마련하고 경제 전반의 선순환 구조 확립에 기여하게 될 기대효과를 설명하고 있을 뿐이다. 오히려 첫 페이지에 "금융허브 구축에 실패할 경우 세계 10대 경제권으로의 진입은 물론 현재 우리 경제의 위상 유지에도 상당한 어려움이 예상"된다고 금융허브 구축의 당위성을 강조하고 있다.

서울파이낸셜포럼도 인수위에 제출한 보고서에서 우리나라가 금융허브를 추진함에 따라 수반될 수 있는 부작용이나 문제점에 대해서는 일언반구 언급하지 않았다. 대신 국제금융중심지로 부상함으로써 얻을 수 있는 이익에 대해서는 열 가지나 열거하였다. 특기할 만한 사항은 서울파이낸셜포럼이 그러한 이득의 하나로 "금융 중심지를 구축하게 되면 한국이 외부의 금융충격을 사전에 방지할 수 있는 능력이 생김으로써 금융위기 예방에 도움이 된다"고 주장하였다는 사실이다. 그 근거로 "국제 금융 중심지 내에 유수한 외국기관이 진출할 경우, 그들은 한국의 금융안정이 자신의 이익과 부합한다고 볼 것이기 때문에 유사시 즉각 한국을 도울 태도를 취할 것"이라는 점을 들었다.[45]

먹고 먹히는 정글과 같은 세계 금융시장의 실상과 냉혹한 자본의 속성을 어느 정도 이해한다면 과연 몇 사람이나 이와 같은 주장에 동의할 수 있을까? 특히 2008년 글로벌 금융위기 직후 외국계 자본들

---

[45] 서울파이낸셜포럼, '아시아 국제금융 중심지로서의 한국 : 비전과 전략', 2003. 1, p.133. 이 포럼은 또 하나의 근거로 "한국이 국제금융 중심지가 되면 우리 금융기관들 자체도 더 투명해질 수 밖에 없고, 우리 금융기관들의 세계 각국 금융기관에 대한 접근이 용이해 질뿐만 아니라, 우리의 금융자산도 더욱 균형있게 투자됨으로써 일종의 안전망(safety net)을 저절로 확보하는 결과가 된다"는 점을 들었다.

이 썰물처럼 짧은 기간에 대거 한국을 떠남으로써 외화 유동성 위기를 맞았던 우리로서는 쉽게 동의하기 어려운 주장임에 틀림없다. 서울파이낸셜포럼은 더 나아가 "한국은 동북아지역의 으뜸가는 국제금융 중심지로 발전할 수 있는 충분한 잠재력을 가지고 있다"고 주장하면서 "이와 같은 절호의 기회를 포착하기 위해 한국은 신속하게 움직여야 한다"고 다그쳤다.[46]

지금 생각해도 놀라운 것은 당시 서울파이낸셜포럼에서 활약했던 인사 외에도 고위공무원, 학계 인사, 언론인, 정치인들 중 많은 사람들이 우리나라의 동북아 금융허브 전략을 거의 무비판적으로 받아들이고 이를 적극 지지하였다는 사실이다. 더욱이 당시 정부의 금융허브 전략에 반대했던 사람들 중에서도 많은 이들은 우리나라 여건상 한국이 금융허브가 되기 어렵다는 점을 들어 반대했던 것이지, 금융허브가 될 경우 한국경제에 미칠 부작용을 우려하여 반대한 사람은 손에 꼽을 만큼 드물었다.

2004년 4월 27일 21세기 금융비전포럼이 주최한 '동북아 금융허브 추진 전략과 과제' 세미나에서 30명 안팎의 금융기관장들이 정부의 동북아 금융허브 추진 전략을 신랄하게 비판하였다.[47] 이 자리에서 배순훈 동북아 경제중심추진위원장과 최명주 제도개혁 전문위원장이 주제 발표를 통해 정부의 금융허브 로드맵을 설명했다. 한국일보 보도에 따르면 당시 몇몇 금융기관장들이 정부의 금융허브 전략에 대해 비판하였으나, 이들의 주장은 금융회사를 포함한 외국기업

46　앞의 자료, pp.4~6.
47　한국일보, 2004. 4. 28.

들이 우리나라에 자발적으로 들어오지 않는 것은 규제와 세금이 많기 때문이므로 정부가 이를 타파할 수 있도록 실천 가능한 대책을 마련해 달라는 데 초점이 맞추어져 있었다.

이처럼 정부는 물론 학계, 국회, 언론, 금융계 등 나라 전체가 금융산업을 신성장동력으로 육성하기 위해 한국을 금융허브로 만드는데 거의 맹목적으로 추종하게 된 것은 무슨 연유에서였을까? 무엇보다도 당시 많은 국민들이 금융산업은 황금을 캐는 노다지 산업이라는 인식을 갖고 있었기 때문이다. 이것은 외환위기 이후 제일은행을 인수한 뉴브리지 캐피탈이나 외환은행을 인수한 론스타 등 국제자본들이 단기간에 천문학적인 이익을 챙기는 것을 목격하면서 얻은 학습효과의 결과였다.[48] 아울러 우리나라 금융산업이 1997년 말 외환위기 이후의 강도 높은 구조조정을 통해 국제적으로도 뒤지지 않은 경쟁력을 확보하게 되었다고 정책당국자들이나 관변 학자들이 잘못된 인식을 지니고 있는 데에도 기인하였다.

돌이켜 보면, 이런 가운데서도 장하준과 심상정 의원 등은 동북아 금융허브 추진과 관련된 문제의 핵심에 접근하였다. 장하준은 『개혁의 덫』에서 "금융 허브론자들은 금융시장을 완전 개방·자유화하고 영어 공용화 등을 통해 외국인 금융 인력이 살기 좋은 환경을 만들면 우리나라가 홍콩이나 싱가포르를 제치고 최소한 아시아의 금융 중심지가 될 수 있다고 말하지만 이것은 허망한 꿈을 좇는 것과

---

48 예를 들어 윤증현 금감위원장은 2007년 4월 26일 서울국제금융포럼에서 '자본시장통합법과 금융투업의 발전 방향'이라는 제목으로 연설하면서 "우리도 외환위기 이후 부실기업 구조조정과 인수·합병이라는 시장에서 외국 투자은행이 막대한 수익을 창출하는 것을 목격하였다"고 말하였다.

같다"고 주장하였다.[49] 장하준은 2007년 11월 1일 개최되었던 관훈포럼에서도 "금융허브 역할을 하고 있는 홍콩과 싱가포르는 장기간 영국 식민지 지배를 받았던 국가로 서구와의 역사적 유대가 있고 몇 백 년 동안 서구인들이 살아온 커뮤니티가 있어 금융허브가 된 것"이라며 "우리나라는 역사를 바꾸지 않고서는 금융허브가 될 수 없다"고 말하였다.[50] 그는 이어 "지금 우리나라의 금융규제를 모두 풀어버리면 우리 경제수준에 걸맞지 않은 금융자본이 들어오고, 원화 평가절상 압력이 생겨 제조업 수출이 치명타를 입는다"며 "금융산업을 발전시켜야 하는 것은 맞지만 제조업을 죽여 금융을 발전시키는 것은 옳지 않다"고 하였다.

심상정 의원은 국회 본회의에서의 KIC 법안에 대한 반대토론을 통해 KIC 설립배경이 되는 정부의 경제철학에 근본적인 문제가 있음을 비판하였다. 심 의원은 "정부는 기존 제조업, 수출산업 구조로는 21세기 한국경제의 새로운 도약에 한계가 있기 때문에 서비스업, 그 가운데에서도 고부가가치 서비스업인 금융업을 키워야 한다고 말하고 있다"고 지적하였다. 그는 이어 "그러나 도시국가 한 둘을 제외하고 제조업을 소홀히 하면서 금융만을 앞세운 국가가 경제적으로 성공한 사례는 존재하지 않는다. 금융산업의 성장이 경제성장을 자동적으로 보장한다는 충분한 경험적 증거도 없다. 금융산업의 발전은 실물성장의 결과이지 그 원인은 아니라는 것이 경제학계의 정설이다"라고 주장하였다.[51]

---

49   장하준, 『개혁의 덫』, 도서출판 부키, 2004, pp.183, 244.
50   국민일보, 2007. 11. 2
51   국회 본회의 회의록, 2005. 3. 2, p.66.

05

이명박 정부의
동북아 금융허브 전략 계승

역사는 반복되는가. 노무현 대통령이 높은 성장을 달성하기 위하여 신성장동력의 확보가 긴요하다고 생각했던 것처럼 후임자인 이명박 대통령도 취임 초부터 신성장동력의 확보를 강조하였다. 이 대통령은 2008년 2월 25일 대통령 취임식에서 "경제 살리기가 무엇보다 시급하다. 신성장동력을 확보하여 더 활기차게 성장하고 더 많은 일자리가 만들어져야 한다"고 말하였다. 그는 대통령선거운동 기간 중 대통령으로 당선되면 '재임기간에 연 7% 성장, 1인당 국민소득 4만 달러, 세계 7대 경제강국 진입' 달성이라는 공약을 제시한 바 있었다. 이명박 정부는 이처럼 높은 경제성장을 달성하려는 목표를 가지고 있었기 때문에 출범 초부터 신성장동력 확보 차원에서 동북아 금융허브 전략을 지속적으로 추진해야 한다고 생각하였다. 그 결과 이명박 정부의 금융정책은 2008년 9월 글로벌 금융위기의 발발에도 불구하고 상당기간에 걸쳐 노무현 정부의 금융정책 연장선에서 추진되었다.

동북아 금융허브 구축을 위한 세부전략에 있어서도 이명박 정부의 기본구상은 노무현 정부 정책의 판박이였다. 이것은 이명박 후보가 당선된 직후인 2008년 1월 매일경제가 이명박 후보의 대선 공약을 집중분석하여 출간한 자료에서도 그대로 드러난다. 이 신문은 이명박 대통령이 후보 당시 '동북아 금융허브 구축'을 위해 외환거래 완전자유화의 조속한 실시, 각종 금융규제의 폐지 또는 완화, 외환시장의 규제철폐, 국내에 대형 글로벌 금융기관이 출현할 수 있도록 금융권 M&A 활성화, KIC의 자금조달 창구를 한국은행 외환보유고 및 연기금 등으로 확대하는 것 등을 공약했던 것으로 분석하고 있다.[52]

동북아 금융허브 전략을 근간으로 한 노무현 정부의 금융정책이 이명박 정부 금융정책의 토대가 되었다는 사실은 전광우 금융위원회 위원장의 연설을 통해서도 확인할 수 있다. 그는 이명박 정부의 초대 금융위원회 위원장을 역임하였다.[53] 전 위원장은 이명박 정부 출범 초기인 2008년 3월 26일 매일경제 창간 42주년 기념 국제금융 컨퍼런스에서 '최근의 금융 여건과 새 정부의 금융정책 과제'에 대해 연설하였다.

그는 연설 모두에서 "오늘날 금융산업은 단순히 실물경제를 뒷받침하는 윤활유 역할에 머무르지 않고 그 자체로 고부가가치 산업이면서 지식기반의 좋은 일자리도 창출하는 핵심 서비스산업"이라고

---

52   매일경제 경제부·정치부, 『MB노믹스 : 이명박 경제 독트린 해부』, 매일경제신문사, 2008. 1. 2, pp.136~37.

53   이명박 정부는 종전 재경부의 금융정책기능과 금융감독위원회의 감독정책 기능을 통합하여 금융위원회를 발족하였으며, 전광우 금융위원회 위원장은 2008년 3월 8일 취임하여 2009년 1월 19일 이임식을 가졌다.

규정하고 "새 정부에서 금융위원회를 새로이 설치한 것도 금융산업 선진화를 통해 국제경쟁력을 강화하기 위한 노력의 일환"이라고 자평하였다. 그는 향후 금융정책의 목표가 "금융산업을 신성장동력산업으로 육성"하는 것이라고 천명하면서 "새 정부(이명박 정부)는 금융산업을 1인당 GDP 4만불 시대 달성을 위한 핵심전략산업으로 육성하기 위해 배전의 노력을 다할 것"이라고 밝혔다. 그는 이를 위해 "금융규제를 획기적으로 개혁하고, 우리 금융의 Global Player를 육성하며, 금융소외자에 대한 지원을 강화하는 것 등을 주요과제로 추진할 계획"이라고 소개하였다. 금융산업을 신성장동력산업으로 육성하기 위해 금융규제를 획기적으로 개혁하고 글로벌 플레이어(Global Player)를 육성하겠다는 방침은 모두 노무현 정부의 동북아 금융허브 전략 및 금융정책을 답습한 것으로서 새로운 내용이 아니었다.[54]

그런데 전광우 위원장은 이날 연설을 통해 금융에 있어서의 '글로벌 플레이어 육성' 및 대형화를 추진하기 위한 구체적인 방안을 다음과 같이 명확하게 제시하여 정책 추진동력 면에서 이명박 정부가 노무현 정부보다 훨씬 앞서가고 있음을 보여 주었다. 그는 "우리나라 금산분리제도가 해외사례에 비해 엄격한 사전적 · 획일적 규제 방식을 적용해 온 것으로 평가받고 있다"고 전제하고, 그렇기 때문에 "우리 금융산업의 경쟁력을 제고하고 산업은행, 우리금융지주 등

---

[54] '금융소외자 지원강화'는 "제도권 금융에서 소외된 금융 소외자들을 금융 시스템 안으로 끌어들임으로써 지속가능 성장의 토대를 마련하고 경제성장의 과실을 공유하고자 하는 정책"이었다. 이 정책에 따라 미소금융 등의 시책이 추진되었다. 그런데 한국자산관리공사는 2004년 '카드 대란'으로 심각한 사회적 문제로 떠오른 금융 소외자 지원을 위해 '한마음금융'과 '공동추심기구 희망모아'를 설립, 운영함으로써 금융 소외자에게 채무유예 및 채무감면의 신용회복을 제공하여 경제적 재기를 꿈꿀 수 있도록 지원한 바 있다. 이런 점을 고려하면 '금융 소외자 지원 강화' 정책도 이명박 정부가 출범하면서 새롭게 추진된 정책으로 보기는 어려운 측면이 있다.

정부가 지분을 보유한 금융회사의 원활한 민영화를 위해 PEF, 연기금과 같은 펀드형태 등 이해상충의 가능성이 적은 방법을 통하여 산업자본이 은행자본을 소유할 수 있는 허용범위를 확대하겠다"고 밝혔다. 아울러 "중장기적으로는 EU 등 다수 국가에서 시행중인 개별적 심사·감독방식으로의 전환을 단계적으로 추진할 계획"이라고 덧붙였다.

또한 그는 "규모와 범위의 경제를 실현하기 위한 금융회사의 대형화(conglomeration)라는 세계적 추세에서 금융지주회사의 효용성은 점차 증대하고 있다"고 평가하였다. 그렇기 때문에 "글로벌 금융그룹과 경쟁 가능한 국내 대형 투자은행(은행계·증권계), 그리고 보험중심 대형 금융그룹이 출현할 수 있도록 금융회사 제도에 대한 보완도 추진해 나갈 것"이라고 밝혔다. 그리고 이를 위해서는 "외국 금융지주회사 실태 및 입법례, 국내 산업에 미치는 효과 등을 면밀히 검토하여 구체적인 제도개선 방안을 마련하고 공정거래위원회와도 함께 논의해 나갈 것"이라고 말했다.

노무현 정부에서 윤증현 금감위원장과 김용덕 금감위원장 등은 "우리나라 금융부문에서도 글로벌 플레이어가 나와야 한다"고 여러 차례 주장한 바 있다. 특히 윤증현 위원장은 "금융산업의 중요성과 글로벌 플레이어의 육성을 위해 금융산업의 독과점 문제에 대한 공정거래위원회의 인식도 달라져야 한다"라는 취지의 의견을 피력한 바 있다.[55] 그러나 이러한 발언들은 단순히 당위론 차원에서의 문제제기였지 자본시장 통합법 제정을 제외하고는 구체적인 정책이 제시

---

55   윤증현 금감위원장, '제66차 한경 밀레니엄포럼 조찬' 강연, 2007. 7. 12.

되지 않았다. 이런 점에서 금융산업을 신성장동력으로 육성한다는 정책목표 면에서는 노무현 정부와 이명박 정부가 매우 비슷하였지만, 이명박 정부는 출범 초부터 노무현 정부의 추진실적을 출발점으로 삼아 훨씬 더 획기적이고도 과감한 정책들을 펼치려고 했음을 알 수 있다.

전광우 위원장은 이날 연설에서 "우리 금융산업도 경제선진화를 선도하는 핵심 성장동력으로 발전할 수 있는 충분한 가능성이 있다"고 말하였다. 그는 그 근거로 세계 10위권의 탄탄한 실물경제 기반, 높은 교육열 등에 힘입은 우수한 금융 DNA, 국민연금 및 외환보유고 등 풍부한 여유자금의 존재, 국제적 경쟁력을 갖출 수 있는 우리나라 금융회사의 잠재력 등을 들었다. 그는 우리나라 금융기관의 역량에 대해서도 "1997년 경제위기 이후 금융회사의 BIS비율 상승, 부실채권 비율 하락 등 건전성이 선진국 수준으로 개선되고 있고 리스크 관리를 중시하는 경영관행이 정착되어 가고 있다"고 높이 평가하였다.

우리나라 금융기관들은 2008년 9월 리먼 브러더스의 파산 이후 글로벌 금융위기의 파고 속에서 원화 및 외화자금의 원활한 조달이 어려울 정도로 극심한 자금난에 시달렸다. 은행들의 예대율이 상식에 어긋날 정도로 높았던 데다가 단기외자에 대한 의존도가 지나치게 높았던 점들이 그 원인으로 꼽히고 있다. 이런 역사적 사실과 비교해 볼 때 위기가 발발하기 바로 6개월 전 한국의 금융 감독을 책임지고 있는 금융위원회 위원장이 우리나라 금융기관들에 대해 갖고 있었던 상황인식은 매우 안이했다고 평가할 수밖에 없겠다.

이명박 정부 출범 초기의 금융정책은 다음의 네 가지 면에서 그 성격이 잘 드러나고 있다.

첫째, 2008년 3월 11일 국무회의 의결을 거쳐 '금융중심지의 조성과 발전에 관한 법률' 시행령을 제정하였다. 이 법률은 노무현 정부 말기인 2007년 12월 21일 제정 공포된 바 있는데, 이명박 정부에 들어와 이 법의 시행령이 제정되었다. 이로써 이명박 정부는 노무현 정부를 계승하여 동북아 금융허브 전략을 흔들림 없이 추진할 것임을 대내외에 천명한 셈이 되었다. 금융위원회는 이 법 시행령이 국무회의에서 의결된 데 맞추어 배포한 보도자료에서 "그 동안 아시아 금융허브 시책을 추진해 왔으나 제도적 기반이 미비해 왔지만 법률 제정을 통해 금융허브 정책을 일관되고 지속적으로 추진하기 위한 제도적 기반이 확립"되었으며 "이번 시행령을 통해 기본계획 수립 및 부처간 의견조정을 제도화하여 범 부처, 국·내외 금융회사를 망라한 실질적 협력이 가능하게 되었다"고 평가하였다.

둘째, 2008년 4월 22일 금융규제개혁심사단을 발족하였다. 금융규제개혁심사단은 금융위원회가 전수조사를 통해 파악한 1,300여건의 규제 내용을 심사하고, 업무영역, 지배구조, 영업행위 진입·퇴출 공시, 신용정보 등에 걸친 개선방안을 정부에 권고하였다. 정부는 이같은 결과를 바탕으로 금융규제 개혁, 감독행태 개선 및 은행 소유규제 합리화 등의 과제를 선정하고 법률 및 감독규정의 제·개정 작업을 실천해 나갔다.[56]

셋째, 은행자본의 확충과 정부 소유 은행의 조속한 민영화 등을 위하여 산업자본 등에 대한 은행주식 보유규제를 완화하는 것을 주

---

56   한국은행, 『연차보고서』(2008), 2009. 3, p.137.

요 내용으로 하는 은행법 개정안과 금융지주회사법 개정안을 마련하였다. 이들 개정안은 2009년 국회를 통과하여 같은 해 10월 10일과 12월 1일부터 각각 시행되었다. 이에 따라 산업자본 등 비금융주력자에 대한 은행 · 은행지주회사의 주식 보유에 대한 규제가 완화되었다. 비금융주력자의 은행 및 은행지주회사 주식 보유한도가 의결권 있는 발행주식 총수의 4/100에서 9/100로 상향 조정되었으며, 연기금의 은행주식 보유규제, 사모투자전문회사 등에 대한 비금융주력자 판단기준 등이 완화되었다. 지주회사 방식의 대형화 · 겸업화를 통해 대형 투자은행 및 보험그룹 출현을 유도하는 한편 현행 대기업집단의 복잡한 소유구조를 합리적으로 개선하기 위하여 보험지주회사의 비금융자회사 지배가 허용되었다. 금융투자지주회사의 경우에는 비금융자회사 지배뿐만 아니라 금융투자업을 영위하는 자회사의 비금융손자회사 지배도 허용되었다.[57]

넷째, 국책은행 역할 재정립 차원에서 기존 한국산업은행의 재산 분할 등을 통해 2009년 10월 산은금융지주회사 · 한국정책금융공사를 새로이 설립하였다. 먼저 한국산업은행을 국책은행에서 주식회사로 전환하는 한편 한국산업은행이 원칙적으로 은행법의 적용을 받도록 하고 업무범위도 일반은행의 업무범위 수준으로 확대하였다. 이것은 한국산업은행이 상업은행들과 경쟁할 수 있는 기반을 마련하기 위함이었다. 또한 한국산업은행, 대우증권 등 11개 금융회사를 자회사 및 손자회사로 두는 형태로 산은금융지주회사를 설립하고 산은금융지주회사의 신속한 민영화를 추진하기 위해 산은금융지주회사 내

---

57   한국은행, 『연차보고서』(2009), 2010. 3, p.123.

에 민영화이행점검위원회를 설치하였다. 한국정책금융공사에는 금융기관의 자금중개기능을 활용한 중소기업 자금지원, 지역개발, 사회기반시설 확충, 신성장동력산업 육성 등 기존 한국산업은행이 담당했던 정책금융기능과 함께 금융시장 안정기능을 부여하였다. 또한 대출·유가증권 투자·보증 등 다양한 정책수단뿐만 아니라 채권발행 및 정부·한국은행·민간 금융기관 차입 등 다양한 자금 조달수단도 부여하였다.[58]

앞에서 서술한 두 가지 정책, 곧 '금융 중심지의 조성과 발전에 관한 법률' 시행령 제정 및 금융규제개혁심사단 발족은 이명박 정부의 금융정책이 노무현 정부의 동북아 금융허브 전략을 그대로 계승하고 있었음을 단적으로 보여준다. 나머지 두 가지 정책인 이른바 금산분리(금융산업과 산업자본 간의 분리) 완화 및 산은금융지주회사·한국정책금융공사 체제의 출범은 노무현 정부의 금융정책을 뛰어넘는 정책으로서 금융업을 신성장동력으로 육성하고자 하는 이명박 정부의 의욕적인 포석이었다. 이러한 이명박 정부의 초기 금융정책은 "대기업 등 국내 산업자본의 금융업 진출을 독려하는 한편 우리은행의 매각과 산은지주회사의 민영화 추진 등을 활용하여 금융권의 인수합병을 촉진함으로써 우리나라에서도 '글로벌 플레이어'급 금융기관이 출현할 수 있도록 하기 위한 정책"이라고 평가되었다.[59]

특기할 사항은 이와 같은 이명박 정부의 초기 금융정책을 뒷받침하는 법률 제정 및 개정 작업이 2008년 9월 글로벌 금융위기의 발발

---

58   앞의 연차보고서, pp.124~25.
59   새로운사회를여는연구원 엮음, 『이명박 시대의 대한민국, 바뀐 5년의 전망』, 시대의창, 2008. 2.
      26, p.160.

에 의해서도 큰 영향을 받지 않고 국회에서 마무리되었다는 사실이다. 리먼 브러더스의 파산을 계기로 미국을 시발로 하여 전 세계로 번진 글로벌 금융위기는 어떤 국가가 제조업의 발전을 등한시한 채 현란한 금융공학에 의존하여 지나치게 금융업만을 앞세워 경제성장에 매진할 경우 얼마나 엄중한 결말을 맞을 수 있는지를 웅변으로 보여주었다.

특히 우리나라는 글로벌 금융위기의 발발 이후 제2의 외환위기라고 일컬을 정도로 심각한 외화 유동성 위기를 겪은 바 있다. 노무현 정부와 이명박 정부가 동북아 금융허브 구축전략에 입각하여 금융산업의 양적 성장을 우선시하는 금융정책을 훨씬 더 신속하고 과감하게 추진하였다면 우리나라 경제는 글로벌 금융위기 발발 이후 파국적인 피해를 입을 수 있었을 것이다. 그럼에도 불구하고 당시 이명박 정부와 여당인 한나라당은 글로벌 금융위기의 발발로부터 별다른 교훈을 얻지 않았다. 성찰과 반성이 부족하였던 것이다. 이에 따라 글로벌 금융위기의 와중이었음에도 불구하고 위기 발발 이전에 계획했던 대로 위에서 언급한 4개 법률안의 제정 또는 개정작업을 시종일관 추진하였다.

국회 정무위원회의 법안심의 과정에서 당시 야당인 민주당의 이성남 의원은 "금산분리 완화문제는 모든 국민이 중요하게 생각하고 첨예하게 대립되고 있는 문제이므로 의사일정에 쫓기지 말고 신중한 심의가 필요하다"고 주장하였다.[60] 또한 민주당 이석현 의원은 "미국이나 유럽 등 선진국에서 수많은 은행들이 무너지고 있는 세계적인

---

60   제281회 국회(임시회) 정무위원회 회의록 제8호, 2009. 2. 26, pp.6~7.

금융위기 상황이므로 금산분리 완화나 산업은행 민영화를 서두르는 것이 적합하지 않다"며 "금융위기가 지나간 뒤 1년이나 2년 뒤에 논의해도 늦지 않다"고도 주장하였다.[61]

반면에 여당인 한나라당의 김용태 의원은 "금융위기의 여진이 계속되고 있기 때문에 우리나라 은행이 부실해져 자본 확충이 시급히 필요할 수 있는데 1997년 말 IMF 위기 때처럼 우리나라 은행이 외국계 자본한테 빼앗기는 것을 막기 위해서라도 금산분리 완화를 가급적 빨리 시행해야 한다"고 주장하였다. 그의 주장은 한 마디로 "오히려 금융위기를 극복하기 위해서라도 금산분리 완화조치가 매우 시급하다"는 논지였다. 김용태 의원은 산업은행 민영화 등 개혁조치에 대해서도 "2006년 노무현 정부가 산업은행의 역할 재편 및 폐지론을 강력하게 제기했던 데에서 보는 바와 같이 산업은행 개혁은 지난 10년 동안 계속 논의되어 왔던 사안이므로 더 이상 미룰 수가 없다"고 주장하였다.

국회 본회의에서는 은행법 개정안에 대한 표결에 앞서 민주노동당 이정희 의원과 민주당 박영선 의원이 각각 반대토론에 나섰다.

이정희 의원은 "세계적인 금융위기는 금융에 대한 무제한의 자유를 허용한 결과"라고 말하고 "세계 각국은 지금 금융산업에 대한 규제를 강화해서 자국 경제의 안정성을 도모하려고 하고 있는 추세에 있다"고 주장하였다. 이 의원은 "(그럼에도 불구하고) 내년에 G20 회장국을 맡게 될 우리만 거꾸로 금산분리 완화와 같이 금융규제를 완화해 가고 있다"며 "전 세계를 덮친 금융위기 와중에 금산분리를 완화

---

61   앞의 회의록, pp.10~11.

하는 것은 금융의 불안정성과 양극화를 더욱 심화시킬 것"이라고 주장하였다.[62]

민주당 박영선 의원은 먼저 영국의 경제지 파이낸셜 타임스지가 "공기업 민영화와 규제 완화 등 자유주의 경제정책에 전도사 역할을 했던 (마가렛 대처 전 영국 총리의) 대처주의는 오늘의 (영국) 금융위기를 촉발한 원인을 제공했기 때문에 이미 역사적 정당성을 상실했다"고 보도하였음을 인용하였다. 박 의원은 "우리나라가 다른 나라에 비해서 비교적 위기를 덜 겪는 것은 바로 우리나라 금융시장을 지켜 주었던 금산분리 원칙이 크게 기여하고 있기 때문"이라고 주장하면서 한나라당 의원들이 은행법 개정에 반대해 줄 것을 촉구하였다.

이처럼 야당 의원들은 이들 4개 법안에 반대하였으나 다수당인 한나라당 의원들이 대체로 찬성함에 따라 이들 법률 제 · 개정안은 모두 2009년 국회를 통과하였다.[63] 이명박 정부가 대통령 선거공약에서 밝혔던 대로 금산분리를 완화하는 방향으로 법률 개정을 완료함과 아울러 산은금융지주회사 · 한국정책금융공사 체제를 출범시키는 데에 성공한 것이다.

그러나 이명박 정부가 법률안 개정 이후 추진하려고 했던 메가뱅크의 출현 등과 관련된 정책들은 점차 추진동력을 상실하였다.

---

62 제282회 국회(임시회) 국회본회의 회의록 제9호, 2009. 4. 30. p.30.

63 당시 야당인 민주당은 국회 표결에 불참하거나 국회 표결에 참여시 반대 의사를 표명함으로써 이들 법안 통과에 반대하였다. 한국정책금융공사 법안은 2009년 3월 3일 본회의에서 재석 181인 가운데 찬성 172인, 반대 3인, 기권 6인으로서 가결되었다. 한국산업은행법 일부개정법률안은 2009년 4월 29일 본회의에서 재석 175인 중 찬성 146인, 반대 14인, 기권 15인으로서 가결되었다. 은행법 개정안은 2009년 4월 30일 본회의에서 재석 204인 중 찬성 110인, 반대 55인, 기권 39인으로서 가결되었다. 금융지주회사법 일부개정법률안은 2009년 7월 22일 본회의에서 재석 165인 가운데 찬성 162인, 기권 3인으로서 가결되었다.

2008년 9월 글로벌 금융위기 이후 이명박 정부의 최우선 정책과제가 위기의 수습에 맞추어져 있어 새로운 정책을 추진할 동력을 확보하기 어려웠기 때문이다. 더욱이 글로벌 금융위기 발발로 그동안 우리 경제에 끼어있던 거품이 빠지면서 대부분의 우리나라 금융기관들이 워낙 부실한 데다 경쟁력이 취약한 상태에 있음이 백일하에 드러났다. 그 결과 우리나라 금융기관들은 제각기 자기 살 길을 찾는 데에 급급하여 다른 금융기관과의 인수합병을 통해 메가 뱅크를 만들어 나갈 여력이 없었다. 결국 이명박 정부는 우리은행의 매각 및 산은지주회사의 민영화 등을 마무리 짓지 못했음은 물론 우리나라에서 글로벌 금융기관의 출현도 보지 못한 채 2013년 2월 임기가 종료되었다.

금융의 새판 짜기와 은행들의 대형화 경쟁

01

은행 간의
치열한 자산경쟁

        2003년 2월 노무현 대통령 취임 후 동북아 금융허브 전략이 추진되기 시작함에 따라 은행들도 민감하게 반응하였다. 동북아 금융허브 전략은 기본적으로 금융산업을 미래의 성장동력으로 육성하고자 하는 정책이었지만, 은행들은 정부가 우리나라 금융산업의 큰 판을 새로 짜려고 한다는 신호탄으로 받아들였다. 정부는 2003년 12월 11일 '동북아 금융중심'을 구축하기 위한 7개의 구체적인 정책과제를 발표하였다. 이중 다섯 번째 정책과제가 바로 '국내 금융기관의 자발적 합병 및 대형화와 금융국제화의 추진' 이었다.

        은행들로서는 금융기관의 대형화가 그리 낯선 정책이 아니었다. 1997년 말 외환위기를 극복하는 과정에서 김대중 정부가 금융 구조조정의 일환으로 대형화를 적극 추진하여 왔던 터였다. 당시 정부는 한국의 금융산업을 선도 대형 금융회사와 전문 금융회사로 나누어 육성하는 청사진을 마련하고 금융의 대형화 · 겸업화를 추진하였다.[1] 그럼에도 불구하고 5년의 임기가 갓 시작된 노무현 정부가 김대중 정부의 뒤를 이어 은행들의 자발적 합병 및 대형화를 적극 추진한다고 하니 은행들로서는 긴장할 수밖에 없었다.

금융산업을 신성장동력으로 삼기 위한 정부의 전략이 속속 드러나면서 은행들의 긴장감은 더욱 높아졌다. 2004년 6월 16일 청와대에서 노무현 대통령 주재로 금융산업 발전을 위한 금융기관장 간담회가 열렸다. 이 자리에서 재경부는 금융산업이 동북아시대 중심국가 건설의 핵심역할을 할 수 있도록 하는 것을 골자로 하는 '금융산업 발전을 위한 비전과 과제'를 보고하였다. 재경부는 이 자료를 통해 "우리나라 금융업을 중장기적으로 자산운용업 중심으로 특화시키고, 현재 8% 수준인 금융업의 국내총생산(GDP) 비중을 2012년까지 15~20%로 높이는 것"을 주요내용으로 하는 청사진을 제시했다. 재경부는 이때 "대형 금융그룹을 탄생시켜 외국과 경쟁할 수 있는 여건을 만들기로 했다"고 밝혔다.[2]

2006년 6월 29일 재경부는 '자본시장과 금융투자업에 관한 법률'(자본시장통합법)을 입법예고하였다. 이 법은 여태까지 다기화 되어 있던 자본시장 관련 법률을 통폐합하는 것을 주요내용으로 하고 있었다. 정부는 이 법의 제정이 한국판 금융 빅뱅을 촉발하는 계기가될 것으로 기대하고 있었다. 시장에서도 조만간 한국에서 대표적인 투자은행이 탄생될 것을 염두에 두고 정부가 이 법을 제정하려고 한다는 관측이 뒤따랐다. 거대 투자은행이 등장할 경우 은행들은 이

---

1   윤증현 위원장의 '제3회 금융지주회사 국제 심포지엄' 기조연설, 2004. 11. 11, pp.8~9.
2   경향신문, 2004. 6. 17 ; 한국일보, 2004, 6, 17.

들과 경쟁해야 하며, 저축성예금 등 예금 이탈이 가속화되면 은행 중심으로 되어 있는 우리나라 금융산업의 지형이 크게 바뀔 수 있는 일이었다.

이처럼 증폭되는 불확실성 하에서 은행들은 활로를 모색하기 위하여 치열한 경쟁에 나서게 되는데, 이것이 바로 은행들의 '자산경쟁' 또는 '외형 확대경쟁'이었다. 새로 큰 판이 짜이는 상황에서 살아남으려면 믿을 것은 자산규모밖에 없었다. 은행들 간의 인수합병 전쟁에서 다른 은행에게 먹히지 않고 승자가 되려면 자산규모를 키워 덩치를 크게 해야만 하였다. 그래야 금융권 '새판 짜기'의 주인공이 되어 다른 은행을 흡수 합병하거나, 최소한 자력으로 살아남을 수 있다고 생각하였다.[3]

국내은행들의 총자산은 2003년부터 2008년까지 연평균 10.4%씩 비약적으로 증가하였다. 같은 기간 중 우리나라 명목 GDP가 연 평균 6.1%씩 증가했던 것과 비교해 보더라도 이 기간 중 은행들의 자산이 얼마나 빠른 속도로 늘었는지를 알 수 있다.

은행들의 총자산이 빠르게 증가했다는 것은 무엇을 의미할까? 은행은 예금을 받아 가계와 기업에 대출을 한다. 은행이 수취하는 예금은 추후 예금자가 찾으러 올 경우 바로 지급해주어야 할 은행의 부채이다. 반면에 은행이 가계와 기업에 대출해 준 돈은 대출 기한이 종료된 후 은행이 받을 돈이기 때문에 은행의 자산이다. 은행의 자산이 증가했다는 말은 은행이 가계와 기업에 대출을 많이 해주었다는 뜻

---

3   문화일보는 2006년 5월 8일자 기사에서 "2006년 3월 국민은행이 외환은행 인수 우선협상대상자로 선정된 것이나 2006년 8월 신한지주, 하나지주, 농협 등이 LG카드 인수전에 각각 참여할 수 있었던 것은 해당 은행들의 총자산규모가 뒷받침되어 있었기 때문"이라고 분석하였다.

이며 가계나 기업들로서는 그만큼 부채가 크게 증가하였음을 의미한다. 금융기관들 간의 자산경쟁은 은행들이 가계와 기업에 대출을 많이 해 주기 위해 치열한 경쟁을 했으며 그 과정에서 가계와 기업의 부채가 급증했음을 뜻한다.

02

금융기관 대형화를 위한
정부의 정책

　　금융기관을 대형화하는 것이 금융산업이나 국민경제에 좋다 또는 나쁘다고 일률적으로 얘기하기는 어렵다.[4] 대형화에는 긍정적 효과와 부정적 효과가 함께 나타날 수 있기 때문이다.[5] 실제로 여러 나라들을 대상으로 실증 분석한 결과를 보더라도 대형화의 효과는 엇갈리는 것으로 나타나고 있다. 이런 점이 반영되어 금융기관의 대형화에 임하는 정부의 정책도 그 나라의 시장구조나 합병효과에 대한 정부의 인식에 따라 다르다. 강호병에 따르면 "미국 영국 프랑스 등 은행시장의 구도가 경쟁적이고 정부가 합병의 긍정적

4　　이병윤, '은행 대형화의 장·단점 비교', 한국금융연구원, 〈주간 금융브리프〉 19권 24호, 2010. 6. 5~11, p.7.

5　　이병윤은 대형화에 따르는 이점으로 ① 규모의 경제(economies of scale) 실현 ② 은행들의 총자산 면에서의 영세성 극복 ③ 국제화 추진을 위한 기반 확보 등을 들고 있다. 대형화에 따르는 문제점으로는 ① 금융시스템 리스크의 증대 가능성 ② 정보의 불투명성이 높은 데 따른 시장규율의 약화 현상 ③ 중소기업 대출의 위축 가능성 ④ 시장점유율이 크게 높아지는 데 따른 독과점의 문제 등을 지적하였다. (이병윤, 위 인용자료)

효과를 인정해 주는 나라에서는 합병에 대한 정부 정책이 상당히 호의적인 반면 호주 캐나다 등과 같이 은행시장의 경쟁도가 떨어지고 은행합병 효과에 대한 불신이 강한 나라에서는 정부가 은행 합병에 대해 높은 경계심을 갖는 것"으로 나타나고 있다.[6]

우리나라에서는 김대중 정부 이래 정부 방침에 따라 인수합병에 의한 금융기관의 대형화가 강도 높게 추진되어 왔다. 다만 금융기관 대형화를 추진해 온 방법에는 김대중 정부 초기와 그 이후 기간에 걸쳐 큰 차이가 있었다. 1997년 말 외환위기를 극복하기 위한 금융구조조정 과정에서 부실금융기관을 대상으로 한 금융기관 간의 인수합병을 추진할 때에는 금융감독위원회가 처음부터 개입하여 절대적인 영향력을 행사하였다. 그러나 김대중 정부 후반기 이후에는 금융기관의 인수합병에 정부가 직접 개입하는 일이 거의 없어졌다. 그 대신 이른바 시장논리에 입각하여 시장에서 건실하다고 평가받는 금융기관이 상대적으로 취약한 금융기관을 인수합병하는 식으로 진화되었다. 그렇지만 금융감독당국은 관련 법률에 의거 금융기관 간의 인수합병과 관련하여 광범위한 권한을 보유하고 있기 때문에 그 영향력은 여전히 막강한 실정이다.

이제 노무현 정부가 대형화에 대한 강한 신념과 집착을 가지고 얼마나 금융기관들을 내몰아 왔는지 당시 금융감독 위원장들의 강연 및 연설 내용을 통해 살펴보기로 하겠다.

이정재 금감위원장은 2003년 7월 16일 노무현 정부의 금융정책을 조감할 수 있는 매우 중요한 강연을 하였다. 이 위원장은 노 대통령

6　강호병, 「금융강국 코리아」, 굿인포메이션, 2005, p.64.

이 취임한 이후 수차례[7]에 걸쳐 연설 또는 강연을 하였으나 동북아 금융허브 구축이나 대형화, 겸업화에 대해서는 일언반구 언급한 적이 없었다. 그런 점에서 7월 16일에 행해진 그의 강연은 노무현 정부 출범 직후 정부의 금융정책 방향과 이정재 위원장의 금융감독 철학을 파악하는데 크게 도움이 된다.[8]

이 위원장은 강연 모두에서 금융산업의 세계적인 발전추세를 살펴본 후 대형화의 당위성 및 금융기관간 경쟁의 불가피성을 강도 높게 설파하였다. 그는 "금융의 글로벌화, 디지털화, 증권화 등으로 집약되는 국제금융의 환경변화에 대응하여 금융회사의 대형화와 금융의 겸업화가 크게 확산되고 있다"고 세계 금융산업의 발전 모습을 소개하였다. 그는 이를 볼 때 앞으로 금융산업 경쟁력의 원천은 "대형화, 겸업화에 의한 규모 및 범위의 경제 획득과 정보기술에 의한 투자 및 응용 능력, 그리고 시장을 파고드는 전문화 능력이 될 전망"이라고 설파했다. 그는 "외국의 경우 대형화, 겸업화가 적극 추진되면서 합병 등 은행통합은 더 이상 이례적인 사건이 아니라 은행의 상시적인 전략적 의사결정의 일부로 인식되고 있다"면서 "주요 선진은행들은 대부분 효과적인 형태의 수직적·수평적 통합을 거쳐 세계적인 은행으로 성장했다"고 덧붙였다. 그는 미국 씨티 그룹, 미국 JP모건 체이스 그룹, 영국 HSBC 등 세계적인 금융그룹들을 그 사례로 들었다. 한마디로 이 위원장은 대형화를 위한 효과적인 방법은 금융기관 간의 인수합병(M&A)임을 강조하였던 것이다.

---

7   이정재 금감위원장은 2003년 5월 30일, 6월 4일, 6월 26일에 연설 또는 강연을 하였다.
8   강연 제목은 '우리나라 금융산업의 현황과 과제'였으며 인간개발 경영자연구회의 초청으로 이루어졌다.

또한 이 위원장은 "선진국 금융산업의 발전적 진화과정을 돌이켜볼 때, 국내 금융산업은 대형화·겸업화를 통해 국내시장에서 승자를 찾아가는 단계에 와 있다"고 평가하였다. 그리고 금융감독 당국은 "경쟁 제한적인 규제를 완화하고 시장규율을 확립함으로써 시장에서 투명하고 공정한 경쟁을 통해 '승리한 자'만이 시장지배력을 가질 수 있도록 여건을 조성해 나갈 것"이라고 밝혔다. 그는 한 걸음 더 나아가 "(금융환경의 변화가) 금융회사들간 경쟁을 심화시켜서 지속적인 퇴출과 동시에 상호간 합종연횡을 촉진시키고 금융산업을 재편시키는 촉매 역할을 한다"며 "선진국의 금융산업은 정글의 법칙 하에서 동태적 진화 과정을 거치며 발전하고 있다"고 덧붙였다. 이처럼 시장의 냉혹한 원리를 역설하면서 승자가 될 것을 촉구하는 금융감독 당국 수장의 금융산업관(觀)은 당시 금융기관장들에게 어떤 영향을 미쳤을까? 무슨 수단을 쓰든지 간에 사활을 걸고 대형화함으로써 치열한 경쟁에서 살아남아야 한다는 강박관념을 심어주었을 것임에 틀림없다.

이정재 위원장의 뒤를 이어 2004년 8월 3일 취임한 윤증현 위원장은 취임 초기만 하여도 규모 위주의 성장을 강조하기보다는 금융의 질적 발전을 중시하는 견해를 피력하였다. 윤 위원장은 2004년 11월 11일 '제3회 금융지주회사 국제 심포지엄' 기조연설에서 "1997년 외환위기 이후 한국 금융의 대형화·겸업화가 단기간에 급진전한 것으로 보이지만 대형화·겸업화 노력이 성공하였다고 자축하기에는 아직 이른 감이 있다"고 평가하였다. 따라서 "대형화·겸업화가 성공적으로 진행되기 위해서는 통합 이후의 경영효율성 제고가 필수적"임을 강조하였다.[9]

그러나 대형화에 대한 윤 위원장의 견해는 취임 후 1년이 지나면서 크게 바뀌었다. 2005년 7월 31일 경영인클럽 하계포럼에서 행한 강연에서 그는 "경제의 활력을 위해서는 기본적으로 금융이 위험을 잘 관리해야 하며, 그러기 위해서는 어느 정도 규모가 있어야 한다"며 금융회사의 대형화 필요성을 언급하였다.[10] 아울러 "동북아 금융 허브를 뒷받침할 수 있는 중장기 제도개선 과제들을 발굴하여 적극 추진해 나가겠으며, 세계적 추세에 맞추어 금융회사의 겸업화·대형화를 유도하고, 금융회사 영업규제를 과감하게 완화하겠다"고 밝혔다.

윤 위원장은 2006년 이후에는 한국 금융이 대형화를 뛰어넘어 '글로벌 플레이어'를 배출해야 한다고 역설하기 시작하였다. 전자산업에서는 삼성전자와 LG 등이 세계를 무대로 뛰고 있고, 현대자동차도 세계 자동차시장에서 발군의 실력을 발휘하고 있다. 그런데 금융 부문에서는 그런 회사가 보이지 않는다는 게 당시 '글로벌 플레이어' 대망론의 출발점이었다. 같은 해 6월 29일 강연에서 그는 "이제 우리 금융회사들 중에서도 국내시장에서 구조조정을 주도하고 세계 시장에서도 경쟁할 수 있는 글로벌 플레이어가 나와야 한다"고 말하였다.[11] 또한 같은 해 8월 2일에 강연할 때에는 아예 제목을 '한국금융의 글로벌 플레이어 전략과 방향'이라고 잡았다. 그는 "이제 우리 금융산업에도 글로벌 플레이어가 등장해야 할 시점"이라고 말하고

9   윤증현 위원장의 「제3회 금융지주회사 국제 심포지엄」기조연설, 2004. 11. 11, pp.8~12.
10   금융감독위원회·금융감독원, 「신뢰받는 금융감독, 세계적인 금융시장 – 윤증현 금융감독위원장 겸 금융감독원장 연설문집」, 2007, pp.406~07.
11   위의 책, p.455.

우리 금융회사의 규모를 키워야 함을 역설하였다.[12] 다음 해인 2007년 2월 13일 대통령 업무보고 기자 브리핑에서 '2007년도 금융감독 방향'에 대해 언급할 때에도 "금융산업의 경쟁력을 강화하고 금융의 글로벌 플레이어를 육성해 나갈 것"이라고 밝혔다.[13]

윤 위원장은 '자본시장과 금융투자업에 관한 법률(자본시장통합법)'[14]의 국회 심의를 전후한 시기에 각종 연설과 강연을 통해 다음의 세 가지 점을 강조하였다.

첫째, 앞으로 금융기관간의 자유경쟁이 격화되면서 적자생존의 원칙이 적용될 것임을 경고하였다. 2007년 4월 26일 '자본시장 통합법과 금융투자업의 발전 방향'이라는 제목의 연설에서 그는 "자본시장통합법이 시행되면 업종별 보호 장벽이 제거됨에 따라 경쟁이 심화될 것"이라고 전망하면서 "경쟁이 심화되면 시장의 효율성이 제고되는 한편 적자생존의 법칙에 따라 필연적으로 도태하는 회사가 생겨날 수밖에 없다"고 말하였다.[15] 같은 해 7월 12일 한경밀레니엄포럼에서 행한 조찬 강연에서도 "(자본시장통합법 도입에 따른) 가장 큰 변화는 각 자본시장 관련 업종별 보호 장벽이 제거됨에 따라 무한경쟁의 시대가 도래하는 것"이라고 말했다. "업종간 장벽이 무너지고 진입과 퇴출이 자유로워지면 기존의 영업방식으로는 시장에서 생존하기가 어렵게 될 것"이라고 경고하고 "경쟁이 심화되어 적자생존의 법칙에 따라 필연적으로 도태하는 회사가 생겨나는 반면 경쟁에서

---

12   앞의 책, p.349.
13   앞의 책, p.112.
14   이 법은 2007년 7월 3일 국회 본회의에서 의결되고 2007년 8월 3일 법률 제8635호로 공포된 후 1년 6개월이 경과된 2009년 2월부터 시행되었다.
15   앞의 책, pp.312~13.

생존하는 회사는 글로벌 플레이어로 성장할 수 있는 경쟁력을 갖추게 될 것"이라고 예측하였다.[16]

둘째, 자본시장통합법의 시행으로 경쟁이 치열해질 전망이므로 금융기관들이 인수합병 등을 통해 경쟁력을 제고해나갈 것을 촉구하였다. 그는 앞에서 언급한 2007년 7월 12일의 조찬 강연에서 "기업금융이나 자기투자와 관련한 위험 인수를 위해서는 손실에 따른 위험을 흡수할 수 있는 적정규모가 필요하다"며 "인수한 위험을 관리하고 필요한 전문인력을 키우며 덩치 큰 글로벌 금융회사들과 경쟁하기 위해서는 무엇보다 자본확충이 선결되어야 한다"고 밝혔다. 이를 위해 "적극적인 인수·합병을 통하여 자본확충에 활용해 나가는 방법도 가능할 것"이라고 말했다.[17] 대형화의 방법까지도 친절하게 제시했던 것이다.

셋째, 금융회사 간 인수합병에 수반되는 독과점 문제에 대하여 언급하였다. 금융기관의 대형화를 뛰어넘어 우리나라가 글로벌 플레이어인 금융회사를 배출하려면 금융기관 간 인수합병이 이루어져야 한다. 그런데 인수합병 과정에서는 당연히 독과점 문제가 제기될 수 있다. 그는 독과점 규제가 우리나라에서 금융기관의 대형화와 글로벌 플레이어의 출현을 막는 걸림돌이 될 수 있음을 지적하고, 우리나라가 이를 슬기롭게 넘길 수 있어야 한다고 주장하였다.

그는 위의 7월 12일 조찬 강연에서 "(독점 규제 면에서) 다른 산업과의 형평성 등을 고려하지 않을 수 없지만 금융산업의 중요성과 글로

---

16   윤증현 위원장의 '제66차 한경밀레니엄포럼' 조찬 강연, 2007. 7. 12, p.10.
17   위 강연, pp.18~9.

별 플레이어의 육성이 우리 경제발전에 기여하는 정도를 고려할 때이에 대한 보다 진지한 검토가 필요하다"고 말했다.[18] 한 마디로 금융회사가 인수합병을 추진하는 경우 독점 규제를 하지 않거나 규제를 하더라도 매우 완화된 형태로 이루어져야 함을 주장했던 것이다. "과거 폐쇄 경제 시대의 법과 제도를 고수하는 한 세계적 경쟁력을 갖춘 글로벌 금융회사의 육성은 그만큼 멀어질 것"이라고 단언했다.

이같은 강연 내용에 대해 7월 13일 금융노조는 "윤증현 금감위원장은 금융기관 대형화 주장을 중단하라"는 내용의 성명서를 발표하였다.[19] 금융노조는 이를 통해 "수많은 학자들이 은행 대형화는 노동자 대량감원에 따른 일시적인 비용절감 이외에는 별다른 효과가 없다고 주장해 왔고, 이는 IMF 이후 한국 금융산업의 현실에서 그대로 입증되었다"고 밝혔다. 또한 "독점화된 대형은행에 부실이 발생할 경우 국민경제에 미치는 타격은 더 커진다는 것이 학계의 정설이며, 이는 90년대 초반의 북유럽 사례 등에서 현실로 나타난 바 있다"고 주장하였다.

지금까지 살펴본 바와 같이 윤증현 금감위원장은 2007년 8월 3일 임기가 끝나는 날까지 각종 강연을 통해 금융기관의 대형화 및 금융부문의 글로벌 플레이어 출현 필요성을 줄기차게 설파하였다. 그가 얼마나 동북아 금융허브 구축과 금융산업에서의 글로벌 플레이어 육성에 몰두하고 있었는지는 임기 만료 한 달 전인 7월 12일에 행한 조

---

18   앞의 강연, pp.19~20. 윤증현 위원장은 2006년 6월 29일 중앙공무원연수원에서 강연할 때 "우리나라 은행산업의 경우 국민, 우리, 신한, 하나 등 몇 개의 대규모 은행이 국내시장을 주도하고 있는 상황"이고 "이러한 현상에 대하여 일부에서는 독과점에 대한 우려도 하고 있지만 이 문제는 조금 생각의 틀을 넓혀 볼 필요가 있다"고 밝힌 바 있다.

19   프라임경제, 2007. 7. 13.

찬 강연에서도 그대로 드러난다. 그는 강연을 끝맺으면서 "글로벌 경쟁력을 갖추고 경제성장을 이끌어갈 전략산업으로서 우뚝 선 우리 금융산업을 후배들에게 물려주는 그날까지 끊임없는 노력이 필요함"을 강조하였다.[20]

2007년 들어 세계 금융시장은 미국 주택경기의 하강세가 지속되는 가운데 서브 프라임 모기지 부실화에 따른 헤지펀드 등의 투자손실이 증대되면서 신용경색 우려가 유럽 등 여타국으로 점차 확산되는 모습을 보이고 있었다. 2007년 8월 초에는 프랑스의 BNP파리바 은행이 서브프라임 사태로 인해 3개 ABS 펀드에 대한 가치평가 및 환매를 중단한다고 발표하였다.[21] 다시 말해 2008년 9월 본격화되었던 글로벌 금융위기의 조짐이 서서히 드러나기 시작했던 것이 2007년 여름이었다.

2008년 2월 25일 이명박 정부가 출범하기 이전까지 금융감독위원회는 금융감독 업무만을 관할하고 있었다. 금융관련 법률 제개정 등 금융정책 업무는 당시 재정경제부의 소관사항이었다. 따라서 금융산업 육성을 위한 금융허브 조성 등 금융행정 업무도 당연히 재정경제부 소관사항이었다. 이런 점이 고려되어 동북아 금융허브 구축사업도 재정경제부 소관업무로 되어 있었다. 재경부 직제에 금융허브 조성업무를 소관으로 하는 심의관이 지정되어 있었다. 한 마디로 금융허브 구축과 금융산업 육성에 관련된 업무는 당시 금융감독위원회의 소관업무가 아니었다. 그런데 금융기관의 건전성 제고 및 금융소비

---

20   윤증현 위원장의 '제66차 한경밀레니엄포럼' 조찬 강연, 2007. 7. 12, p.23.
21   한국은행, 〈해외경제포커스〉 제2007-32호, 2007. 8. 5~11, pp.30~42.

자 보호를 위해 촌음이라도 아껴야 할 금융감독 당국의 수장이 자기 관할 업무도 아니며, 더욱이 중장기 과제라고 할 수 있는 금융산업 육성 및 발전을 위하여 전력투구하고 있었던 것이다. 이것이 2008년 글로벌 금융위기가 발생하기 1년 전 한국의 모습이었다.

우리나라가 1997년 말 외환위기 이후 금융기관 대형화를 적극 추진했던 반면 캐나다는 비슷한 시기에 우리나라와 정반대되는 행보를 보였다. 은행들이 자발적으로 은행 인수합병을 통해 대형화를 이루려고 했던 데 대해 캐나다 정부가 나서서 제동을 걸었던 것이다.

2009년 3월 27일 조선일보는 파이낸셜 타임스지를 인용하여 "글로벌 금융위기의 와중에서도 캐나다 은행들이 G7(선진 7개국) 국가 중에서 유일하게 정부의 구제금융을 받지 않았을 정도로 매우 건전하다"며 "세계경제포럼(WEF)이 2009년 초 발표한 '세계 경쟁력 보고서'의 은행 건전성 부문에서 캐나다가 1위를 차지했다"고 보도하였다. 버락 오바마 미 대통령이 2009년 2월 캐나다를 방문했을 때 "미국이 캐나다로부터 배워야 할 점은 캐나다 은행시스템"이라고 극찬한 내용도 소개하였다.

이 신문은 전문가들의 견해를 인용하면서 캐나다 은행들이 글로벌 금융위기를 비껴갈 수 있을 정도로 건전하게 된 요인을 몇 가지 들었다. 캐나다 은행들은 미국의 투자은행들처럼 '머니게임'을 하지 않고 안정적인 예금을 기반으로 이를 보수적으로 운용하였다. 주택담보대출을 담보 가치의 80% 선으로 한정하는 등 적절한 규제가 이루어졌다. 캐나다 은행들이 보수적인 경영을 한 것은 1990년대 경기 침체 때 미국 은행들보다 더 큰 고통을 겪었던 교훈을 잊지 않았기 때문이다. 또한 캐나다 은행들은 자산 키우기 경쟁을 하지 않았다.

그런데 2009년 4월 1일 조선일보는 위의 3월 27일자 보도 내용에 대한 김영희 씨의 반론을 게재하였다. 그는 캐나다에서 25년 살면서 공인회계사 겸 국제공인재무설계사로 활동하고 있는 교포라고 자기를 소개하였다. 그는 "캐나다가 금융위기를 겪지 않고 있는 것은 1998년에 재무장관이었던 폴 마틴(Paul Martin)이라는 소신 있는 정치인의 결정이 있었기 때문"이라고 밝혔다.[22] 마틴 전 캐나다 재무장관은 자서전에서 그가 왜 당시 은행들의 합병 시도에 반대하였으며 이를 저지했던가를 술회하고 있다.[23]

1998년 캐나다에는 6개의 주요 은행이 있었다. 이들 중 RBC(Royal Bank of Canada), 몬트리올(Bank of Montreal), CIBC(Canadian Imperial Bank of Commerce), 그리고 TD 등이 합병을 위해 노력하고 있었다. RBC는 몬트리올과, CIBC는 TD와의 합병을 원했다. 정부가 외부 전문가들에게 은행업의 장기 발전방향을 연구하여 보고토록 발주한 상태였음에도 불구하고 은행들은 그 결과를 기다리려고 하지 않았다. 은행업을 육성해야 한다는 여론을 등에 업고 합병을 밀어붙이려고 하였던 것이다.

당시 캐나다 은행들은 인수합병을 통해 몸집을 크게 불린 미국 등 주요국 은행들과의 치열한 경쟁에 직면해 있었다. 캐나다 은행들은 외국 은행들로부터 국내시장을 지키는 한편 해외시장을 개척하기 위해 대형화의 필요성을 절감하고 있었다. 캐나다 은행들은 다국적

---

22   폴 마틴은 2003년 12월부터 2006년 2월까지 캐나다 수상을 역임하였다.
23   Paul Martin, 『Hell or High Water : My Life in and out of Politics』, McClelland & Stewart Ltd, 2008, pp.189~93.

거대기업들의 해외 영업활동을 지원해 주기 위해서도 막대한 재원을 필요로 하고 있었다. 특히 토론토 지역 출신 정치인들이 은행 합병을 전폭적으로 지지하였다. 이들은 은행업이 토론토 지역의 번영을 가져올 새로운 성장 엔진이라고 생각하였다. 더욱이 은행 합병이 성사되면 토론토의 국제적 위상이 현저히 제고될 수 있을 것이라고 믿었다. 그러나 폴 마틴 재무장관은 여론을 등에 업은 이들 은행들의 합병 시도를 다음과 같은 이유를 들어 슬기롭게 차단했다.

첫째, 당시 캐나다의 6개 은행 중에서 합병을 추진하던 4개 은행이 2개 거대 은행으로 합병될 경우 남아있는 2개의 은행도 합병의 후폭풍 때문에 엄청난 압력을 받게 될 것이라고 예상하였다. 마틴 장관은 거대화된 2개 은행이 남아있는 2개의 작은 은행들을 차례로 합병함으로써 캐나다에는 최종적으로 2개의 거대은행만 남을 수 있게 될 것을 우려하였다. 둘째, 이렇게 남겨진 2개의 거대 은행 중 어느 한 은행에라도 문제가 생겨 위기가 발생하면 국민경제에 미치는 부정적 영향은 훨씬 더 심각하게 되고, 이 경우 어쩔 수 없이 정부가 나서서 수습할 수밖에 없게 된다고 생각하였다. 그는 캐나다 경제를 한두 개의 은행이 좌지우지하게 해서는 안 된다는 뜻을 굽히지 않았다. 셋째, 은행들이 합병될 경우 비용 절감 차원에서 중복되는 지점을 감축할 수밖에 없을 것이라고 생각하였다. 그 과정에서 중소도시나 중소기업들이 주로 이용해 왔던 지점들이 폐쇄됨으로써 중소도시 주민이나 중소기업들의 금융 수혜기회가 줄어들 것을 우려하였다. 결국 마틴 재무장관의 완강한 반대 때문에 은행들의 합병은 무산되었고, 은행들은 싫든 좋든 보수적인 영업풍토를 유지할 수밖에 없었다.

김영희 씨가 멀리 캐나다에서 고국으로 글을 보내왔던 마음에 대해 생각해 본다. 그는 "결과적으로 캐나다가 금융위기를 벗어날 수 있었던 것은 은행권이 호들갑스럽게 펼친 여론에 움직이지 않았던 폴 마틴 재무장관의 소신 덕분이다. 그 위에 확고한 정책을 펼 수 있는 정치·경제 및 사회의 안정성, 그리고 그의 정책을 믿고 따라준, 욕심(greedy)이 많지 않은 캐나다 국민의 국민성이 있었다고 본다"고 피력하였다. 김영희 씨는 1997년 말 외환위기를 당한 지 얼마 지나지 않았는데 다시 환율급등과 외화자금 조달 상의 어려움 등으로 고통을 겪고 있는 고국을 바라보면서 매우 가슴이 아팠을 것이다. 한국의 현실을 착잡한 마음으로 지켜보면서 캐나다의 사례를 소개하는 것이 고국의 발전에 도움이 될 수 있을 것이라고 생각했을 것이다. 그의 글에는 한국에서도 앞으로 폴 마틴 재무장관과 같은 지혜로운 경제수장이 등장하여 다시는 외환위기에 빠지는 일이 없기를 바라는 간절한 마음이 담겨 있다.

03

금융기관 간의 인수 합병(M&A) 열풍

　　　　　　정부가 금융기관의 대형화를 주요 금융정책으로 정하고 이를 추진함에 따라 은행들은 인수합병 시장에 매물로 나온 은행이나 금융회사들을 인수하려고 백방으로 노력하였다. 이들 은행이나 금융회사들을 인수 합병하는데 성공할 경우 은행 규모를 일거에 키울 수 있는 이점이 있었기 때문이다. 그런데 은행들의 인수합병 그 자체가 또 다른 인수합병이나 은행권 내 합종연횡을 촉진하는 기폭제가 되었다.[24] 어떤 은행이 인수합병에 성공하게 되면 그 은행의 총자산이 크게 늘어나면서 종전의 은행권 지형이 크게 바뀌게 되었다. 그 결과 은행 규모면에서 졸지에 순위가 밀리거나 상대적으로 열세에 놓이게 된 은행들은 이를 만회하기 위해 타 은행이나 금융회사와의 인수합병에 더욱 안달을 내었다. 인수합병으로 은행권 내 입지가

24　　세계일보, 2002. 8. 20.

더욱 탄탄하게 된 은행들도 새로 확보한 우위를 유지하기 위해 더욱 더 규모를 키우는 데 심혈을 기울였다.

1997년 말 외환위기 이후 한국 금융사에서 가장 큰 인수합병은 2001년 11월 1일 국민은행으로 공식 출범한 국민은행과 주택은행 간 합병이었다. 이로써 자산 185조 원, 거래고객 2,600만 명을 보유한 초대형 은행이 탄생하였다.[25] 2002년 8월 19일에는 하나은행의 서울은행 합병이 사실상 확정되었다. 2002년 9월 14일 국민일보는 하나은행과 서울은행의 합병으로 국민, 우리, 하나은행 등 대형은행간 경쟁이 더욱 치열해질 것으로 전망하였다. 하나은행의 서울은행 합병으로 총자산 순위에서 4위로 밀려난 신한은행이 물밑협상 중인 한미은행과의 합병작업에 가속도를 낼 가능성도 점쳐졌다.[26] 조흥, 외환은행 등도 몸집불리기에 나설 것으로 전망되었다.

2003년 9월에는 신한금융지주회사가 조흥은행을 자회사로 편입하였다. 이 일이 있은 이후 몸집불리기를 위해 가장 두드러진 행보를 보인 은행은 하나은행이었다.[27] 하나은행은 2002년 서울은행을 흡수합병하여 업계 3위에 올라섰으나 신한금융지주회사가 조흥은행을 자회사로 편입한 이후 갑자기 업계 4위로 밀려났다.[28] 하나은행은 자

---

25 한국일보, 2001. 11. 2.
26 하나은행이 서울은행을 인수하기 이전인 2002년 6월의 은행 판도는 총자산 기준으로 국민은행 (197조 5천억 원), 우리은행(103조 9천억 원), 자회사를 모두 합친 신한지주(74조 7천억 원), 하나은행(58조 원) 순이었다. 당시 서울은행의 총자산은 25조 8천억 원이었다. 하나은행의 서울은행 인수로 하나은행의 총자산은 단순 합산하더라도 83조 8천억 원에 이르게 되었다. 이로써 하나은행은 국민, 우리은행에 이어 국내 3위 은행으로 올라서게 됐다.
27 서울신문, 2003. 12. 9.
28 2003년 3월 말 현재 신한은행과 조흥은행의 총자산은 각각 74조 4천억 원, 74조 8천억 원이었다. 2003년 9월 조흥은행이 신한금융지주회사의 자회사가 되었기 때문에 추후 이들 두 은행의 합병이 완료되면 총자산은 149조 2천억 원으로 불어나게 되어 국민은행(219조 원)에 이은 자산규모

칫하면 메이저 대열에서 밀려날 수 있다고 크게 우려하였다. 그 결과 외형 키우기에 남다른 관심을 보였다. 서울신문은 "하나은행이 자금난이 심각한 LG카드의 인수를 놓고 내부 검토를 활발히 진행중이며 한미은행 인수에도 관심을 보이고 있다"고 보도하였다.[29]

더욱이 막강한 자금력과 영업 노하우를 갖고 있는 씨티그룹, HSBC, 스탠다드차타드 등 다국적 은행들도 제일, 한미은행 등 국내 은행 인수를 암중모색하고 있었다. 이러한 상황 변화도 2003년 하반기 들어 몸집불리기를 위한 대형은행들의 마음을 급하게 하는 요인이었다. 결국 2004년 2월 23일 씨티은행의 한미은행 인수가 확정 발표됨으로써 대형 시중은행들의 몸집불리기 경쟁을 촉발시켰다.

우리금융지주 황영기 회장 내정자는 대우·LG투자증권 등 매물로 나와 있는 대형 증권사 중 한 곳을 인수하여 우리은행에 쏠려있는 지주회사 비중을 균형있게 조정함과 아울러 M&A를 보험사까지로 확대할 구상을 내비쳤다.[30] 국민은행은 한국투자증권 및 대한투자증권 인수전에 뛰어들기 위해 태스크포스를 구성하였다. 하나은행 김승유 행장은 대형화의 필요성을 언급하면서 "LG투자증권이나 한국투자증권, 대한투자증권 중 한 곳을 인수하는 방안을 검토중"이라고 말했다.[31] 결국 대한투자증권은 2005년 4월 29일 하나은행에 매각되었다.[32]

2위의 대형은행이 등장할 것으로 예상되었다. 뒤이은 총자산 순위는 우리은행(107조 원), 하나은행(89조 원), 외환은행(61조 원), 한미은행(49조 원) 순이었다.(세계일보, 2003. 6. 20) 한편 신한은행의 조흥은행 합병은 2006년 4월 1일에 이루어졌다.

29 서울신문, 2003. 12. 9.
30 경향신문, 2004. 3. 17.
31 경향신문, 2004. 3. 17.
32 한겨레신문, 2005. 5. 6.

2006년 3월 23일에는 론스타가 최대주주였던 외환은행 인수를 위한 우선협상 대상자로 국민은행이 선정되었다.[33] 국민은행이 외환은행 인수에 관심을 갖고 있음이 드러난 것은 이보다 약 4개월 전인 2005년 11월이었다. 국민일보는 2005년 11월 18일자에서 "강정원 국민은행장이 취임 1주년 기자간담회에서 외환은행 인수에 대해 '경쟁 환경에 중요한 변화가 생길 수 있는 현 상황에서 관심을 가지지 않을 수 없다'고 말함으로써 발언의 해석을 놓고 은행권 전체가 들썩이고 있다"고 보도하였다. 외환은행 인수 의사를 공식 발표했던 하나은행은 모든 채널을 가동하여 국민은행이 인수 의사가 있는지를 확인하느라 11월 17일 하루 종일 분주했다. 2006년 4월 통합될 예정이었던 신한-조흥은행과 LG카드 인수를 추진 중인 우리은행도 비상이 걸리기는 마찬가지였다. 당시 전문가들은 국민은행 강정원 행장이 외환은행 인수에 관심을 표명한 데에는 나름대로 상당한 이유가 있다고 분석하였다. 즉, 신한-조흥은행 또는 우리은행이 LG카드를, 하나은행이 외환은행을 인수할 경우 리딩뱅크 경쟁에서 심각한 위협이 되므로 국민은행으로서는 외환은행을 인수하여 2위권 은행들과의 격차를 확실하게 벌릴 필요가 있다는 것이었다.

당시 국민은행의 외환은행 인수는 은행권 판도에 큰 영향을 미칠 수 있는 중대 사안이었다. 국민은행이 외환은행을 인수할 경우 국민

---

33 론스타는 2006년 5월 외환은행 지분 64.62%를 국민은행에 매각하는 본계약을 체결하였다. 그러나 2003년 외환은행 헐값 매각 의혹에 대한 검찰 수사가 2006년 6월 이후 본격화되면서 본계약 만료일인 9월 16일까지 대금 납입 등 매각절차가 정상적으로 진행되지 못하였다. 이에 따라 론스타는 2006년 11월 23일 국민은행과 체결했던 외환은행 매각계약의 파기를 선언하였다. 이날 존 그레이첸 론스타 회장은 보도자료를 통해 "검찰 수사가 이미 수차례 연장됐고 아직도 언제 끝날지 확실하지 않은 상황에서 외환은행을 국민은행에 매각하는 작업을 더 이상 진행시킬 수 없다는 결론에 도달했다"고 밝혔다.(한겨레신문, 2006. 11. 24)

은행 자산은 270조 원을 넘어 2위인 신한금융지주와 70조 원 이상 차이가 나게 된다. 확실한 '1강(국민) 2중(신한, 우리)' 체제가 도래하는 셈이었다. 한국일보는 3월 23일 "국민은행의 소매금융과 외환은행의 기업금융 및 외환부문이 잘 접목되면 세계 60위권의 글로벌 은행의 입지도 구축하게 된다"고 보도하였다.

그런데 충격적이었던 것은 외환은행 인수전에서 고배를 마셨던 하나은행 등에 대한 언론의 시각이었다. 한국일보는 2006년 3월 23일 "(국민은행을 제외한) 나머지 은행들 간에는 또 한 번 인수합병(M&A) 회오리가 불가피할 전망"이라며 "하나금융이 LG카드 인수에도 실패할 경우 시장 '매물'로 나올 가능성도 점쳐지고 있다"고 보도하였다. 하나금융이 외환은행 인수에 실패하여 4위권 밖으로 내몰리게 되자 바로 인수합병 시장의 매물이 될 수 있다는 말이 나왔던 것이다. 이처럼 당시 은행들 간의 경쟁 분위기는 매우 살벌하였다. 그렇기 때문에 은행들은 대형화의 기치 아래 먹고 먹히는 싸움에서 살아남기 위해 인수합병에 성공하거나, 아니면 무조건 규모를 키우려고 발버둥질 칠 수밖에 없었다.

세계일보는 2006년 3월 25일 외환은행 인수전에서 희비가 엇갈린 국민은행과 하나은행의 주주총회 풍경을 스케치하여 보도하였다. 이 보도에 따르면, 외환은행 인수 우선협상자로 확정된 국민은행은 시종 화기애애한 분위기 속에서 주총을 마쳤다. 국민은행 주주들은 우선협상자 낙점으로 중간배당이 어려워졌어도 개의치 않겠다는 입장을 보였다. 반면 인수전에서 탈락한 하나금융지주의 주총에서 김승유 회장은 외환은행 인수 실패와 관련하여 "패장으로서 무슨 할 말이 있겠느냐? 모든 면에서 부족했던 것 같다"고 고개를 숙였다.

2006년 8월 16일 LG카드 매각 주관사인 산업은행은 LG카드 매각을 위한 우선협상대상자로 신한금융지주를 선정했다고 발표하였다. 신한금융지주는 LG카드 인수를 위한 입찰에서 주당 6만 8천 원대의 가격을 써냄으로써 전체 지분 1억 2천 500여 만 주의 85%를 인수하기 위한 자금으로 약 7조 2천억 원이 소요될 것으로 추정되었다. 이는 국민은행의 외환은행 인수 총액 약 7조 원을 뛰어넘는 것으로 국내 인수합병(M&A) 사상 최고가격이라고 보도되었다.[34] LG카드 인수전에 나선 후보들이 예비실사 결과를 토대로 입찰가격을 산정하던 8월 초순 LG카드 주가는 4만 8천 원과 5만 원 사이를 오르내렸으나 신한지주는 시가보다 최소한 36% 이상 높은 가격을 제시한 셈이었다.

서울신문은 2006년 8월 16일 "LG카드를 인수하려는 인수후보들이 물불을 가리지 않고 가격을 높였던 데에는 LG카드가 최고의 '캐시 카우'인 점[35]과 인수후보들의 절박한 심정이 복합적으로 작용했다"고 보도하였다. 이 신문은 "조흥은행을 성공적으로 인수한 신한지주는 LG카드 인수를 통해 금융권 2위의 입지를 확고하게 다진다는 복안이었고, (인수전에서 낙마한) 하나금융은 이번에도 실패하면 규모의 경쟁에서 밀려 자칫 '매물'이 될 수도 있다는 위기의식이 작용했다"고 보도하였다.

신한지주가 LG카드를 인수하기 위한 우선협상 대상자로 선정됨에 따라 은행간 몸집불리기 경쟁은 더욱 치열해지는 모습을 보였다.

---

34   서울신문, 2006. 8. 16.
35   LG카드는 2005년에 1조 3천 600억 원의 순이익을 낸 데 이어 2006년 상반기에도 6,406억 원의 순이익을 냈다. 자산을 활용해 얼마나 많은 이익을 냈는지를 나타내는 총자산이익률(ROA)이 시중은행은 1%대에 머물지만 LG카드는 10.6%에 이르렀다.

2006년 9월 6일 경향신문은 신한금융지주와 우리금융지주가 업계 2위 자리를 놓고 치열한 경쟁을 벌이고 있다고 보도하였다. 이 두 금융지주 간의 은행권 2위 다툼은 신한은행과 조흥은행의 합병 이후 불붙기 시작했다. 더욱이 신한금융지주가 LG카드 인수 우선협상대상자로 선정된 데 상응하여 우리금융지주가 '자산 늘리기' 총력전을 펼치면서 두 금융지주 간의 경쟁은 격화되는 양상을 보였다.

04

대형화 및 총자산 증대를 위한 은행장들의 집념

1997년 말 외환위기 이후 어느 때부터인가 대형화 및 총자산 증대에 대한 은행장들의 집념은 병적인 것에 가까웠다. 은행장들은 몸집을 키우지 못하면 인수합병의 대상으로 전락하게 된다는 강박관념을 가지고 있었다.

2002년 8월 19일 공적자금관리위원회가 서울은행 매각 우선협상자로 하나은행을 선정하여 발표함으로써 하나은행의 서울은행 인수가 사실상 확정되었다. 이날 하나은행 김승유 행장은 "자산규모 업계 3위 수준에 만족할 수는 없으며 앞으로도 기회가 온다면 추가합병을 통해 1~2위를 향해 나아갈 것"이라고 밝혔다.[36] 그는 2002년 12월 합병은행 출범 후 가진 첫 기자간담회에서도 "하나은행은 더 이상 틈새시장에 치중하는 후발은행이 아니다. 이제는 전면적인 경쟁

---

36   국민일보, 2002. 8. 7 ; 세계일보, 2002. 8. 20.

에 나서겠다"고 말했다.[37] 세계일보는 "하나은행도 국민–우리은행과 더불어 리딩뱅크 경쟁에 나설 것임을 선언한 셈"이라고 해석하였다.

우리은행 이덕훈 행장은 2002년 12월 "은행은 인력과 시스템으로 승부를 겨루며 가장 중요한 것은 정보시스템이다. 정보시스템에 투자하는 돈이 연간 몇 천억 원이다. 대규모투자를 뒷받침하려면 연간 당기순이익이 1조 원 이상 나와야 한다. 그러므로 은행의 자산규모가 100조 원은 넘어야 살아남을 수 있다"라고 말했다.[38] 그는 임기만료 3개월 정도를 앞둔 2003년 12월 "새해에는 '빅4'가 세계 붙을 것이며 장기적으로 살아남는 것은 1인자밖에 없을 것으로 보인다. 우리은행은 준비가 끝났다"라고 말했다.[39] 여기서 '빅4'라 함은 당시 총자산 순위로 업계 4위 이내에 들었던 국민, 우리, 하나, 신한은행을 지칭하는 것이었다. 국민은행 김정태 행장도 2002년 12월에 "대규모화는 세계적 추세이고 한국도 자산 100조 원 이상의 은행 3, 4개로 통폐합될 것"이라면서 "통폐합에서 제외되는 은행은 대형은행의 자회사 은행으로 생존 가능할 것"이라고 주장했다.[40]

2004년에 들어와서도 은행장들은 총자산 증대에 대한 열망을 숨기지 않았다. 일부 은행장들은 우리나라 은행이 글로벌 시장에서 제대로 경쟁하려면 자산규모가 300조 원은 되어야 한다는 견해를 피력하였다. 세계일보는 2004년 2월 24일 김정태 국민은행장이 "앞으로 생산성 향상을 통해 자산 300조 원을 실현하겠다"고 밝혔다고 보도

---

37   세계일보, 2002. 12. 4.
38   동아일보, 2002. 12. 3.
39   동아일보, 2003. 12. 26.
40   동아일보, 2002. 12. 3.

하였다.[41] 김 행장은 "국민은행의 자산규모가 210~230조 원이지만 글로벌 시장에서 경쟁하려면 자산을 300조 원까지 키울 필요가 있다"고 말했다. 경향신문은 2004년 2월 26일 "우리은행 이덕훈 행장도 외국자본의 국내 금융시장 잠식에 대항하기 위해 자산을 3백조 원까지 늘려야 한다고 밝힌 바 있다"고 보도하였다.

그러나 총자산을 늘리는 방법에 대해서는 김정태 행장과 이덕훈 행장의 생각이 달랐던 것으로 보인다. 위의 보도에 따르면, 김정태 행장은 "자산을 늘리기 위해 M&A를 하기보다는 생산성을 높여야 한다"고 주장하여 더 이상 인수합병에 의존하지 않겠다는 뜻을 내비쳤다. 반면 이덕훈 행장은 인수합병 필요성을 거론한 적이 있었던 것으로 보도되었다. 한편 한국씨티은행 하영구 행장은 한미은행과 씨티은행 서울지점이 2004년 11월 1일 합병 법인인 한국씨티은행으로 출범한 직후 가진 기자회견에서 "현재 총자산규모에서 6~7%인 시장점유율을 장기적으로 10%까지 끌어올려 시장의 주요 은행으로 거듭나겠다"고 선언하였다.[42]

은행장들은 총자산이 큰 데 대해 지나친 자신감을 가졌으며, 총자산이 작은 은행들을 공공연히 우습게보기까지 하였다. 자산규모로 업계 1위인 은행을 가리켜 선도은행(리딩 뱅크)이라고 하였는데 업계에서는 선망의 대상이었다. 국민은행은 2001년 11월 주택은행과의 합병 이후 자산규모 185조 원을 기록하여 선도은행이 되었다. 당시 김정태 국민은행장은 기자가 "김승유 하나은행장을 라이벌이라고 소

---

41   세계일보, 2004. 2. 25.
42   동아일보, 2004. 11. 1 ; 문화일보, 2004. 11. 3.

개한 잡지가 있다"고 질문하자 "합병부터 하고 나서 찾아오라고 하라"고 말하였다. 덩치 면에서 서로 비교가 되지 않는다는 뜻이라고 기자는 주를 달았다.[43] "(당시 하나은행 등이 틈새시장에 특화하는 은행이라는 인식이 일부 있는 점에 착안하여) 한국에 틈새시장이 있다고 보는가"라는 질문에 대해 "한국에서는 틈새시장 논의보다는 선도은행 중심으로 가야할 것 같다. 지금 통합논의가 오가는 5개 은행을 모두 합쳐도 우리보다 작다"고 말하였다. 신한금융지주도 2004년 하반기에 '2008년에 리딩 뱅크가 되겠다'고 선언해 은행권을 술렁이게 했다.[44]

자산 확대경쟁을 진두지휘하였던 은행장들은 은행 간부 및 지점장들을 독려하기 위하여 '전쟁' '진군' 또는 '작전'이라는 표현을 즐겨 사용하였다. 언론들도 이를 그대로 받아 은행들간의 자산 확대경쟁에 대해 '영업전쟁' '영업대전' '금융대전' '메가뱅크 대전' 또는 '선도은행(리딩 뱅크) 경쟁'이라는 현란한 이름으로 박진감 넘치게 보도하였다. 예를 들어 2003년 12월 26일 동아일보는 "2004년 한국 금융권에서 국민, 신한, 우리, 하나 등 4대 은행 간에 메가 뱅크(Mega-Bank) 대전이 시작된다"고 보도하였다. 또한 "국내 여신 및 수신시장의 70% 이상을 장악하고 있는 이들 4개 은행이 2003년 안에 내부체제 정비를 마치고 새해에는 금융시장의 진정한 패자를 가리는 무한경쟁에 뛰어들겠다는 각오를 다지고 있다"고 보도하였다. 군대가 전쟁터에 나가는 모습을 묘사한 글과 다르지 않았다.

국내 은행들은 자산 확대경쟁에 치중하면서도 외국계 은행의 국

---

43   동아일보, 2002. 1. 8.
44   동아일보, 2004. 11. 1.

내시장 진입에 대해서는 경계의 고삐를 늦추지 않았다. 국민은행의 김정태 행장은 2003년 12월 "HSBC, 씨티은행 등 '글로벌 플레이어'의 국내 진입 여부가 2004년 중 판가름 날 것이며 이중 하나라도 들어온다면 국내 4강 은행은 (외형과 경쟁력 면에서) '도토리'로 전락할 가능성이 높다"고 우려했다.[45] 2004년 2월 발표된 미국 씨티그룹의 한미은행 인수[46]는 다른 한편으로 외국은행들의 영업행태에 대한 국내 은행들의 경계심을 높이는 계기가 되었다.

먼저 씨티은행이 국내은행보다 강점을 가지고 있는 우량고객 영업시장 경쟁이 크게 달아올랐다. 국내 은행들은 프라이빗뱅킹(PB) 영업경쟁에서 우위를 차지하기 위해 PB센터를 추가로 개설하는 한편 우량고객에게 차별화된 서비스를 제공하기 위하여 노력하였다. 이런 현상을 빗대어 동아일보는 2004년 10월 13일 "국내은행 'PB대전' 초긴장"이라고 보도하였다. 글로벌 영업망을 기반으로 한 씨티은행의 기업금융 확대에 대해서도 국내 은행들은 경계를 늦추지 않았다.

동아일보는 2004년 4월 8일 우리은행 황영기 행장이 인터뷰를 통해 "국내 은행들은 PB분야를 중심으로 한 씨티은행의 소매금융보다도 씨티은행의 기업금융시장 진출에 긴장해야 한다"고 말했다고 보도하였다. 황영기 행장은 삼성전자나 포스코 등 세계 현지에 지점을 낸 우리나라 글로벌 기업들의 입장에서 전 세계 네트워크를 가지고 있는 씨티은행은 매우 매력적인 은행으로 인식될 수 있다고 판단하였다. 그렇기 때문에 애국심에 호소하는 감성적인 접근 방식으로는

---

45 동아일보, 2003. 12. 26.
46 실제 한국씨티은행의 출범은 2004년 11월 1일에 이루어졌다.

국내은행들이 씨티은행에 백전백패할 수밖에 없다고 우려하였다.

　동아일보는 2004년 11월 2일 신상훈 신한은행장이 월례조회에서 "새로 출범한 한국씨티은행이 글로벌 영업망과 차별화된 상품으로 공격적인 마케팅을 펼쳐 국내 시장점유율을 늘려 나갈 것"이라며 "한국씨티은행의 출범으로 은행권 경쟁이 훨씬 더 치열해질 것"이라고 말했다고 보도하였다.

　은행장들은 자산경쟁에서 승리하기 위해 다른 은행들과의 차별화 전략을 구사하기도 하였다. 우리은행 황영기 행장이 2005년 12월 들고 나왔던 '토종은행론'이 대표적인 사례였다. 황영기 행장은 2005년 12월 12일 월례조회에서 "(소유지분 면에서) 한국인이 과반수를 소유하고 경영도 한국인이 해야만 '토종은행'"이라며 '토종은행(우리은행) 육성론'을 설파하였다.[47] 외국인 지분율이 50%가 넘는 국민, 신한, 하나은행 등 다른 시중은행들은 "우리은행이 이른바 '토종은행론'으로 국민들의 애국심을 자극해 공공예금 예치 등 영업기반을 넓히려는 전략"이라며 발끈하고 나섰다. 어떤 은행은 "우리은행의 '토종은행론'이 혹세무민식의 퇴행적 감성을 자극해 금융질서를 교란시키는 행위"라고까지 비판했다.[48]

　은행들은 새해를 맞아 은행장 신년사 또는 신년업무계획 등을 통해 주요 영업전략을 발표하는데, 당시에는 이런 자료에 거의 빠짐없이 총자산 증가율 목표 등이 포함되어 있었다. 일례로 세계일보가

47　당시 외국인 지분율은 우리은행(11.77%)을 제외하고 국민은행(86.01%), 신한지주(60.06%), 하나지주(72.17%)가 모두 50%를 넘었다. 이밖에 외환은행(외국계 74%), 한국씨티은행(100%), SC제일은행(100%)은 외국인 소유인 데다 경영까지 외국인이 맡고 있는 말 그대로 외국은행이었다.(한겨레신문, 2005. 12. 13)

48　SBS TV, 2006. 1. 28.

2006년 은행장 신년사 및 각 은행 신년업무계획을 분석하여 보도한 내용을 보면 외형확장에 대한 각 은행들의 집념을 읽을 수 있다.[49] 강정원 국민은행장은 신년사에서 "올해엔 경기가 회복되면서 금융수요도 더욱 늘어날 것"이라며 "이같은 경영여건 변화에 좀 더 능동적이고 적극적으로 대응할 것"이라고 밝혔다. 우리은행 황영기 행장은 신년사에서 "1등 은행을 향해 시장을 거침없이 석권해 나갈 것"이라고 말했다. 하나은행도 새해에 최소한 5% 이상의 자산 성장을 목표로 하고 있음을 밝혔다. 신한은행은 2006년 4월로 예정된 조흥은행과의 통합작업에 중점을 두면서도 외형확장을 동시에 노린다는 전략을 수립하였다. 기업은행은 2006년에 '자산 100조 원, 중소기업 대출 점유율 20%'란 목표를 제시하였다. 외환은행도 총 대출규모를 8.7% 늘린다는 전략을 수립하였다.

은행 간 자산 확대경쟁에서는 우리은행이 저돌적으로 공세를 주도하는 경우가 있었다. 특히 2006년 중에 전개되었던 자산경쟁은 우리은행에 의해 촉발된 측면이 강했다. 우리은행은 1997년 말 외환위기 이후 공적자금이 투입된 은행이라는 속성상 구조적으로 대규모 인수합병의 주체가 될 수 없는 태생적 한계가 있었다. 그러한 제약 때문에 자산 확대를 통해 규모를 키우려는 욕구가 더욱 강하였다. 황영기 우리은행장은 2006년 1월 18일 기자간담회에서 "우리은행은 2006년 중 영업점을 100개 이상 늘리고 자산을 30조 원 이상 늘리는 공격 영업을 통해 금융대전의 승자가 되겠다"고 선언하였다.[50] 30조

49   세계일보, 2006. 1. 2.
50   문화일보, 2006. 1. 19.

원은 당시 우리은행 총자산규모(140조 원)의 21%에 해당되는 엄청난 규모였다. 황 행장이 이날 제시한 '자산 30조 원 증가 및 점포 100개 신설'은 2006년 내내 은행 간 대출 및 점포설립 경쟁을 심화시키는 기폭제가 되었다.[51]

우리은행 황영기 행장이 공공연히 '2006년 중 자산 30조 원 증가'를 목표로 내세웠던 것은 신한-조흥 통합은행의 발족을 염두에 둔 사전 포석으로서의 성격이 강했다. 2005년 말 은행별 자산은 국민은행(197조 원), 우리은행(140조 원), 하나은행(103조 원), 신한은행(90조 5천억 원), 조흥은행(72조 7천억 원) 순이었다.[52] 그런데 이제 곧 신한은행과 조흥은행이 통합은행으로 발족[53]하게 되면 신한은행은 자산 163조 2천억 원을 기록, 우리은행을 제치고 단숨에 2위 은행으로 뛰어오르게 된다. 당시 신한은행은 "지난해 '빅4체제'(국민·우리·하나·신한)가 2006년에는 '빅2'로 재편될 것"이라며 "이번 통합을 계기로 신한은행은 우리은행 및 하나은행과 격차를 벌리면서 국민은행과 본격적인 1위 다툼을 벌여나갈 계획"이라고 공언하고 있었다.[54]

황영기 행장은 이와 같은 은행권의 지각변동에 대해 나름대로 위기의식을 느꼈다. 그 결과 우리은행이 인수합병에 의존함이 없이 통합 신한은행의 자산규모를 뛰어넘으려면 자력으로 자산을 30조 원 늘리는 방법밖에 없다고 판단했던 것으로 분석된다. 신한-조흥 통합은행의 발족으로 은행권 지형이 크게 바뀌게 되어 있었던 데다 우리

---

51 서울신문, 2006. 11. 9.
52 문화일보, 2006. 2. 15.
53 신한은행은 2006년 4월 1일 조흥은행을 합병하였다.
54 문화일보, 2006. 2. 15.

은행이 자산 30조 원 증대를 위해 온 힘을 기울임에 따라 2006년중 은행간 자산 경쟁은 예측 불허의 상태로 진행되었다. 그리고 자산경쟁이 치열했던 만큼 이를 진두지휘했던 은행장들은 많은 뒷이야기들을 남겼다.

우리은행 황영기 행장은 2006년 1월 14일 경기도 일산 한국국제전시장에서 열린 경영전략회의에서 47명의 영업본부장들로부터 목표 달성 다짐서를 받은 후 이들에게 군 장교들이 사용하는 지휘봉을 선물했다.[55] 이를 받은 영업본부장들은 깜짝 놀랐다. 지휘봉의 손잡이 끝에 달린 뚜껑을 돌리자 단검이 나왔기 때문이다.[56] 지휘봉들을 받아든 영업본부장들은 죽을 각오로 싸워 그 해의 영업전쟁에서 승리하여 반드시 '우리나라 1등 은행'이라는 목표를 달성하라는 은행장의 뜻이라고 생각하였다. 이들은 각자 영업점에 돌아가서 직원들에게 이런 사실을 전하고 불퇴전의 결의를 다졌다고 보도되었다. 더구나 황 행장은 이날 "사냥에 앞서 둥지를 부리로 깨부수는 '장산곶매'처럼 비장한 각오로 출정하자"며 전의를 불태웠다.

황영기 행장은 원래 '검투사'라는 별명을 갖고 있었다. 이것은 그가 우리은행장에 취임하기 직전 삼성증권 사장 때부터 "최고경영자(CEO)는 지면 죽는 검투사와 같다"고 강조해 붙여진 별명이었다. 영업본부장들에게 단검을 선물한 일은 평소 그의 검투사 이미지에 부합되었을 뿐 아니라 당시 전개되었던 은행들 간의 치열한 자산경

---

55 이하 황영기 행장과 관련된 보도 내용은 한국경제(2006. 1. 19) 및 서울신문(2006. 1. 24)을 요약한 것이다.

56 당시 우리은행 관계자는 "군대에서 쓰는 것과 똑같은 지휘봉을 구입하다 보니 안에 단검이 들어 있었다"고 해명하였다.

쟁을 상징적으로 보여주는 사례였기 때문에 금융계의 큰 화제가 되었다.

한편 당시 국내 1위 은행이었던 국민은행 강정원 행장은 2006년 2월 10일 명품 볼펜인 몽블랑을 지점장들에게 선물하였다.[57] 이를 받아든 지점장들의 해석이 가히 일품이었다. 국민은행 지점장들은 '펜은 칼보다 강하다'는 말을 먼저 떠올렸다. 우리은행 황 행장이 칼을 줬으니 국민은행의 강 행장은 이보다 강한 펜을 줬다고 받아들였다. 부드러운 리더십을 가졌지만 패배를 용납하지 않는 강 행장다운 선물이라고 평가하였다.

2006년 4월 신한은행 신상훈 행장은 '견내량 봉쇄작전'이라고 명명된 긴급지시를 시달하였다.[58] 당시 경쟁은행들은 신한-조흥은행의 통합을 앞두고 신한-조흥은행의 우량 개인 및 중소기업 고객들에게 각종 당근을 제시하며 거래은행을 옮길 것을 권유하고 있었다. '견내량 봉쇄작전'이라는 작전 명(名)에는 1593년 이순신 장군이 견내량(見乃梁, 거제도와 통영반도 인근의 수로)이라는 좁은 지역으로 일본 함대를 유인해 초토화했듯이 공격적인 마케팅으로 경쟁은행들의 공격을 막겠다는 신상훈 행장의 의지가 담겨 있었다.

자산경쟁이 심화되면서 은행장들이 지점을 순시하고 산업현장을 찾는 일들도 잦아졌다. 파이낸셜뉴스는 2006년 4월 14일 "최근 시중은행장들이 현장 경영에 박차를 가하면서 '은행장실엔 은행장이 없다'는 말이 은행업계에서 회자되고 있다"고 보도하였다. 시중은행장

---

57 이하 강정원 국민은행장에 관련된 보도 내용은 동아일보(2006. 2. 14)를 요약한 것이다.
58 문화일보, 2006. 2. 15.

들이 인수 · 합병(M&A)이라는 태풍이 한바탕 지나간 후 자체 영업력 강화를 통한 몸집불리기만이 은행의 살길이라고 판단, 직원 사기진작과 고객확대를 위해 스스로 '돌격대장'을 자처하고 나섰기 때문이라는 것이었다. 이 신문은 "이제 은행장들이 가죽소파에 앉아 결재나 하고 고관대작들과 담소를 즐기며 하루를 보냈던 시절은 '호랑이 담배 피우던 시절'의 이야기가 됐다"고 보도하였다. 예전 같으면 일반 고객이나 중소기업 대표들이 지점장을 만나 애로사항을 해결해 달라고 부탁했겠지만, 요즘은 일선 지점 또는 회사로 은행장이 직접 찾아가 이들의 애로사항을 청취하고 해결해준다고 이 신문은 보도하였다.

2006년 중 은행장들은 때때로 치열한 시장점유율 확대경쟁에 대해 우려와 자성의 목소리를 내었지만 자산경쟁에서 공세적 입장에 있었던 여타 은행들은 그런 호소마저도 방어 차원의 전략이라고 폄하하였다. 강정원 국민은행장은 2006년 5월 2일 기업설명회에서 "최근 은행들이 규모 키우기 경쟁을 벌이고 있는데 이에 동참하지 않겠다. 국민은행까지 자산성장 경쟁에 뛰어들면 우리나라 은행산업에 도움이 안 된다. 적정 시장점유율을 지키면서 자산은 해외에 진출해 키워야 한다"라고 말했다.[59]

신상훈 신한은행장은 5월 2일 월례 조회사를 통해 "현재 다른 은행들이 무차별적인 금리경쟁으로 고객 유치에 나서고 있지만 맹목적인 외형 확대 분위기에 편승해서는 안 된다. 은행 간 우열은 위기상황에서 극명하게 드러나기 마련이다. 건전성과 리스크 관리를 바탕

---

59   한국일보, 2006. 5. 3.

으로 흔들림 없이 우리가 갈 길을 가면 된다"라고 말했다.[60] 강권석 기업은행장도 5월 2일 월례조회에서 "일시적이거나 단기적인 성과를 위한 출혈 경쟁 등 비정상적인 영업은 머지않아 시장의 신뢰를 잃게 될 것"이라고 경고하였다.[61]

그러나 서울신문은 이들 세 은행장의 발언이 보도된 바로 다음 날인 2006년 5월 4일 "은행권에서 이들 세 은행장의 발언은 각각 업계에서의 자기 위상을 지키려는 방어 차원의 '호소'로 받아들여지고 있다"고 보도하며, 그 근거로 "이들 세 은행은 모두 영업확대 전략을 펴는 다른 은행의 집중 공격대상이 되고 있다는 공통점을 가지고 있음"을 지적하였다. 이 신문은 이러한 코멘트의 출처를 그냥 은행권이라고만 밝혔지만, 같은 기사에서 "'출혈경쟁'의 진원지로 우리은행이 지목되고 있다"고 보도하였다. 유추해서 보면 세 은행장의 언급에 대한 반박도 우리은행 쪽에서 나왔을 가능성이 있다고 생각된다.

이처럼 2006년 중 은행간 자산경쟁은 경쟁은행의 최고경영자 발언에 대해 눈곱만큼의 예우도 해 줄 여유가 없을 정도로 치열하고 팽팽하게 진행되었다. 우리은행은 황영기 행장이 '2006년중 자산 30조원 증대'를 선언했던 대로 목표를 달성하여 2006년 말 총자산 170조원을 기록하게 되었다. 그 결과 자산 순위에서 신한은행을 제쳐 2위 은행이 되었다. 신한은행 입장에서는 조흥은행과의 통합으로 국민은행에 이어 자산 규모 2위로 출발했다가 1년 만에 우리은행에 2위 자리를 내준 셈이었다.

---

60   앞의 기사.
61   앞의 기사.

당시 신상훈 행장의 심정은 어떠하였을까? 그는 2007년 4월 8일 출입기자단과의 세미나에서 "(우리은행에) 밀렸다고 생각하지 않는다"면서 "무조건 자산만 늘리다가는 리스크 관리 측면 등에서 새로운 부작용이 생길 수 있다"고 강조했다. 매우 점잖은 응수였지만 신상훈 행장은 2007년 4월 2일 (조흥은행과의) 통합 1주년을 맞아 발표한 기념사에서 "우리가 내부정비에 치중하는 사이 영업에 집중해온 타 은행들의 질주가 예사롭지 않다"면서 "이기는 경영으로 1등 신한은행을 반드시 이루는 게 꿈"이라고 강조했다. 당시 신한은행이 처해 있던 냉엄한 현실을 직시하면서 이를 바로잡아 1, 2위 은행으로 도약하겠다는 강한 결의를 읽을 수 있다.

자산경쟁에서 신한은행을 추월했던 우리은행 황영기 행장의 임기가 2007년 3월 종료되어 우리은행의 사령탑이 바뀌게 되었다. 황영기 행장은 처음부터 우리금융지주 회장을 겸임하고 있었으나 후임 인사에서는 이 두 자리를 분리하는 것으로 결정되었다. 박병원 우리금융지주 회장은 4월 2일 취임사에서 "우리금융그룹을 씨티은행이나 HSBC와 같은 세계적인 금융그룹들과 어깨를 나란히 할 수 있는 '글로벌 경쟁력을 가진 1등 금융그룹'으로 만들겠다"고 밝혔다. 3월 29일 취임식을 가진 우리은행 박해춘 행장도 취임사에서 "1,400만 명에 달하는 고객과 전국적인 영업망, 그리고 1등을 향한 열정으로 최선을 다하겠다"고 강조했다. 특히 박 행장은 취임사에서 공개적으로 "시장상황을 잘못 판단해 LG카드를 손쉽게 얻을 수 있는 기회를 놓치고 경쟁관계에 있는 신한지주에 뺏기고 말았다"고 언급하여 주목을 받았다. 신한은행을 공개적으로 경쟁은행이라고 명명했던 것이다.

서울신문은 신한은행 신상훈 행장의 4월 2일 기념사와 박병원 우리금융지주 회장 및 박해춘 우리은행장의 취임사 내용을 보도하면서 앞으로 "'1등 은행'을 향한 국민, 우리, 신한은행의 경쟁이 더 치열해질 전망"이라고 보도하였다.[62]

　　우리은행은 2007년 7월 16일 기준으로 자산규모가 200조 원을 넘어섰다. 박해춘 우리은행장은 7월 18일 취임 100일 기념 기자간담회에서 "우리은행 자산 200조 원 돌파는 인수합병(M&A) 없이 직원들이 이룩한 것이라는 데 의미가 있다"면서 "금융회사는 규모가 곧 경쟁력인 만큼 하반기에도 우량자산을 늘려나갈 계획"이라고 말했다.[63] 강권석 기업은행장은 2007년 8월 1일 창립 46주년 기념식에서 "기업은행은 이미 자산규모 120조 원, 직원 9,000명 규모의 '메이저 은행'으로 발전했다"고 선언하고 "오는 2011년까지 자산규모 220조 원, 시가총액 20조 원의 종합금융그룹으로 발돋움하겠다"는 비전을 밝혔다.[64]

62　　서울신문, 2007. 4. 3.
63　　경향신문, 2007. 7. 19 ; 동아일보, 2007. 7. 19.
64　　문화일보, 2007. 8. 1.

05

자산경쟁의 전개와 예대율 급등

자산경쟁이란 금융기관들이 총자산 증대를 위하여 대차대조표상 은행의 자산항목인 대출금 등을 크게 늘리기 위하여 다른 금융기관들과 경쟁하는 것을 말한다. 은행은 불특정 다수의 고객들로부터 예금을 받아 가계나 기업에 대출해 주는 것을 기본 업무로 삼고 있다. 그러므로 신용도가 높고 담보능력이 있는 가계나 기업에 은행들이 대출을 많이 해주려고 노력하거나 그 과정에서 서로 경쟁하는 것은 은행업무의 속성에 비추어 볼 때 조금도 이상한 일이 아니다. 그런 점에서 어디까지를 정상적인 은행의 대출활동으로 보고 어느 선을 넘으면 과도한 자산경쟁으로 분류할 것인지 정확한 경계를 획정하는 것은 쉬운 일이 아니다. 그러나 상식적으로 접근하면 자산경쟁이 있었는지의 여부를 판별하는 것은 그리 어려운 일이 아닐 수 있다.

먼저 어떤 해의 대출증가액이나 대출증가율이 전년과 비교하여 갑자기 크게 높아졌거나 모든 은행이나 모든 대출항목에 걸쳐 고르게 대출이 증가하지 않고 몇몇 은행이나 특정부문에 대한 대출에 편중되어 대출이 증가하였다면 그 은행들이나 특정부문 대출을 중심으로 자산경쟁이 있었던 것으로 판단할 수 있을 것이다. 그리고 실제로 시장에서 가격 및 비가격 경쟁이 치열하게 전개되었는지의 여부도 부수적인 판별의 기준이 된다. 예를 들어 은행들이 고객을 더 많이 유치하기 위하여 경쟁적으로 대출금리를 낮춰주고 대출에 수반되는 수수료 부담을 경감해 주었는지의 여부 및 대출한도를 확대해 주었는지 등도 살펴볼 필요가 있을 것이다. 이밖에 대출을 해 줄 고객을 확보하기 위하여 대출모집인이나 대출중개인을 두고 대출이 성사될 경우 은행이 이들에게 수수료를 지급하였는지 등도 자산경쟁이 존재하였는지 여부를 판별하는 정황 기준이 될 것이다.

2001년 이후 글로벌 금융위기가 도래한 2008년까지 우리나라에서는 어떤 해에 어떤 유형의 자산경쟁이 있었다고 말할 수 있을까? 먼저 총대출을 가계대출, 중소기업대출, 대기업대출로 분류하고 한 해의 각 부문별 대출증가율이 그 해의 총대출증가율보다 높을 경우 특정년도의 특정 대출부문에서 자산경쟁이 있었다고 일단 추정하였다. 다음으로 한국은행이 2003년부터 반기별로 발간하고 있는 『금융안정보고서』 각호에 서술된 내용에 비추어 앞의 기준에 의해 선정된 자산경쟁 사례가 과연 적합한 지의 여부를 검토하였다. 이 두 가지 기준을 대체로 충족할 경우 어떤 해에 어떤 대출부문에서 대출경쟁이 있었다고 판별하더라도 큰 무리는 없을 것으로 생각된다.

이 기준에 입각하여 판별한 결과 우리나라에서는 2001~02년 가계대출, 2002~03년 중소기업대출, 2005~06년 가계대출, 2006~07년 중소기업대출, 2007~08년 대기업대출 등에서 자산경쟁이 있었던 것으로 추정된다. 참고로, 김용덕 금감위원장은 2007년 10월 31일 국가경영전략연구원(NSI)에서 '금융산업의 과제와 감독정책 방향'에 대해 강연하면서 자산경쟁에 대해 언급하였다. 그는 "최근 몇 년간 국내 대형은행을 중심으로 자산규모 경쟁이 지속되는 과정에서 자산운용을 특정부문에 집중하는 쏠림현상이 발생하였다"고 말하면서 2001~02년의 카드대출, 2005~06년의 주택담보대출, 2006~07년 상반기의 중소기업대출을 그 사례로 든 바 있다. 결과적으로 금융감독원이 판별하였던 자산경쟁의 범주에 더하여 필자는 2002~03년의 중소기업대출과 2007~08년의 대기업대출을 추가한 셈이 된다. 대략 위와 같은 기준에 입각해서 총론적으로 살펴본다면 우리나라에서는 2001~08년 기간 중 2004년을 제외하고는 어떤 형태로든지 상당한 수준에서 자산경쟁이 진행되었다고 말할 수 있다.

〈표 2-1〉 국내은행의 원화대출금 잔액 추이(당해년도 연말 기준)

(단위: 조 원)

	2001	2002	2003	2004	2005	2006	2007	2008
가계대출	154.3 (46.7)	217.1 (40.7)	247.6 (14.1)	272.0 (9.9)	300.5 (10.5)	340.8 (13.4)	358.4 (5.2)	382.9 (6.9)
대기업대출	63.3 (−21.0)	58.0 (−8.3)	40.5 (−30.3)	39.0 (−3.7)	43.1 (10.6)	39.7 (−7.8)	54.9 (38.1)	88.8 (61.7)
중소기업대출	145.0 (11.4)	184.7 (27.4)	237.7 (28.7)	243.7 (2.5)	256.5 (5.3)	301.8 (17.7)	369.9 (22.6)	422.3 (14.2)
총대출*	373.8 (12.0)	471.0 (24.4)	536.4 (13.9)	566.4 (5.6)	614.2 (8.4)	699.7 (13.9)	805.2 (15.1)	920.3 (14.3)

(   )내는 전년말 대비 증가율(%)
* 총대출금에는 가계대출, 대기업대출 및 중소기업대출 이외에도 공공 및 기타자금 대출, 은행간 대여금
차관자금 · 국민주택기금 등 기타 대출이 포함되어 있음.
자료: 금융감독원, 「은행경영통계」(2001~08).

은행 간에 자산경쟁이 치열해지면서 몇 가지 특징적인 현상들이 나타났다. 은행들이 대출경쟁을 할 때 주로 활용했던 대출은 시기별로 주택담보대출, 중소기업대출, 대기업대출 등으로 변화를 거듭하였다. 이것은 은행들이 실물경제의 변동추이와 금융감독 당국의 규제방향 등에 대응하여 전략적으로 역점을 두는 대출항목을 조절하였기 때문이다. 이에 따라 어떤 부문을 중심으로 자산경쟁이 있는 해에는 해당부문의 대출이 높은 증가세를 보이는 반면 다른 부문의 대출이 감소하거나 증가세가 둔화되는 모습을 보였다.

은행들은 경쟁 중인 대출상품에 대한 적용금리를 낮추어주면서까지 고객확보를 위해 안간 힘을 썼다. 금융감독원이 2005년 5월 3일 내 놓은 보도자료에 따르면 은행들이 새로 취급한 주택담보대출의 예대금리차가 2004년에는 2.07%였으나 2005년 3월중에는 1.92%로 낮아졌다. 금융감독원은 이 자료에서 주택담보 대출시장에서의 은행 간 과열경쟁이 지속될 경우 " '승자의 재앙(Winner's Curse)' 이 초래될 가능성도 배제할 수 없다"고 경고하였다. '승자의 재앙' 이란 대출금리를 경쟁적으로 낮추어주면서 대출경쟁에서 이겨 봐도 예대마진이 줄어듦에 따라 경쟁에서 이긴 은행이 결국 손해를 보게 됨을 지적한 말이었다.

대출시장에서 촉발된 출혈경쟁이 예금시장으로 이동되는 증거들도 목격되기 시작했다. 일부 은행이 대출을 급격히 늘렸지만 예금을 그만큼 유치하지 못하자 그 틈을 메우려고 예금시장에서 저돌적인 공세를 펼쳤던 것이다. 문화일보는 2006년 5월 31일 "은행권이 외형확대를 위해 극심한 대출경쟁을 벌이고 있는 가운데 일부 은행의 1년짜리 정기예금에 대한 본부(본점) 승인금리가 연 5%를 넘어선 것으로 나타났다"고 보도하였다. 한시적으로 판매되는 특판 정기예금 상품에 연 5% 초반의 금리가 적용되는 경우는 종종 있었지만 상시적인 본부 승인금리가 5%를 넘어선 것은 저축성예금 금리가 연평균 4.73%에 달하던 2002년 이후 처음 있는 일이라고 이 신문은 보도하였다. 이 신문은 "수신 확보가 다급한 이들 은행 입장에서는 다수의 고객에게 예금을 받기보다 수십억 원 가량의 목돈을 예치하는 거액 고객을 유치하는 것이 돌파구가 되기 때문에 이처럼 높은 금리를 책정한 것으로 보인다"고 분석하였다. 이 신문은 "하지만 해당 시중은행들은 연 5% 넘는 예금금리를 적용하고 있다는 사실을 공개하지 않고 있다"고 보도하였다. "본부 승인금리는 소수의 고객에게만 제공된다는 특성상 은행이 일반적으로 제시하는 금리와 상당한 차이를 보이는 것이 보통이고 이를 대외비로 하는 경우가 많다"는 것이다.

자산경쟁이 심화되면서 은행의 예대금리차(신규취급액 기준)는 2005년 이후 계속 축소되었다. 은행의 예대금리차는 은행이 신규로 취급한 대출금의 평균금리에서 은행이 신규로 취급한 예금의 평균금리를 차감하여 계산한다. 예대금리차가 축소될수록 은행의 수지가 악화되므로 은행의 건전성에도 적신호가 켜지게 된다. 은행의 예대금리차는 2004년 12월 2.11%포인트에 달하였으나 2005년 12월에는 1.60%포인트로 크게 축소되었다. 2006년 12월의 예대금리차는 1년 전보다 다소 낮은 1.59%포인트를 기록하였으나 2007년 12월의 예대금리차는 1년 전보다 크게 낮은 1.24%포인트에 그쳤다. 은행들 간의 치열한 외형확대 경쟁이 결과적으로 금리인하 경쟁이라는 제 살 깎기 경쟁이 되고 있었던 것이다. 동아일보는 2007년 8월 3일 "주택담보대출 등을 크게 늘려 몸집 키우기에 성공한 은행들이 최근 들어 순

<표 2-2> 은행 예대금리차 (신규취급액 기준)

(단위: 연%, %포인트)

	2002 12월	2003 12월	2004 12월	2005 12월	2006 12월	2007 12월	2008 12월
대출평균금리*(A)	6.58	6.20	5.52	5.74	6.19	7.08	6.89
예금평균금리** (B)	4.69	4.12	3.41	4.14	4.60	5.84	5.58
예대금리차 (A-B)	1.89	2.08	2.11	1.60	1.59	1.24	1.31

* 당좌대출 및 마이너스 통장대출 제외.
** 요구불예금 및 수시입출식 저축성예금 제외.
자료: 한국은행 『연차보고서』(2002~08) 및 「금융기관 가중평균금리동향」

이자 마진(NIM)이 빠른 속도로 줄어들자 규모와 수익 사이에서 한쪽을 택해야 하는 고민에 빠졌다"고 보도하였다.

주택담보대출을 알선하고 수수료를 받는 모기지 브로커의 활동상이 언론에 보도되기 시작한 것도 대출경쟁이 본격화된 2000년대 초였다.[65] 경향신문은 2002년 1월 7일 "모기지 브로커는 하나, 한미 등 국내은행뿐 아니라 씨티 등 외국계은행 등도 운영 중인데 하나, 한미은행에만 각각 200여명이 활동 중"이라고 보도하였다. 이들은 철저한 성과급제로 운영됨에 따라 은행 영업시간 이후는 물론 심지어 휴일에도 고객을 찾아가는 등 적극적으로 영업을 펼쳤다. 이들의 주 무대는 아파트 단지의 부동산 중개업소였다. 이들은 아파트 매매가 이뤄지면 구입자가 계약금 외의 잔액을 은행에서 대출받을 수 있도록 원스톱 서비스를 제공하고, 대출을 알선해 준 은행으로부터 커미션으로 1년 치의 이자를 받았다고 보도되었다.

---

65   우리나라에서 은행대출 모집인이 도입된 것은 1996년이며, 등록제는 2006년부터 시행되었다. (금융감독원 보도자료, 'IMF위기 이후 주요지표로 보는 금융산업 변화', 2014. 4. 11)

자산경쟁을 하는 데는 규모가 큰 은행이든 작은 은행이든 차이가 없었다. 경향신문은 2002년 11월 19일 "'리딩 뱅크' 역할을 하고 있는 자산규모 1, 2위인 국민, 우리은행이 '가계대출 경쟁'을 더욱 심화시키고 있다는 금융계의 인식 때문에 금융당국으로부터 눈총을 받고 있다"고 보도하였다. 이 신문에 따르면 "2002년 1~10월중 국민은행의 가계대출은 12조 원이 증가했고 우리은행의 경우에는 9조 원 이상이 증가하여 이 기간 중 은행권 전체 가계대출 증가액(57조 원)의 40% 가까이를 차지했다"는 것이다.

　　은행 간 외형확대 경쟁의 결과로 은행계의 지각구도가 크게 달라질 것이라는 예측이 언론을 통해 간헐적으로 제기되었으며, 이러한 보도들은 은행들의 긴장도를 높여 은행 간 경쟁을 더욱 치열하게 만드는 요인이 되었다. 세계일보는 2006년 1월 11일 "리딩 뱅크 그룹이 점차 가시화됨으로써 현재의 '빅5체제(국민, 우리, 신한·조흥, 하나, 한국씨티)'에서 뒤처지는 은행이 나올 것이라는 예상까지 나온다"고 보도하면서 2005년 말 우리금융그룹이 펴낸 '2006년 국내 금융 트렌드' 보고서를 인용하였다. 이 보고서는 "2006년 은행권은 금융그룹 간 양극화 현상이 심화되면서 장기적으로 '빅3 체제'로 재편될 것이라는 관측이 있다"고 소개하였다. 내일신문은 2006년 2월 1일 "현재 은행권은 국민, 우리 등 2강과 신한, 하나, 외환 등 3중, SC제일, 한국씨티 등 2약 체제로 되어 있으나 신한지주의 조흥은행 인수로 국민, 우리, 신한 등 3강 체제로 바뀔 가능성이 크다"는 국민은행 연구소 관계자의 의견을 인용 보도하였다.

　　가계대출을 둘러싼 자산경쟁은 주택담보대출에만 한정되지 않고 신용대출에까지 확대되었다. 은행들은 가계대출 증대를 위해 신용대출 한도를 늘리고 신용대출에 적용되는 금리를 낮추느라 열을 올렸다. 한국일보 2006년 5월 25일자 보도에 따르면 국민은행은 2000년부터 5,000만 원으로 유지해 왔던 신용대출 한도를 2006년 6월부터 1억 원으로 2배 늘리고 금리도 최대 0.35%포인트 낮추기로 했다. 신한은행도 2006년 5월 3일부터 전문직 대상 신용대출 상품인 '탑스전문직우대론'의 한도를 기존 1억 원에서 2억 원으로 올리고 금리도 0.5%포인트 인하했다. 우리은행도 2006년 3월부터 병원급 이상 의료기관에 근무하는 직원들을 대상으로 신용대출상품 '우리메디클럽'을 판매하기 시작한 데 이어 2006년 4월 전세대출 한도를 기존 60%에서 80%로 상향 조정한 '아파트우리홈론'을 출시하였다.

은행들은 대출을 늘리기 위해 수단방법을 가리지 않았다. 내일신문은 2006년 12월 26일 한 해의 금융시장을 회고하는 기사를 실었다. 이 신문은 "2006년 중 은행들의 전장은 주택담보대출 시장"이었는데 "외형확장을 하려는 우리은행과 신한은행, 그리고 1위 자리를 수성하려는 국민은행과 새 동력을 찾으려는 하나은행 간의 접전은 그야말로 '전쟁'이었다"고 보도하였다. 이 신문은 "외형을 늘리는 방법은 새로운 고객을 확보하는 것과 다른 은행의 고객을 빼앗아오는 것"이 있는데 외형 확장의 기선을 잡은 "우리은행은 두 방법을 모두 선택했으며 국민, 하나, 신한은행 등도 이에 동조했다"고 지적하였다. 곧 은행들은 다른 은행으로부터 이미 받은 대출을 갚도록 새로 대출해 주면서까지 타 은행의 고객들을 무차별적으로 끌어들였는데 그 무기는 낮은 대출 금리였다.

은행 간 대출경쟁이 치열하게 전개되는 와중에서 외국계 은행은 국내 시중은행들에게 밀려 큰 성과를 내지 못하였다. 경향신문의

2007년 4월 2일자 보도에 따르면 SC제일, 한국씨티, 외환은행 등 3 개 외국계 은행들은 국내 시중은행들과 마찬가지로 고금리 예금과 저금리 대출을 무기로 시장점유율을 확대하려 했지만 2006년 중 부진을 면치 못했다. 이 신문에 따르면 이들 3개 외국계 은행의 원화대출금 합계는 2005년 말 82조 7천억 원에서 2006년 말 83조 4천억 원으로 0.9% 증가하는데 그쳤다. 반면 국민, 신한, 우리, 하나은행 등 국내 4개 시중은행의 원화대출금 합계는 2005년 말 337조 4천억 원에서 2006년 말 398조 2천억 원으로 18.0% 급증했다. 씨티은행과 스탠다드차타드 등 글로벌 은행들이 선진 금융기법으로 국내 금융시장을 잠식할 것이란 예측과 사뭇 다른 결과였다.

이를 보더라도 당시 국내 시중은행들이 얼마나 치열하게 죽기 아니면 살기 식으로 영업을 했었던가를 미루어 짐작할 수 있겠다. 외국계 금융기관들은 당시로서는 국내시장에 진입한 지 일천한 터라 그 기반이 상대적으로 취약하였다. 그 결과 선진 금융기법으로 무장해 있었다고 하더라도 막무가내로 전개되는 외형확대 경쟁에서 국내 시중은행들을 당해 내기가 어려웠던 것으로 분석된다.

한편 2005년부터 2008년까지 진행되었던 자산경쟁은 한국은행이 기준금리를 꾸준히 인상하는 등 긴축강도를 높이고 있는 가운데 지속되었다는 점에서 주목되었다. 한국은행은 기준금리를 0.25%포인트씩 2005년 하반기 중 두 차례, 2006년 세 차례, 2007년 두 차례, 2008년 한 차례 인상하였다. 그 결과 2004년 11월 11일 이후 3.25%를 유지하였던 기준금리는 2005년 말에는 3.75%, 2006년 말에는 4.5%, 2007년 말에는 5.0%, 2008년 8월 말에는 5.25%로 높아졌다. 이데일리가 2007년 5월 24일 보도했던 대로 한국은행은 긴축기조를 지속하고 있었음에도 불구하고 은행대출 및 유동성의 팽창추세가 이어지고 있어 곤혹스러워하고 있었다. 당시 한국은행은 기준금리를 꾸준히 조정하였을 뿐 아니라 시중 유동성의 효과적인 흡수를 위해 지급준비율 인상 및 총액대출한도 축소 등의 조치도 단행하였다.

박진수 · 류상철 · 김용민은 2005년 10월부터 2008년 8월까지 한국은행의 기준금리가 계속 인상되었음에도 불구하고 이 기간 은행대출증가율이 지속적으로 상승한 이유가 무엇인가에 대하여 의문을 가졌다. 그리고 그 연구 결과를 '신용확장기의 통화정책 유효성 분석'이라는 제목의 논문으로 발표하였다.[66] 이 논문은 그 이유를 통화정책의 파급경로의 하나인 '은행자본경로'를 통해 설명하였다. 이에 따르면 이론적으로는 한국은행이 기준금리를 인상하면 은행의 자금조달 비용이 높아지므로 예대금리차가 축소되어 은행수익률이 하락하게 된다. 그렇게 되면 은행의 이익잉여금이 감소하여 은행자본비율이 하락하게 되므로 은행은 BIS자기자본비율 등을 준수하기 위해 은행 자산인 대출을 줄이게 되고 그 결과 은행대출증가율이 둔화하거나 은행대출이 감소하게 된다는 것이다.

박진수 · 류상철 · 김용민은 이러한 통화정책의 '은행자본경로'가 다음의 두 가지 이유 때문에 2005~2008년중 우리나라에서 제대로 작동하지 않았다고 주장하였다. 첫째, 변동금리부 대출비중이 높기 때문에 기준금리 상승시 일시적으로 예대금리차가 오히려 확대되는 경향이 있다. 또한 우리나라 은행들의 대손상각 행태상 대손상각비가 호경기에는 하락하고 불경기에는 상승하는 경향이 있다. 따라

---

66   박진수 · 류상철 · 김용민, 〈BOK경제리뷰〉, '신용확장기의 통화정책 유효성 분석', 한국은행, 2013. 6.

서 한국은행이 기준금리를 인상하더라도 경기순환상 우리 경제가 호경기인 경우에는 대손상각비가 하락하여 은행수익률이 오히려 상승할 수 있다. 이러한 두 가지 점 때문에 기준금리 인상시 은행수익률이 오히려 상승하거나, 하락하더라도 그 정도가 미약하였다. 둘째, 기준금리 인상에도 불구하고 부동산가격 상승 등으로 대출수요가 지속적으로 증가함에 따라 정책금리 인상의 은행대출공급 억제효과가 있더라도 수요요인에 의해 압도되었다.

박진수·류상철·김용민은 결론적으로 "기준금리 인상의 대출수요 억제효과가 작동하지 않는 신용확장기에는 기준금리 인상만으로 은행대출을 통제할 수 없고 담보인정비율(LTV) 규제, 경기대응적 자본비율 규제 등 보조적 수단을 함께 쓸 필요가 있다"는 정책 시사점을 도출하였다.

박진수·류상철·김용민의 연구에서 아쉬운 점은 당시 국내은행들 간에 치열하게 전개되었던 자산경쟁이 고려되지 않았다는 점이다. 한국은행의 긴축적인 통화정책에도 불구하고 대출증가율이 높은 수준을 지속했던 데에는 금융의 대형화 등을 통해 동북아 금융허브를 구축하려는 정부의 구도 속에서 죽기 살기로 자산경쟁을 전개하였던 당시 국내은행들의 행태도 상당한 영향을 미쳤다고 생각된다. 부동산가격 상승 등으로 대출수요가 꾸준히 증가하는 상황에서 금융기관들이 경쟁적으로 대출을 늘리는 자산경쟁을 벌였으니 이는 타오르는 불 위에 휘발유를 끼얹는 것과 다름이 없었다. 그 결과 대출 및 시중유동성 증가세는 한국은행의 기준금리 인상에도 불구하고 좀처럼 꺾이지 않았다.

더욱이 2007년 중에 중소기업대출을 중심으로 진행되었던 자산경쟁은 예금이탈로 인해 은행들이 자금난을 겪고 있는 와중에 이루어졌다는 점에서 다른 해에 있었던 자산경쟁과 달랐다. 2007년 중 은행 총예금이 3조 원 감소[67]하였는데도 은행들은 경쟁적으로 대출을 늘려나갔다. 이 기간 중 중소기업 대출이 68조 원이나 불어나는 등 전체 대출이 106조 원이나 증가하였다. 은행들은 예금으로 충당하지 못한 부족한 대출재원을 마련하기 위해 CD 및 은행채 등 시장성수신을 늘렸다. 2007년 한 해에만 은행들의 시장성 수신이 54조 원 증가하였다.[68]

치열한 대출경쟁의 결과로 자금난에 봉착한 은행들은 같은 해 11월 이후 예금금리를 공격적으로 인상하기 시작하였다. 국민은행은 11월 21일부터 국민은행 정기예금 잔액 가운데 70% 가량을 차지하고 있는 예금상품인 '국민슈퍼정기예금'에 대한 금리를 0.5%포인트 올림에 따라 예금 최고금리가 연 6.2%에 달하였다. 우리은행, 신한은행, 외환은행도 예금금리를 인상하였다. 당시 은행권의 돈 가뭄이 얼마나 심각하였는지는 다음 두 가지 사례를 통해서 알 수 있다.

리딩 뱅크라고 하는 국민은행은 2007년 11월 초 한국은행에 예치토록 된 지급준비금 마감일에 한국은행과의 환매조건부채권(RP) 매매를 통해 8,000억 원의 자금을 가까스로 조달하였다.[69] 당시 국민은행은 자금사정이 어려웠기 때문에 한은과의 RP거래를 통해 급하게 자금을 마련하여 지준을 맞추었던 것이다. 다음으로 한국은행은 2008년 초로 예정했던 1조 2,000억 원대의 국채매입을 앞당겨 11월

---

67   한국은행, 「통화신용정책보고서」(2008. 3), p.26.
68   위 자료.
69   머니투데이, 2007. 11. 27 ; 경향신문, 2007. 11. 27.

하순에 이를 사들였다.[70] 당시 시중 자금사정 악화로 채권을 팔려는 물량이 워낙 많아 채권금리가 급등(채권값 급락)함에 따라 이를 조절하기 위함이었다,

한국일보는 2007년 12월 4일 사설을 통해 "시중은행들이 지금 유동성 부족으로 골머리를 앓고 있다. 2007년 상반기까지 글로벌 저금리와 국내 경기회복을 배경으로 대출자산을 마구 늘리며 유동성 관리에 소홀했다가 단단히 대가를 치르고 있는 셈"이라고 주장하였다.

한국은행이 기준금리를 꾸준히 인상하고 있었던 데다 치열한 자산경쟁의 결과로 은행들의 자금사정이 악화됨에 따라 대출금리도 큰 폭으로 뛰어오르기 시작하였다. 특히 그동안 대출금리는 자산경쟁의 영향으로 한국은행 기준금리 인상폭보다 다소 낮게 인상되어 왔으나 은행들의 자금사정 악화가 본격화된 2007년 하반기 이후에는 한국은행 기준금리 인상폭보다 더 크게 오르는 모습을 보였다. 곧 2006년에는 한국은행 기준금리가 0.75%포인트 인상되었으나 은행 대출금리는 0.45%포인트 오르는 데 그쳤다. 그러나 2007년에는 한국은행 기준금리가 0.5%포인트 인상되었음에도 불구하고 은행 대출금리는 이보다 0.39%포인트 높은 0.89%포인트가 인상되었다.

〈표 2-3〉 한국은행 기준금리와 금융기관 대출평균금리 추이

(단위: %, %포인트)

	2005.12(A)	2006.12(B)	2007.12(C)	B-A	C-B
한국은행기준금리(월말)	3.75	4.50	5.00	0.75	0.50
대출평균금리(월중)	5.74	6.19	7.08	0.45	0.89

자료: 한국은행, 『통화신용정책보고서』 및 「금융기관 가중평균금리동향」

---

[70]   한국일보, 2007. 12. 4.

은행 간 자산경쟁이 지속되면서 국내은행들의 예대율이 급격하게 높아졌다. 예대율은 총예수금에 대한 총대출금의 비율을 말한다. 은행들은 예금을 받아 대출을 하기 때문에 정상적인 상황이라면 예대율이 100% 이내로 유지되어야 한다. 더욱이 은행이 예금을 받아들였을 때에는 예금액의 약 3~4%[71]에 상당하는 금액을 한국은행에 지급준비금으로 예치하여야 하므로 예대율은 96~97%보다 낮은 수준을 유지하는 것이 바람직하다. 이런 점이 반영되어 국내은행의 예대율은 2001년 말만 하여도 78.4%에 불과하였다. 그러나 은행 간 자산경쟁이 본격화되면서 국내은행의 원화 예대율은 2002년에 92.1%로 높아졌으며 2004년에는 100%를 넘어섰다. 이후에도 원화 예대율은 계속 높아져 글로벌 금융위기가 발생하기 직전인 2007년 말에는 135.5%에 달하였다.

〈표 2-4〉 우리나라 예금은행*의 예대율 추이 (연말 기준)

(단위: %)

	2001	2002	2003	2004	2005	2006	2007	2008
예대율 (CD제외)	78.4	92.1	98.2	104.6	109.2	118.0	135.5	135.8

* 예금은행은 시중은행, 지방은행, 외국은행 국내지점, 특수은행(농협, 수협, 산은, 기은)을 말함.
자료: 한국은행, 「통화금융」 각호 및 금융감독원, 금융통계정보시스템
　　　한국금융연구원, 「2009년 KIF 금융백서」, 2010, p.207에서 인용

은행대출이 빠른 속도로 증가하더라도 예금이 비슷한 속도로 크게 증가한다면 예대율은 안정적인 수준을 유지할 수 있다. 그러나 2001년부터 2008년까지 부동산가격이 꾸준히 상승하면서 주택자금

71　2007년 우리나라의 평균 지준율(법정 지급준비금 / 법정 지급준비대상 예금)은 3.7%였다.

에 대한 대출수요가 지속적으로 증가하는 와중에 은행간 자산경쟁이 워낙 치열하게 전개됨에 따라 대출금 증가율이 크게 높아졌다. 이런 상황에서 국내 은행들이 대출을 늘리는 만큼 예금을 끌어올리기는 물리적으로 거의 불가능한 일이었다. 더욱이 1997년 말 외환위기 직후인 1999년에 은행에 대한 예대율 규제가 철폐되었던 터라 은행들은 대출을 늘리면서도 예금 유치에 총력을 기울일 필요가 없었다.

예대율이 100%를 넘어섰다는 말은 은행이 고객들로부터 받은 예금액보다 더 많은 돈을 대출해 줬다는 뜻이다. 그러면 당시 우리나라 은행들은 예금 이외에 어떤 방법을 통해서 대출 재원을 조성했던 것일까? 은행들은 양도성예금증서(CD)를 판매하는 한편 채권의 일종인 은행채를 발행해서 부족한 대출재원을 메웠다. 이처럼 은행이 예금이 아닌 CD 및 은행채를 통해 자금을 조달하는 것을 시장성 수신에 의존한다고 말한다. CD 및 은행채가 발행될 때 적용되는 발행금리가 그날그날 금융시장에서 결정되는 금리와 연계되어 있는 점을 고려하여 시장성 수신이라는 말을 쓰는 것이다. CD 및 은행채는 시장금리에 연계되어 발행되기 때문에 상환기간이 비슷한 예금상품에 비해 대체로 금리가 높다. 따라서 시장성 수신에 대한 의존도가 높을 경우 자금조달 비용이 상승하게 됨은 불문가지다. 더욱이 대내외 여건 변화로 시장상황이 갑자기 악화될 경우에는 은행이 CD나 은행채를 발행하려고 해도 살 사람이나 살 기관이 나타나지 않아 필요한 자금을 적시에 조달하지 못할 가능성이 높아진다. 다시 말해 시장상황이 급변할 경우 자금을 안정적으로 조달할 수 없게 된다.

영국의 노던 록(Northern Rock)은행은 수익성이나 자산건전성 측면에서 별다른 문제가 없었음에도 불구하고 유동성 위기로 큰 어려움을 겪다가 결국 국유화되었다. 2007년 6월 말 전체 수신에서 차지하는 시장성 수신 비중이 77%에 달할 정도로 이 은행의 자금조달구조가 매우 취약하였기 때문이다. 이 은행은 미국의 서브프라임 모기지 부실이 영국의 금융시장에까지 영향을 미쳐 영국 단기자금시장이 경색됨에 따라 CP 등 부채성 증권의 만기가 도래하였음에도 이를 차환 발행하는 데 어려움을 겪으면서 유동성 위기에 직면하였다.[72]

국내 은행들의 예대율은 2008년 9월 말에는 전년 말보다 3.9%포인트가 높은 139.4%에 달하였다.[73] 국내 일반은행의 총 원화부채 중 시장성 수신이 차지하는 비중도 2006년 말의 24.3%에서 2007년 말에는 29.1%, 2008년 8월 말에는 32.7%로 전년 말보다 각각 4.8%포인트와 3.6%포인트가 높아졌다.[74] 2008년 9월 글로벌 금융위기가 발생하기 몇 달 전부터 우리나라에서는 9월 위기설이 유포되고 있었다. 이때 위기설의 근거 중 하나로 제시되었던 것이 바로 우리나라 은행들의 높은 예대율 수준이었다.

모건스탠리는 2008년 6월 '한국에 제2의 IMF사태가 진행중' 이라는 내용의 보고서를 발표하면서 "국내은행들의 대출금이 예금의 1.33배에 달하는 등 금융쇼크 상태에 직면해 있기 때문에 한국은행이 기준금리를 인상하든 인하하든 한국의 은행들이 처한 문제가 악화될 것"이라고 주장하였다.[75] 2008년 9월 글로벌 금융위기가 발발

---

72 한국은행, 『금융안정보고서』 제10호(2007. 10), p.56 ; 제12호(2008. 10), p.31.
73 한국금융연구원, 『2009년 KIF 금융백서』, 2010, p.207.
74 한국은행, 『금융안정보고서』 제11호(2008.4), p.51 ; 제13호(2009.4), p.39.
75 서울신문, 2008. 6. 11, 13일자.

한 이후에도 외국의 기관 및 언론들은 2009년 초까지 끈질기게 국내 은행의 높은 예대율 문제를 물고 늘어졌다. 당시 국제금융계에서는 우리나라의 과다한 단기외채 문제와 더불어 국내은행들의 높은 예대율 문제를 한국경제의 양대 아킬레스건으로 생각하고 있었다.

06

자산경쟁에 대한
금융감독 당국의 대응

        윤증현 금감위원장은 재임중 금융기관 간의 자산경쟁에 대해서 비판하고 반대하는 입장을 분명히 하였다. 그는 자산경쟁에 대해 지속적으로 경고하였으며, 그가 수장이었던 금융감독당국은 주택담보대출의 급증에 대처하여 담보인정비율(LTV)[76] 및 총부채상환비율(DTI)[77] 등에 대한 규제를 꾸준히 강화하였다. 이제 자산경쟁을 억제하려는 금융감독당국의 노력을 연도별로 나누어 살펴보기로 하자.

    윤 위원장은 2005년 수차례에 걸쳐 금융기관들의 자산경쟁에 대해 지속적으로 경고하였으며 금융감독당국은 담보인정비율(LTV)과

---

[76] 담보인정비율(Loan To Value ratio)이란 자산의 담보가치 대비 대출금액 비율을 의미하는 것으로 담보대출을 취급하는 하나의 기준이다.

[77] 총부채상환비율(Debt To Income ratio)이란 차주의 금융부채 원리금 상환액이 소득에서 차지하는 비율을 의미하는 것으로 담보대출을 취급하는 하나의 기준이다.

총부채상환비율(DTI)의 하향조정 등을 주요내용으로 하는 주택담보
대출 리스크 관리 강화방안 등을 도입 시행하였다. 윤 위원장은 5월
13일 금융연구원이 주관한 금융기관장 조찬에서 "최근 주택담보대
출이나 증권거래, 펀드 투자 등에서 한정된 고객을 두고 유치경쟁이
심화되면서 그 부작용을 우려하는 목소리가 나오고 있다"고 전제하
고 "'승자의 재앙'이 초래될 가능성에 대한 우려가 그것이다"라고
말하였다. 며칠 후인 5월 16일에는 금융감독위원회와 금융감독원
합동간부회의에서 "신용카드사, 자산운용사 등 금융권 부문별로 과
당경쟁이 있는지 실태를 파악한 뒤 조속히 대책을 마련하라"고 지시
했다.

세계일보는 2005년 5월 19일 이를 인용하면서 "금융감독원이 금
융권에 만연한 '과당경쟁' 퇴치에 팔을 걷었다"고 보도하였다. 이 신
문은 과당경쟁의 사례로 주택담보대출 고객 유치를 위한 금리인하를
들었다. 윤 위원장은 같은 해 7월 6일 공무원교육원에서 '우리나라
금융시장의 현안과 과제'라는 제목으로 강연하면서 "최근 주택담보
대출과 적립식 펀드 투자판매 등을 둘러싸고 금융회사 간, 금융산업
간에 경쟁이 치열해지고 있어 부작용을 우려하는 목소리가 나오고
있다"며 지나친 경쟁 심화를 다시 경고하였다.

금융감독 당국은 2005년 7월 1일 같은 사람이 투기지역 내에서
신규 아파트를 담보로 대출을 받을 수 있는 건수를 원칙적으로 1회
로 제한하고 은행·보험권 및 상호저축은행의 담보인정비율(LTV)[78]

---

78 2003년 11월 이후 은행 및 보험회사가 취급하는 투기지역 소재 아파트를 담보로 한 만기 10년 이
    하 대출에 대해서는 LTV를 40% 이내로 규제하여왔다. 그러나 이번 조치로 향후 투기지역 소재 6
    억원 초과 아파트를 담보로 한 만기 10년 초과 대출에 대해서도 LTV를 종전의 60%에서 40%로

을 하향 조정하였다.[79] 또한 8월 30일에는 배우자가 이미 주택담보대출이 있는 기혼자나 만 30세 미만인 사람이 투기지역에 있는 아파트를 담보로 대출을 받을 때에는 총부채상환비율(DTI)을 40% 이내로 제한키로 조정하였다.[80]

자산경쟁을 억제하려는 금융감독 당국의 노력은 2006년에도 계속되었다. 당국은 2006년 3월 30일 투기지역에 소재한 6억 원 초과 아파트의 신규 구입자금 대출에 대한 총부채상환비율(DTI)을 40% 이내로 하향 조정하였다.[81] 윤증현 위원장은 2006년 6월 29일 중앙공무원교육원에서 '패러다임 변화와 금융산업 발전'이라는 제목으로 행한 강연에서 "외형경쟁이 심화되면서 은행들이 잠재적인 리스크를 충분히 인식하지 못하고 있을 수도 있음을 우려하고 있다"면서 주택담보대출의 급등을 경고하였다.

금융감독 당국은 6월 30일에는 이례적으로 '향후 주택담보대출 감독방향'이라는 보도자료를 배포하고, 투기지역 아파트 담보대출에 대한 규제가 철저하게 준수되고 있는지 엄격한 감독을 지속하겠다고 밝혔다. 조선일보는 "금융감독원이 2006년 6월 중순 창구지도를 통해 시중은행들의 신규 주택담보대출액을 사실상 전월의 절반 수준으로 줄이도록 규제하였으나 논란이 벌어지자 철회하였다"고도

하향 적용키로 하였다. 다만, 예외조항을 두어, 실수요로 판단되는 만기 10년 초과 원리금분할상환 주택담보대출에 대해서는 종전대로 LTV를 60%로 유지하기로 하였다. 또한 상호저축은행이 신규로 취급하는 투기지역 소재 아파트를 담보로 한 대출에 적용되는 LTV를 종전의 70%에서 60%로 하향 조정하였다.

79　금감위·금감원 보도자료, '부동산시장 불안정에 대응한 주택담보대출 리스크관리 강화방안', 2005. 6. 30.
80　금감위·금감원 보도자료, '제2단계 주택담보대출 리스크관리 강화방안', 2005. 8. 30.
81　금감위·금감원 보도자료, '향후 주택담보대출 감독방향'(2006. 6. 30)에서 인용.

보도하였다.[82]

당국은 2006년 11월 15일 또 한 차례 주택담보대출 리스크 관리 강화대책을 발표하였다.[83] 주요 내용을 보면 먼저 은행·보험사의 담보인정비율(LTV) 예외적용 대상을 폐지[84]하고 비은행금융기관에 대한 담보인정비율(LTV)을 하향 조정하였다. 다음으로 투기지역 6억 원 초과 아파트의 신규 구입자금대출에 대해서만 적용하던 총부채상환비율(DTI) 규제를 수도권 투기과열지구까지 확대하였다.

금융감독 당국은 2007년에도 자산경쟁을 억제하기 위해 노력하였다. 당국은 1월 11일 주택담보대출 리스크 관리강화에 대한 보완 대책을 발표하였다.[85] 이 조치에 따라 투기지역내 아파트담보대출이 2건 이상인 차주에 대하여 1건에 한해서만 만기연장이 허용되고 은행, 보험, 상호저축은행에 한정하여 적용되던 복수대출 규제 적용대상이 전 금융기관으로 확대되었다. 윤증현 위원장은 같은 해 5월 16일 18개 은행장들과 조찬 간담회를 열고 은행권의 외형 확대를 위한 중소기업 대출 급증과 신용카드 회원 유치 등 과당경쟁에 대해 경고하였다. 그는 "은행권의 쏠림 현상과 과당경쟁이 우리 경제의 잠재 위험 요인으로 작용할 수 있고, 또 은행 생존의 중대한 위험요인이 될 수 있다"고 경고하였다.[86]

세계일보는 이날 윤 위원장이 "중소기업대출의 과당경쟁 이외에

---

82   chosun.com, 2006. 7. 5.
83   금감위·금감원 보도자료, '주택담보대출 리스크관리 강화 대책 시행', 2006. 11. 15.
84   이 조치로 예외적용이 폐지됨에 따라 은행·보험사가 행하는 투기지역 소재 만기 10년 초과, 6억 원 초과 아파트에 대한 담보대출 시 일률적으로 LTV를 40% 이내로 적용토록 규제가 강화되었다.
85   금감위·금감원 보도자료, '주택담보대출 리스크관리 강화 보완 대책 시행', 2007. 1. 11.
86   이데일리, 2007. 5. 16.

도 과도한 은행채 발행 문제와 단기 외화차입의 급증 등을 은행 영업과 관련한 문제점이라고 지적했다"고 보도하였다.[87] 이 신문은 윤 위원장이 "외형확대 차원에서 과당경쟁을 할 경우 경기둔화 때 자산건전성과 수익성 악화로 이어질 수 있다"고 우려했다고 보도하였다. 동아일보는 5월 17일자에서 윤 위원장의 발언에 대한 금융계 반응을 보도하였다. 이에 따르면 간담회 직후 일부 은행장들은 "금융감독 당국이 너무 많이 간섭하는 것 같다"는 반응을 보였다. 아울러 일부 시중은행 관계자는 "은행으로선 주택대출이 감소하면 기업대출을 늘리는 게 당연하다"며 "신용등급이 우량한 업체를 중심으로 영업을 하기 때문에 신용위험이 발생할 우려는 거의 없다"고 반박하기도 했다.

2007년 6월 27일에는 권오규 경제부총리가 은행장들과의 오찬 간담회를 가졌다. 그는 "은행들이 동일한 수익 모델로 경쟁하면서 '제 살 깎기 출혈경쟁'이 전개되고 있다"며 "은행 모두 새로운 수익원을 발굴하기보다 단기성과에 집착해 손쉬운 외형확대 전략을 선택하고 있다"고 질타했다.[88]

윤증현 금감위원장의 후임으로 2007년 8월 초 임명된 김용덕 위원장도 8월 22일 은행장들과 만난 자리에서 은행들의 외형경쟁에 대해 경고 메시지를 보냈다. 금감위원장 취임 후 은행장들과 처음 만나는 상견례 자리였음에도 불구하고 그는 작심하고 직격탄을 날렸다. 그는 "과도한 외형확대 경쟁은 은행의 중장기적인 건전성과 수익성 측면에서 바람직하지 않다"고 지적하였다. 국내은행들이 주택담보대

---

87   세계일보, 2007. 5. 17.
88   한국경제신문, 2007. 7. 3.

출이나 중소기업대출에 치중하며 과도한 외형 확대 경쟁에만 몰두하고 있는 것을 우려하는 말이었다. 그는 "은행들이 해외진출을 통해 활로를 찾을지, 국내영업에 특화된 일류 은행으로 발전할 지 등 차별화된 전략을 세우고 전문 인력 양성과 자금조달능력 제고, 위험관리 시스템 확보에 나설 것"을 주문했다.

이처럼 금융감독 당국은 2005년부터 국내은행들의 자산경쟁에 대해 지속적으로 경고함과 아울러 필요하다고 인정될 경우 나름대로 상응하는 조치를 취하여 왔다. 그러나 자산경쟁을 제어하려는 금융감독 당국의 노력은 결과적으로는 큰 성과를 거두지 못하였다. 이것은 2004년부터 2007년까지 금감위원장으로 재임하였던 윤증현 위원장의 금융감독 철학과 깊은 관계가 있었다. 그는 금융산업을 새로운 성장동력으로 육성해야 하며 이를 위해서는 규제완화가 필요하다는 확고한 철학을 가지고 있었다.

그 결과 금융감독 당국은 국내은행들의 예대율이 오랫동안 100%를 넘고 있었음에도 불구하고 어찌된 일인지 상당기간 이를 관망하는 자세를 견지하였다. 한 마디로 국내은행들의 예대율 급등이 금융기관 경영의 건전성과 국민경제의 안정에 어떤 의미를 갖는지에 대해 당국으로서의 문제의식이나 성찰이 매우 부족했다. 윤증현 위원장은 앞에서 본 대로 은행들이 대출경쟁을 자제할 것을 줄기차게 촉구하면서도 은행 예대율의 급등이나 시장성 수신의 비중상승 등에 대해 한 번도 언급한 적이 없었고, 은행들의 과잉여신에 따른 문제점을 구체적으로 적시한 바도 없었다. 그러다 보니 윤 위원장이 배포한 강연 자료 어디에도 예대율이나 시장성 수신에 대한 통계수치가 들어간 적이 없었다.

금융감독원 차원에서도 예대율 급등현상을 대수롭지 않게 생각했던 것으로 추정된다. 은행들의 예대율이 처음으로 100%를 넘어섰던 것은 2004년 말로, 이때 예대율은 103.8%를 기록하였다. 그러나 금융감독원이 2004년도의 은행경영현황을 분석한 자료를 보면 어디에도 예대율 급등에 대해 고민한 흔적을 찾아볼 수 없다. 예대율이 100%를 넘었다는 사실관계만을 서술하는 데 그치고 있으며, 그것이 무엇을 의미하는 지에 대해서는 입을 다물고 있다. 더욱이 금융감독원은 대출경쟁이 심화되고 있는 데 상응하여 2005년 5월 3일과 2006년 5월 16일 두 차례에 걸쳐 정례브리핑자료[89]를 배포한 바 있다. 그렇지만 각각 3쪽과 6쪽에 달하는 이들 자료에서 금융감독원은 어찌된 일인지 예대율에 관해서는 한 마디도 언급하지 않았다. 100%를 넘는 예대율 때문에 은행의 건전성과 수익성이 악화될 소지가 있었음에도 금융감독원은 예대율의 급등현상에 대해 아예 눈을 감아버렸던 것이다.

그렇다면 당시 금융감독 당국은 왜 이처럼 예대율 급등문제에 대해 방관자적인 태도를 취했을까? 무엇보다 당시 금융감독 당국의 수장인 윤증현 위원장이 노무현 정부의 전략에 맞추어 한국을 동북아 금융허브로 만들려면 금융감독 부문에서 획기적인 규제완화가 절실하다고 판단하고 있었기 때문으로 분석된다.[90] 외환위기 직후인 1998년 11월 철폐되었던 예대율 규제를 이제 와서 다시 규제하는 쪽

89 '주택담보대출시장의 과당경쟁에 따른 건전성 지도방안 주요내용' (금융감독원 정례브리핑자료, 2005. 5. 3)과 '최근 국내은행의 영업경쟁 현황 및 지도방안 주요내용' (금융감독원 정례브리핑자료, 2006. 5. 16)
90 이에 대해서는 이 책의 Part 05 제1절 참조.

으로 유턴하는 것은 동북아 금융허브를 조성하기 위해 전방위적인 규제완화가 필요하다고 판단하고 있었던 윤 위원장으로서는 고려할 수 없는 일이었다. 이것은 당시 그의 금융감독 철학에도 맞지 않았다.

윤 위원장은 금감위원장 재임중 은행장들을 불러 모아 훈시조의 금융감독 지침을 시달하는 것을 극도로 싫어했던 것으로 알려졌다. 앞에서 언급했던 2007년 5월 16일 은행장들과의 조찬 회동은 그가 2004년 8월 금감위원장 취임 직후 가진 상견례 이후 처음 있었던 일이었다. 당시 이데일리는 "윤 위원장이 시장과 금융기관의 자율기능을 존중해야 한다는 차원에서 가능한 한 이런 모임을 자제해왔다"고 보도하였다.[91] 동아일보는 당초 윤 위원장이 "'은행 건전성 관리는 시장에 맡기는 게 좋다'는 평소 소신에 따라 은행장과의 회동에 부정적이었지만 리스크 관리를 위해 간담회가 꼭 필요하다는 내부 의견을 수용해 회동했던 것"으로 보도하였다.[92]

금융감독 당국이 은행들의 높은 예대율 문제에 대해서 상당한 문제의식을 갖고 이에 대응하기 시작했던 것은 김용덕 금감위원장의 취임 직후인 2007년 8, 9월경이었던 것으로 추정된다. 이때에는 은행들의 예대율이 이미 130%를 웃돌고 있었다. 금융감독원은 2007년 8월 30일 그 해 상반기중 국내은행의 영업실적 분석결과를 발표하면서 "은행의 본질적인 수익창출능력을 나타내는 구조적 이익률이 1.47%로 2006년 상반기의 1.62%에 비해 0.15%포인트 하락했다"고

---

91   이데일리, 2007. 5. 16.
92   동아일보, 2007. 5. 17.

발표하였다.

더 큰 문제는 국내은행의 구조적 이익률이 2004년의 1.79%를 정점으로 해서 그동안 계속 하락하여 왔다는 점이다. 금감원은 그 배경으로 "은행간 영업경쟁 및 저원가성 예금 비중의 감소에 따른 순이자마진(NIM) 축소에 주로 기인한다"고 분석하였다. 저원가성 예금이라 함은 요구불예금 및 저축예금 등 자금조달 비용이 낮은 예금을 가리키는 말이다. 금감원은 이 비율이 2005년에는 14.3%에 달하였으나 2007년 상반기에는 12.5%로 낮아졌다고 지적하였다. 저원가성 예금 비중이 낮아졌다 함은 CD 및 은행채 등 고원가성 자금조달 비중이 높아졌다는 말이다. 금감원은 이에 따라 "은행들이 안정적인 자금조달구조를 유지할 수 있도록 은행 자체적으로 적정 순이자마진(NIM) 유지계획을 수립토록 지도하겠다"고 밝혔다.

한겨레신문은 2007년 10월 18일 "금융감독원이 지난달에 은행들 앞으로 CD 및 은행채 발행과 관련해 '주의'를 요청하는 공문을 보냈다"고 보도하였다.[93] 김용덕 위원장은 2007년 10월 17일 조찬강연을 통해 "국내 금융시장은 국내외 금융기관들의 경쟁 심화로 포화상태에 이르면서 성장의 한계를 나타내고 있다"고 언급하면서 금융기관들의 적극적인 해외진출을 촉구하였다.[94] 국내에서 벌어지고 있는 자산경쟁의 부작용을 막으려면 금융기관들에게 해외진출이라는 새로운 활로를 열어줄 필요가 있다고 판단하였기 때문이다.

---

93 그러나 금융감독원 홈페이지에서 검색한 결과, 한겨레신문이 보도한 내용의 보도자료를 찾을 수 없었다. 본문에서 이미 인용했던 금감원 보도자료 '07년 상반기중 국내은행 영업실적'의 관련내용을 취재하여 보도하였던 것으로 추정된다.
94 금융감독위원회·금융감독원, 『김용덕 금융감독위원장 겸 금융감독원장 연설문집』, 2008, pp.45~6.

김 위원장은 같은 해 10월 31일의 조찬강연에서도 금융기관들의 외형경쟁에 대해 경고함과 아울러 예대율의 급등에 대해 우려하였다.[95] "과도한 외형경쟁은 장기적으로 건전성과 수익성을 해치고 금융시스템의 자원배분을 왜곡하며 심각한 유동성 리스크를 발생시킬 수 있다"고 경고하였다. 또한 '금감위원장의 은행권에 대한 메시지'라는 제목으로 은행권이 해결해야 할 당면 과제 두 가지를 적시하였다. '은행의 순이자마진 축소에 따른 수익성 악화문제'와 '은행의 외형경쟁에 따른 과잉여신 문제'가 바로 그것이었다. 과잉여신 문제라 함은 예대율의 급등문제를 다르게 표현한 것이다. 뒤늦게나마 금감위원장이 '과잉여신에 따른 심각한 유동성 리스크 발생'을 공개적으로 경고했다는 점에서 이 날의 강연은 의미가 있었다.

한국은행도 같은 해 10월 30일 발간한 『금융안정보고서』에서 "(우리나라 예금은행들의 경우) 시장성 수신을 통한 자금조달이 크게 증가함에 따라 금융시장 충격 발생시 유동성 위험에 노출될 가능성이 과거보다 높아진 것으로 보인다"고 분석하였다. 금융감독위원회는 같은 해 10월 30일 '은행권 은행채·CD 발행동향 및 대응방향'이라는 제목의 정례브리핑 자료를 발표하였다. 이 자료는 "2007년 1~8월중 국내은행들의 자금조달을 보면 예수금이 크게 감소한 반면 은행채 및 CD 등 시장성 자금조달이 크게 증가했다"고 분석하였다. 그렇기 때문에 금감위는 "은행들의 건전한 경영을 유도하기 위해 은행채나 CD보다는 예금을 재원으로 대출을 취급하도록 감독을 강화할 계획"이라고 밝혔다.

---

95   앞의 책, pp.76~9.

이처럼 은행들의 예대율이 급등하고 시장성 수신의 비중이 높아져 있는 상황에서 미국의 서브프라임 모기지(비우량 주택담보대출) 부실 사태의 파장으로 국제금융시장이 경색됨에 따라 2007년 11월 이후 국내 금융시장에서도 금리와 환율이 점차 오르는 등 자금경색 현상이 나타나기 시작하였다.[96] 국제금융시장의 어려움이 국내 외환시장 및 외화자금시장에 이어 원화자금시장에까지 파급되었던 것이다. 조선일보는 2007년 12월 7일 사설에서 "시중금리가 이렇게 뛴 데는 예금이 줄어 금고가 비는 데도 대출을 늘리려고 CD와 은행채 등 채권을 발행한 은행의 책임이 크지만 은행들의 방만한 자세를 미리 제어하지 않은 감독당국에도 책임이 있다"고 비판하였다.

2008년 9월 미국의 투자은행인 리만 브러더스가 붕괴하면서 글로벌 금융위기가 시작되었을 때만 해도 많은 사람들은 우리나라가 미국 발 금융위기에서 비교적 안전할 것이라고 생각했다. 1997년 말 외환위기 이후 우리나라가 모범적으로 구조조정을 추진하여 금융부문과 기업부문이 모두 건실하다고 믿었기 때문이다. 그러나 시간이 흐르면서 하루가 다르게 금융시장과 외환시장에서는 금리가 오르고 환율이 폭등함은 물론 CDS 프리미엄이 급등하는 현상을 목격하게 되었다. CDS 프리미엄은 우리나라의 대외신인도를 나타내는 바로미터라고 할 수 있다.

당시 많은 국민들은 미국에서 금융위기가 터졌는데 왜 태평양 건너 한국의 금융 외환시장이 이렇게 불안한 모습을 보이는 것인지 잘 이해하지 못하였고 곤혹스럽게 생각하였다. 그것은 바로 동북아 금

---

96 한국은행, 「금융안정보고서」 제11호(2008. 4), pp.39, 48.

융허브 전략이라는 이름 아래 진행되었던 정부의 금융기관 대형화 추진과 연관되어 있었던 것이다. 금융기관들은 대형화를 위한 인수합병 시장에서 값싼 매물로 취급되지 않고 승자가 되기 위하여 사활을 걸고 외형확대에 매진하였다. 수년간 우리나라 은행들이 외형 확대경쟁에 몰두해 온 결과, 은행들은 비정상적인 자금운용 및 취약한 자금조달구조를 지니게 되었으며 그 성적표가 바로 은행들의 예대율 급등이었다.

자산증대를 위한
외화영업
경쟁

01

매입외환
증대 경쟁

국내은행들이 총자산을 늘리기 위해 원화대출 부문에서 전개하였던 자산경쟁은 2006년부터 외화영업 부문으로 확대되었다.[1] 은행들은 조선업체 및 자산운용업체가 발행한 선물환 매입을 확대하는 한편 외화대출을 늘리기 위해 심혈을 기울였다. 은행의 선물환 매입은 부외에 표시되기 때문에 언뜻 보기에 총자산 증대와는 직접 관계가 없는 것 같지만 후술하는 바와 같이 결과적으로는 총자산 증대에 기여하는 효과가 있다. 외화대출은 은행 대차대조표 상의 자산항목이기 때문에 외화대출 증대시 바로 총자산이 늘어난다.

국내 조선경기는 세계 조선경기의 호황에 힘입어 2003년부터 2008년 상반기까지 활황을 지속하였다. 8대 국내 조선업체[2]의 선박

1 　양양현·이혜림, '차익거래 유인과 외은지점 및 외국인의 국내 채권투자에 관한 분석', 『조사통계월보』 2008년 8월호, 한국은행, p.73.
2 　8대 조선·중공업체 기준. 조선업체 이외에 중공업체를 포함한 것은 중공업체가 담당하는 해양플

수주액은 2002년의 100억 달러에서 2003년에는 239억 달러로 증가한 데 이어 2006년 및 2007년에는 각각 617억 달러와 975억 달러로 급증하였다. 2007년의 수주실적은 연간기준으로 사상 최대기록이었다.

〈표 3-1〉 조선업체의 선박수주액 및 환헤지 비율 추이

(단위: 억 달러)

	2002	2003	2004	2005	2006	2007	2008
선박 수주액(A)	100.4 (-6.2)	239.0 (138.0)	318.0 (32.5)	312.7 (-1.7)	617.0 (97.3)	975.0 (58.0)	717.9 (-26.4)
선물환순매도(B)	18.5	44.7	125.0	168.2	352.5	532.6	416.7
환헤지비율(B/A,%)	18.4	18.7	39.3	53.8	57.1	54.6	58.0

( ) 내는 전년대비 증감률(%)
자료: 박용민·권경호, '조선업체 환 헤지가 외환부문에 미치는 영향', 『조사통계 월보』 2010년 2월호, 한국은행, pp.69, 73에서 인용.

조선 경기가 활황을 지속하고 있었음에도 불구하고 환율이 하락 (원화가치의 절상)함에 따라 조선업체들은 상당한 환 손실을 입고 있었다. 조선업체들은 조선수주 계약시점과 대금 수령시점 간의 격차가 큰 조선업의 특성 때문에 환 리스크가 증대되는 취약점을 안고 있었다. 조선업체가 해외 해운회사 등으로부터 선박건조 주문을 받은 후 선박을 만들어 인도하기까지는 약 3년 정도의 장기간이 소요된다. 따라서 선박수출대금도 선박을 인도하는 시점에서 한꺼번에 받지 않고 계약금, 중도금 및 잔금 등으로 나누어 받도록 되어 있다.

중도금은 선박을 건조하는 공정에 따라 많게는 세 차례로 나누어

랜트 건설도 통상 선박수주 실적으로 계상하고 있는 점을 고려한 것이다. 이하 이 책에서 '조선업체'라 함은 중공업체를 포함하는 것으로 지칭한다.

받으며, 잔금은 선박건조를 마쳐 선주에게 인도할 때 받게 된다. 이에 따라 조선업체들로서는 앞으로 중도금 및 잔금 등 선박수출대금을 받게 될 시점의 환율이 하락할 경우 환손실을 입게 된다. 더욱이 당시에는 경상수지가 흑자를 지속하고 외국인 직·간접투자자금이 유입되는 데다 달러화의 약세가 본격화됨에 따라 시장참가자들 간에 환율이 계속 하락할 것이라는 일방적인 기대심리가 형성되어 있던 터였다. 따라서 국내 조선업체들은 선박수주를 받는 즉시 수주금액의 상당액에 해당하는 선물환을 매도함으로써 환위험을 헤지하기 시작하였다.

한편 2006년 이후에는 국민들의 해외 증권투자가 크게 늘어났다. 우리나라의 해외 증권투자는 2005년 111억 달러에 그쳤으나 2006년에는 241억 달러로 증가하였으며, 2007년에는 501억 달러에 달하였다. 해외 증권투자가 이처럼 급증한 것은 당시 글로벌 증시 호조로 해외투자에 대한 국내 투자자들의 관심이 높아진 데다 정부가 해외투자를 활성화하기 위한 조치를 취했던 데 주로 기인하였다.

해외 증권투자가 증대되는 데 맞추어 자산운용사들은 국내 투자자들이 해외 증권투자 시 환손실을 입지 않도록 환 헤지가 포함된 상품을 판매하기 시작하였다. 당시 자산운용사들이 판매한 해외투자펀드 상품의 경우 처음에는 투자자들이 환헤지 여부를 직접 선택할 수 있었으나 점차 투자자들의 선택폭이 축소되어 나중에는 환 헤지가 포함된 상품 판매가 주종을 이루었다.[3]

---

3   재정경제부 보도참고자료 '국제금융센터「해외펀드 환 헤지 효과 및 개선방안」보고서 발간', 2008. 1. 15, p.3.

<表 3-2> 해외증권투자(외환수급 기준) 및 해외증권투자자의 선물환 매도추이

(단위: 억 달러)

	2005	2006	2007	2008.1~6월
해외증권투자(A)	111	241	501	−11
선물환순매도(B)	15	193	401	37
환헤지비율(B/A,%)	13.5	약 80	약 80	…

자료: 양양현·이혜림, '차익거래 유인과 외은 지점 및 외국인의 국내 채권투자에 관한 분석', 한국은행 『조사통계월보』, 2008년 8월호, p.69 ; 안병찬, 『글로벌 금융위기 이후 외환정책』,한나래출판사, 2011, p.188. 2006년 및 2007년 선물환 순매도액은 2006년 및 2007년 환헤지 비율을 약 80%로 추정한 안병찬의 분석 결과를 이용하여 계산하였음.

조선업체들과 자산운용사들은 환헤지 수단으로 환위험 회피가 확실하고 사후관리가 용이한 선물환거래를 가장 선호하였다. 선물환거래는 매매계약 체결일로부터 일정기간(통상 2영업일) 경과한 미래의 특정한 시점에서 일정한 환율로 외환을 인수 인도하고 대금을 결제할 것을 약정하는 거래이다. 계약을 체결하는 당일에 선물환거래가 성립하지만 자금결제는 계약체결 당시 약정된 환율에 따라 미래의 특정시점에서 이루어진다.[4] 그러므로 선물환계약을 체결한 것만으로는 현재 시점에서 선물환을 매입하거나 매도한 거래 당사자의 외화자산 및 외화부채 증감에 아무런 영향을 주지 않는다. 이런 점을 고려하여 선물환거래는 회계처리에서도 대차대조표의 본문이 아닌 각주에 표시된다.

조선업체와 자산운용사들이 환헤지를 본격화함에 따라 2004년 이후 이들 업체들의 선물환 순매도액이 큰 폭으로 늘어났다. 조선업

---

4   예를 들어 2013년 9월 1일에 조선업체가 A은행과 1백만 달러의 선물환(1개월물)을 1,200원에 매도하는 선물환계약을 체결하였다면 1개월 후인 2013년 10월 1일에 조선업체는 A은행에 외화 1백만 달러를 지급하고 A은행은 조선업체에 원화 12억 원(1,200원×1백만 달러)을 지급하게 된다.

체의 선물환 순매도액은 2003년의 45억 달러에서 2004년에는 125억 달러로 증가한 데 이어 2006년과 2007년에는 각각 353억 달러와 533억 달러로 급증하였다. 그 결과 조선업체의 환헤지 비율(선물환 순매도액 / 선박수주액)은 2003년의 19% 수준에서 2004년에는 39%로 높아졌고, 2005년부터 2008년까지는 54~58%의 높은 수준을 지속하였다.[5] 2005년 중 15억 달러에 불과하였던 자산운용사들의 선물환 순매도액도 2006년과 2007년에는 각각 193억 달러와 401억 달러로 크게 늘어났다. 자산운용사의 환헤지 비율도 2006년과 2007년에는 80% 수준에 달하였다.[6]

다음으로 은행들은 조선업체 이외의 여타 수출업체들로부터 선물환 매입을 늘리기 위해 비상한 노력을 기울였다. 2007년 11월 한국은행과 금융감독원은 선물환 취급규모가 큰 6개 은행을 대상으로 '선물환시장 수급 불균형'에 대한 공동 실태조사를 실시하고 그 결과를 발표하였다.[7] 당시 조사대상 은행은 산업은행, 신한은행, 한국씨티은행, SC제일은행 등 국내은행 네 곳과 칼리온 은행, 도이치은행 등 외은 지점 두 곳이었다.

당시 조사결과에 따르면 은행들이 수출기업들로 하여금 선물환을 매도하도록 집요하게 펼쳤던 유인작전은 가히 충격적이었다. 2006년 1월부터 2007년 9월까지 은행들은 외환수수료 증대 및 시장점유율

---

5   박용민·권경호, '조선업체 환 헤지가 외환부문에 미치는 영향', 한국은행 『조사통계월보』, 2010년 2월호, p.73.

6   양양현·이혜림, '차익거래 유인과 외은지점 및 외국인의 국내 채권투자에 관한 분석', 한국은행 『조사통계월보』, 2008년 8월호, p.69 ; 안병찬, 『글로벌 금융위기 이후 외환정책』, 한나래출판사, 2011, p.188.

7   한국은행 보도자료, '선물환시장 수급 불균형에 대한 공동실태조사 결과', 2008. 1. 29.

확대 등을 위하여 업체 방문 및 연수·세미나 개최 등 마케팅을 강화하였다. 이 기간 중 조사대상 6개 은행은 총 2,453개 업체를 대상으로 업체당 평균 4.4회, 총 10,802회를 방문하였다. 은행들이 방문한 업체의 80% 가량이 수출업체였는데 일부 은행은 거액의 홍보비를 사용하고 연간 1~2천 회나 업체를 방문하였다. 특히 일부 은행들은 업체 방문시 2007년 환율이 800원대 중반까지 하락할 것으로 전망하면서 하루 속히 선물환 매도를 통해 환위험을 헤지할 것을 유인하였다.

당시 조선업체 등 수출업체와 자산운용사가 대규모의 선물환을 매도하고 은행들이 이를 매입한 것은 우리 경제에 어떤 영향을 미쳤을까? 이를 제대로 이해하기 위해서는 은행의 선물환 매입과 관련된 외국환관리규정을 먼저 살펴볼 필요가 있다. 외환 당국은 개별은행의 건전경영을 유도하는 한편 외환시장 교란을 방지하기 위하여 개별은행이 대체로 외화자산 잔액과 외화부채 잔액을 서로 일치시키도록 규제하고 있는데, 이를 외환포지션 관리라고 한다. 은행이 외화부채에 비해 외화자산을 많이 갖고 있거나 반대로 외화자산에 비해 외화부채를 많이 갖고 있게 되면 환율변동 위험에 노출되어 환율 급변동시 큰 손실을 입을 수 있다. 따라서 외환당국은 이런 일이 발생하는 것을 방지하기 위해 은행의 외환포지션을 규제하고 있다. 그런데 외환 당국은 외환포지션을 관리함에 있어 선물환 거래결과도 포함토록 하고 있다. 은행의 선물환 거래는 현재에는 대차대조표의 부외에 표시되어 있지만 미래의 일정 시점 이후 은행의 외화자산 또는 외화부채가 증가하게 되는 데 직접 영향을 미치게 됨을 고려한 것이다.

은행이 선물환을 매입할 경우 은행은 외환포지션 관리를 위해 일반적으로는 동일한 금액의 선물환을 매도하려고 한다. 이때 선물환을 사려는 고객이 있다면 은행은 매입한 선물환을 그 고객에게 매도함으로써 환율변동에서 오는 위험을 쉽게 헤지할 수 있다. 이처럼 은행이 선물환을 매입함과 동시에 같은 금액의 선물환을 매도하면 미래의 일정 시점 이후 은행의 외화자산 및 외화부채 잔액 간에 서로 괴리가 발생하지 않아 외환포지션 관리에 문제가 없게 된다.

선물환을 팔려는 고객들은 많은 반면 선물환을 사려는 수요가 아예 없거나 부족하다면 어떻게 될까? 2004년부터 2008년까지 국내 선물환시장은 이처럼 구조적인 수급 불균형상태에 있었다. 특히 조선업체들은 만기가 주로 1~3년인 선물환을 대규모로 매도하려고 하였으나 이와 같은 장기 선물환을 매입하려는 수요는 거의 없었다. 그래서 은행들은 조선업체와 자산운용사 등으로부터 선물환을 매입함에 따른 외환포지션 조정을 위해 해외[8]로부터 외화를 차입해야 했다. 이때 은행이 차입한 외화자금으로 국내에서 외화대출을 할 경우에는 다시 은행의 외화자산이 증가하게 되어 외환포지션을 조정해야 하는 부담이 추가적으로 생기므로 은행은 차입한 외화자금을 외환시장에서 바로 처분함으로써 포지션 조정을 마쳤다.

은행들이 외환포지션 조정을 위해 해외에서 외화자금을 차입함에 따라 단기외채를 중심으로 외채가 급증하는 문제점이 발생하였다.[9] 조선업체의 선물환 순매도액은 2006년과 2007년에 각각 353억 달러

---

8   당시 은행들은 해외에서 직접 차입함과 아울러 외국은행 국내지점으로부터 차입하였다. 그런데 외은 지점들은 이 재원을 해외 본점에서 차입했다. 그렇기 때문에 이를 종합적으로 감안하여 '해외'로부터 차입한 것으로 기술하였다.

9   또 다른 문제는 은행들이 포지션 조정을 목적으로 해외차입을 통해 조달한 대규모 외화를 현물환시장에서 매도함에 따라 외환시장에서 외환 공급초과 현상이 지속되어 환율을 계속 하락(원화가치의 절상)시키는 요인으로 작용하였다는 점이다.

와 533억 달러에 달했다. 자산운용사의 선물환 순매도액도 2006년과 2007년에 각각 193억 달러와 401억 달러에 이르렀다. 이들 조선업체와 자산운용사들이 매도한 엄청난 규모의 선물환을 은행들이 매입하였기 때문에 은행들의 외환포지션 조정과정에서 같은 금액만큼의 외채가 바로 증가하였다.

이때 외환포지션 조정을 위한 은행들의 해외차입이 단기자금 위주로 이루어짐에 따라 단기외채가 급증하면서 우리나라 외채구조가 악화되는 문제가 두드러졌다. 아울러 은행들이 조선업체들로부터 매입한 선물환의 경우 만기가 1년을 초과하는 장기물이 많았음[10]에도 불구하고 외환포지션 조정을 위한 해외차입이 단기자금 위주로 이루어졌기 때문에 외화자산과 외화부채 간에 만기가 일치하지 않는 미스매치(mismatch) 문제가 심화되었다. 은행들이 자산운용사로부터 매입한 선물환의 경우에는 1~3개월의 단기물이 주종[11]을 이루었기 때문에 미스매치의 문제가 상대적으로 덜 심각하였다.

이처럼 은행들은 장기 선물환을 매입함에 따른 외환포지션 조정 용도임에도 불구하고 해외에서 주로 단기 외화자금을 차입하였다. 단기자금의 경우 조달비용이 상대적으로 저렴하기 때문이다. 은행에 선물환을 매도했던 수출업체로부터 1년 이상이 지나야 외화자금을 받게 되어 있었음에도 은행들이 이처럼 포지션 조정을 위한 외화자금을 단기로 차입함에 따라 은행들은 만기불일치 위험에 노출되었

---

10   일례로 당시 조선업체들의 선물환 순매도액을 만기별로 구분해 보면 만기가 1년 이내인 선물환의 매도비중이 2003년과 2004년에는 60~70%에 달하였으나 2005년부터 2008년 사이에는 32~40% 수준으로 낮아졌다. 다시 말해 2005년부터 2008년 사이에는 은행들이 매입한 선물환의 60~68% 정도가 만기 1년 초과인 장기물이었다. (박용민·권경호, 앞의 책, p.73)
11   양양현·이혜림, 앞의 책, p.69.

다. 김경수는 이에 대해 "단기외채가 선호되는 것은 단기외채의 증가로 인한 사회적 비용이 발생하였음에도 불구하고 단기외채를 끌어다 쓴 금융기업은 조달한 자금으로부터 이득을 향유함으로써 결과적으로 수익은 사유화하되 위험은 사회화하는 모럴 헤저드가 내재되어 있을 수 있음을 시사한다"고 주장하였다.[12]

이와 같이 조선업체들과 자산운용사들이 선물환을 매도하고 은행이 이를 매입함에 따라 우리나라 외채는 얼마만큼 증가하게 됐을까? 먼저 조선업체들은 과거 은행에 매도했던 선물환의 만기가 도래한 시점에서 받도록 예정되어 있던 수출대금을 선주 등으로부터 수령하여 상당액의 외화자금을 은행에 인도하였다. 이에 따라 은행들은 조선업체로부터 수령한 외화자금으로 당초 빌렸던 해외차입금을 상당 부분 상환할 수 있었다. 당시 조선업체들이 과거 은행에 매도했던 선물환의 만기가 도래함에 따라 은행에 인도한 외화자금은 2006년과 2007년에 각각 161억 달러와 259억 달러에 달하였다.

그 결과 조선업체들이 매도한 선물환을 매입함에 따라 은행부문에서 증가한 순외채 증가액은 2006년과 2007년에 각각 192억 달러와 274억 달러에 달하는 것으로 추계되었다.[13] 한국은행은 2008년 6월 17일 조선업체의 선물환 순매도와 관련되어 2006~07년 중 약 470억 달러의 외채가 증가했다고 발표하였다.[14]

자산운용사들의 사례를 살펴보면, 자산운용사들은 과거 은행에

12 김경수, '소규모 개방경제의 거시경제 취약성 : 자본유입의 문제와 한국경제', 『금융위기 이후 우리나라 금융이 나아갈 방향』, 전국경제인연합회, 2009, p.144.
13 박용민 권경호, 앞의 책, pp.87~8.
14 한국은행 보도참고자료, '최근 외채 동향에 대한 평가', 2008. 6. 17, p.3.

매도했던 선물환의 만기가 도래하는 데 맞추어 해외투자자금을 회수할 예정이었다. 그렇게 해야만 선물환을 매도한 은행에 외화자금을 인도할 수 있었기 때문이다. 그러나 미국의 서브프라임 모기지 사태로 국제금융시장 여건이 계속 악화된 데다 2008년 9월 리먼 브러더스 사태를 계기로 글로벌 금융위기가 발생하였다. 이에 따라 선진국과 신흥 시장국을 가릴 것 없이 전 세계 주식시장에서 주가가 폭락하였다. 경제상황이 이처럼 악화됨에 따라 해외주식투자에 나섰던 국내투자자들은 시장여건이 호전될 때까지 펀드의 환매를 유예하기를 원했다.

그 결과 국내자산운용사들은 해외투자자금을 계획했던 대로 회수할 수 없었고, 선물환을 매도했던 은행에 외화자금을 인도할 수도 없게 되었다. 이에 따라 국내 은행들은 당초 선물환 매입시 외환포지션 조정을 위해 해외에서 차입했던 외화자금을 갚기 위해 다른 곳에서 다시 외화자금을 차입할 수밖에 없었다. 결과적으로 자산운용사가 선물환을 매도하기 직전과 비교하여 자산운용사 선물환 순매도액의 100%에 상당하는 금액만큼 외채가 늘어나게 되었다. 한국은행은 2008년 6월 17일 우리나라 해외증권투자자의 선물환 매도와 연계되어 2006~07년 중 약 590억 달러의 외채가 증가하게 되었다고 발표하였다.[15]

2006~07년 중 우리나라 외채는 총 1,720억 달러 증가하였다.[16]

---

15 주)14와 같음.

16

	2005년 말	2006년 말	2007년 말	2008. 9월말	2008년 말
총외채(억 달러)	1,614.1	2,252.0	3,334.3	3,650.9	3,173.7

자료 : 한국은행 경제통계시스템(ECOS)

이 중에서 조선업체 및 자산운용사들의 선물환 순매도와 관련되어 늘어난 외채가 1,060억 달러였다. 조선업체 및 자산운용사들의 선물환 순매도가 2006~07년 중 우리나라의 외채 증대에 결정적 요인으로 작용하였음을 알 수 있다.

그렇다면 당시 우리나라 은행들은 왜 선물환 매입을 확대하려고 했던 것일까? 그것은 외환매매 수수료 수입 증대에 이바지했을 뿐 아니라 선물환 매입이 당시 은행들이 적극 추진하였던 외형확대에도 도움이 되었기 때문이다. 은행들은 선물환 매입에 상응한 외환포지션 조정을 위해 해외에서 단기 외화자금을 차입하였고, 이 자금을 외환시장에서 처분하여 그 대가로 원화자금을 확보할 수 있었다. 결과적으로 은행들은 자산인 원화자금(현금)과 부채인 외화차입금을 동시에 늘리면서 은행의 총자산을 늘릴 수 있었던 것이다. 더욱이 은행들은 새로 확보한 원화자금으로 대출을 한 후 이자수입을 얻어 외화차입금 이자를 지급할 수 있었다. 곧 은행들은 선물환 매입을 많이 하면 할수록 외환포지션 관련 규제를 준수하는 과정에서 외화차입을 많이 하게 되고, 이를 외환시장에서 매각하여 확보한 원화자금으로 총자산을 더욱 크게 늘릴 수 있었다. 이것이 바로 은행들이 외형 확대를 위해 선물환 매입을 경쟁적으로 늘렸던 배경이다.

지금까지 살펴본 바와 같이 선물환 매입과 관련된 은행들의 자금조달 및 운용의 결과 단기외채를 중심으로 우리나라 외채가 단기간에 눈덩이처럼 불어났던 데에는 1997년 말 외환위기 이후 추진되었던 외국환 관리에 대한 규제완화가 큰 영향을 미쳤다. 무엇보다 은행들의 선물환 매입에 대한 규제가 매우 느슨하게 되어 있었다. 우리나라는 1997년 말 외환위기 이전만 하더라도 외국환관리규정에 의거 은행의 현물환 및 선물환 포지션 한도를 별도로 관리하였다. 당시에는 은행들이 선물환을 매입할 경우 외환포지션 조정을 위해 가능한 한 동액의 선물환을 매도하여야 했다.

그러나 1998년 7월 국내 은행에 대한 외화자산 운용상의 제약을 완화하기 위해 현물환 및 선물환 포지션을 종합적으로 관리하는 방식으로 포지션 관리방식이 일원화되었다. 곧 은행이 선물환을 매입할 경우 외환포지션 조정을 위해 선물환을 매도하든 아니면 해외[17]에서 외화자금을 차입하여 이를 국내 외환시장에서 바로 처분하든 은행의 재량에 맡기도록 되었다. 따라서 은행들은 해외차입이 가능할 경우에는 어떠한 제약도 없이 무한정 대규모의 선물환을 매입할 수 있었다. 그 결과 은행들은 조선업체 등으로부터 만기가 1~3년인 장기 선물환을 매입한 후 해외에서 3개월 이하의 만기로 외화자금을 차입함으로써 외환포지션 조정을 완료하였다. 그런데 우리나라 은행인 거주자가 외국으로부터 만기가 1년 미만인 외화자금을 차입할 경우 단기외채로 분류된다. 결국 조선업체 등 수출업체와 자산운용사가 매도하는 선물환을 은행들이 많이 매입하면 할수록 은행의 단기 해외차입이 늘어나면서 외채가 누증되고 외채구조도 악화되었던 것이다.

외채가 급속도로 증가하고 외채구조가 악화되고 있는 것을 우려한 결과 당시 외환당국이 외국환 관리에 대한 재규제(re-regulation)에 나서서 규제를 강화하였다면 상황은 어떻게 달라졌을까? 외환당국이 다음의 두 가지 조치 중 어느 한 가지를 취했다고 가정하고, 그에

17　외국은행 국내지점 포함.

따라 기대할 수 있는 긍정적 효과 및 부작용 등에 대하여 생각해 보기로 하자.

첫째, 외환당국이 외국환포지션 관리를 강화하여 1997년 말 외환위기 이전과 같이 현물환 및 선물환 포지션 한도를 별도로 관리하기 시작했다고 가정해 보자. 은행들은 조선업체 등으로부터 선물환을 매입할 경우 외환포지션 조정을 위해 가능한 한 동액의 선물환을 매도하여야 한다. 그런데 당시는 은행들이 조선업체 등으로부터 매입한 선물환을 고객들에게 팔기가 매우 어려운 실정이었다. 따라서 은행들은 이들 업체로부터 선물환을 제한적으로 사들이거나 아예 사들이지 않기로 결정했을 것이다.

이처럼 은행들이 실제 일어났던 상황과 다르게 영업할 수밖에 없었다면 결과는 어떻게 달라졌을까? 먼저 은행 입장에서는 외환매매 수수료 수입이 감소함과 아울러 총자산을 늘리는 데에도 제약을 받았을 것이다. 조선업체 등 수출업체와 자산운용사들로서는 국내 은행에게 선물환을 매도할 수 없게 됨에 따라 이에 대한 대안으로 국제 상업은행에 선물환을 매도할 수 있었을 것이다. 그런데 국제 상업은행들이 국내업체들로부터 선물환을 매입하여 만기까지 보유할 유인이 없었다면 조선업체 및 자산운용사 등은 선물환을 원활하게 매도할 수 없어 환리스크를 헤지할 수 없는 문제에 부딪혔을 것이다.

이 경우 조선업체를 비롯한 수출업체들의 수출경쟁력이 약화됨으로써 수출실적이 실제보다 감소했을 가능성을 배제할 수 없다. 자산운용사들의 경우 펀드 판매회사로 하여금 환 헤지가 어려운 점을 개인 투자자들에게 설명하고 환 헤지가 안 되는 상황에서도 해외투자 펀드에 가입하려고 하는지 여부에 대해 개인 투자자들의 의사를 타

진토록 해야 했을 것이다. 이에 따라 펀드 가입액이 감소하여 자산운용사 및 펀드 판매회사의 펀드 운용 수수료 및 판매 수수료 수입이 감소했을 수 있다. 환 헤지가 안 되는 데 대해 낙담한 개인 투자자는 해외투자 펀드 가입을 포기하고 국내에서 자금을 운용할 수밖에 없으므로 경우에 따라 투자수익 감소에 직면했을 수 있다.

그러나 국민경제 관점에서 보면 은행들이 선물환 매입을 하지 않았던 만큼 단기외채 중심으로 외채가 늘어나지 않게 되어 기초경제여건이 호전되는 긍정적 효과를 거둘 수 있었을 것이다. 특히 비정상적으로 높아진 우리나라의 단기외채와 은행 예대율 등의 문제 때문에 2008년 글로벌 금융위기 직후 우리나라가 커다란 경제적 어려움을 겪었던 것을 생각해 본다면 당시 은행들이 맹목적으로 선물환 매입을 늘리지 않았을 경우의 긍정적 효과는 매우 컸을 것이다.

둘째, 외환당국이 외국환포지션 관리에는 손을 대지 않는 대신 은행들이 조선업체 등으로부터 매입하는 만기 1~3년인 장기 선물환과 관련된 자본거래에 초점을 맞추어 새로운 규제를 도입하였다고 가정해 보자. 곧 외환당국이 '잔존만기 1년 이상 외화자산'에 대한 '잔존만기 1년 이상 외화부채'의 비율을 '선물환 거래와 관련된 잔존만기 1년 이상 외화자산·부채 비율'이라고 정의하고 은행들로 하여금 이를 85~100%로 유지토록 의무화하였다고 가정해 보자.

그렇다면 은행들은 조선업체로부터 1~3년인 장기 선물환을 매입하는 데 상응하여 해외에서 만기 1년 이상의 장기 외화자금을 차입함으로써 외환포지션 조정을 마치게 되었을 것이다. 따라서 이와 같은 규제가 없을 때와 비교하여 외채규모에는 차이가 없지만 단기외채가 축소되는 등 외채구조가 크게 개선되는 효과를 거둘 수 있었을 것이다. 다만 은행들이 해외로부터 만기 1년 이상의 장기자금을 조달하게 됨에 따라 이를 단기로 조달하는 경우와 비교하여 조달금리가 1%포인트 정도 높아져 조선업체 등의 환 헤지 비용을 증대시키는 문제가 있었을 것이다. 그렇더라도 그 문제는 첫 번째 조치에서와 같이 외환당국이 외국환포지션 관리를 강화함에 따라 조선업체 등 수출업체들이 환리스크를 헤지하지 못하는 입장에 처할 수도 있게 되는 문제와 비교하면 그 부작용이 작은 편에 속한다고 하겠다.

결론적으로 당시 외환당국이 위의 두 가지 조치 중 어느 하나를 선택하여 외국환 관리에 대한 규제를 강화했다면 조선업체 등 수출업체와 자산운용사들이 대거 선물환을 매도함에 따라 우리나라의 단기외채가 급증하는 것을 상당 부분 막을 수 있었을 것이다. 그럼에도 불구하고 당시 외환당국은 노무현 정부가 동북아 금융허브 구축전략의 하나로 설정한 규제완화 방침[18]에 안주하여 적절한 조치를 취하지 않은 안타까움이 있다.

---

18   이에 대해서는 이 책의 pp.248~62 참조.

02

외화대출
증대 경쟁

외화대출은 국내은행들이 기업 등에게 달러화, 엔화 등 외화 표시로 자금을 대출하는 것을 말한다. 외화 표시로 대출해 주는 자금이기 때문에 원리금 상환도 국제시세에 따라 매일 변동하는 환율과 국제금리에 연동되어 달라지는 특성이 있다. 그런데 국내 은행들은 외화대출을 위한 외화자금을 주로 해외에서의 차입에 의존하고 있다. 국내에서 이를 외화예금으로 조달하는 데에는 한계가 있기 때문이다. 그 결과 외화대출이 증가할수록 이와 비례하여 외채가 늘어나는 문제가 있다. 더욱이 외화대출을 받은 기업이 이를 원화자금으로 사용하기 위해 국내 외환시장에서 매각하게 되면 외환의 공급요인으로 작용하여 원화절상 압력을 가중시키며 국내 통화량이 증대되는 문제점이 있다.

그렇기 때문에 1997년 말 외환위기 이전까지만 하더라도 외화대출의 융자대상은 원자재 및 시설재의 수입대금이나 해외직접투자자

금, 외화차입금 상환자금 등 해외에서 실제 사용할 목적의 실수요자
금으로 엄격하게 제한되어 있었다. 그러나 이처럼 외채관리, 환율 및
통화 관리 등을 위해 융자대상을 엄격하게 제한하던 외화대출에 대
한 규제가 2001년 10월 폐지되면서 외화대출이 전면 자유화되었다.
이것은 1997년 말 외환위기 이후 우리나라의 자유변동환율제도 채택
및 외환자유화 추진 등으로 대내외 금융환경이 크게 바뀐 데다 중소
기업의 원활한 외화자금 조달 및 외국인 투자기업의 영업여건 개선
을 뒷받침해 줄 필요성이 커진 점 등을 감안한 조치였다.[19]

자산 확대에 혈안이 되어 있었던 은행들은 2005년 이후 외화대출
을 늘리는 데에도 심혈을 기울였다. 은행이 외화자금을 해외에서 빌
려올 경우 외화부채가 늘어나지만 국내기업 등에게 외화대출을 하게
되면 외화자산이 같은 금액만큼 늘어나면서 바로 총자산이 늘어난
다. 외화대출은 은행 대차대조표 상의 자산항목이기 때문이다. 이와
같이 은행들이 외화자금을 차입하여 외화대출을 하게 되면 외화부채
와 외화자산이 같은 금액만큼 늘어나므로 외환포지션 규제를 자연스
럽게 준수하는 셈이 된다.[20] 그 결과 은행들은 선물환 매입 때와 달
리 외화대출 시에는 외환포지션을 조정해야 하는 부담을 지지 않는
장점이 있다. 기업들로서도 당시에는 원화절상 기대심리가 팽배해
있었기 때문에 원리금 상환부담 면에서 외화대출을 받는 것이 유리

---

19 한국은행, 『우리나라의 외환제도와 외환시장』, 2010. 12. 27, p.71 ; 『연차보고서』(2001), 2002. 5.
    10, p.97.
20 국내은행이 외국은행 국내지점과의 스왑 거래를 통해 외화자금을 조달하더라도 부내거래(on-
    balance)에서 외화예수금이 증대하고 부외거래(off-balance)에서 선물환 매도액이 증대되는 것
    으로 계리하게 되어 포지션 조정을 할 필요가 없다. 이때 국내은행이 외은 지점과 하는 스왑 거래
    는 근일물 외화를 매입하고 원일물 외화를 매도하는 buy & sell swap 거래이거나 계약시점에 외
    화를 받음과 동시에 원화를 지급하고 만기시점에 반대거래를 하는 통화스왑 receive 거래가 된다.

하다고 판단하였다.

그 결과 2004년 말 202억 달러에 머물고 있었던 우리나라의 외화대출은 2005년과 2006년에 각각 50억 달러와 160억 달러가 늘어나 2005년 말에는 252억 달러, 2006년 말에는 411억 달러에 달하였다. 불과 2년 만에 외화대출 잔액이 배 이상으로 급증하였던 것이다. 이처럼 외화대출이 단기간에 크게 증가함에 따라 단기외채가 급증하는 문제점이 발생하였다. 이것은 은행들이 외화대출에 소요되는 재원을 주로 단기 외화자금 차입을 통해서 조달했기 때문이다.

〈표 3-3〉 외화대출 추이

(단위: 억 달러)

	2004년말	2005년말	2006년말	2007년말	2008년말
외화대출합계	202.2	251.8	411.3	449.2	505.7
통화별					
달러화	99.1	141.4	245.3	309.6	316.9
엔화	95.8	99.4	150.6	123.8	174.4
기타	7.3	11.0	15.5	15.8	14.4
용도별					
시설자금					
운전자금	92.1	136.0	261.8	219.4	178.8
기타	48.1	46.0	56.6	65.8	83.3

자료: 안병찬, 「글로벌 금융위기 이후 외환정책」, 한나래출판사, 2011, pp.264~65.

또한 은행들이 외화대출 확대에 주력하는 과정에서 달러화 표시 외화대출과 함께 엔화 표시 외화대출(이하 엔화대출이라고 칭한다)이 덩달아 크게 증가하였다. 외화대출 증가추이를 통화별로 보면 2005년에는 달러화 표시 외화대출이 42억 달러 증가한 반면 엔화대출은 4억 달러 증가하는데 그쳤다. 그러나 2006년에는 달러화 대출이 104억 달러 증가하였으며 엔화대출도 51억 달러 증가하였다. 이 때 크게 늘어난 엔화대출은 2008년 글로벌 금융위기 이후 원·엔 환율이 급등하면서 사회문제가 되었다. 엔화대출을 받은 사람들은 대부분 엔화 수입이 없는 개인사업자나 중소업체들이었다.[21]

엔화 대출자 70여 명은 2009년 3월 은행들을 상대로 부당이익 반환을 요구하는 소송을 냈다. 이들은 "은행들이 연 2%대의 저금리로 최장 10년간 대출이 가능하다고 말한 것과 달리 대출을 연장할 때마다 금리를 올렸고 엔화에 대한 원화(원·엔) 환율이 2, 3년 사이에 급등해 이자 부담이 커졌다"고 주장하였다.[22] 엔화 대출자들의 모임(엔대모)이 2009년 회원들을 상대로 벌인 설문조사에 따르면, 응답자 250명이 2006년 은행에서 2,187억 원을 대출받을 당시 적용됐던 금리는 평균 연 2.5%였으나 조사시점인 2009년에는 평균 6.5%로 4.0% 포인트 올랐다.[23] 여기에 원·엔 환율 상승분을 감안하면 연간 이자 부담은 같은 기간 중 55억 원에서 234억 원으로 4.3배까지 불어났다. 반면 은행들은 엔화 대출 금리가 변동금리로 약정서에 명시돼 있고 고지의무도 위반한 적이 없다고 주장하였다.[24]

2007년 8월 한국은행은 외화대출 급증에 대처하여 외화대출의 용도를 제한하는 조치를 취하였다.[25] 이것은 당시 외화대출이 원화 사용에 목적을 둔 운전자금 대출을 중심으로 급증하고 있었기 때문이

---

21 경향신문, 2009. 11. 3.
22 문화일보, 2009. 4. 7.
23 경향신문, 2009. 11. 3.
24 문화일보, 2009. 4. 7.
25 한국은행은 은행을 포함한 외국환업무취급기관의 외환건전성 유지를 위하여 필요하다고 인정되는 경우 외화대출의 용도를 제한할 수 있다. 이 권한은 외국환거래법제11조 제2항 및 동법 시행령 제21조 제3호에 의거하여 기획재정부장관에게 속하지만 동법 시행령 제37조 제3항에 따라 한국은행 총재에게 위탁되어 있다.

다. 곧 2005년에는 외화대출 증가액 50억 달러 중 44억 달러, 2006년에는 외화대출 증가액 160억 달러 중 126억 달러가 각각 운전자금 대출이었다. 운전자금 외화대출은 원화 사용을 목적으로 한 외화대출로서 사실상 원화대출 수요가 외화대출 수요로 전환된 것이었다. 한국은행은 외화대출 급증을 막기 위해 국내기업 등에 대해 은행들이 행하는 외화대출 용도를 해외 실수요자금과 제조업체에 대한 국내 시설자금으로 제한하였다. 이에 따라 제조업체의 국내 시설자금을 제외한 운전자금 등 원화 사용목적 자금에 대한 외화대출과 대내 외화차입금 원리금 상환자금 등에 대한 외화대출이 금지되었다. 이 조치에 힘입어 2007년과 2008년에는 외화대출 증가액이 각각 38억 달러와 57억 달러에 그치는 등 외화대출 증가세가 둔화되었다.

이와 같은 한국은행의 외화대출 용도제한 조치가 좀 더 앞당겨 실시되었다면 어떻게 되었을까? 예를 들어 2007년 8월에 있었던 용도제한 조치가 2006년 초에 시행되었다면 국내 원화사용 목적의 운전자금용 외화대출이 크게 억제됨으로써 당시 우리나라 외채를 약 100억 달러 정도 감축할 수 있었을 것이다. 그러나 한국은행은 2007년 8월 외화대출 용도제한 조치를 취한 지 얼마 지나지 않은 2008년 1월 제조업체와 타업종 간 형평성 문제 등을 제기한 업계의 건의를 받아들여 비제조업체에 대한 국내 시설자금 목적의 외화대출을 다시 허용하였다.[26] 비제조업체라 함은 사회간접자본 및 서비스산업을 말한다. 이들 산업에 종사하는 기업들이 원화로 시설자금을 조달하기가 어려울 만큼 국내 금융시장이 경색되어 있었다면 당시 설비투자

---

26   한국은행, 「우리나라의 외환제도와 외환시장」, 2010. 12. 27, p.71.

를 뒤로 미루는 것이 순리에 맞는 일이었다. 한국은행도 이런 점을 들어 업계를 설득함으로써 외화대출 용도를 보다 엄격하게 제한하려고 했던 당초 원칙을 지켰어야 했다.

한국은행은 금융감독원과 함께 선물환 취급 규모가 큰 6개 은행을 대상으로 '선물환시장 수급불균형'에 대한 공동 실태조사를 실시하고 그 결과를 2008년 1월 30일에 발표한 바 있다.[27] 당시 은행들은 기업들을 외화영업에 끌어들이기 위해 업체 방문 및 연수 세미나 개최 등 마케팅을 강화함과 아울러 지나칠 정도로 가파른 환율하락 전망을 제시하고 있었다. 당시 한국은행과 금융감독원은 공동 실태조사를 통해 이러한 은행들의 외화영업 행태를 소상하게 파악하게 되었다.

그렇기 때문에 한국은행과 금융감독원이 좀 더 주의를 기울였다면 당시 은행들이 기업을 상대로 원리금 상환 면에서 외화대출이 유리하다는 점을 들어 외화대출을 받도록 독려하고 있음을 파악할 수 있었을 것이다. 이런 점에 비추어 볼 때 외채증대 억제라는 정책목표를 달성하기 위해 2008년 1월은 외화대출에 대한 용도제한을 더욱 강화했어야 할 시점이었다. 그러나 당시 한국은행은 서브프라임 모기지 부실 여파로 국제금융시장의 불안이 점차 증대되면서 신용경색의 영향이 국내 금융시장에까지 파급되고 있는 점을 고려하여 외화대출 용도제한을 일부 완화하는 조치를 취하였다. 이에 따라 2007년 8월에 취했던 외화대출 억제조치의 효과가 다소 줄어들게 되었다.

그러나 전체적으로 우리나라에서 외화대출을 대상으로 한 은행간

---

27   한국은행 보도자료, '선물환시장 수급 불균형에 대한 공동실태조사 결과', 2008. 1. 29.

외형확대 경쟁이 이 정도 수준에 그쳤던 것은 다른 나라와 비교할 때 다행스러운 일이었다. 우리나라의 경우 글로벌 금융위기가 있기 직전인 2008년 8월 말 현재 총대출에 대한 외화대출의 비중은 약 10%에 그치고 있었다. 반면 발트 3국 및 헝가리·불가리아·루마니아 등에서는 외화대출 비중이 총대출의 50~90%에 달하였다. 이들 나라에서 가계, 기업 등이 금리가 낮은 외화대출을 선호하였고, 은행들이 이를 수용하여 외화대출이 방만하게 이루어졌기 때문이다. 그 결과 이들 나라는 2008년 9월 미국 등 선진국의 금융위기가 파급되면서 해당국의 환율이 대폭 절하되는 등 외환위기를 겪었다.

〈표 3-4〉 외화대출 / 총대출 비중

(단위: %)

라트비아	에스토니아	리투아니아	헝가리	루마니아	불가리아
88	84	62	57	55	53

자료: UBS, 2008. 9. 한국은행, '아이슬란드 및 중동부 유럽국가의 경제위기와 전망', 『해외경제 포커스』제2008-43호(2008. 10. 19~25), p.5.

특히 2008년 글로벌 금융위기 와중에서 최초의 희생국으로 전락하였던 아이슬란드의 사례는 외화대출에 대한 과도한 의존이 국민경제에 재앙적 결과를 초래할 수 있음을 잘 보여준다. 아이슬란드는 2008년 10월 3대 민간은행이 붕괴되면서 국유화되었고, 2008년 11월 19일 IMF로부터 21억 달러의 긴급 구제금융을 지원받으면서 IMF 관리체제로 들어갔다.[28] 조선일보에 따르면 아이슬란드는 2008년 위기가 도래하기까지 상당수의 주택담보대출, 자동차구매자금 대출, 학

---

28   조선일보, 2008. 12. 6.

자금 대출 등이 외화대출 방식으로 이루어졌다. 당시 아이슬란드 사람들은 중앙은행이 물가를 잡기 위해 금리를 잇달아 올리자 저리로 외화대출을 받는 길을 택했다. 우리나라에서 2006년 저리의 엔화대출이 각광을 받았던 것과 흡사하였다. 아이슬란드에 유입된 막대한 외화자금을 토대로 은행들이 대출경쟁을 벌이고 있었기 때문에 외화대출을 받는 것은 어려운 일이 아니었다.

　글로벌 금융위기 이전에 주택을 구입할 때에는 집값의 100%까지 대출을 받을 수 있었으며, 이때 대출이라고 하면 바로 외화대출을 의미했다. 사람들은 외화대출을 받아 주택과 고급 승용차, 주식을 사들였고 그 결과 부동산과 주식 등 자산가격이 치솟았다. 기업은 해외로 나가 외국의 금융회사, 호텔 및 항공사 등을 닥치는 대로 사들였다. 그러나 2008년 9월 리먼 브러더스 파산 이후 전 세계 금융시장에서 급격한 디레버리징(deleveraging: 차입축소 및 대출회수)이 일어나면서 아이슬란드는 직격탄을 맞았다. 예를 들어 2008년 초 집을 사기 위해 은행에서 엔화 및 유로화를 섞어 외화대출을 받은 아이슬란드 사람은 금융위기 여파로 환율이 급등한 데다 대출금이 물가연동형[29]으로 되어 있는 특성 때문에 갚아야 할 대출원금이 2008년 12월에는 빌린 돈보다 약 67%나 늘어났다.

29　조선일보는 "1,000크로나의 대출을 받았는데 물가가 5% 오르면 원금이 1,050크로나로 불어나는 구조로 되어 있었다"고 보도하였다.

03

해외 펀드 가입시
일률적인 환 헤지 유도

2006년 이후 은행 및 증권회사들은 국내 투자자들이 해외증권투자 시 환손실을 입지 않도록 환 헤지가 포함된 상품을 적극 판매하였다. 당시 금융감독원이 조사한 바에 따르면 국내에 설정한 해외펀드는 약 81%, 해외에 설정한 역외펀드는 약 58%가 환 헤지를 하고 있었던 것으로 조사되었다.[30] 자산운용사들이 환 헤지를 위해 선물환을 매도함에 따라 외국환은행들의 선물환 매입이 크게 늘어났으며, 외국환은행들의 포지션 조정과정에서 단기외채가 급증하는 문제가 발생하였다.

그렇다면 당시 왜 우리나라는 해외증권투자, 곧 해외투자펀드에 대해 거의 맹목적으로 환 헤지를 하였을까? 이것은 2008년 한국이

---

[30] 재정경제부 보도참고자료, '국제금융센터, 「해외펀드 환헤지 효과 및 개선방안」 보고서 발간', 2008. 1. 15, p.2.

외환위기를 겪게 된 원인과 관련하여 제기되는 중요한 의문점 중 하나이므로 전후사정을 충분히 살펴볼 가치가 있다. 국제금융센터는 2008년 1월 발표한 보고서 「해외펀드 환 헤지 효과 및 개선방안」에서 "국제적으로 해외투자 주식형 펀드는 환위험에 노출시키는 것이 일반적 관행"이며 "국내주식에 투자하고 있는 외국인 투자자들의 환 헤지 비율은 10% 내외로 추정"된다고 밝혔다.[31] 임형준도 국제금융센터의 보고서보다 약 1년 반 정도 늦게 발표한 보고서에서 "외국 해외 주식투자펀드의 경우 환 헤지를 하지 않는 것이 일반적"이라고 설명하고 있다.[32] 이러한 보고서들에 비추어 볼 때 당시 우리나라 자산운용사가 대부분 해외주식형펀드에 대해 환 헤지를 했던 것은 다른 나라들과 비교할 때 매우 이례적인 일이었음을 알 수 있다.

국제금융센터는 앞의 보고서에서 "국제적으로 해외투자 주식형 펀드의 경우 환 헤지를 하지 않고 환위험에 노출토록 하는 일반적 관행이 확립된 것은 해외투자가 해당 주가 방향에 대한 투자 및 환율 방향에 대한 투자도 같이 포함하기 때문"이라고 설명하였다. 다시 말해 국내 투자자가 해외에 주식투자를 할 경우 향후 해당국의 주가 상승률뿐만 아니라 해당국 통화의 환율전망 등도 당연히 함께 고려하는 것이 합리적이므로 환 헤지를 할 필요가 없다는 뜻이다. 곧 국내 투자자는 주가 및 환율 면에서 다음과 같은 조건이 충족될 때 해당국에 대한 주식투자에 나서게 되므로 원론적으로 보면 환 헤지는 불필요하다.

---

31   앞의 인용 자료, p.4.
32   임형준, '해외주식투자 시 환위험 헤지(hedge)의 문제점과 투자자 대응', 〈주간 금융브리프〉, 한국금융연구원, 2009. 6. 27~7. 3, p.8.

첫째 조건은 해외주가에 관한 전망과 관련된다. 국내 투자자들은 향후 해당국의 주가 상승률이 국내 주가 상승률보다 높을 것으로 전망되어야 해외투자에 나서려고 할 것이다. 둘째 조건은 환율에 관한 것이다. 경제성장률, 물가상승률, 경상수지, 외환보유액 등 경제적 기초여건(economic fundamentals) 면에서 해당국이 매우 탄탄한 성과를 보이고 있다면 해당국 통화는 우리나라 원화에 비해 앞으로 강세를 보이거나 견실하게 안정적 추세를 유지할 것으로 전망할 수 있다. 이와는 달리 해당국 통화가 원화에 대해 약세를 보일 전망이더라도 약세 폭이 주가 상승률 전망에 비해 그리 크지 않을 것으로 전망된다면 해당국에 대한 투자를 긍정적으로 생각해 볼 수 있겠다.

이러한 두 가지 조건이 성립될 경우 국내 투자자가 해당국에 투자한다면 비교적 높은 투자수익을 거둘 수 있을 것이다. 예를 들어 국내 투자자가 미국의 애플사 주식을 매입했는데 1년 후 애플사 주가 상승률이 10%에 달하고 투자시점에서 1달러당 1,000원이었던 환율이 1년 후에는 1,030원으로 미달러화가 3% 절상되었다고 하자. 이 경우 국내 투자자는 1년 후 대략 13%의 투자수익을 달성할 수 있다. 미국 애플사의 주가 상승률이 1년 후 10%에 달하였다고 하더라도 1년 후 원화 환율이 1달러당 970원으로 하락하는 등 미달러화가 3% 절하되었다면 국내 투자자는 1년 후 주가 상승률보다 낮은 7%의 투자수익에 만족해야 할 것이다.

반면에 향후 주가 상승률 및 환율전망 면에서 위의 두 가지 조건이 충족되지 않는다면 국내 투자자는 해당국에 투자할 때 손실을 보게 될 확률이 높다. 예를 들어 해당국의 주가 상승률이 1년 후 10%에 달하였으나 해당국 통화 환율이 원화 대비 10% 이상 절하된다면 국내 투자자는 1년 후 투자수익을 거두기는커녕 투자손실을 입게 되어 원금을 제대로 회수하지 못하게 될 것이다. 더욱이 어떤 나라의 경제 여건이 크게 악화된다면 그 나라의 주가가 대폭 하락하는 데 더하여 그 나라로부터 자본이 유출되면서 해당국 통화의 환율이 크게 약세를 보일 확률이 높아진다. 해당국에서 주가하락과 환율절하 현상이 함께 나타나게 되는 것이다. 그러므로 주가와 환율 면에서 앞의 두 가지 조건이 충족되지 않는다고 전망될 때에는 해당국에 대한 주식투자에 나서지 않는 것이 합리적인 의사결정이다.

결론적으로 해외주식투자를 하기로 결정했다면 이러한 투자 의사 결정에는 해당국의 환율 향방에 대한 평가도 이미 포함되어 있기 때문에 별도로 환 헤지를 하는 것은 합리적인 경제행위가 아님을 알 수 있다. 국제금융센터가 실제로 2007년 중에 행해진 환 헤지 효과를 분석한 결과에 따르더라도 해외주식투자 시 환 헤지에 따른 효용은 거의 없었던 것으로 나타났다.[33] 국제금융센터는 그 이유로 "2007년 중 우리나라 투자자들이 해외주식펀드에 투자한 대부분의 나라에서 해당국 통화가 원화에 대해 절상(원화가 절하)되었음에도 불구하고 우리나라 투자자들이 환 헤지를 함에 따라 해당국 통화의 절상(원화가 절하)에 따른 기회이익을 상실했을 뿐만 아니라 헤지 비용만큼 손해를 보았기 때문"이라고 설명하였다.

사후적으로 볼 때 국내 투자자들이 투자한 나라들의 통화가 원화에 대해 절상(원화가 절하)되었기 때문에 국내 투자자가 당초에 환 헤

---

33 재정경제부 보도참고자료, '국제금융센터, 「해외펀드 환 헤지 효과 및 개선방안」 보고서 발간', 2008. 1. 15, pp.4~5.

지를 안했더라면 투자원리금 회수 시 해당국 통화를 원화로 환전한 금액이 커져 이득이 될 수 있었다는 말이다. 그런데 국내 투자자가 환 헤지를 함에 따라 그러한 이득을 거두지 못했으며 더욱이 환 헤지를 위한 선물환 거래비용을 부담하게 되어 손해를 보았다는 뜻이다. 국제금융센터는 "2007년 중 우리나라의 해외투자 비중이 높은 8개 지역[34]의 2007년 헤지 효과를 살펴본 결과 환 헤지를 하지 않았을 경우 평균 6.86% 정도 추가 이익이 가능했고, 평균 헤지 비용이 1.28%였으므로 환 헤지를 하지 않았을 경우 평균 8.14% 정도 추가 수익이 가능"하였을 것으로 추정하였다.

2007년의 경우와 정반대로, 만일 우리나라 투자자들이 해외주식펀드에 투자한 나라들의 통화가 원화에 대해 절하(원화가 절상)되었다면 환 헤지에 따라 우리나라 투자자들이 이득을 볼 수 있었을까? 예를 들어 어떤 투자자가 1만원을 가지고 1,000원의 환율에 미화 10달러를 환전하여 10달러인 미국 주식 1주를 매입하였다. 그런데 투자 시점에 비해 1년 후 미국의 주가는 10% 상승하여 11달러가 되었으나 달러환율은 900원으로 하락(원화가 절상)하였다고 가정해 보자. 이 경우 환 헤지를 하지 않고 환위험에 노출시켰다면 이 투자자는 1년 후에 9,900원을 회수하게 되어 100원의 손실에 처하게 된다. 그러나 이 투자자가 투자시점에서 앞으로의 환율 변동 위험을 제거하기 위해 선물환 10달러를 달러당 1,000원에 매도해 두었다면 어떻게 될까? 환 헤지를 했기 때문에 이 투자자는 1년 후에 주식처분대금 11달러 중 10달러를 달러당 1,000원에 외국환은행에 매도하여 10,000원을

---

34   인도, 브라질, 러시아, 베트남, 일본, 유로지역, 미국, 홍콩.

받게 되고 주식처분대금 중 나머지 1달러를 시세대로 900원에 처분하여 총 10,900원을 확보함으로써 900원의 투자이익을 거둘 수 있다고 생각하기가 쉽다.

그러나 임형준은 이러한 생각과는 달리 해외주식투자 시 환 헤지를 하게 되면 환 헤지를 하지 않고 환위험에 노출시키는 경우에 비하여 투자 수익률이 오히려 낮아질 수 있다고 주장하였다.[35] 그는 주가와 환율의 변동성을 충분히 감안해서 기민하게 실시되고 있는 해외주식투자 환 헤지의 고유 특성에서 그 이유를 찾고 있다. 임형준은 먼저 "채권투자와 달리 주식투자는 실시각으로 주가가 크게 변동함에 따라 향후 펀드의 자산가치가 얼마가 될지를 예측할 수 없기 때문에 펀드의 헤지 비율을 일정하게 유지하기 위해 지속적으로 선물환 포지션을 조정해 주어야 한다"는 점에 주목하였다. 따라서 "투자기간 중 주가와 환율의 변동성이 높을수록, 헤징 포지션 조정의 빈도가 잦을수록" 투자기간의 경과와 더불어 환 헤지와 관련된 선물환 매매 손실이 누적될 수 있다고 주장하였다.

더욱이 선물환을 매도하는 환 헤지 전략을 사용할 경우 원화가 절상(환율 하락)될 경우 이익이, 원화가 절하(환율 상승)될 경우 손실이 발생할 수 있으나 장기적으로는 이들 이익과 손실이 상쇄된다고 주장하였다.[36] 이것은 장기적으로 환율이 계속해서 한 방향으로 변동

---

35 임형준, '해외주식투자 시 환위험 헤지(hedge)의 문제점과 투자자 대응', 〈주간 금융브리프〉, 한국금융연구원, 2009. 6. 27~7. 3. pp.5~6. 임형준은 가장 활발하게 환 헤지를 하는 기법으로 다이나믹 헤징(dynamic hedging)을 들면서 이 경우 "환헤지펀드를 운용하는 매니저들은 매일 펀드 순자산가치를 평가하여 환 헤지 비율(주로 100%)이 미달(초과)된 부분에 대해 선물환을 매도(매수)하게 된다"고 설명하였다.

36 임형준, 『해외주식투자 환헤지에 대한 연구』, 한국금융연구원, KIF 연구보고서 2011-01, 2011. 1. 17, p.115.

하지 않고 원화 절상(환율 하락)과 원화 절하(환율 상승)가 교차해서 나타나는 것이 일반적인 추세이기 때문이다. 이런 점들로 인해 해외주식투자 시 환 헤지를 하게 되면 결과적으로 환 헤지를 하지 않는 경우와 비교하여 투자수익률이 낮아지게 된다는 것이다. 임형준은 선진국과 신흥시장국 등 9개국을 선정하여 해당 국가의 주가지수를 추종하는 펀드를 구성한 후 2000년부터 2009년까지 10년간 환 헤지 전략과 환노출 전략[37]을 사용한 경우의 수익률 차이를 시뮬레이션을 통해 추정한 결과 환노출 펀드의 수익률이 환 헤지 전략을 사용한 펀드의 수익률보다 높았던 것으로 나타났다고 보고하였다.[38]

2008년 외환위기 직전 국내 투자자들 중 상당수가 국내의 낮은 투자수익률에 만족하지 못하여 해외주식투자에 나섰다. 경제원론 교과서인 『크루그먼의 경제학』의 표현[39]을 빌리자면 당시 국내 투자자들은 우리나라를 '느리게 성장하는 경제'라고 판단했던 반면 중국 등 신흥시장국들을 '빠르게 성장하는 경제'라고 높이 평가하였다. '빠르게 성장하는 경제'는 대개의 경우 '느리게 성장하는 경제'에 비해 더 높은 투자수익률을 투자자들에게 제공하는 법이다. 당시 국내 투자자들이 '빠르게 성장하는 경제'인 신흥시장국들에 대해 높은 신뢰를 가진 결과 이들 나라에 투자하려고 했다면 이러한 의사결정에는 해당국의 환율에 대한 전망도 이미 포함되어 있었기 때문에 굳

---

37 여기서 '환노출 전략'은 외환 익스포저를 전혀 헤지하지 않은 전략을 말하며, '환헤지 전략'은 매월 또는 매일 선물환 매매를 통해 환헤지 비율을 일정하게 유지하는 '환헤지 비율 유지전략'과 환헤지 비율이 80~100% 구간을 벗어날 때 선물환 매매를 통해 비율을 90%로 재조정하는 '환헤지 비율 구간화 전략' 등 두 가지 전략을 상정하였다. 앞의 책, pp.59~66.

38 앞의 책, p.115.

39 Paul Krugman과 Robin Wells, 『크루그먼의 경제학』, 김재영 박대근 전병헌 옮김, (주)시그마프레스, 2011, p.1117.

이 별도로 환 헤지를 할 필요가 없었다.

또 다른 경제원론 교과서인 『맨큐의 경제학』은 국제 자본흐름에 영향을 미칠 수 있는 변수로 해외자산에 대한 실질이자율, 국내자산에 대한 실질이자율, 해외자산 보유에 따른 경제적·정치적 위험에 대한 인식, 외국인의 국내자산 소유에 영향을 미치는 정부정책 등을 들고 있다.[40] 국제 자본흐름에 영향을 미치는 변수에서 환율을 제외하고 있는 것이다.

이 교과서는 개방경제의 거시경제이론을 구축할 때에도 국제 자본흐름이 환율의 영향을 받지 않는다고 전제하고 있다. 예를 들어 해외투자에 나서려는 국내 투자자 입장에서는 원화가 절상되면 외국자산이 덜 비싸지기 때문에 외국자산의 매력이 증대될 것으로 추측할 수 있다. 그러나 투자기간이 종료되면 한국의 투자자는 궁극적으로 해외에 투자한 자산과 그 자산에서 발생하는 이윤을 다시 원화로 바꾸어야 한다. 원화가 절상된다면 해외에 투자했던 자산을 원화로 바꿀 때에도 그 효과가 동일하게 적용되므로 회수한 원화금액은 줄어들게 된다. 곧 환율변동의 효과는 해외자산의 구입과 해외자산의 처분에 모두 영향을 미쳐 상쇄될 것이다. 그렇기 때문에 국제 자본흐름이 환율의 영향을 받지 않음을 강조하고 있는 것이다.[41]

이처럼 기초적인 경제상식에 따르더라도 해외주식 펀드에 투자하면서 굳이 환 헤지를 할 필요가 없었음에도 불구하고 당시 대다수의 국내 투자자들은 무슨 연유로 환 헤지를 하게 되었던 것일까?

---

40   N. Gregory Mankiw, 『맨큐의 경제학』, 김경환 김종석 옮김, 교보문고, 2013, pp.788~89.
41   위의 책, pp.813~14.

첫째, 당시 원화가 계속 절상될 것이라는 기대가 폭 넓게 형성되어 있었고, 환 헤지 전략을 선택할 경우 오히려 환노출 전략에 비해 수익률 면에서 불리할 수도 있다는 것을 금융 전문가들조차 제대로 알지 못했기 때문이다. 한 마디로 무지의 소산이었다. 이것은 2007년 말까지만 하여도 국민연금 기금이 해외주식에 투자할 때 100% 환 헤지를 하고 있었던 데에서 잘 드러난다. 국민연금 기금운용위원회는 2007년 12월 27일 국민연금 기금의 해외주식 투자시 전략적 헤지 비율을 2007년 당시 100%에서 2010년 50%까지 단계적으로 낮추는 '환 헤지 정책안'을 의결하였다.[42] 경향신문은 이러한 국민연금의 전략 변화로 국민연금 기금의 해외 주식투자 환 헤지 비율이 2008년 70%, 2009년 60%, 2010년 50%로 계속 낮아질 것으로 전망된다고 보도하였다.

둘째, 일반 투자자들에게 펀드를 판매한 은행 및 증권회사가 외화영업 확대를 위해 원화 절상 기대심리를 적극 활용했던 측면이 있었다. 당시 은행들은 외환수수료 증대 및 시장점유율 확대 등을 목적으로 선물환 매입을 늘리기 위해 안간 힘을 쓰고 있었다. 이것은 2007년 11월 한국은행과 금융감독원이 실시한 '선물환시장 수급 불균형'에 대한 공동 실태조사에서 드러난 바 있다.[43]

은행들은 선물환 매입을 늘리기 위해 수출업체들에게 적용하였던 마케팅 전략을 일반 투자자들에게도 그대로 활용하였다. 당시에는 은행에서조차 예금 증대에 애쓰기보다 적립식 펀드를 비롯한 펀드

---

42   경향신문, 2007. 12. 28.
43   한국은행 보도자료, '선물환시장 수급 불균형에 대한 공동실태조사 결과', 2008. 1. 29.

판매에 주력하였다. 고객이 정기예금에 가입하려고 은행 창구를 찾으면 직원들은 적립식 펀드에 가입할 것을 권유하면서 적립식 펀드의 장점을 장황하게 설명하였다. 이것이 당시 고객들에게 펀드 상품을 파는 첫 번째 순서였다.

고객이 은행 직원의 권유에 따라 정기예금 대신 해외주식 펀드에 가입하기로 결정하면 환 헤지가 된 펀드 상품을 추천하는 게 펀드상품을 파는 두 번째 순서였다. 은행 직원들은 여러 경제연구소들의 전망을 인용하면서 앞으로 환율이 800원대 중반까지 하락할 것으로 예상되고 있음을 고객들에게 환기시켰다. 이런 설명을 듣고 나면 대부분의 투자자들은 자연스럽게 환 헤지가 되는 펀드 상품에 가입하는 게 정해진 수순이었다. 창구가 바쁠 때에는 이 두 번째 순서가 생략됨으로써 그 펀드가 환 헤지 상품인지도 모른 채 투자자가 펀드 상품에 가입하는 경우도 있었다.[44]

펀드 상품을 파는 세 번째 순서는 환 헤지가 된 펀드 상품을 판매함에 있어서도 같은 계열사인 자산운용회사가 설정한 펀드를 추천하여 고객이 이를 받아들이도록 하는 일이었다. 이 책을 쓰는 2013년과 마찬가지로 당시에는 계열사 펀드 몰아주기가 다반사로 이루어지고 있었다.[45]

은행이 정기예금을 팔지 않고 환 헤지가 되는 해외주식 펀드 상

---

[44] 한겨레신문은 2007년 12월 24일자에서 2007년 9월 증권사 객장에서 중국 펀드에 가입했던 김아무개(30)씨의 사례를 보도하였다. 이 신문은 "김씨는 사람들이 너무 많아 직원에게 설명도 듣지 못하고 투자설명서도 제대로 읽지 않은 채 급히 가입서를 작성했다. 김씨는 그 펀드가 '환 헤지'를 하는 상품이고, 환 헤지를 하면 비용이 추가로 든다는 사실을 최근에야 알았다"고 보도하였다.

[45] 2013년 2월 1일 파이낸셜뉴스는 금융투자협회 및 은행권 소식통을 인용하여 "은행 및 증권회사 등 금융회사들의 계열사 펀드 팔아주기가 일부 회사의 경우 60~90% 대에 달하는 등 상당히 높은 수준인 것으로 나타나고 있다"고 보도하였다.

품을 판매함에 따라 금융회사들에는 어떤 이득이 있었을까? 먼저 자산운용회사 입장에서는 펀드 설정액이 크게 늘어나면서 펀드운용 수수료 수입이 증대되었다. 펀드를 판매한 은행 입장에서는 자산운용회사로부터 받는 펀드판매 수수료와 함께 자산운용회사가 환 헤지를 위해 매도한 선물환을 매입함에 따른 외환매매 수수료 수입이 증가하였다. 또한 은행은 자산운용회사로부터 선물환을 매입한 데 상응한 외환포지션 조정을 위해 해외에서 차입한 단기 외화자금을 외환시장에서 처분하여 원화자금을 확보할 수 있었다. 이렇게 마련한 원화자금은 대출재원으로 활용되어 은행의 외형확대에 큰 도움이 되었다. 이처럼 환 헤지가 된 해외주식 펀드 상품을 파는 것이 은행과 자산운용회사 모두에게 이득이 되는 구도였다.

이런 점에 비추어 볼 때 우리나라에서 금융겸업화의 진전은 2008년 외환위기 직전 해외주식 투자를 크게 증대시킴과 아울러 해외주식펀드에 대한 환 헤지를 부추기는 데에도 어느 정도 영향을 주었던 것으로 판단된다. 금융지주회사의 설립 등을 통한 겸업화의 진전으로 우리나라에서는 펀드 판매회사와 자산운용회사가 계열화되는 경우가 많다. 우리나라에서는 외국과 달리 은행이나 증권회사가 같은 계열에 속하는 자산운용회사의 펀드 상품을 판매하는 데 아무런 제약이 없다. 반대로 은행이 겸업화가 되어 있지 않고 고유 예대업무에만 전념토록 되어 있었다면 예금에 가입하려고 은행을 찾은 고객들에게 펀드 가입을 권유하는 일은 거의 없었을 것이다. 그 결과 우리나라에서와 같이 짧은 기간에 해외주식 펀드의 판매가 가파르게 증가하기는 어려웠을 것이다. 자산운용회사들도 은행과 계열화되어 있지 않았다면 해외주식 펀드를 설계할 때 환 헤지를 하지 않는 국제관행을 준수했을 가능성이 높다. 당연한 결과였겠지만 환 헤지가 된 펀드 상품을 대거 설계하여 판매를 의뢰하는 일도 많이 줄어들었을 것이다. 예상치 못하였던 겸업화의 부작용이 드러난 사례라 하겠다.

셋째, 해외 포트폴리오 투자를 활성화하려는 재경부에도 책임의 일단이 있었다. 2007년 초 우리나라에서는 경상수지 및 자본수지의 동시흑자에 따른 외환 초과공급으로 원화환율이 절상추세를 지속하는 등 외환시장의 어려움이 가중되고 있었다. 당시 외환당국으로서는 외화유출을 촉진하고 외화유입을 적정수준으로 조절하여 외환시장에서 수요 공급의 균형을 유지하는 것이 절체절명의 정책과제였다. 이러한 어려움을 타개하기 위해 재경부가 꺼내든 카드가 2007년 1월 15일 발표되었던 '기업의 대외진출 촉진과 해외투자 확대 방안'이었다.[46] 이때 발표된 내용에는 해외주식투자 환 헤지와 관련된 내용이 들어가 있지 않았다. 해외 포트폴리오 투자를 활성화하기 위해 "개인 등 일반투자가들이 신흥시장에 대한 투자 시 상대적으로 리스크가 큰 점을 감안하여 해외투자 전문성과 경험이 축적되어 있는 펀드형 해외투자를 유도"할 방침임을 밝혔을 뿐이다.

그러나 재경부가 1999년 12월 7일 발표하였던 '해외증권투자펀드 활성화를 위한 외환수급 안정 도모 주요내용'에는 환 헤지와 관련된 내용이 버젓이 들어가 있었다. 곧 "해외증권투자펀드 활성화를 지원하기 위해 해외투자펀드가 희망하는 경우 환리스크를 헤지할 수

---

46   재경부는 이를 위해 첫째, 투자신탁 및 투자회사의 해외 주식투자에서 발생한 양도차익 분배금에 대해 한시적(3년)으로 비과세하기로 하였다. 둘째, 해외 자산운용사의 펀드판매에 대한 규제를 완화하였다. 셋째, 국내 자산운용사의 영업활동이 원활하게 될 수 있도록 국내 자산운용사의 해외 현지법인이 설정한 펀드 설정액의 90% 범위 이내에서 국내 판매를 허용키로 하였다. 이 조치가 있기 이전에는 국내 자산운용사의 해외법인이 현지에서 설정한 펀드는 국내에서의 판매가 금지되고 있었다.

있도록 산업은행 등 국책은행이 별도의 선물환거래상품을 제공하는 방안도 마련"한다고 구체적으로 밝히고 있다.[47] 정부의 해외증권투자 활성화 방침에도 불구하고 1999년 당시에는 여러 가지 여건이 맞지 않아 우리나라 투자자들의 해외증권투자 실적이 저조하였다. 따라서 당시에는 해외증권투자에 대한 환 헤지 실적도 미미하였을 것으로 추정된다.

당연한 귀결이지만 재경부가 해외증권투자를 활성화하기 위한 정책으로 제시하였던 '해외증권투자에 대한 환 헤지' 구상은 자산운용회사 등 금융기관 관계자들의 서랍 속에 처박혀 있을 수밖에 없었다. 그러다가 2007년 초 정부의 해외 포트폴리오 투자활성화 시책 발표와 함께 환 헤지 구상은 참신한 아이디어인 것처럼 포장되어 영업현장에서 화려하게 빛을 발하게 되었다. 따라서 오래 전이기는 했어도 정부가 최소한 금융기관 관계자들에게 환 헤지 상품을 팔 경우 펀드 판매가 더 잘 될 것이라는 암시를 준 측면이 있음은 부인할 수 없겠다.

정부는 자산운용사들이 매도한 선물환을 은행들이 매입함에 따른 외환 포지션 조정과정에서 단기 외채가 급증하게 됨을 뒤늦게 알게 되었다. 정부는 '기업의 대외진출 촉진과 해외투자확대 방안'을 발표한 지 1년이 지난 2008년 1월 15일 해외주식투자 시 환 헤지와 관련된 보도참고자료를 배포하였다. 소 잃고 외양간을 고치려고 하는 격이었다. 이 자료에서 재경부는 먼저 국제금융센터가 작성한 보고

---

47   재정경제부 보도자료 '해외증권투자펀드 활성화를 위한 외환수급 안정 도모 주요내용', 1999. 12. 7, pp.3~4.

서인 '해외펀드 환 헤지 효과 및 개선방안'의 주요내용을 소개한 후 국내 투자자들이 해외주식투자 시 환 헤지를 할 때 신중을 기하도록 지도할 것을 금융기관들에게 촉구하였다. 곧, 재경부는 "해외펀드 판매기관들은 헤지 여부를 투자자 스스로 선택하도록 헤지의 최종 비용부담은 투자자라는 점과 헤지 비용 및 헤지 여부에 따른 손익 등에 대해 자세히 설명할 필요가 있음"을 촉구하였다.

이러한 정부노력이 있었던 데다 미국 서브프라임 모기지 위기의 파장으로 국내 투자자들의 해외주식투자가 감소세로 돌아섬에 따라 2008년 들어 해외주식투자에 대한 환 헤지 실적은 크게 감소하였다.

04

금융시스템
안정을 위한 제안

　　　　　국내은행들은 조선업체 및 자산운용회사들이 환헤지를 위해 매도한 선물환을 매입하였으며 이때 발생한 매입초과 포지션을 해소하기 위하여 해외[48]에서 외화자금을 차입하였다. 국내은행들은 이의 결과로 발생한 매입초과 포지션을 해소하기 위해 해외로부터 확보한 외화자금을 외환시장에서 처분하였다. 이에 따라 단기외채를 중심으로 외채가 크게 증가하였을 뿐 아니라 외환시장에서는 외화자금 공급이 크게 늘어나 원화절상 요인으로 작용하였다.

　　한국은행은 2008년 6월 17일의 보도자료[49]를 통해 2006~07년 중 조선업체 및 자산운용회사가 환 헤지를 위해 매도한 선물환을 국내

48　　외국은행 국내지점 포함.
49　　한국은행 보도참고자료, '최근 외채 동향에 대한 평가', 2008. 6. 17.

은행들이 매입하는 과정에서 우리나라의 외채가 1,060억 달러[50] 증가하였다고 발표한 바 있다. 이것은 2007년 말 우리나라 총외채 3,334억 달러의 31.8%에 달하는 엄청난 규모였다. 그 결과 우리나라는 2008년 글로벌 금융위기 직후 1997년 말의 외환위기에 버금가는 크나큰 어려움을 겪게 되었다.

신현송·정규일·박하일은 이처럼 기업들이 환 헤지를 위해 매도한 선물환을 국내은행들이 매입함에 따라 초래되는 외채증대 등 금융시스템의 불안정을 완화하기 위하여 2012년 9월 외환안정기구의 설치를 제안하였다.[51] 이 제안의 주요 내용은 다음과 같다.

외환안정기구는 공기업 형태를 띠며 영업자금은 전액 자본금으로 조달하되 자본금 전액을 미 국채 등 달러화로 보유한다. 수출업체가 선물환 매도를 의뢰하면 외환안정기구는 이를 매입하며 계리상으로는 부외(off-balance)자산으로 기입한다. 그리고 선물환 매입에 따른 외화표시 자산부채간 불일치를 해소하기 위해 선물환 매입금액에 해당하는 달러화 자산을 팔고 대신 한국의 국채와 같은 원화표시 자산을 매입한다. 이때 한국 국채에 대한 평가는 미 달러화로 환산하여 이루어지도록 한다. 그러므로 대차대조표에는 선물환 매입금액과 미 달러화로 평가된 한국 국채 금액이 정확히 일치하게 된다. 이 거래를 통해 외환안정기구의 부내(on-balance) 외화 대차대조표는 매도초과 포지션 상태에 처하게 되지만 부외(off-balance)를 포함한 전체 외화표

---

50   2006~07년 중 조선업체의 선물환 순매도와 관련된 외채는 약 470억 달러, 같은 기간 중 해외증권투자자의 선물환 순매도와 관련된 외채는 약 590억 달러라고 발표하였다.

51   신현송·정규일·박하일, BOK 이슈노트 '한국 금융시스템의 위기 대응력 강화를 위한 장기적 제안', 한국은행, 2012. 9. 7. 이하 이 제안의 주요 내용은 BOK 이슈노트의 내용을 그대로 인용하였다.

시 자산과 부채 · 자본은 균형을 이루게 된다.[52] 선물환계약 만기 시에 수출업체는 달러화를 외환안정기구에 인도하고 동 기구는 한국 국채를 매각하여 확보한 원화자금을 수출업체에게 지급한다. 대차대조표상 한국 국채에 대한 달러화 평가액은 최초의 선물환 매입금액과 항상 일치하므로 부외(off-balance) 자산으로 계리되어 있던 선물환이 동일한 금액의 부내(on-balance) 외화자산으로 전환되면서 대차대조표는 최초 상태와 같은 모습으로 균형을 이루게 된다.

그렇지만 이 제안에는 몇 가지 약점이 있다.

첫째, 공기업 형태로 외환안정기구를 설립하는 데에는 많은 어려움이 따를 수 있다. 국회를 설득하기가 쉽지 않을 뿐더러 막대한 규모의 달러화 표시 자본금을 조달하기가 마땅치 않다.[53] 외환보유액을 일부 떼어 내어 출자하는 방안을 생각할 수 있겠으나 IMF 등으로부터 외환안정기구가 보유하는 자본금을 순수한 외환보유액으로 인정받기도 쉽지 않을 수 있다. 잘못하면 이 기구의 설립으로 외환보유액이 감소하는 문제가 발생할 수 있다.

둘째, 이 제안에 따르면 외환안정기구는 수출업체들로부터 선물환을 매입한 시점에서 외화표시 자산부채간 불일치를 해소하기 위해 선물환 매입금액에 해당하는 미 달러화 자산을 외환시장에서 매각하고 대신 원화표시 자산을 매입토록 하고 있다. 이렇게 되면 두 가지 문제점이 생길 수 있다. 하나는 2006~08년과 같이 외환시장에서 외화공급이 증대되어 원화 절상을 초래할 뿐 아니라 지속적인 원화절

---

52   따라서 통상 국내은행들이 포지션을 관리하는 것과는 달리 선물환을 매입하였어도 외화차입의 필요성이 발생하지 않는다.

53   이 점은 필자들도 문제점으로 인정하고 있다.

상 기대심리를 조장할 수 있다. 또 다른 문제점으로 외환안정기구가 거래상대방 위험에 대응하는 능력이 제약될 수 있다. 곧 대내외 경제 여건이 악화될 경우 수출업체 및 자산운용사는 선물환 계약만기 시에 미 달러화 자금을 외환안정기구에 인도하지 못할 수 있다. 그럼에도 불구하고 당초 외환안정기구는 이들 업체들로부터 선물환을 매입하는 시점에서 매입하는 선물환과 동일한 금액의 달러화 자산을 매각한 바 있다. 이처럼 거래 상대방 위험이 발생할 경우 외환안정기구가 보유하고 있는 미 달러화 표시 자산이 감소하는 결과가 초래되고 이는 우리나라의 대외신인도 저하로 연결될 수 있다.

셋째, 이 제안에 따르면 신설되는 외환안정기구가 조선업체 및 자산운용회사들이 선물환 헤지를 위해 매도하는 모든 선물환을 매입해 주도록 되어 있다. 그렇게 되면 국내은행들의 외국환거래가 위축되며 은행들의 외환매매 수수료 수입도 감소할 수 있다.

외환안정기구를 신설하는 대신 한국은행이 현행 한국은행법과 외국환거래법의 테두리 내에서 신현송·정규일·박하일의 제안 취지에 따른 외환안정기구의 기능을 수행토록 하면 더 좋을 것이라고 생각한다. 새로운 제안은 '환 헤지 관련 해외 차입액 집중제도'라고 할 수 있는데 이 제도를 채택할 경우 위에서 지적했던 문제점들이 많이 완화될 수 있다. 이 제안의 핵심 내용은 다음과 같다.

첫째, 국내은행들은 수출업체 등으로부터의 선물환 매입업무를 계속 영위한다. 아울러 포지션 조정을 위해 해외[54]로부터 달러화 자

---

54   외국은행 국내지점 포함.

금차입에 나설 수 있다.

둘째, 국내은행들은 포지션 조정을 위해 해외로부터 차입한 달러화 자금을 외환시장에 매각하지 않고 한국은행에 매각토록 의무화한다. 한국은행은 당일 외환시장에서 결정된 환율을 적용하여 해당 은행에 원화자금을 지급한다.

셋째, 정부와 한국은행은 환 헤지와 관련된 선물환 거래계약 때문에 발생한 국내은행들의 해외차입을 '환 헤지 관련 외채'로 따로 관리하며 이를 외채통계 공표 시 함께 발표한다. 또한 한국은행은 국내은행들로부터 매입한 달러화 자산에 대해서도 국내은행들의 선물환 거래 계약이 끝날 때까지 '환 헤지와 관련하여 증가한 외환보유액'이라고 명명하여 별도 관리하고 이를 외환보유액 공표 시 함께 발표한다.

넷째, 거래 상대방 위험이 발생하여 국내은행들이 선물환 계약 만기일에 수출업체들로부터 달러화 자금을 인도받지 못할 경우 한국은행은 국내은행들에게 달러화 자금을 지원한다. 이때 한국은행은 '환 헤지와 관련하여 증가한 외환보유액'에서 거래 상대방 위험이 발생한 금액만큼 떼어내어 피해를 입은 국내은행에 매각토록 한다. 이때에도 당일 외환시장에서 결정된 환율을 적용한다.

다섯째, 선물환 계약 만기 시에 수출업체는 달러화를 국내은행에 인도하고 국내은행은 해외로부터 차입했던 달러화 자금을 상환한다.

여섯째, 이 방안대로 시행할 경우 수출업체가 받는 수출대금 및 자산운용사가 회수한 투자자금 중 당초 환 헤지를 했던 부분에 상당하는 달러화 자금은 결과적으로 모두 한국은행에 집중된다. 따라서 제도 도입 전과 비교할 때 외환시장에 대한 외환공급이 감소하게 되어 외환거래가 위축되고 외환시장 발전을 저해할 소지가 있다. 우리나라 외환시장 규모는 외환위기 직후인 1998년부터 꾸준히 증가하여 왔지만 아직도 선진국이나 홍콩, 싱가포르 시장 등에 비해서는 협소한 실정이다. 이런 부작용을 막을 수 있도록 한국은행은 국내은행들이 업체들로부터 달러화 자금을 인도받아 당초 해외로부터 차입했던 달러화 자금을 상환하는 데 상응하여 해당 금액의 외환을 외환시장 또는 외화자금시장(스왑시장)에 매각하도록 한다. 이때에도 외환시장에서 당일에 결정된 환율을 적용토록 한다.

한국은행이 선물환거래 안정기구로서의 기능을 수행할 경우 예상할 수 있는 이점에는 어떤 것들이 있을까?

첫째, 한국은행은 발권은행일 뿐만 아니라 많은 금액의 외환을 보유하고 있다. 따라서 한국은행으로 하여금 선물환거래 안정기구로서의 기능을 수행토록 할 경우 별도의 기구설립이나 재원조성을 고려하지 않아도 된다.

둘째, 외환시장에 과도하게 많은 달러화 자금이 공급되는 것을 방지함으로써 원화환율의 지나친 절상을 억제할 수 있다. 환율이 롤러코스터처럼 급등락을 거듭하는 것을 막는 것이야말로 외환정책의 요체라고 하겠다.

셋째, 환 헤지 때문에 증가한 외채 및 외환보유액을 각각 '환 헤지 관련 외채' 및 '환 헤지와 관련하여 증가한 외환보유액'이라고 명명하여 따로 관리하는 한편 이를 정기적으로 공표할 경우 한국의 외채 및 외환보유액 상황에 대한 투명성을 크게 높일 수 있다. 따라서 2006~08년과 같이 수출업체 등의 환 헤지가 증대되면서 외채가 대폭 늘어나더라도 시장이 의구심을 갖는 일이 없게 될 것이다.

필자의 제안이 채택될 경우 예상되는 문제점에는 어떤 것이 있을까? 국내은행들이 환 헤지에 따른 매입초과 포지션을 해소하기 위해 해외로부터 차입한 달러화 자금을 한국은행에 매각토록 의무화하는 조치는 국제적으로 우리나라 외환당국이 외환시장에 인위적으로 개입한다는 의구심을 불러올 수 있다. 경우에 따라서는 IMF 협약 제8조 제3항(IMF Article Ⅷ, section 3)에서 금지하고 있는 복수환율 관행(multiple currency practices)[55]에 해당된다고 판정받을 소지가 있지만, 다음과 같은 점들을 고려할 때 그 가능성은 매우 낮다고 생각된다.

첫째, 이 제도가 도입되더라도 실제 우리나라에서 시장 환율과 다른 별도의 환율(예: 환 헤지자금 적용환율)이 존재하게 되는 것은 아니기 때문이다. 이 제도 하에서 한국은행은 국내 은행으로부터 달러화 자금을 매입할 때나 이를 외환시장 또는 외화자금시장에 매각할 때에도 모두 당일 외환시장에서 결정된 환율을 적용하게 된다.

둘째, 이 제도가 도입되더라도 거주자 및 비거주자의 경상거래 및 자본거래에 수반된 대외 결제를 제한할 소지는 전혀 없다.

---

[55]　IMF는 한 나라 안에서 ①현물환 매입률 및 매도율 간에 2% 이상의 스프레드가 있거나, ②복수의 매입률 또는 복수의 매도율 등이 존재함과 아울러 복수의 매입률간 또는 복수의 매도율간 스프레드가 2% 이상이 있을 경우, ③상이한 범주의 거래(공적거래, 상용거래, 여행거래 등)에 대하여 상이한 환율이 적용되며 이러한 환율 간에 2% 이상의 스프레드가 있을 경우 등을 복수통화 관행(multiple currency practices)에 해당하는 것으로 간주하고 있으며, 이런 사례에 해당되는 회원국은 사전에 IMF의 승인을 받도록 규정하고 있다.

셋째, 더욱이 IMF는 협약 제6조 제3항(IMF Article Ⅵ, section 3)에서 경상거래 결제용도 등이 아닌 순수한 자본이동에 대하여는 회원국이 필요 시 통제하는 것을 허용하고 있다. 필자가 제안하는 제도는 국내 은행들이 선물환 매입에 따른 매입초과 포지션을 해소하기 위해 차입하게 되는 달러화 자금을 겨냥하는 조치이다. 즉 기업들의 환 헤지 때문에 국내로 자본이 대거 유입됨에 따른 문제점을 완화하기 위한 조치인 것이다. 그렇기 때문에 이 제도는 IMF 협약 제6조 제3항에 의거한 자본이동 통제에 해당하는 것으로 인정받을 수 있을 것이다.

2008년 글로벌 금융위기 직후 우리나라는 커다란 어려움을 겪었다. 국내에 유입되었던 외국자본이 한꺼번에 빠져 나갔기 때문에 벌어진 일이었다. 당시 외환보유액을 충분히 가지고 있지 않았다면 우리나라는 다시 IMF에 지금지원을 요청했거나 국내에 유입되었던 외국자본의 유출을 억제하는 형태의 자본이동 통제에 나설 수밖에 없었을 것이다.[56] 당시 우리나라는 이러한 유혹에 빠짐이 없이 일관성 있게 자유로운 자본이동을 보장함으로써 국제규범을 준수하였다. 이런 점에서 2008년 10월 30일 미 연준과 한국은행 간에 체결되었던 한미통화스왑 조치는 우리나라가 어려운 대내외 여건 속에서도 끝까지 시장친화적인 정책을 추구하여 온 데 상응하여 주어졌던 혜택이었다고도 볼 수 있다.

한국은행은 앞으로도 2008년과 같은 글로벌 금융위기가 도래할 경우 미 연준이 우리나라를 EU, 일본, 스위스 등 선진국과 동등하게 취급, 우리나라에 항상 통화 스왑의 우산을 제공해 줄 것을 교섭해야

---

[56] 1997년 동아시아 외환위기 때 말레이시아는 자본이동에 대한 통제를 단행한 바 있다.

할 것이다. 그렇지 않을 경우 우리나라는 어쩔 수 없이 2008년과 같은 비상상황에 대비하여 어떤 형태로든 자본이동을 어느 정도 제한하는 제도를 도입할 수밖에 없을 것이다. 이런 점에서 볼 때 신현송·정규일·박하일이 제안한 외환안정기구의 신설이나, 필자가 이 책에서 제안하는 제도의 도입을 검토하는 것은 모두 우리나라가 한미통화스왑의 상설화 등 국제금융협력 강화를 위한 협상력을 높이는 데에도 도움이 될 것이다.

'금융강국' 신기루

PART 04

한국투자공사(KIC)의
설립과 무모한 투자

01

KIC의
설립 배경

　　한국투자공사(KIC, 이하 KIC라고 칭함)는 2005년 7월 설립되었다. KIC의 설립은 노무현정부가 추진했던 동북아 금융허브 전략의 핵심 사업이었다. 그래서 언뜻 생각하기에 KIC 설립은 노무현 정부가 들어선 직후 추진되기 시작한 사업인 것으로 생각하기가 쉽지만, 그 전말을 들여다보면 사정이 전혀 다르다. 재경부가 KIC 설립에 관심을 갖기 시작한 것은 그보다 훨씬 오래 전의 일이었다. 재경부가 실무자 선에서 KIC 설립을 암중모색하기 시작한 것은 1999년의 일이었으며[1] 재경부장관이 직접 설립 필요성을 역설하기 시작한 것도 2000년으로 거슬러 올라간다.[2]

1　재경부 및 국제금융센터 직원들은 1999년 10월부터 12월까지 싱가포르 중앙은행인 싱가포르통화청(MAS)과 싱가포르투자청(GIC), 홍콩 중앙은행인 홍콩통화청(HKMA) 등을 순차적으로 방문, 사례를 조사하였다. 당시 재경부 간부는 관련 자료의 제공을 GIC 측에 요청하면서 한국도 GIC와 같은 투자전문기관의 설립을 검토중이라고 밝혔다. (한국은행 외화자금실, '재경부의 외환보유액 운용을 위한 해외투자펀드 설립 및 운용전담기관 설립에 대한 정보사항 보고', 1999. 12. 4)

싱가포르 투자청(GIC, 이하 GIC라고 칭함)과 같은 기관의 설립 필요성에 대해 처음으로 시사한 사람은 진념 재경부장관이었다. 그는 2000년 10월 30일 "내년부터 외환보유액의 수익성을 높이기 위해 외환보유액의 일부를 해외투자에 운용할 계획"이라며 "GIC처럼 외환보유액을 이용해 해외투자를 전담하는 기구 발족을 검토하고 있다"고 말했다.[3] 그는 "정부 보유외환을 무조건 쌓아놓을 수만은 없다"며 "GIC처럼 일부는 해외 주식이나 부동산 등에 투자하는 방안을 추진하겠다"고 정부의 구상을 밝혔다. 재경부가 이를 위해 2000년 11월 초 5명의 전문가를 싱가포르에 파견하여 현지조사를 실시할 계획이라는 보도도 있었다.

다음 해인 2001년 8월 24일 진 장관은 외환보유액의 수익성 제고를 위해 "보유액을 별도로 운용하는 게 가능한지, (별도운용을) 조금씩 시작해서 확대해 갈지 등을 포함해 외환보유액의 수익성 제고방안을 검토 중"이라고 재차 밝혔다.[4] 그는 이때에도 싱가포르 투자청(GIC)을 예로 들었다.

진 장관이 2000년 10월 처음으로 해외투자청의 설립구상을 밝혔을 당시 우리나라 외환보유액은 927억 달러였으며, 2001년 8월에는 외환보유액이 990억 달러로 증가하였다. 외환보유액이 1,000억 달러 수준으로 늘어남에 따라 수익성 제고를 위해 외환보유액의 효율적

2　이헌재 부총리도 2004년 국회 재경위에서 김애실 의원이 정부가 KIC 설립을 왜 이렇게 서둘러서 하려고 하는지 그 배경을 물은 데 대해 "KIC 설립에 대한 논의는 어제오늘 시작된 게 아니고 2000년대 초부터 있었다. 연구 검토가 시작돼서 이미 4년 이상을 검토해 온 그러한 법안이다"라고 밝히면서 "정치적인 목적으로 시작한 게 아니고 철저하게 경제적인 필요 때문에 출발했다"고 답변한 바 있다. (재정경제위원회 회의록, 2004. 11. 17, p.36)

3　매일경제신문, 2000. 10. 30 ; 한국일보, 2000. 10. 31.

4　한국경제신문, 파이낸셜뉴스, 2001. 8. 27.

운용방안을 다각도로 모색할 필요성이 있다는 견해가 재경부 내에서 세를 얻기 시작했음을 알 수 있다. 이처럼 당시 재경부는 빠른 속도로 증대되는 외환보유액의 수익률 제고를 위해 GIC와 같은 기구를 한국에도 만들 필요가 있음을 간헐적으로 역설하였다. 애드벌룬을 띄워 여론의 반응을 파악함과 아울러 한국판 GIC 설립을 지지하는 세력을 끌어 모으기 위한 전술이었다. 그러나 김대중 정부가 끝날 때까지 재경부는 KIC 설립을 밀어붙일 만큼 뚜렷하고 탄탄한 동력(momentum)을 확보하지는 못하였다. 이에 따라 KIC 설립계획은 김대중 정부가 끝날 때까지 사실상 실무자의 서랍 속에서 휴면상태에 놓이게 되었다.

Part 01에서 살펴본 대로 재경부는 2003년 2월 6일 인천공항에서 열렸던 동북아 경제중심국가 건설 방안에 대한 부처 합동보고회에서 금융을 동북아 경제중심국가 건설을 위한 사업범위에 포함시키는 데 성공하였다. 정부는 2003년 12월 11일 제32차 국정과제회의를 개최, '동북아 금융중심'을 구축하기 위한 7대 주요과제를 확정하여 발표하였다. 여기에서 KIC 설립은 7대 과제의 하나로 당당하게 자리매김되었다. 1999년 이후 재경부 차원에서 추진해 오던 KIC 설립은 이로써 일약 국정과제로 공인받기에 이르렀다. 재경부로서는 그동안 각고면려하면서 고대하던 차에 거둔 매우 값진 성과였다. 이처럼 KIC 설립은 김대중 정부에서 재경부 1개 부처의 숙원사업으로 시작되었으나 노무현 정부에 들어와 동북아 금융허브 전략의 주요 과제가 되면서 졸지에 대통령이 관심을 기울이는 국책사업으로 격상되었다. KIC 설립이 엄청난 추동력을 얻게 된 것이다.

정부는 2004년 9월 16일 KIC 법안을 국회에 제출하였고, 두 달

뒤인 11월 17일 이 법안은 국회 재정경제위원회에 상정되었다. 이헌재 재경부장관은 이날 재경위에서 법안을 제안한 취지에 대해 "KIC 설립을 위한 근거를 마련하여 외환보유액, 공공기금 등 자금운용의 효율성이 제고될 수 있도록 활용함으로써 금융산업의 선진화와 국민경제의 발전을 도모하려는 것"이라고 설명하였다.[5] KIC를 설립하려는 정부의 구체적이고도 다각적인 의도는 일주인 후인 11월 24일 개최된 재경위 산하 금융 및 경제 법안 등 심사소위원회(이하 소위원회라 칭함)에서 더욱 분명하게 드러났다. 이날 재경부 국제금융국장은 정부의 구상을 다음과 같이 밝혔다.

> KIC 설립 배경에 대해 말씀드리면 기존의 제조업 수출 위주의 산업 구조로는 21세기 한국경제의 새로운 도약에 한계가 있다고 판단되기 때문에 서비스업을 발전시켜야 되고, 또 그러한 서비스업의 중심에 금융이 있다는 판단을 하고 있다. 그래서 금융허브를 구축해야 되겠다는 생각을 갖고 있다. 특히 자산운용업에 특화하는 금융허브를 생각하고 있다. 이런 금융허브 플랜의 중심에 KIC가 있다.[6]

국제금융국장은 계속하여 KIC 설립 목적에 대해 다음과 같이 설명하였다.

> 첫째, 국제사회에서의 영향력 증대를 위해서이다. 외환위기의 예방

---

5   국회 재정경제위원회 회의록, 2004. 11. 17, p.11.
6   국회 재정경제위원회 회의록(금융및경제법안등심사소위원회) 제2호, 2004. 11. 24, pp.34~6.

과 위기의 신속한 극복을 위해서는 평소 국제사회와의 긴밀한 네트워크 구축이 필요하고 국제사회의 주요 프로젝트에 참여함으로써 한국이 국제사회에서 제대로 된 목소리를 내야 된다. 이러한 하나의 수단으로서 KIC 활용이 가능하다. 이와 관련해서 성공 경험이 있는 싱가포르의 GIC를 벤치마킹하고 있다.

둘째, 대형 투자자로서 KIC의 영향력을 활용해서 국제금융시장에서의 고급정보를 획득하고 이렇게 획득한 정보를 바탕으로 해서 대외신인도 제고도 가능하다. 이러한 핵심 정보 중에는 국가안보나 경제발전을 위한 기본전략 구축에 필요한 고급정보도 있을 것이기 때문에 KIC와 정부 간의 정보공유체제 구축도 필요하다고 생각하고 있다.

셋째, 외환보유고의 수익률 제고에도 기여한다고 생각하고 있다. KIC를 통해서 운용될 경우에 크게 위험이 증가하지 않으면서도 수익률 증대가 가능하다고 판단하고 있다. 그 근거로는 먼저 현재 외환보유고는 현금화시킬 것을 항상 생각하기 때문에 만기구조가 짧다. KIC의 경우는 만기구조를 장기화함으로써 스프레드에서 오는 이익을 누릴 수가 있다.[7] 현재 외환보유고는 환금성을 생각해서 주로 미국 재정증권(TB)을 사고 있는데, 미국 이외 국가의 정부채를 삼으로써 적어도 20~100bp 정도의, 그러니까 1%포인트 정도의 수익률 상승이 가능하다. 지금 외환보유고는 회사채나 주식을 살 수 없는데, KIC를 통해서 블루칩의 회사채나 주식을 보유함으로써 초과수익 실현도 가능하다고 생각하고 있다. 다만 수익률 제고에 치중하다 보면 유동성이 떨어질 수가 있는데

---

7   재경부 국제금융국장은 "예를 들어 2년짜리 미국채는 (금리가 연) 3% 정도이지만 10년짜리는 4% 가 넘는다. 거기서만 해도 벌써 약 1%포인트 이상의 갭이 있다"고 설명하였다.

KIC가 운용하는 돈은 제2선 외환보유 역할이 가능하도록 장치를 마련하고 있다.

넷째, KIC가 위탁받은 자산은 약 80% 이상을 해외 유수 자산운용사에 재위탁해서 운용한다. 이러한 위탁방안을 활용해서 유수 자산운용사한테 돈을 주고 대신에 관련 금융기관의 국내 진출을 촉진할 수 있다고 생각한다.

다섯째, KIC를 통해서 전문적인 인력을 배출해서 산업발전에 기여할 수 있다.

국제금융국장은 KIC의 업무에 대해서는 "처음 출발 시에는 외환보유액 200억 달러를 위탁받아서 시작하게 되어 있고 투자성과를 바탕으로 국민적 신뢰가 확보되면 위탁기관 대상을 위탁 대상기관의 자율적인 판단에 의해서 확대해 나갈 생각으로 있다"고 밝혔다. 이 자리에서 언급된 '외국 금융기관에 대한 KIC의 운용기금 위탁 운용' 방안은 외국 금융기관이 국내에 진입할 수 있도록 유인을 제공하기 위함이었다.[8] 당시 정부는 우리나라를 자산운용업에 특화된 금융허브로 만들기 위해서는 외국의 자산운용사 지사를 유치하여야 한다고 생각하였다. 그런데 그렇게 하려면 무언가 인센티브가 있어야 했다. 정부는 KIC를 설립해서 외화자금을 조성하고 이 자금을 이들 외국 자산운용사들에게 위탁운용토록 하면 외국의 자산운용회사들을 서울로 유치할 수 있다고 판단하였던 것이다.

정부가 KIC 설립에 대해 복합적인 의미를 부여함에 따라 KIC 설

---

8   배영복 외, 「금융위기와 금융세계화」, 서울사회경제연구소, 한울, 2006, p.263.

립이 졸지에 동북아 경제중심국가 건설을 위한 핵심 사업이 되어버렸다. 다른 사업들은 사업추진 여부 등에 대한 결정권이 정부에 있지 않았다. 예를 들어 자산운용업에 특화하는 금융허브를 만들려고 해도 외국의 자산운용사들이 한국에 지사 설립을 하지 않으면 자산운용업 육성은 물 건너가는 격이 되어버린다. 이와 마찬가지로 동북아 경제중심국가 건설 사업에 포함된 여타의 사업들도 정부의 정책의도에 맞추어 국내 또는 국외 금융기관들이 활발하게 움직여 주어야 하는 사업이었다. 반면 KIC 설립은 성격상 정부가 주체가 되어 추진하는 사업이었다. 정부가 열심히 노력하여 밀어붙이면 완료할 수 있는 성격의 사업이었다.

따라서 당시 경제부처 공무원들은 대통령이 국정과제로 내건 동북아경제중심 국가사업 중 다른 사업들은 뚜렷한 것이 없기 때문에 KIC라도 설립해서 이를 실적으로 보여주어야 한다고 생각했다. 당초 노 대통령이 취임사에서 언급한 '동북아 중심국가 건설'이 '동북아 경제중심국가 건설'로 쪼그라든 판에 KIC 설립까지 무산된다면 국정과제라는 이름이 무색해 짐은 물론 노 대통령의 체통이 훼손될 수 있는 상황이었다. 이런 점 때문에 재경부 등 경제부처는 물론 여당도 KIC 설립을 위해 전력투구할 수밖에 없었다.

국회에 제출된 KIC 법안의 주요 내용은 다음과 같았다. KIC는 정부가 전액 출자하는 자본금 1조 원의 법인으로 한다. 처음 출발시 자본금은 200억 원으로 하되 그 재원은 일반 회계에서 100억 원, 나머지 100억 원은 외평기금에서 출자하도록 되어 있었다. 내부 지배구조로는 KIC에 운영위원회를 설치하여 공사의 운영에 관한 기본방침을 수립하고 경영성과를 평가하도록 하였다. 운영위원회 위원은 KIC

에 자금을 위탁한 기관의 장 5인 이내, 민간위원후보추천위원회가 추천하여 대통령이 임명한 민간위원 6인 및 동 공사의 사장 등 12인 이내로 구성하고 위원장은 민간위원 중에서 호선토록 하였다. 임원으로는 사장 1인을 포함해서 5인 이내의 임원과 감사 1인을 두도록 하였다. 사장은 운영위원회의 심의를 거쳐서 재경부장관의 제청을 통해 대통령이 임명하도록 하였다.

한편 KIC와 위탁기관 간에 체결하는 자산위탁의 계약 내용에는 외환보유액의 급격한 감소 등으로 대외지급준비자산의 확충이 필요하다고 인정되는 경우 등에는 위탁을 한 기관이 KIC에 대해 위탁자산을 조속히 회수해 주도록 요청할 수 있는 특약을 포함할 수 있게 하였다. KIC는 국회와 감사원이 감사를 목적으로 요청하는 경우를 제외하고는 공사의 경영 및 자산운용 등에 대한 개인, 단체 또는 기관의 자료요청을 거부할 수 있도록 하였다.

02

KIC 설립에 대한
한국은행의 대응

　　세계 각국에서는 대체로 외환보유액을 중앙은행이
운용하는 것이 관행으로 되어 있다. 우리나라에서도 한국은행이
1950년 6월 설립된 이래 외환보유액을 종합적으로 운용하여 왔다.
한국은행은 정부가 외환보유액 중 일부를 헐어서 KIC를 설립하려는
데 대해 처음부터 일관되게 반대하였다. 2000년 11월 3일 한국은행
에 대한 국정감사에서 일부 의원은 며칠 전 진 넘 재경부장관이 내년
상반기에 해외투자청을 설립할 방침을 밝혔는데 한국은행은 어떤 입
장을 가지고 있는지 질의하였다.[9] 전철환 총재는 이에 대해 다음과
같이 사실상 반대한다는 입장을 밝혔다.

　　(정부가 해외투자청을 설립하여) 외평기금의 일부를 수익성 위주로

9　한국은행에 대한 국회 국정감사(2000. 11 3) 재정경제위원회 회의록, p. 45.

운용하는 것은 외환시장 안정이라는 외평기금의 본래 취지에 어긋나는 일이다. 일국의 공적 외화자산은 중앙은행이 운용하는 것이 세계적인 관행으로 되어 있다. 만일 중앙은행 이외의 기관이 운용하게 되면 국제 사회로부터 공적 외화자산에 대한 적정성을 의심받게 될 가능성이 있 다고 생각한다. 또한 정부 주도의 기관이 외화자금을 집중하여 운용하 는 데 따른 리스크 및 도덕적 해이 문제, 별도기관 설립에 따른 비용, 경상수지 흑자폭 축소 예상 및 외국인투자자금이 감소하는 경우 등을 고려할 때 가칭 '해외투자청' 설립은 각별히 신중을 기하여야 할 것으 로 판단된다.[10]

다음 해인 2001년 9월 24일 한국은행에 대한 국회 국정감사에서 도 해외투자청 설립 문제가 도마 위에 올랐다. 이상득 의원은 "싱가 포르의 GIC 같은 좀 전문적인 기관을 두어서 외환보유액의 효율적인 운용을 할 필요가 있지 않느냐 하는 얘기를 드린다"고 말하고 이에 대한 총재의 의견을 물었다.[11] 전 총재는 "싱가포르의 GIC는 해외자 금 운용능력이 미약한 연기금, 기업 등의 해외자금 운용을 대행하는 전문 해외투자기관으로서 부동산, 주식 등 고수익 고위험 자산에도 투자하는 등 자금운용방식에 있어 민간투자기관과 투자행태가 동일 하다"고 답변하였다. 그리고 "현재 GIC의 운용자산 약 1,000억 달러 중 중앙은행인 싱가포르통화청(MAS, 이하 MAS라고 칭함)이 위탁한 외 환은 약 60억 달러에 불과하며 그것도 GIC의 투자기법이 상당 수준

---

10   앞의 회의록(부록), p. 117.
11   한국은행에 대한 국회 국정감사(2001. 9. 24) 재정경제위원회 회의록, p.20.

으로 발전된 이후 위탁한 것으로 알고 있다"고 밝혔다.

당시 정부는 앞으로 설립할 해외투자청 등 전문투자기관의 재원을 전적으로 한국은행 및 외평기금이 쌓은 외환보유액으로부터 조달하려고 구상하고 있었다. 국내의 다른 여유 외화자금을 토대로 재원을 조성하려고 하는 것이 아니었다. 결국 전 총재의 답변은 외환보유액의 일부를 헐어 재원을 조성하고 이를 고수익 고위험 자산에 투자토록 하기 위해 GIC와 같은 별도의 기관을 만들려는 정부의 발상이 무모함을 지적하는 내용이었다. 전 총재는 "GIC와 같은 전문투자기관에 한국은행의 보유 외환을 위탁 운용할 경우 수익성을 중시하게 됨에 따라 그만큼 우리 외환보유액이 줄어드는 결과를 초래한다"고 경고하였다. 그는 "따라서 외환보유액 규모를 줄이면서까지 수익성 제고를 위해 GIC와 같은 형태의 제도를 도입하는 것은 적절하지 않다고 판단하고 있다"며 GIC 같은 전문투자기관 설립에 반대하는 입장을 다시 한 번 분명히 밝혔다.[12]

이처럼 한국은행은 재경부의 KIC 설립 움직임에 대해 처음부터 총재가 나서서 재경부의 논리에 대하여 반박하는 등 매우 예민하게 반응하였다. 한국은행은 재경부에게 KIC 설립의 빌미를 주지 않도록 실무적으로도 외환보유액 운용에 만전을 기하려고 노력하였다. 외환보유액 운영에 따른 리스크 관리를 강화하는 한편 파생금융상품 거래 활용 및 위탁자산 운용 확대를 통해 수익성 제고에도 힘써 나갔다. KIC 설립에 반대하는 한국은행의 입장은 2002년 4월 박승 총재가 취임한 이후에도 달라지지 않았다. 박 총재는 청와대 회의 등에서

---

12   앞의 회의록(부록), p.52.

1997년 말 외환위기 사례를 인용하며 외환보유액을 함부로 헐어 다른 용도에 사용할 경우의 위험에 대해 경고하였다.

그러나 정부가 KIC 설립을 노무현 정부 국정과제인 '동북아 금융중심'을 구축하기 위한 주요과제로 밀어붙임에 따라 한국은행은 곤혹스러운 입장에 놓이게 되었다. 임기 초의 대통령이 강력한 의지를 가지고 추진하는 사업에 대해 직접 대놓고 계속 반대하는 것이 부담스러웠던 것이다. 그 결과 한국은행은 KIC 설립 자체에는 반대하지 않으면서도 외환보유액을 감축시키지 않는 슬기로운 방도를 찾으려고 노력하였다. 한국은행이 외환보유액의 일부를 떼어 내어 KIC에 운용을 맡기더라도 외환보유액이 줄어드는 것을 막을 수 있다면 정부의 KIC 설립에 대립각을 세울 필요는 없다고 판단했던 것이다.

박승 총재는 외국의 사례를 참고할 필요가 있다고 판단하였다. 박 총재는 재경부가 벤치마크하고 있는 싱가포르의 경우 중앙은행(MAS)이 어떤 식으로 외환보유액 운용을 GIC에 맡기고 있는지 소상하게 조사할 것을 지시하였다. 공교롭게도 박 총재의 지시가 있었던 직후인 2003년 12월 9일 싱가포르에서 중앙은행 협력기구인 EMEAP[13] 임원회의(Deputies' Meeting)가 개최되었다. 이 회의에는 한국은행을 대표하여 당시 국제협력실장이었던 필자가 참석토록 결정되어 있었다.[14] 결국 한국은행 대표단에게는 예정된 회의에 참석 후 MAS가 GIC에 어떤 형태로 외환보유액의 운용을 맡기고 있는지 조

---

13 동아시아 · 태평양 중앙은행기구(Executives' Meeting of East Asia & Pacific Central Banks)의 약자이다. 2013년 말 현재 일본, 중국, 한국, 홍콩, 싱가포르, 태국, 말레이시아, 인도네시아, 필리핀, 호주, 뉴질랜드 등 11개국 중앙은행이 회원으로 되어 있다.

14 이 회의에는 통상 국제담당 부총재보가 참석하는 것이 관행이었다. 그러나 당시 국제담당 부총재보가 다른 중요한 국제회의에 참석토록 되어 있었기 때문에 국제협력실장인 필자로 바뀌었다.

사해서 보고하라는 지시가 내려졌다. 필자와 외화자금국 실무자는 EMEAP 회의 종료 다음 날인 12월 10일 MAS의 국제금융담당 이사와 면담하였다.[15]

이 면담을 통해 다음 세 가지 정보를 얻을 수 있었다.[16] 첫째, 1981년 5월에 설립된 GIC의 초기자산 운용규모는 70~80억 달러였으며 이 중 MAS의 외환보유액에서 위탁받은 자금은 약 10억 달러 정도에 불과하였던 것으로 추정된다. 둘째, GIC는 MAS의 외환보유액 중 일부를 위탁받아 MAS의 투자지침(Investment Mandate Agreement)에 따라 운용하며 MAS는 GIC가 이러한 투자지침을 준수하는지 직접 점검한다. 셋째, GIC가 운용하는 MAS 자금은 예탁형식이 아닌 위탁형식으로서 MAS가 항시 회수 가능하여 외환보유액에 포함되며 대규모의 외자유출 등 위기상황시 준비자산으로 활용 가능하다. 이 중 가장 중요한 정보는 MAS가 외환보유액의 일부를 GIC에 맡길 때 그 성격이 예탁이 아니라 위탁이라는 사실이었다.

한국은행은 이때부터 정부와의 교섭에서 한국은행이 KIC에 운용을 맡기는 외화자금은 외환보유액의 성격이 훼손되지 않도록 한국은행이 지정해 준 방식대로 KIC가 운용해야 하는 위탁자산이 되어야 함을 일관성 있게 주장하였다. 그리고 결국 이를 KIC법에 반영하여 관철시켰다. 자산운용회사의 입장에서는 예탁 받은 자산과 위탁 받은 자산 간에 엄청난 차이가 있다. 예를 들어 한국은행이 KIC에 맡긴

---

15 MAS에서의 면담 및 조사활동을 마친 후에는 국제금융 전문가인 싱가포르 난양공대 탄 키지압 교수를 만나서 외환보유액 운용 및 국부펀드 등에 관한 의견을 교환하였다.

16 MAS 국제금융 담당 이사와의 면담 내용이 포함된 출장 결과는 '제25차 EMEAP Deputies' Meeting 참석 및 싱가포르 통화청(MAS) 방문 등 면담 결과 보고'라는 제목으로 한국은행 총재 등 집행간부들에게 보고되었다.

외환보유액의 성격이 예탁자산이 된다면 KIC는 한국은행이 맡긴 자금을 자유재량 하에 운용할 수 있게 된다. 은행이 고객들로부터 예금을 받은 후 이를 은행의 자유재량에 따라 대출이나 유가증권 투자로 운용하는 것과 같은 것이다. 그렇게 되면 운용 수익률을 높이기 위해 필요하다고 판단될 경우 KIC는 한국은행이 맡긴 외화자산을 아무 제한 없이 위험자산 등에 투자할 수 있게 된다.

그 결과 한국은행은 외환위기가 도래하는 등의 유사시에 KIC에 맡겨두었던 외화자금을 바로 전액 인출하여 쓸 수 없게 된다. 이런 점 때문에 KIC에 예탁자산으로 맡겨진 한국은행의 외화자산은 IMF가 정한 외환보유액의 기준에 맞지 않게 되어 IMF가 인정하는 우리나라의 공식적인 외환보유액에서 빠지게 된다. 우리나라의 외환보유액이 그만큼 감소하게 되는 것이다. 한국은행이 KIC에 맡기게 될 자금의 성격을 위탁으로 규정했던 것은 KIC에 한국은행의 외화자산 운용을 맡김에 따라 바로 우리나라의 외환보유액이 감소하게 되는 것을 방지하기 위한 필수불가결한 조치였다.

이런 전후 사정들이 반영되어 노무현 정부는 KIC 설립 당시 한국은행이 취했던 입장에 대해 다음과 같이 평가하고 있다.

그러나 보유외환 운용을 책임지는 한국은행은 (KIC 설립을) 받아들일 수 없었다. 보유 외환 일부를 수익성 위주로 운용할 경우 안정성과 유동성이 저해될 수 있다는 것이었다. 같은 날 박승 한국은행 총재는 이렇게 말했다.

"1988년 무렵에 외환이 쌓여 골치였다. 그래서 정부나 민간은 외환을 쓰자고 캠페인을 벌였다. 당시 재무부는 한국은행에 문서로 지시해서 '보유고를 헐어서 좀 쓰자'고 했다. 결국 320억 달러를 산업은행과 시중은행 등에 넘겼다. 그 후 10년 뒤 보유고가 80억 달러로 뚝 떨어지고 외환위기를 맞았다. 정작 320억 달러를 회수할 수가 없었다. 그래서 IMF 사태를 맞았다. (중략) 한국은행의 기본입장은 이렇다. 한국은행의 보유외환을 KIC를 통해서 운영하는 것은 좋지만 유사시 즉시 회수할 수 있는, 다시 말해 외환보유고의 자격을 갖춰야 한다는 것이다."

결국 한은은 KIC 초기 운영자금으로 외환보유액 중 200억 달러를 위탁하고, 이 자금은 절대 부동산이나 비상장주식, 사모펀드 등 고수익 위험자산에 투자하지 않는다는 약속을 받아내고서야 물러났다. 또 한은이 요구하면 즉시 현금화하는 '현금화특약(Cashing Contract)'도 맺었다.[17]

한국은행이 이처럼 KIC 설립을 둘러싸고 정부와 정면 대립하는 것을 자제했던 반면, 김태동 금융통화위원은 끝까지 KIC 설립에 반대하는 입장을 굽히지 않아 주목을 받았다. 2004년 10월 13일 한국은행에서 국회 재경위의 국정감사가 실시되었다. 이 자리에서 심상정 의원은 김태동 위원을 지명한 후 질의를 하였다.[18] 심 의원은 김태동 위원이 얼마 전에 KIC가 설립되면 제2의 IMF 위기가 닥친다는 취지의 발언을 하는 등 KIC 설립에 대해 매우 비판적인 발언을 했는데 그 근거가 무엇인지에 대해 물었다. 김태동 위원은 KIC 설립을 반대하는 이유로 다음의 네 가지를 들었다. 후술하는 KIC의 메릴린치

---

17   국정브리핑 특별기획팀, 『참여정부 경제5년』, 한스미디어, 2008. 2. 24, pp.286~88.
18   한국은행에 대한 국회 국정감사(2004. 10. 13), 재정경제위원회 회의록, pp.92~3.

투자와 결부해서 생각해보면 몇 년 후에 일어날 일을 이렇게 비교적 정확하게 예측할 수 있었을까 놀라움을 금치 못하게 된다.

첫째, 외환보유액을 중앙은행이 아닌 다른 기관에서 운용하는 나라의 예를 찾기가 극히 어렵다. 유일한 예외는 싱가포르인데 어느 외지(外紙)에 따르면 GIC의 수익률이 형편없는 것으로 밝혀졌다.

둘째, KIC의 자산운용은 재경부의 간섭으로 잘못될 가능성이 아주 높다. 한국투자신탁이나 대한투자신탁의 예에서 보듯이 우리나라에서 자산운용업은 가장 낙후된 분야이다. 국내 시장에서조차 부진한 실력으로 어떻게 해외시장에서 잘 할 수 있다는 것인지 이해할 수 없다. 더욱이 박정희 대통령 시절 포항제철을 만들면서도 이를 일반 주식회사로 설립했다. 그런데 30여년이 지난 오늘날 금융회사를 공사로 만들겠다고 한다. 그런 발상을 보면 관치금융의 힘이 더 커진 것으로 판단된다. 시대착오적인 일이다. KIC가 설립되면 결국 재경부의 눈치를 보면서 귀한 외환보유액 등을 경제논리가 아닌 다른 논리로 운용할 것이 우려된다.

셋째, KIC를 설립하면 외환위기 재발가능성이 수십 배 높아진다. 우리나라는 정부가 1980년대 후반부터 한국은행의 외환보유액 일부를 시중은행에 예탁하도록 강제해서 1997년 외환위기시 300억 달러 정도의 외화예탁금을 회수하지 못했던 뼈아픈 경험을 가지고 있다. 1980년대 후반에 외화예탁금 제도를 시작하지 않았다면 1997년에 외환위기를 겪지 않았을 수도 있었으리라고 생각한다.

넷째, KIC가 국민연금으로부터 자금운용을 위탁받을 경우에는 국민연금도 일부 부실화할 가능성이 있다.

03

국회 심의과정에서 제기된
KIC 설립의 문제점

국회에 법안이 제출되면 바로 소관 상임위원회로 이관된다. 그리고 제출된 법안에 대해서는 먼저 상임위 소속 전문위원실이 검토하여 그 의견을 상임위원회에 보고하도록 되어 있다. 2004년 11월 17일 국회 재정경제위원회에서 이헌재 재경부장관의 법안 제안 취지에 대한 설명이 끝난 후 현성수 수석전문위원이 KIC 법안에 대한 검토의견을 의원들에게 보고하였다. 그는 KIC의 설립과 관련해서 다음과 같은 점들이 고려되어야 할 것이라고 밝혔다.[19] 더욱이 이날 구두 보고와는 별도로 재경위 전문위원실이 재정경제위원회에 문서로 제출한 KIC 법안 검토보고서에는 "정부 주도의 KIC 설립 타당성에 대하여는 다음과 같은 여러 측면에서 보다 신중히 검토할 필요가 있다"는 보다 강한 어조의 의견이 개진되었다.

---

19 국회 재정경제위원회 회의록, 2004. 11. 17, pp.13~4.

첫째, 일정 수준의 안정성과 유동성을 전제로 한 KIC의 자산운용이 현재의 운용기관인 한국은행에 비하여 월등한 수익성을 보장할 수 있는지 여부가 불확실하다.

둘째, 경영 투명성이 확보되지 않는 KIC의 경영효율을 담보할 수 있는 장치가 취약하다.

셋째, 일시적 외환보유고의 잉여상태를 전제로 항구적인 조직을 설립하는 것은 신중히 검토할 필요가 있다.

넷째, KIC 설립과 자산운용업 중심의 동북아 금융허브 육성방안이 인과관계적 측면에서 명확하지 않다.[20]

이처럼 국회 재경위 전문위원실은 법률안 검토보고를 통해 KIC 법안에 대해 매우 부정적인 의견을 표명하였는데, 이것은 국회 재경위에서의 험난한 심의과정을 예고하는 것이기도 하였다.

당시 재경부는 2003년 하반기부터 2004년 상반기까지 역외선물환(NDF) 시장에 개입하여 외평기금에 1조 8천억 원의 손실을 입힌 사실이 드러나 큰 곤경에 처해 있었다. 이종구 의원은 2005년 3월 2일 국회 본회의 발언을 통해 "정부가 대미달러 환율을 1150원으로 유지하기 위해 2003년 하반기부터 2004년 상반기까지 약 400억 달러의 외환을 매입했는데 지금 환율은 천이삼십 원 정도"라며 "이 과정에서 외평기금 손실이 1조 8천억 원에 달하게 되었다"고 발언하였다.[21]

그리고 이 사태는 한국은행이 협조 개입하지 않은 상황에서 재경

---

[20]   국회 재정경제위원회 수석전문위원 현성수, '한국투자공사법안(정부제출) 검토보고', 2004. 11, p.3.

[21]   국회본회의 회의록, 2005. 3. 2, p.67.

부가 단독으로 역외선물환 시장에 개입하여 일어난 결과였다. 그렇기 때문에 그 책임을 한국은행 등 다른 기관으로 돌리기도 어려웠다. 재경부에서 이러한 외환시장 개입의 중심에 있었던 부서는 국제금융국이었다. 그런데 공교롭게도 KIC 법안 제정의 책임을 맡고 있던 부서도 같은 국제금융국이었다. 이런 점들이 복합적으로 작용하여 당시 야당인 한나라당과 민주노동당 소속 재경위 의원들은 정부가 제출한 KIC 법안에 대해 완강하게 반대하는 태도를 견지하였다.

한편 재경위 산하 법안심사소위원회는 KIC 설립의 타당성 여부를 검증하기 위한 기초작업의 일환으로 2005년 2월 18일 한국은행으로부터 외환보유액 운용실태에 관한 보고를 받았다. 이날 한국은행 이성태 부총재는 모두발언을 통해 "한국은행은 단기간에 크게 늘어난 외환보유액을 잘 운용하기 위해 나름대로 많이 노력했다"고 말하고 외부기관으로부터 받고 있는 평가결과를 소개하였다. 곧 "IMF 및 BIS 등 국제금융기구와 골드만삭스 등 국제투자은행과의 컨설팅을 통해 평가를 받았는데 상당히 운용시스템이 잘 되어 있다는 평가를 받았다"며 "세계 일류 자산운용사와 경쟁할 수 있는 수준까지 운용역량을 높여야 되겠다는 계획 아래 2004년 말 은행 내에 태스크포스를 만들어 혁신작업을 진행하고 있다"고도 발언하였다.[22] 이성태 부총재의 뒤를 이어 한국은행 국제국장이 외환보유액 운용현황을 다음과 같이 상세하게 보고하였다.[23]

---

[22] 국회 재정경제위원회 회의록 (금융및경제법안 등 심사소위원회) 제1호, 2005. 2. 18, p.1.
[23] 소위원회는 한국은행 국제국장의 보고를 들은 후 취재진과 의원 보좌관 등 외부 인사들을 나가게 하고 한국은행의 보고내용과 관련된 질의 답변을 비공개로 진행하였다. 그 결과 질의답변 내용은 회의록에 수록되어 있지 않다.

국제금융시장에서는 한국은행의 외화자산 운용 시스템 및 성과가 다른 나라 중앙은행보다 우수하고 민간 자산운용사에 못지않은 것으로 평가하고 있다.

먼저 조직과 인력을 말씀드리면, 조직은 1개 국, 1개 실, 8개 팀, 1개 반 및 2개의 국외 운용 데스크로 구성되어 있다. 뉴욕과 런던에 운용데스크를 설치해서 본부와 연결함으로써 24시간 글로벌 운용체제를 구축하고 있다. 운용인력은 66명으로 우수인력을 계속 충원하고 있다. (중략)

운용성과를 보면 지난 7년간 국제기준에 의한 외환보유액의 평균 수익률은 매우 높은 수준이다. 국제금리인 LIBOR 평균치를 크게 상회하고 있고 국제투자은행들의 기준 투자 수익률인 국제채권지수 평균 수익률에 근접하고 있다. 국제투자은행의 투자채권은 한국은행의 투자채권보다 신용등급이 낮아서 그만큼 리스크가 크다는 점을 감안할 필요가 있겠다.[24] 한편 (한국은행의 외환보유액 운용수익률은) 운용수익을 공개하고 있는 이스라엘, 호주 등 다른 중앙은행의 평균 수익률을 크게 상회하고 있다.[25]

여야 국회의원들은 국회 본회의와 재경위, 재경위 산하 소위원회 등에서 이헌재 재경부장관을 비롯한 재경부 고위 관계자들을 출석시킨 가운데 KIC의 설립 필요성 여부에 대해서 날카로운 설전을 벌였다. 야당 의원들을 중심으로 개진되었던 KIC 설립 반대 논지는 다음

24　한국은행이 보유하고 있는 투자채권은 신용등급이 높아 리스크가 낮기 때문에 상식적으로는 리스크가 높은 국제투자은행 보유 투자채권에 비하여 수익률이 낮을 것으로 예상되는 데도 한국은행이 운용을 잘 한 결과 한국은행의 수익률이 국제투자은행의 기준수익률과 비슷한 수준임을 설명했던 것이다.

25　앞의 회의록, pp.3~4.

과 같이 여덟 가지로 요약할 수 있었다.

첫째, 김애실 의원과 이혜훈 의원 등은 공공부문이 민간부문보다 효율성이나 경쟁력이 떨어진다고 전제하면서, KIC를 설립해서 외환보유액의 일부를 운용토록 하겠다는 정부 발상 자체가 납득하기 어렵다고 주장하였다.[26] 이혜훈 의원은 한국투자신탁과 대한투자신탁의 사례를 들어 설명하였다. 이들 두 기관이 이제 설립하려고 하는 KIC보다 훨씬 엄격한 지배구조와 견제장치를 갖추고 있었음에도 불구하고 공공기관인 데 따른 비효율과 임직원의 도덕적 해이, 정치권의 영향 때문에 구조조정 대상이 되는 부실기관으로 전락하였다고 지적하였다. 그 결과 각각 6조 원과 4조 원의 국민 혈세가 날아가게 되었다고도 지적하였다. 또한 정부가 역외 선물환시장에 뛰어들었다가 불과 두 달 만에 1조 8천억 원의 국민 혈세를 날려 버린 것이 1년도 지나지 않았다고 정부를 비판하였다. 이혜훈 의원은 "이런 능력을 가진 정부와 이런 운용실태를 보이고 있는 정부가 수십조 원에 달하는 천문학적인 국민자금을 고위험 상품에다 투자하는 회사를 직접 운영하겠다고 나서는데 어느 국민이 이것을 반대하지 않겠는가?"라고 말하였다.[27]

둘째, 많은 의원들은 먼저 과다한 외환보유액을 줄이는 게 선행되어야 한다고 주장하였다. 윤건영 의원과 이혜훈 의원은 "높은 수익률을 창출한다는 명분하에 운용을 해야 될 만큼의 외환보유액은 가지고 있을 필요가 없다"고 말하였다.[28] 최경환 의원도 "외환시장에

---

26   국회 재정경제위원회 회의록, 2005. 2. 25, pp.5, 10.
27   국회본회의 회의록, 2005. 3. 2, p.64.
28   국회 재정경제위원회 회의록, 2004. 11. 17, pp.44, 58.

서 계속해서 사들여 가지고 달러를 쌓아놓고, 남으니까 KIC 만들어 투자 운용하겠다는 식으로 언제까지 이렇게 해야 되느냐?"고 주장하였다.[29] 심상정 의원도 "과다한 외환보유액을 유지하는 데 소요되는 천문학적인 비용을 생각한다면 여유가 생긴 외환보유액을 고수익 자산으로 운용하려 할 게 아니라 적정 외환보유액 수준에 대한 검토를 선행하여 외환보유액을 적정수준으로 합리적으로 (하향) 조정해야 한다"고 말하였다.[30]

셋째, 의원들은 KIC가 설립되더라도 한국은행보다 외환보유액을 더 잘 운용할 수 있을지에 대해 의구심을 나타내었다. 윤건영 의원은 "KIC가 설립된다면 한국은행보다 자금을 더 효율적으로 운용할 수 있다는 증거가 필요하다"고 주장하였다.[31] 최경환 의원은 "(KIC가 설립된다고 해서) 현재 운용기관에 비해서 월등한 수익성을 보장할 수 있는가가 불분명하다"고 말하였다.[32] 김애실 의원은 한국은행이 금융소위에 배포한 자료에 따를 때 1998년부터 2004년까지 한국은행의 외환보유액 운용수익률이 연 평균 7.79%에 달하는 등 매우 높은 수준이라고 밝히고 "한국은행이 외환보유액 운용을 잘하고 있는데 정부가 그것을 시장으로 가지고 나와서 특별히 (운용을) 해야 할 이유가 있는가?"라고 질의하였다.

넷째, 심상정 의원은 외환보유액의 여유자금을 가지고 좀 더 공격적으로 운용해서 수익률을 높이려는 발상의 무모함을 비판하였

---

29 앞의 회의록, 2004. 11. 17, p.40.
30 앞의 회의록, 2005. 2. 25, p.3.
31 앞의 회의록, 2004. 11. 17, pp.43~4.
32 국회 재정경제위원회 회의록 (금융및경제법안등심사소위원회), 2004. 11. 24, p.38.

다.[33] 심 의원은 "자산운용에서 높은 수익을 올리기 위해서는 그만큼 높은 리스크를 감수해야 하는 것이 금융 교과서의 기본"이라고 전제하고 고위험 고수익을 추구할 경우 "리스크가 많은 시장에서 혹독한 실패와 많은 손실"을 볼 수 있음을 경고하였다. 1997년 말 외환위기 때 "외국에서 단기로 자금을 빌려다가 장기로 투자하는 바람에 국가적 위험에 처하게 되었던 아픈 경험을 우리는 기억하고 있다"고 말하였다. 그는 "비록 제한된 범위라고 주장하지만 KIC를 통해서 외화자산을 운용하게 된다면 우리 경제를 97년 외환위기와 같은 위기상황에 다시 노출시키는 결과를 낳게 될 것이다"라고 경고하였다.

다섯째, KIC가 외환보유액을 받아가서 이를 외국 금융기관에 위탁 운용함에 따른 위탁수수료의 증가 등 비효율을 지적하는 의원들이 많았다. 한국은행은 외국계 금융기관 등 국제적으로 명망이 있는 유수 운용기관에 외환보유액 운용을 위탁하고 있다. KIC 설립법안에 따르면 KIC도 한국은행의 외환보유액 외부 운용 위탁기관이 된다. 그런데 KIC는 초창기에는 자금운용 능력의 제약으로 위탁받은 자금의 대부분을 다시 외국의 유수 운용기관에 위탁할 수밖에 없다. 그렇게 되면 결과적으로 한국은행 입장에서는 운용기관에 지급하는 위탁수수료가 이중으로 나가게 되어 결과적으로 외환보유액 운용 수익률이 낮아지게 된다. 김애실 의원은 이런 점을 들면서 "KIC가 직접 운용하는 것도 아니고 다시 운용을 외부에 위탁하는 것은 위탁비용의 증가만 초래하고 업무의 비효율성을 증대시킨다"라고 비판하였다.[34]

---

33   앞의 회의록, 2005. 2. 25, p.3 ; 국회본회의 회의록, 2005. 3. 2, pp.65~6.
34   국회 재정경제위원회 회의록, 2005. 2. 25, p.6.

채수찬 의원도 "KIC에서 직접 운용하겠다는 것은 전문성이 없어서 부실화될 위험이 있다. 재위탁하는 방식이라면 KIC가 중간에서 마진만 취하는 구조가 되기 때문에 비효율성만 늘리고 정부기관에 의한 독과점 폐해가 있을 것이다"라고 말하면서 KIC에 대해 깊은 논의와 검토가 필요하다고 주장하였다.[35]

여섯째, 정부가 주장하는 대로 KIC를 만든다고 해서 동북아 금융허브가 구축되고 자산운용업 육성효과가 클 것인지에 대해서도 회의적인 견해가 제기되었다. 최경환 의원은 "KIC 설립과 동북아 금융허브 육성 간에 무슨 상관관계가 있느냐?"고 물으면서 정밀한 점검이 필요하다고 말하였다.[36] 김애실 의원은 "KIC를 만들어서 외환보유액을 갖다가 외국 금융기관들에 운용을 위탁한다고 해서 외국 금융기관들이 국내에 들어와서 활동할 수 있도록 하기는 쉬운 일이 아니다"라고 주장하였다. 이헌재 장관은 이에 대해 "KIC가 (설립)되면 바로 동북아 금융허브가 된다고 생각하는 사람은 아무도 없다. 우리가 자산운용시장을 키워야 되는데 자산운용시장을 키우려면 그것을 이끌어 갈 기폭제와 그런 기관이 필요하다. KIC를 통해서 자산운용시장을 육성할 수 있는 계기를 만들고자 하는 것이다"라고 설명하였다.[37]

일곱째, 의원들은 KIC를 통해서 국제금융시장의 고급정보를 획득하는 한편 금융 전문 인력을 육성하려는 발상이 비현실적이라고 비판하였다. 심상정 의원은 "국제금융시장을 통해서 고급정보를 얻겠다는 것은 대단히 일면적인 생각이다. 역으로 우리나라 금융기관

---

35   국회 재정경제위원회 회의록 (금융및경제법안등심사소위원회) 제1호, 2005. 2. 18, p.2.
36   국회 재정경제위원회 회의록 (금융및경제법안등심사소위원회) 제2호, 2004. 11. 24, p.38.
37   국회 재정경제위원회 회의록, 2005. 2. 25, p.6.

이나 기업들의 고급정보를 해외에 노출시켜서 경영권 위협 등의 위험에 빠뜨릴 가능성이 매우 높다"고 주장하였다.[38] 엄호성 의원은 "고급 금융정보를 획득하는 채널을 구축한다든지 금융시장에서의 동북아 금융허브로서 대한민국을 자리매김하겠다는 목적을 민간부문에서는 왜 실현을 못하는가?"라고 반론을 제기하였다.[39] 김애실 의원은 "인적자원 확보를 위해서 (KIC 설립을) 하는 것이라면 우리의 인적자원을 외국에 보내서 충분한 훈련을 받도록 하고 민간 자산운용사에서 일을 하면서 수익을 높이고 민간이 책임을 지도록 해야 된다"라고 말하였다.[40]

여덟째, 싱가포르의 GIC를 벤치마킹해서 KIC 설립을 추진하는데 대해서도 많은 의원들이 우려를 나타내었다. 최경환 의원은 "싱가포르와 우리는 거버넌스 시스템이며 각종 금융 비헤이버(behavior)며 금융 인프라 면에서 다르다. 싱가포르가 성공했으니까 우리도 성공한다는 것은 단순 논리이다"라고 주장하였다.[41] 김양수 의원도 GIC는 국부인 이광요 전 수상의 강력한 카리스마와 지도력에 의해 운영되고 있다고 지적하면서 KIC는 GIC의 거버넌스를 따라가려고 해도 따라갈 수 없다고 말했다.[42] 또한 김양수 의원은 "싱가포르는 국가의 재정잉여를 활용해서 수익성을 높이기 위해 GIC를 설립했던 반면 우리나라는 국민의 혈세를 가지고 쌓은 외환보유액을 헐어 수익성을 높이고자 KIC를 설립하려는 것"이라고 싱가포르와의 중요한

---

38   앞의 회의록, 2005. 2. 25, p.4.
39   국회 재정경제위원회 회의록 (금융및경제법안등심사소위원회) 제2호, 2004. 11. 24, p.50.
40   국회 재정경제위원회 회의록, 2005. 2. 25, p.7.
41   국회 재정경제위원회 회의록(금융및경제법안등심사소위원회) 제2호, 2004. 11. 24, p.41.
42   위와 같음

차이점을 지적하였다.[43]

김양수 의원의 발언은 한국에서 외환보유액이 쌓이게 된 배경에 주목한 주장이었다. 우리나라의 경우 시장에서 환율이 지나치게 하락하면 환율을 안정시키기 위해 한국은행이나 정부 외국환평형기금이 외환시장에 개입하여 달러를 사들이며 이 과정에서 외환보유액이 쌓이게 된다. 그런데 한국은행은 새로 돈을 찍어내어 그 돈으로 외환시장에서 달러를 사들이는 것이고, 외평기금도 국민들로부터 거둔 세금으로 조성한 것이기 때문에 김양수 의원은 "국민의 혈세로 외환보유액을 쌓았다"라고 말했던 것이다.

의원들의 이런 우려에 대해 재경부 국제금융국장은 "GIC보다는 KIC가 더 성공할 확률이 높다"고 주장하였다. 그는 그 근거로 "GIC는 국가의 잉여자산을 운용하는 데에 한정되고 있지만 KIC가 국제적으로 공인된 기관이 되면 앞으로 법을 개정해서 민간인들도 KIC에 위탁할 수 있게 될 것이고, 그럴 경우 KIC는 우리나라의 자산운용업을 선도할 수 있는 중심에 설 수 있다"고 말하였다.[44]

---

43   앞의 회의록, p.46.
44   앞의 회의록 p.43.

04

KIC 법안의 국회 통과와
KIC 설립

국회 재경위가 KIC 설립법안을 심의하는 과정에서 몇 가지 특징적인 사항들이 나타났다.

첫째, 재경부 장차관 및 고위관계자 등이 한국은행의 외환보유액 운용에 대해 신뢰하지 않고 있음이 드러났다. 당시 재경부가 한국은 행에 대해 가지고 있었던 불신감이 재경부의 KIC 설립을 밀어붙이게 만든 동력이었음을 짐작할 수 있다.

이헌재 장관은 의원 질의에 답하면서 "현재 (한국은행에 의한 외환보 유액의) 운용은 전문가에 의한 운용이라기보다도 외환보유액의 외부 위탁에 불과하다. 대개의 경우 외국의 국공채라든지 이렇게 안전성 위주로만 운용을 하고 있고, 이에 대해서 전문적인 자산운용 전문가 들의 판단이 개입되어 있지 않다"라고 말하였다. 이 장관은 "반면에 KIC는 내부에 자산투자 전문가를 키워서 자산투자 전문가가 자기 책 임 하에 자산투자를 직접 할 수 있도록 한다는 데에 기본적인 차이가 있다"고 말했다. 그는 "KIC를 통해서 전문적인 자산운용가들이 운용하게 되면 현재보다는 운용수익이 늘어날 것으로 전망하고 있다"고 덧붙였다.[45] 한국은행이 전문적인 외환운용 역량을 가지고 있지 못하다는 시각을 내비친 발언이었다.

김광림 재경부차관은 "한국은행 잘 아시지 않는가? 거기는 상업성이라든지 전문성이라든지 이런 것에 대해서는 전혀 고려하지 않고 보유만 하고 있는 것이다. 그리고 또 얼마를 벌었는지 수익률이 얼마인지 하는 것은 대외보안이기 때문에 발표를 하지 않고 있다. 아마 이쪽으로 오면 발표가 될 것이다. 현재 우리가 생각하고 있는 것은 만기구조를 조금 장기화하면 확실히 외환보유액보다는 더 벌 수 있다고 생각한다"라고 말했다.[46]

재경부 국제금융국장은 "한국은행도 물론 세계적인 기준으로 보면 중앙은행 중에서 자산운용을 비교적 잘 하는 편에 속한다. 그것은 저희도 인정하는데, 그러나 그 사람들이 과연 전문성과 상업성을 가지고 있는 월스트리트의 자산운용사만큼 하느냐, 그것은 절대로 아니다. 그리고 한국은행은 기본적으로 유동성하고 안전성을 목표로 하기 때문에 단기 미국 국채를 주로 많이 산다. 그런데 그런 부분을 KIC쪽으로 옮겨놓게 되면 조금 자산운용의 중추도 달라진다. 그 다음에 자산을 운용하는 사람들이 굉장히 검증된 사람이고 연봉을 많이 받아야 되는 사람들인데 한국은행이 인하우스 방식으로 해서 과연 그러한 사람들을 채용하고 지속적으로 관리할 수 있느냐는 것은

---

45 국회 재정경제위원회 회의록, 2004. 11. 17, p.26. 같은 회의록, 2005. 2. 25, pp.6~7.
46 국회 재정경제위원회 회의록 (금융및경제법안등심사소위원회) 제2호, 2004. 11. 24, p.52.

큰 의문이다"라고 말하였다.[47]

한국은행은 중앙은행으로서 통화정책을 책임질 뿐 아니라 외환보유액 운용을 담당하고 있다. 재경부는 거시경제정책을 전반적으로 조율하고 재정정책을 책임지고 있다. 이런 위치에 있는 재경부가 경제정책의 중요한 동반자인 중앙은행을 정당하게 인정하고 존중해 주지 않는다면 두 기관 간의 원활한 정책협조는 기대하기가 어려운 법이다.

특히 한국은행은 직원들의 업무능력을 높이기 위해 국내외 학술연수 및 실무연수에 힘써 왔으며 분야별 직원전문화를 위해서도 노력하여 왔다. 그 결과 한국은행은 상당수의 외화자산운용 전문가를 보유하고 있다. 더욱이 IMF, BIS, 골드만삭스 등에 자문을 의뢰한 결과에 따르더라도 한국은행은 외환보유액 운용을 매우 잘 하고 있는 것으로 평가받은 바 있다. 앞에서 인용한 김애실 의원의 발언대로 1998년부터 2004년까지 한국은행의 외환보유액 운용수익률은 연 평균 7.79%에 달하였다. 한국은행이 외환보유액으로서의 안전성을 유지하는 가운데 운용수익률을 높이기 위해 부단히 애쓰지 않았다면 어떻게 이렇게 높은 수익률을 낼 수 있었겠는가? 외환보유액의 운용수익률을 발표하지 않는 관행을 지켜 온 것도 전 세계 중앙은행들 간의 불문율에 따른 것인데도 비밀주의에 의한 것처럼 호도하는 것은 기관 간 지켜야 할 예의를 벗어난 것이었다.

정부와 여당은 국책사업의 원활한 수행을 위하여 2004년 정기국회 회기내 KIC 법안의 국회 통과를 목표로 하고 있었다.[48] 당시 야당

---

47 국회 재정경제위원회 회의록 (금융및경제법안등심사소위원회) 제4호, 2004. 12. 7, p.27.

인 한나라당은 당론으로 KIC 법안에 대해 반대하였으나 법안 심의에는 임한다는 입장이었다. 한 마디로 KIC 법안은 한나라당이 법안 통과를 결사적으로 저지키로 결정한 법률안은 아니었다. 이런 입장 때문에 한나라당 의원들은 법안심사소위 등을 통한 법안심의에 임하면서 정부안의 문제조항들을 수정하는 데 힘썼다. 당시 재경위의 법안심사소위 위원장이었던 한나라당 이종구 의원은 법안심의에 임하는 한나라당의 자세에 대해 "한나라당이 반대를 하지만 독소조항을 제거할 필요가 있다. 태어나서는 안 된다고 생각하지만 태어나더라도 제대로 기능을 할 수 있도록 (한나라당 의원들이) 의견개진을 하는 것이다"라고 말한 바 있다.[49]

이종구 소위 위원장은 소위에서의 법안 축조심의가 원활히 이루어질 수 있도록 재경부에 두 가지 사항을 요구하였다. 이것은 법안심의 및 통과를 지연시키기 위한 일종의 전술이기도 하였다. 그 하나는 재경위 소속 의원들이 회의석상에서나 비공식 경로를 통해 이미 지적한 정부 제출법안의 문제점들을 정부가 고친 후 새로운 법안을 소위에 비공식적으로 제출해 달라는 것이었다. 다른 하나는 재경부가 NDF 시장을 이용한 외환시장 개입의 결과로 1조 8천억 원의 손실이 난 데 대해 자료를 만들어 의원들에게 설명해 달라는 요구사항이었다.[50] 재경부가 이종구 소위 위원장의 요구를 받아들여 위의 두 가지

48 2004년 11월 24일 개최된 재경위 산하 금융 및 경제법안 등 심사소위원회에서 이종구 소위원회 위원장이 "(KIC 법안에 대해서) 충분히 토론할 시간을 갖지요. 시한을 꼭 정해야 합니까? 정기국회 내에 꼭 해야 되는 것은 아니잖아요?"라는 발언에 대해 김광림 재경부차관은 "정기국회 내에 논의해 주십사 하는 얘기"라고 답변하였다. 국회 재정경제위원회 회의록(금융및경제법안등심사소위원회) 제2호, 2004. 11. 24, p.38,
49 위 회의록 제5호, 2005. 2. 24, p.1.

사항을 상당 부분 이행함에 따라 법안심사 소위에서의 법안 축조심의가 탄력을 받게 되었다. 법안 심사소위에서 야당인 한나라당 의원들은 KIC의 지배구조에 주안점을 두고 이를 보완하려고 노력하였다. 이는 KIC의 운영과정에 가능한 한 정부의 영향력과 개입을 원천적으로 배제할 수 있도록 하기 위함이었다.

2005년 2월 25일 재경위 법안 심사소위원회는 그 동안의 축조심의 결과를 토대로 정부 원안을 대폭 수정하고 이를 재경위에 보고하였다. 같은 날 재경위는 이를 표결에 붙여 재석의원 18인 중 찬성 10인, 반대 7인으로 가결하였다. 재경위를 통과한 법안은 수정안대로 3월 2일 국회 본회의에 상정되었다. 국회 본회의에서 여야의원들은 표결에 앞서 찬반토론을 벌였다. 열린우리당 송영길 의원과 김종률 의원이 찬성토론을 하였으며, 한나라당 이혜훈 의원과 이종구 의원, 민주노동당 심상정 의원이 반대토론을 하였다. 토론 종료 후 이루어진 투표결과 재석 256인 중 찬성 147인, 반대 109인으로 KIC 법안은 재경위의 수정안대로 가결되었다. 통과된 법안은 정부로 이송되어 대통령의 서명을 거친 후 3월 24일 공포되었다.

KIC는 2005년 7월 1일 발족하여 업무를 개시하였다. 정부는 KIC의 발족을 약 한 달 앞둔 6월 3일 청와대에서 노무현 대통령 주재 하에 국민경제자문회의 제1차 금융허브회의를 개최하였다. 정부는 이 자리에서 그 동안의 금융허브 실적을 점검하고 향후 추진계획을 발

---

50 국회 재정경제위원회 회의록 (금융및경제법안등심사소위원회) 제4호, 2004. 12. 7, p.25 ; 같은 회의록 제3호, 2005. 2. 22, p.14. 이종구 의원은 정부의 설명이 어떻게 되느냐에 따라 감사원에 감사청구를 할 건지 국정조사를 할 건지 최종적으로 판단할 것이라고 말하였으나 결국 감사청구나 국정조사는 이루어지지 않았다.

표하였다.[51] 여기서 정부는 출범 초기 200억 달러로 예정하고 있는 KIC의 보유자산을 외국자산운용사에 위탁함으로써 세계 50대 자산 운용사 중 10~20여개를 국내에 유치할 방침임을 밝혔다.[52] 정부는 "외국업체의 진출로 인해 자산운용시장의 경쟁이 격화되면 본격적인 구조조정을 거치면서 국내 자산운용사의 경쟁력도 강화될 것"으로 전망했다. 정부는 이날 "우리의 경제발전 단계상 직접금융시장의 발전과 투자은행의 출현이 반드시 필요한 시점"이라고 전제하고 "국내 증권사가 구조조정을 통해 대형화된 후 외국금융기관과의 합작회사 설립 또는 M&A하는 방안도 고려하겠다"고도 발표하였다.[53]

KIC는 출범 이후 자산운용을 위한 인프라를 갖추고 재경부와 한국은행 등으로부터 200억 달러의 외화자산을 위탁받은 후 2006년 11월부터 본격적인 투자를 시작하였다.[54] 그런데 KIC는 얼마 지나지 않아 운용자금이 과소하다고 판단하였다. KIC가 제대로 활동하려면 운용자금이 적정수준으로 늘어나야 한다는 데 대해서는 재경부도 같은 생각이었다. KIC는 한국은행으로부터 더 많은 외화자금을 위탁받기를 희망하였다. KIC는 비공식 경로로 한국은행의 의중을 타진했지만 한국은행의 입장은 매우 신중하였다. 당시 한국은행은 박승 총재의 뒤를 이어 2006년 4월 1일 취임한 이성태 총재가 이끌고 있었다.

---

51 재정경제부, '국민경제자문회의 제1차 금융허브회의 개최', 2005. 6. 3 ; 재정경제부 · 금융감독위원회 · 국민경제자문회의, '금융허브 추진실적 점검 및 향후 추진계획', 2005. 6. 3

52 정부는 이 자료에서 "싱가포르투자청(GIC)도 내국인 고용 등의 조건으로 외화자산 130억 달러를 외국자산운용사 38개에 위탁하고 있다"고 소개하였다.

53 서울신문은 6월 7일자에서 "정부가 국내증권사와 외국 대형 투자은행과의 합병이나 인수 · 합병(M&A)을 적극 유도, 2015년까지 국내를 대표하는 1~2개의 투자은행을 육성키로 했다"고 보도하였다.

54 KIC에 대한 국회 재경위 국정감사(2006. 10. 25) 재정경제위원회 회의록, p.2.

드디어 감사원까지 나서는 사태가 벌어졌다. 당시 감사원장은 재경부장관을 역임한 전윤철씨였다. 전 원장은 2003년 11월 10일 감사원장에 취임한 후 "정부의 변화와 개혁을 선도, '21세기 선진일류 국가 도약'을 위한 국정개혁의 중추역할을 수행"하는 것을 감사원의 감사 목표로 삼고 있었다.[55] 이를 위해 전 원장은 "(정부의) 주요 정책·사업 등에 대한 상시 모니터링을 통하여 문제점을 체계적으로 진단, 종합적·근원적 개선책을 제시하는 '시스템감사'를 감사 패러다임으로 제시"하였다.

감사원은 2007년 5월 14일부터 6월 5일까지 '공공자금 해외투자 운용실태 감사'라는 이름으로 한국은행의 외환보유액 운용 전반에 대한 감사에 나섰다. 특이했던 것은 감사원이 이렇게 한국은행에 대한 외환보유액 운용 감사에 나서면서 같은 날짜로 '공기업 해외사무소 감사'에도 착수했다는 사실이다. 이 감사는 같은 해 5월 14일부터 6월 1일까지 실시되었다. 이처럼 두 감사의 착수시점이 공교롭게 같았기 때문에 당시 한국은행 주변에서는 감사원이 한은의 KIC 위탁 확대를 압박하기 위하여 해외사무소 운영에 대해 감사를 나온 것이 아니냐는 억측이 퍼져 있었다.

감사원은 11월 19일 한국은행의 해외사무소 운영이 부적정하다고 통보하면서 "북경사무소 개설로 사무소의 역할이 대폭 축소된 홍콩사무소에 대하여 폐쇄 또는 규모조정 등을 실시"할 것을 통보하였다.[56] 아울러 다음 해인 2008년 2월 26일 한국은행의 외환보유액 운

---

55 감사원, 『감사 60년사』, 2008, p.730.
56 한국은행 홈페이지, 한은소개 / 경영정보 / 외부감사결과 등 /감사원 지적사항, '2007년 감사원 감사결과 처분요구사항 및 조치내용', p.4.

용에 대한 감사결과를 토대로 통보 6개, 권고 1개, 주의 1개, 문책 1개 등 총 9개 항목에 대해 조치를 취할 것을 요구하였다.[57] 이 중에는 KIC에 대한 한국은행의 위탁을 확대할 것을 주문하는 통보내용이 포함되어 있었다. 곧 감사원은 "초과 외환보유액은 KIC가 투자자산의 합리적 운용 및 적정한 리스크관리시스템을 갖춘다는 전제하에 KIC에 위탁하는 등 보유외환의 위탁운용 규모를 확대하여 수익률을 높이는 방안을 검토"하도록 통보하였다. 결과적으로 KIC에 대한 한국은행의 위탁을 확대하도록 하기 위해 감사원까지 나선 셈이 되어버렸다.

한국은행은 이런 상황에 대해 어떻게 대응하였을까? 한국은행은 '홍콩사무소의 폐쇄 또는 규모조정' 처분요구에 대해서는 감사원의 요구를 그대로 수용하였다.[58] 곧 "홍콩사무소를 폐쇄하고 북경사무소 소속 주재원으로 축소"하는 조치를 취하였다. 홍콩사무소 상주직원 수를 줄이고 이를 북경사무소 소속으로 바꾸는 구조조정을 단행했던 것이다. 반면 KIC에 대한 위탁운용 금액을 확대하는 문제에 대해서는 KIC가 운용실적에 의해 명실상부하게 국제적인 자산운용기관으로 평가받기 이전에는 외환보유액의 위탁금액 확대를 고려할 수 없다는 원칙을 밝혔다. 한국은행은 "KIC의 자산운용능력과 투자성과가 정부의 경영평가 및 국회 보고과정에서 입증되고 전문성 및 내실 있는 운용시스템을 갖춤으로써 국제적인 자산운용기관으로의 요건을 충족한다면, 위탁운용 규모를 확대하는 것을 긍정적으로 고려

---

57   앞의 자료, pp.1~3.
58   앞의 자료, p.4.

하겠다"는 답신서를 감사원에 송부하였다.[59] 이처럼 이성태 한국은
행 총재는 감사원의 압력에 굴복하지 않고 감사원이 지적했던 두 가
지 사안에 대해 원칙대로 대응하였다.

---

59   앞의 자료, p.3.

05

메릴린치에 대한
KIC의 무모한 투자

    KIC는 2008년 1월 15일 미국의 서브프라임 모기지 부실사태로 어려움을 겪고 있던 미국의 투자은행인 메릴린치에 20억 달러를 지분 투자하기로 결정하였다. 이때는 2007년 12월 실시된 대통령 선거에서 이명박 후보가 당선되어 2월 25일 대통령 취임식을 앞두고 있던 시점이었다.[60]

당시 정부 관계자들은 KIC의 메릴린치 투자를 극찬하였다. 노무현 정부의 경제정책을 집약한 『참여정부 경제5년』은 KIC의 메릴린치 투자를 계기로 "(한국이) IMF 외환위기 때 해외 투자은행에 손을 벌려야 했던 처지에서 이들에게 급전을 빌려주는 입장으로 역전되었다"

---

[60]   신동아 2012년 1월호는 「한국투자공사(KIC)의 나랏돈 1조 원대 해외투자 손실」이라는 기사에서 "KIC가 메릴린치 주식을 매입한 조치 이면에 당시 여권 실세의 가족이 관계되어 있다"고 취재 보도하였다. 신구 대통령간 권력이양기에 KIC가 메릴린치 지분투자처럼 기관의 사활적 이해관계가 걸린 중요한 의사결정을 한 것은 이례적인 일이었다.

고 평가하였다.[61] 이 책은 "아시안월스트리트저널(AWSJ)이 2008년 1월 16일자 기사에서 '한국경제가 60년대 빈곤에서 90년대 풍요로 성장하기까지 외국인 투자자들이 주요한 역할을 했지만, 이제는 한국이 해외투자에 눈을 돌리고 있다'며 KIC의 메릴린치 지분인수는 한국금융의 지평확대를 신호하는 것이라고 평가했다"고도 소개하였다.

당초 KIC가 메릴린치와 체결한 계약조건은 우선주 형태로 20억 달러를 투자하여 연 9% 이자를 보장하고 2년 9개월 후에 주당 52.4달러로 일반주로 전환한다는 것이었다. 이와 함께 KIC는 일정기간 메릴린치가 일정액 이상의 자본을 증자할 경우 보통주 전환가격을 재조정할 수 있다는 조항(reset clause)을 계약서에 넣었다. 그 결과 KIC는 2008년 7월 메릴린치가 증자를 결정한 데 상응하여 메릴린치와의 협상을 통해 우선주 위치를 포기하는 대신 당시 시가인 주당 27.5달러로 투자금액 20억 달러를 일반주로 전환하였다.[62]

2008년 9월 15일 미국의 투자은행인 리먼 브러더스가 뉴욕법원에 파산보호를 신청하였다. 그런데 공교롭게도 같은 날인 9월 15일 메릴린치는 뱅크 오브 아메리카(BOA)에게 500억 달러에 매각되었다.[63] 이처럼 리먼 브러더스와 달리 메릴린치가 회생의 길로 접어듦에 따라 KIC도 메릴린치 투자와 관련하여 투자금 전액인 20억 달러를 날려버릴 수 있는 위기를 피하게 되었다. 그러나 글로벌 금융위기 하에서 메릴린치를 인수한 BOA 주가는 급락하였고, 2013년 12월 현재

61   국정브리핑 특별기획팀, 『참여정부 경제5년』, 한스미디어, 2008, pp.288~89.
62   김인준, '리먼 도산이 일깨운 것', 조선일보, 2008. 9. 15.
63   리먼 브러더스와 메릴린치의 엇갈린 운명에 대해서는 최혁, 『2008 글로벌 금융위기 : 현대인을 위한 금융특강』, 도서출판 K-books, 2009, pp.9~19 참조.

15달러 수준에 머무르고 있다. 결국 주당 27.5달러에 받은 BOA 주가가 15달러[64] 수준에 그침에 따라 2013년 12월 현재 KIC는 투자원금 대비 대략 45%정도 손실을 보고 있다. 20억 달러를 투자하여 약 9억 달러의 평가손실을 기록하고 있는 셈이다.[65]

감사원은 2010년 1~3월중 KIC에 대한 감사를 실시하고 2010년 8월 개최된 감사위원회에서 감사결과를 최종 확정하였다. 감사원의 감사는 메릴린치 투자과정의 문제점 및 원인을 점검 분석함은 물론 KIC의 해외투자실태 전반을 점검하기 위한 것이었다. 감사원의 감사 결과에 따르면 KIC의 메릴린치 투자실패는 한 마디로 KIC가 졸속으로 일을 추진한 결과 업무처리 과정에서 내부규정을 중첩하여 준수하지 않았던 데다 재경부의 감독업무 태만이 겹쳐서 빚어진 일이었다.[66]

KIC는 2007년 하반기부터 아시아 국가 등이 설립한 국부펀드의 미국 금융기관 투자가 활발해지자 같은 해 11월부터 사모펀드 등 대체자산[67]에 대한 투자기회를 모색하게 되었다. 일례로 KIC 사장은 11월 20일 임직원 5명을 사장실로 불러 사모펀드로부터 받은 투자제안서를 보여주면서 투자 타당성 등을 검토해 볼 것을 지시하였다. 공교롭게도 비슷한 시기에 재경부도 외평기금이 KIC에 위탁한 자산의 운용대상을 대체자산까지 확대하기로 결정했다. 곧 11월 29일 재경

---

64 조선일보, 2013. 12. 7.
65 KIC는 2013년 10월 30일 실시된 국회 국정감사에 제출한 자료에서 "전략적 투자인 Bank of America(BOA)는 원금 대비 10억 달러의 평가손을 기록하고 있다"고 밝혔다. (2013년도 국회 기획재정위원회의 KIC에 대한 국정감사 회의록 부록, 2013. 10. 30, p.47)
66 KIC의 메릴린치 투자과정과 문제점을 서술한 이하의 내용은 감사원이 2010년 8월 확정 발표한 '감사결과 처분요구서 : 한국투자공사 해외투자실태'의 내용을 요약 정리한 것이다. 동 감사결과 보고서는 감사원 홈페이지에 올라와 있다.
67 대체자산(alternative asset)이란 통상 주식과 채권 등 전통적인 금융자산 이외의 투자자산을 의미하며, 뮤추얼펀드, 헤지펀드, 부동산, 벤처캐피탈, 원자재투자펀드 등의 투자자산이 이에 해당된다.

부장관이 위원장으로 있는 금융허브추진위원회가 개최되었는데, 이 자리에서는 외평기금이 KIC에 위탁하여 운용중인 30억 달러의 운용 대상을 사모펀드, 부동산 등 대체자산까지 확대하기로 결정하여 발표하였다. 아울러 동 위원회는 이날 2008년 하반기에 외평기금에서 KIC에 100억 달러를 추가 위탁하기로 결정하였다.

이때로부터 대체자산에 대한 투자를 본격화하기 위한 KIC의 행보가 빨라졌다. 12월 18일 KIC는 '대체투자 태스크 포스'를 구성하였다. 같은 날 KIC 사장은 비공식 라인에 있던 직원으로 하여금 미국 투자은행과 접촉하여 투자 가능성을 검토해 보도록 지시하였다. 이 직원은 12월 19일 메릴린치의 CFO(Chief Financial Officer)에게 KIC가 투자 의향이 있음을 이메일로 전달하였다. KIC 사장은 이 직원에게 메릴린치와 지속적으로 접촉하여 투자기회를 모색할 것을 거듭 지시하였다.

2008년 1월 7일 메릴린치는 부실자산 상각에 따른 자본확충 필요성을 들면서 KIC에 대해 10~40억 달러의 지분투자를 공식 요청하였다. 그리고 2007년 4/4분기 실적발표 일정이 촉박한 점을 들어 KIC의 투자여부를 2008년 1월 14일 자정까지 결정해 줄 것을 요구하였다. 1월 8일 KIC 관계자 4명과 메릴린치 관계자 3명이 화상회의를 통하여 투자조건 및 투자환경 등에 관하여 논의하였고, 양사간 비밀준수협정서(Non-Disclosure Agreement)를 교환하였다. 1월 9일 KIC 사장은 화상회의 결과를 보고받고 메릴린치 투자를 추진하기로 결정하였다. 이에 맞추어 KIC는 자문사를 선정하고 1월 10일과 11일 양일간 뉴욕에서 현지 실사를 실시하였다.

이런 와중에 KIC 사장은 1월 10일 재경부를 방문하여 메릴린치 투자를 위한 자산위탁을 협의하였다. 당시 KIC는 메릴린치에 투자할 여유자금이 없었으므로 신규투자에 나서려면 외평기금으로부터 추가로 위탁을 받아야만 하는 상황이었다. 이날 KIC 사장은 '메릴린치 전략적 투자계획(안)'을 금융정책심의관, 차관보, 장관에게 차례로 보고하였으며, 재경부는 메릴린치 투자를 위한 자산위탁을 적극 검토하기로 결정하였다.

KIC는 1월 11일 투자소위원회 및 운영위원회를 개최하고 30억 달러 규모의 투자의향서를 전달하기로 결정하는 한편 메릴린치 현지실사 진행을 승인하였다. 1월 14일에는 투자소위원회 및 운영위원회가 개최되었다. 투자소위원회에는 메릴린치 투자에 대해 재무자문을 행한 자문사 관계자가 참석하여 미국 금융시장이 안정될 것이라면서 메릴린치 투자를 긍정적으로 추천하였다. 이날 열린 운영위원회는 메릴린치 의무전환우선주에 20억 달러를 투자하기로 최종 의결하였다. 다음 날인 1월 15일 KIC는 메릴린치와의 투자약정서에 서명하였다. KIC는 1월 17일 재경부와 자산위탁계약을 체결하였고, 2월 1일 메릴린치 지분인수를 위해 외국환평형기금에서 20억 달러의 투자자금이 집행되었다.

감사원은 KIC가 메릴린치 투자를 하는 과정에서 다음과 같은 문제점이 있었다고 지적하였다.

첫째, KIC는 대체투자를 개시하는 데 상응한 내부업무 추진체제를 확고히 구축한 후 대체투자에 나섰어야 했는데 졸속으로 메릴린치 투자를 결정하고 이를 추진하였다. 곧, 대체투자를 본격화하는 데 필수적인 대체투자의 전략, 기준 및 절차 등을 마련하지 않은 상태에서 메릴린치 투자를 추진하는 잘못을 범하였다. 다시 말하면 KIC가 외평기금으로부터 위탁받은 자금 중 일부를 대체자산에 투자하고자할 때에는 먼저 투자환경을 분석하고 투자전략을 반영하여 전체 자금 중 어느 정도를 대체자산 투자에 배분할 것인지와 다양한 대체자산 안에서의 세부 투자비중 및 대체투자에 적용될 수 있는 표준화된 투자타당성 분석절차 및 방법 등에 대한 내부통제기준을 마련하는 것이 선행되었어야 했다. 다음으로 이렇게 마련된 대체투자의 전략, 기준 및 절차 등을 재경부에 제시하여 재경부와 자산위탁 계약을 체결했어야 했다. 그런 연후에 이미 확정된 대체투자의 전략, 기준 및 절차에 따라 대체투자 대상을 발굴했어야 했는데 KIC는 이런 절차를 전혀 따르지 않았다.

KIC는 대체투자에 대한 자산배분이나 대체투자 절차 및 기준도 마련하지 않은 상태에서 2007년 12월 19일 메릴린치의 CFO에게 이메일을 통해 KIC의 투자의향을 전달하였다. 그리고 2008년 1월 7일 메릴린치로부터 10~40억 달러의 투자를 요청받자 KIC 사장은 공식적인 태스크 포스가 아니라 2007년 11월 사모펀드 투자제안서 검토를 위해 불렀던 임직원들을 다시 불러 모은 후 다른 부서에 알리지 말고 메릴린치의 투자제안을 검토하도록 지시하였다. 이에 따라 공식적인 '대체투자 태스크 포스'의 일원이었던 투자전략팀과 리스크관리팀이 메릴린치 투자 검토과정에서 배제되는 결과가 초래되었다.

둘째, KIC와 재경부 모두 내부역량 및 시간적 한계를 고려하지 않은 채 메릴린치 투자를 추진하는 잘못을 범하였다. 메릴린치로부터 투자제안을 받을 당시 미국 금융시장은 2007년 초 시작된 서브프라임 모기지 사태의 확산으로 불확실성이 증대되고 있었다. 특히 투자대상인 메릴린치는 2007년 3/4분기에 84억 달러의 부실자산 상각과 22억 달러의 손실 발생으로 신용등급이 하락한 데 이어 4/4분기의 150억 달러 추가 상각으로 대규모 손실이 예상되고 있었다. 이처럼 메릴린치에 투자함에 따른 위험이 커지고 있었음에도 불구하고 메릴린치는 2008년 1월 7일 KIC에 투자제안을 하면서 1월 14일까지 1주일 안에 투자여부를 결정해달라고 못 박았다. KIC가 메릴린치의 투자제안을 심의하는 데 겨우 1주일의 말미를 주었던 것이다.

KIC 입장에서는 이때까지도 대체투자에 대한 자산배분계획과 업무처리 절차·기준이 마련되어 있지 않았다. KIC가 설립된 이후 대체투자를 한 경험도 없던 터였다. 이런 점 때문에 1주일의 협상시한 내에 투자위험 및 투자조건 등을 충분히 분석하기가 어려운 실정이었다. 더욱이 KIC로서는 협상시한에 쫓겨야 할 특별한 사정이 있었던 것도 아니었다. 부실위험이 있는 메릴린치 자산에 대한 정밀실사나 투자위험에 대한 충분한 검토 없이 투자를 결정해야 할 시급성이 없었다. 재경부도 KIC와 마찬가지로 메릴린치 투자를 졸속 결정해야 할 필요가 전혀 없었다. 그렇기 때문에 KIC로부터 메릴린치 투자를 위한 자금위탁 요청을 받았을 때에는 KIC가 대체투자를 위한 절차 및 기준을 갖추고 있는지와 메릴린치가 제시한 1주일이라는 짧은 협상기간 동안 투자위험을 제대로 분석할 수 있는지 등을 면밀히 검토한 후 자금위탁 여부를 결정했어야 했다.

그런데도 KIC는 조급한 행보를 이어갔다. 2008년 1월 8일 메릴린치 경영진과의 화상회의가 있었던 바로 다음 날인 1월 9일에 메릴린치 투자를 적극 추진하기로 결정하였다. 그 다음 날인 1월 10일에는 KIC 사장이 재경부를 방문하여 '메릴린치 전략적 투자계획(안)'을 보고하고 이에 대한 재경부의 사전 승인을 받아내었다. 재경부도 덩달아 바쁘게 움직였다. 재경부는[68] KIC가 대규모 지분투자와 같은 대체투자 경험이 없고 아직 투자절차 및 기준 등을 갖추지 못하고 있다는 사실을 알면서도 KIC가 짧은 협상기간 동안 투자분석을 충분히 할 수 있는지 여부를 면밀히 검토하지 않았다. 메릴린치 지분투자가 당시 정부가 추진하던 동북아 금융허브 추진에 기여한다고 판단하여 적극적으로 투자를 하게 한 것이다.

셋째, KIC는 투자 검토과정에서 내부통제기준 등을 준수하지 않았다. KIC의 투자 관련 리스크관리 규정을 보면 리스크관리팀은 리스크관리 업무를 총괄적으로 수행하도록 되어 있다. 여기에는 투자계획 수립 시 위험검토, 리스크가 있는 사안에 대한 사전합의, 회의 주관 및 참석요구 등이 모두 포함된다. 준법감시인도 신규위탁계약 시 투자위험에 대한 의견을 개진할 수 있도록 되어 있다. 그러나 메릴린치 투자를 결정하는 과정에서 이러한 내부통제기준은 제대로 지켜지지 않았다.

넷째, 투자위험에 대한 검토도 부실하였다. 메릴린치가 설정한 1주일이라는 짧은 협상시한 내에 투자위험을 제대로 산정하기는 어려운 일이었다. 그러므로 KIC는 메릴린치가 제시한 자료나 공개된 자료만 가지고 투자위험 요인 등을 형식적으로 검토하는 일이 없도록 협상시한을 연장하여 정밀실사를 했어야 했다. 이를 위한 내부역량이 부족할 경우에는 실질적이고 객관적인 분석이 가능한 외부자문사를 선정하여 업무를 수행하도록 함이 옳았다. 그리고 투자검토 및 협상과정에서 협상시한 연장이 불가능하여 부실위험 자산에 대한 면밀

---

68   감사원의 감사결과 처분요구서에는 '재경부 전 ○○○○심의관 ○○○'이라고 되어 있다.

한 조사가 어렵거나 메릴린치와의 실효성 있는 전략적 제휴가 곤란하여 투자목적을 실현할 수 없을 때에는 재무적 측면에서의 위험집중 문제를 최소화하기 위하여 당연히 투자규모를 대폭 축소하거나 투자를 보류하는 등의 조치를 취했어야 했다.

그런데도 KIC는 메릴린치가 미국의 3대 투자은행이고 싱가포르 국부펀드인 테마섹[69]이 2007년 12월 KIC와 유사한 조건으로 메릴린치 보통주에 50억 달러를 투자했던 사실에 지나치게 의미를 부여하였다. 그 결과 짧은 협상시한 동안 이미 시장에 공개된 자료만으로도 제대로 된 투자분석이 가능하다고 판단하는 우를 범하였다.

외부자문사 3개사를 선정함에 있어서도 문제가 많았다. KIC가 재무분야의 자문사로 선정한 업체는 메릴린치와 직접 경쟁하는 업체였기 때문에 현지실사에 참여할 수 없는 한계가 있었다. KIC는 이 사실을 알면서도 이 업체가 테마섹의 메릴린치 보통주 투자에 대해 자문한 경험이 있어 짧은 기간에 자문서비스를 제공해 줄 수 있다는 이유로 이 업체를 선정하고 공개된 시장자료 등에 기초한 재무자문을 요청하였다. 사전에 자문을 받았음을 보여주기 위해 면피용 자문을 스스로 주문한 꼴이었다. 현지실사를 위해 자문사로 선정된 회계법인에 대해서는 투자의사결정 시한이 짧다는 이유로 메릴린치 임직원과의 면담 및 제공된 자료의 분석 등에 한정된 약식 재무실사를 요청하였다. 이처럼 시작단계부터 수박 겉핥기식 자문을 요청함에 따라 향후 부실위험 등에 대한 내실 있는 자문이 이루어지지 못하였다.

---

69   테마섹(Temasek Holdings)은 싱가포르 국영투자회사로서 1974년 설립되어 800~1,000억 달러의 자산을 운용중이다.

다섯째, 메릴린치투자의 전략적 가치에 대한 검토가 미흡하였다. KIC는 메릴린치 투자를 당시 정부의 동북아 금융허브 추진정책에 부합하는 투자로 정의하면서 메릴린치와 전략적 협력방안을 협상하였다. 그러나 KIC는 전략적 목적 달성을 위한 구체적인 실천방안을 사전에 끌어내지 못하였다. 메릴린치로부터 '공동 투자기회, 글로벌 네트워킹' 등에 대해 협의하겠다는 선언적 언질만 받아내었을 뿐이다. 그런데도 KIC는 당초 전략적 투자를 전제로 추진하던 30억 달러의 투자규모를 축소하거나 보류하는 등의 조치를 취하지 않았다. 오히려 메릴린치 지분투자를 통해 '글로벌 자산운용사로 도약하는 계기 및 동북아 금융허브 추진의 초석을 마련' 할 수 있는 것으로 '전략적 직접투자 승인(안)' 을 작성하여 KIC 운영위원회에 상정하였다. 그래도 불행 중 다행이었던 것은 당초 KIC와 재경부가 투자규모를 30억 달러로 하려 했으나 투자금액이 너무 크고 투자규모에 비해 메릴린치가 제시하는 전략적 협의 내용의 가치가 낮다는 운영위원들의 반대[70]로 최종 투자금액이 20억 달러로 하향 조정되었다는 점이다.

여섯째, 재경부도 감독업무를 태만하였다. 재경부에서 외국환평형기금의 해외투자를 KIC에 위탁운영하는 업무를 총괄하였던 고위 관계자는 메릴린치가 제시한 1주일의 협상시한 내에는 메릴린치에 대한 실사 및 리스크 분석이 현실적으로 어렵다는 것을 알 수 있었는데도 장관에게 이러한 내용을 보고하지 아니하였다. 이 고위관계자는 1월 14일 개최된 운영위원회에 재경부장관을 대리하여 참석하여

---

70 이날 개최된 운영위원회(위원 9명)에서 운영위원 3명이 메릴린치와의 전략적 협력방안의 실질적 가치가 낮다고 지적하였다.

서는 KIC가 '대체투자 선정 및 관리지침(안)'을 상정하자 이 지침(안)을 의결하면 이 지침에 따라 대체투자위원회를 다시 구성하여 메릴린치 투자를 검토해야 하는 등 투자결정이 늦어질 것이라는 이유로 이 안건의 의결을 보류하고 투자결정을 빨리 하도록 요구하였다. 또한 이 관계자는 메릴린치에 대한 현지실사에서 투자위험 분석이 충분히 이루어지지 않았고 메릴린치 투자가 당초 의도한 전략적 투자로서의 가치가 낮다는 사실을 알 수 있었다. 그런데도 이 관계자는 투자보류 등의 조치를 요구하지 않은 채 오히려 메릴린치 투자를 결정하도록 적극 주장하였다.

한편 감사원은 KIC의 메릴린치 투자가 이처럼 졸속으로 결정된 결과 엄청난 평가손실[71]을 나타내고 있는 책임을 물어 관련자들에 대한 조치를 요구하였다. 당시 재경부 고위관계자에 대해서는 징계 사유의 시효가 완성되었으나 재발을 방지하기 위해 엄중한 인사조치가 필요하다고 판단된다고 밝히고, 해당 부처에서 비위내용을 인사자료로 활용토록 통보하였다. KIC 사장에 대해서는 손해배상 책임을 검토하는 등 재경부가 위탁한 자산의 손실을 보전할 수 있는 방안을 강구토록 KIC에 통보하였다. 당시 준법감시업무를 게을리 한 KIC 직원에 대해서는 KIC가 징계 처분할 것을 요구하였다. 기관으로서의 KIC에 대해서는 앞으로 위탁자산을 운용하면서 '내부통제기준'을 위배하거나 투자위험을 충분히 분석하지 않고 투자결정을 하는 일이 없도록 투자업무를 철저히 할 것을 주의 촉구하였다.

---

[71] 메릴린치 투자는 감사원의 감사 종료일인 2010년 3월 5일 현재 816백만 달러 상당의 평가손실을 기록하고 있었다.

06

몇 가지
교훈

　　외환보유액이 KIC에 투입된 의미에 대해 생각해 보자. KIC의 설립은 한 마디로 한국정부가 외환보유액 운용수익의 극대화를 위해 혈안이 되어 있으며, 이를 위해 외환보유액의 일부를 헐어 쓰고 있음을 국내외에 적나라하게 보여준 매우 상징적인 조치였다. 따라서 한국의 외환보유액 중 일정 부분은 수익성 향상을 위해 유동성이 낮은 상태로 운용되고 있으며, 그 결과 한국이 긴급 시에 실제로 활용할 수 있는 외환보유액은 정부 발표보다 작을 수도 있다는 이미지를 국내외 금융시장에 각인시키게 되었다. 더욱이 KIC의 메릴린치에 대한 지분투자 실패 사례는 한국의 외환사정 및 외환보유액에 대한 시장에서의 의구심을 높이는 부작용을 가져왔다. 2008년 글로벌 금융위기 기간 중 일각에서 제기되었던 한국의 외환보유액 실상에 대한 논란은 이처럼 근본적으로는 한국정부의 외환보유액 운용 수익률 제고 및 동북아 금융허브 구축에 대한 끈질긴 집착에 뿌리를 둔 것이었다.

2008년 글로벌 위기시 우리나라는 미국과의 통화스왑 체결에 따라 300억 달러의 자금이 미 연준으로부터 유입되면서 금융시장 및 외환시장이 결정적으로 안정을 되찾았다. 그런데 2008년 9월 글로벌 위기가 터질 때까지 KIC에 투입된 외환보유액은 230억 달러였다. 수치상으로 미 연준이 공급했던 300억 달러의 스왑자금과 230억 달러의 외환보유액을 단순비교하기에는 무리가 많다. 한미 통화스왑의 체결로 미 연준이 한국에 계속 달러화를 공급할 것이라는 믿음이 외환시장 안정에 300억 달러의 몇 배나 되는 긍정적 효과를 준 것이 사실이기 때문이다. 더욱이 KIC에 맡겨진 230억 달러의 외화자금 중 한국은행이 위탁했던 170억 달러는 외환보유액으로서의 성격이 온전히 유지된 상태로 운용되고 있었다. 그렇더라도 우리나라가 KIC 때문에 외환보유액을 조금이라도 헐지 않았더라면 글로벌 위기의 파고가 높아지고 있을 때 외환시장 안정에 도움이 되었을 것이다.

여러 국회의원들이 국회 심의과정에서 지적했던 대로 외환보유액을 헐어 수익률이 높은 위험자산에 투자할 정도로 외환보유액이 남아돈다면 그만큼 외환시장에서 이를 매각하여 정부채무를 갚거나 통화안정증권을 상환하는 것이 맞는 일이었다. 당시 우리나라는 빚으로 조성한 외환보유액을 가지고 더 높은 수익을 얻기 위해 KIC를 설립한 후 이를 고위험자산에 투자하였다. 이것은 개인 투자자가 고수익을 목적으로 은행에서 빚을 얻어 주식투자에 나선 것과 다를 게 없는 일이었다.

몇몇 사람들은 노르웨이 국부펀드 등의 예를 들면서 KIC의 설립을 옹호하는 경우도 있지만, 노르웨이 국부펀드와 KIC는 재원 조달

면에서 그 성격이 전혀 다르다. 그렇기 때문에 서로 비교한다는 것 자체가 어불성설이다. 성태윤은 "노르웨이 국부펀드는 천연자원을 수출해서 벌어들인 재원에 기초한 것이기 때문에 자기자본으로 자금을 조달해서 해외 투자하는 것인 데 비해 우리나라의 국부펀드(곧, KIC)는 해외 유동성이 국내에 투자되면서 들어온 외화를 해외에 재투자하는 것이어서 차입금으로 해외투자를 하는 것과 비슷하다"고 두 국부펀드의 차이점을 지적한 바 있다.[72] 이밖에도 KIC의 메릴린치 투자 사례를 통해 다음과 같은 교훈을 얻을 수 있다.

첫째, 메릴린치 투자사례는 공공부문에서 어떤 기관이 설립될 경우 정부가 이 기관에 영향력을 행사하지 못하도록 지배구조를 완벽하게 만든다고 하더라도 정부가 그 운영과정에 영향력을 행사하는 것을 방지할 방도가 사실상 없음을 보여 주었다. 국회는 법안 심의과정에서 KIC에 대한 재경부의 입김을 막기 위하여 나름대로 여러 가지 법적 차단장치를 마련하였다. 그러나 KIC는 설립에 소요되었던 자본금은 물론 운용자산의 상당 부분을 정부에 의존하고 있다. 그렇기 때문에 메릴린치 투자를 결정하는 과정에서 재경부의 영향력은 가히 절대적일 수밖에 없었다.

재경부장관이 위원장으로 있는 동북아금융허브위원회는 2007년 11월 29일 KIC가 외평기금 위탁자산을 활용하여 대체투자에 나설 것을 결정하였다. KIC가 설립되어 2년 반이 채 지나지 않은 시점이었다. 이때까지 KIC는 대체투자에 나설 준비가 전혀 되어있지 않았다. 그럼에도 불구하고 재경부가 대체투자 방침을 결정함에 따라 KIC는

---

72   조선일보, 2013. 2. 16~17.

이에 따를 수밖에 없었다. 그 결과 KIC는 12월 18일 '대체투자 태스크 포스팀'을 급조한 데 이어 12월 19일 메릴린치와 접촉하여 투자 의향이 있음을 전달하기에 이르렀다. 이런 점을 고려할 때 메릴린치 투자와 관련된 가장 큰 실책은 대체투자에 나설 준비가 전혀 되어 있지 않았던 KIC의 사정을 조금도 고려하지 않은 채 재경부가 KIC의 대체투자 방침을 결정한 일이었다.

둘째, 메릴린치에 대한 부실투자는 재경부가 동북아 금융허브 전략을 서둘러 추진하는 과정에서 빚어진 불상사였을 뿐 아니라 한국 사회 전반에 만연되어 있는 조급증이 빚은 결과이기도 하였다. KIC가 발족하기 전 재경부 관계자들은 국회 재경위 법안 심사과정에서 의원들에게 KIC가 설립되더라도 설립 초기에는 매우 신중하게 자산운용에 나섬으로써 소중한 외환보유액이 감소되는 일이 없도록 할 것이라고 몇 번이나 다짐하곤 했었다. KIC 사장들도 비슷한 내용의 발언을 국회 재경위에서 반복한 바 있다.

그럼에도 불구하고 재경부는 KIC가 설립된 지 2년 반밖에 지나지 않았는데도 KIC의 대체투자를 밀어붙였다. 이것은 바로 노무현 정부가 국책사업으로 추진중이었던 동북아 금융허브 구축과 관련하여 무엇인가 획기적인 성과를 보여주려고 했기 때문이었다고 유추할 수 있다. 단기간에 무언가 큰 성과를 내어 윗사람에게 보여주려고 하는 것은 관료들에게서 흔히 볼 수 있는 특성이다. 당시 재경부는 동북아 금융허브 구축의 일환으로 KIC를 설립했는데 KIC의 자금운용이 한국은행의 외환보유액 운용과 별 차별 없이 외부위탁 운용에서 벗어나지 못하고 있는 데 대해 조바심을 내고 있었다. 이런 점 때문에 감독관청으로서 기회가 닿을 때마다 KIC의 자금운용을 한국은행과 차별화해 나갈 것을 독려했을 것이다.

국회의 조급증도 더하면 더했지 재경부와 별 차이가 없었다. KIC 법 제정시 국회는 정부가 KIC 설립 이후 3년이 경과한 시점에서 외부 전문기관에 KIC의 경영평가를 의뢰하여 실시하고 그 결과를 국회에 보고토록 의무화하였다.[73] 이 조항은 당초 정부가 2004년 9월 국회에 제안한 KIC 법안에는 들어있지 않았다. KIC 설립을 반대하였던 야당과 타협하는 과정에서 나온 부산물이었다. 그러나 KIC는 설립 초기에 이 조항을 큰 부담으로 받아들였다. 국회의원들도 이 조항을 의식해서인지 KIC가 한국은행과 차별화되는 더 나은 투자운용 성과를 내야한다고 목소리를 높였다. 일례로 강봉균 의원은 재경부에 대한 2006년도 국정감사에서 KIC의 자금운용이 지나치게 안전성 위주라고 비판하였다.[74] 그는 "KIC에 위탁한 200억 달러 운용계획을 보고받았더니 2008년까지 채권에 70%, 주식에 30%로 묶여 있었다"며 "이렇게 해 가지고 한국은행보다 운용수익을 높일 수 있을지 상당히 의문을 갖지 않을 수가 없다"고 밝혔다. 강 의원은 계속해서 "이렇다면 KIC를 왜 만들었는지 하는 기본적인 의문이 제기된다"고 덧붙였다.

기관이 새로 설립되어 제대로 기능을 수행하려면 생각보다 많은 시간이 소요될 수 있다. 그럼에도 재경부나 국회나 당사자인 KIC도 이를 간과하는 실책을 범하였다. KIC는 신설기관이었다. KIC 설립의

---

73   한국투자공사법 제정 당시 부칙 5조는 "(공사의 경영평가에 관한 특례) 정부는 공사 설립 후 3년이 경과한 시점에 외부 관계 전문기관에 공사에 대한 경영평가를 의뢰하여 실시하고 그 결과를 국회에 보고하여야 한다"고 규정하고 있었다.

74   국회 재정경제위원회의 재정경제부에 대한 국정감사 회의록, 2006. 10. 30, pp.19~20.

모태가 된 조직이 있던 것도 아니었다. 완전히 무에서 유가 창조되었던 것이다. 설립 이후 메릴린치 투자 시까지 경과한 2년 6개월은 관련 부서간에 견제와 균형의 관계가 형성되고, 구성원들간에 협조하고 경쟁하는 조직문화가 제대로 만들어지기에도 부족한 기간이었다. 그런데 이처럼 신생조직이어서 내부체제가 잘 갖추어져 있지 않은 상태였는데도 정부는 동북아금융허브추진위원회를 열어 KIC의 대체투자 개시를 결정해 버렸다. 이에 따라 KIC는 허겁지겁 정부의 방침에 좇아 대체투자를 실행하는 데만 안간 힘을 썼다. 결과적으로 재경부 등 외부의 압력에 별달리 저항도 하지 않고 이를 수용함으로써 불나방처럼 뜨거운 불 속으로 뛰어든 셈이 되어버렸다.

감사원은 감사결과처분요구서에서 KIC가 메릴린치 투자 등 대체투자에 성급하게 나설 이유가 전혀 없었다고 판단하였다. 그러나 여태까지 살펴 본 바와 같이 실제상황은 그렇지 아니하였다. 당시 KIC에 대하여 재경부 및 국회 등 외부에서 가해졌던 유무형의 압력은 메릴린치에 대한 투자를 서둘렀던 이유를 밝힌 KIC 사장의 말에서 그대로 드러나고 있다. 그는 "KIC법에 따라 2008년 7월에 예정되어 있던 경영평가까지 KIC가 한국은행의 외환투자와 차별화되지 못할 경우 투자성과에 대한 부정적인 평가로 인해 조직이 폐지될 수 있다는 위기감이 있었기 때문이었다"고 답변했다.[75]

셋째, 정부가 KIC 설립을 추진할 때부터 KIC에 대해 너무 많은 것을 기대했던 것도 문제였다. KIC의 설립목적은 여유가 있는 외환보유액을 따로 떼어내어 고수익을 올리는 한 가지 목적으로 한정되

---

[75]   감사원, '감사결과처분요구서 : 한국투자공사 해외투자실태', 2010, p.16.

었어야 했다. KIC로 하여금 오직 초과 외환보유액의 고수익 운용에 전념토록 했어야 했다는 말이다. 그러나 재경부는 KIC 설립 추진 당시부터 KIC 설립에 대해 너무 많은 목적을 부여하였다. 이것은 2004년 11월 24일 국회 재경위 법안심사소위에서 재경부 국제금융국장이 행한 법안 제안취지에 그대로 드러난다. 그 결과 KIC는 재경부 및 한은의 위탁자금 운용 이외에도 동북아 금융허브 조성에의 기여, 자산운용업의 육성 발전, 금융인력의 양성, 국제금융정보의 수집 배포 등 복합적인 기능을 수행하는 기관으로 출범하게 되었다. 이렇게 여러 가지 목적과 사명이 KIC에 주어지다 보니 위탁자산의 안전성을 확보하되 가능한 한 수익성을 높여나가는 일은 KIC의 유일하고도 최상의 목표가 되지 못하였다. KIC가 이처럼 복합적인 기능을 수행하다 보니 수행업무들 간에도 어쩔 수 없이 서로 충돌이 발생할 수밖에 없었다. KIC의 메릴린치 투자는 바로 KIC가 수행하던 업무들 간에 상충이 발생한 사례였다.

정부로부터 위탁받은 자산을 안전한 가운데 가능한 한 높은 수익을 받도록 운용하는 것이 KIC 설립목적이다. 그런데 동북아 금융허브를 구축하는데 이바지하는 것도 또 하나의 KIC 설립목적이다. 법안 제안 당시에는 KIC가 위탁자산을 받아서 외국 유수 금융기관에 위탁을 하게 되면 이를 운용하기 위해 외국의 금융기관들이 한국에 지점 또는 사무소를 개설하게 되고, 그 결과 우리나라가 동북아 금융허브가 된다는 청사진이 제시되었다. 이러한 비전에 입각하여 재경부는 KIC가 외국 자산운용사를 국내로 유치하는 데에 적극 나서줄 것을 요구하였다. 이것은 KIC가 출범하기 직전인 2005년 6월 3일 청와대에서 개최되었던 '국민경제자문회의 제1차 금융허브회의' 관련

보도자료에 그대로 드러나고 있다.[76]

이 자료에 따르면 당시 정부는 KIC가 보유자산을 외국 자산운용사에 위탁할 때 위탁자산의 규모를 외국 자산운용사의 국내 주재 정도 및 지역본부 설치 등과 연계토록 하였다. 외국 자산운용사의 국내 주재 직원 수가 많거나 외국 자산운용사가 국내에 지역본부를 설치할 경우 해당 자산운용사에 보유자산 위탁을 많이 해 주도록 재경부가 사실상 지침을 시달한 셈이었다. 또한 KIC 사장에 대한 성과평가 시 투자수익률과 함께 세계 50대 자산운용사 중 10~20개를 유치하는 목표를 달성했는지의 여부를 중요 평가요소로 선정토록 하였다. 그런데 KIC가 발족되어 자산의 외부 위탁을 시작하여도 그 규모가 그리 크지 않았기 때문인지 외국 자산운용사들이 한국에 새롭게 둥지를 트는 사례들이 당초 기대만큼 많지 않았다.

외부위탁 수익률도 한국은행이 외부에 위탁하여 받는 수익률과 차이가 없었다. 오히려 외평기금이나 한국은행 입장에서 보면 KIC에 위탁한 자금은 수수료가 이중으로 나가기 때문에 투자수익률이 낮을 수 있었다. 따라서 KIC는 투자 수익률을 높이기 위하여 외부위탁에 치중했던 초기의 단계에서 벗어나 내부 투자전문가들이 자금을 자체 운용하는 쪽으로 가닥을 잡아가고 있었다.[77]

그러나 재경부 입장에서는 KIC가 외화자금을 자체 운용한 결과

---

76 재정경제부·금융감독위원회·국민경제자문회의 보도자료(금융위원회 홈페이지), '국민경제자문회의 제1차 금융허브 회의 개최의 부속자료 : 금융허브 추진실적 점검 및 향후 추진계획', 2005. 6. 3, p.39.

77 참고로, KIC는 설립 초기 자산운용 실적이 매우 부진하였다. 감사원은 "(모 연구원이) 2008년 12월 KIC의 설립 이후 3년 동안의 자산운용을 평가한 결과 운영성과의 부진, 위험관리 미흡 등으로 (KIC에 대해) D+의 낮은 신용등급을 부여했다"고 밝혔다. (감사원, '감사결과 처분요구서 : 한국투자공사 해외투자실태', p.1) 아마도 부실한 메릴린치 투자 때문이었던 것으로 추정된다.

수익률이 조금 올라가는 정도로는 KIC의 업무성과에 대해 만족할 수가 없었다. 야당과 한국은행의 끈질긴 반대를 뿌리치면서 큰 공을 들여 만든 기관이 KIC가 아니던가? 한 마디로 재경부는 KIC가 동북아 금융허브 구축에 결정적인 디딤돌이 될 뭔가 그럴 듯하고 거창한 일을 하기를 원했던 것이다. 재경부는 KIC가 동북아 금융허브를 추진하는 기관차가 되기를 원했다. 그렇기 때문에 KIC가 발족한지 2년 반 밖에 되지 않은 시점에서 대체투자에 나서도록 서둘러 독려하게 되었다고 추측된다. 재경부는 KIC로 하여금 동북아 금융허브 구축에 이바지함과 아울러 국민들과 언론으로부터 주목을 끌만한 큰 건을 한 번 터뜨리도록 부추긴 셈이었다.

넷째, KIC 업무를 감독하는 재경부 고위관계자에 대한 업무 배분도 결정적으로 잘못되어 있었다. 감사원의 처분요구서에 나와 있는 대로 이 관계자는 재경부 내에서 '금융허브 조성업무 및 외국환평형기금의 해외투자를 KIC에 위탁 운영하는 업무를 총괄'[78]하고 있었다. 그런데 이 사람에게 부여된 두 가지 업무는 성격상 상충될 수 있는 소지가 컸다. 금융허브 조성업무는 그 자체로만 보면 적극적으로 나선다고 해도 그 과정에서 큰 잘못을 범할 가능성이 있는 일이 아니었다. 반면 외국환평형기금의 해외투자를 위탁 운영하는 업무는 외환보유액의 운용과 관련되기 때문에 대상기관의 선정이나 해외투자 금액의 결정 등에 있어 신중에 신중을 기해야 할 업무였다. 그런데도 금융허브 조성업무를 담당하는 사람에게 외평기금의 KIC 위탁업무를 맡겼던 것이다. 고양이에게 생선을 맡긴 것과 같았던 것이다. 그

---

78   감사원, '감사결과 처분요구서 : 한국투자공사 해외투자실태', 2010. 8, p.58.

러다 보니 동북아 금융허브 추진을 위해 KIC가 메릴린치 투자에 나서도록 위탁자금을 선선히 쓰도록 적극 나섰다고 분석할 수 있겠다. 당시 노무현 정부에서는 동북아 금융허브 구축이 최우선의 국정과제였으므로 이 관계자는 국민경제 발전에 기여한다는 자부심과 확신을 가지고 재경부장관에게 메릴린치 투자의 적정성을 강력하게 보고했음은 물론 메릴린치 투자가 신속하게 이루어지도록 최대한 노력했을 것이다.

다섯째, 당시 우리나라의 시대적 분위기도 KIC가 무모할 정도로 메릴린치 지분투자에 나서도록 하는 데 크게 작용하였다. 당시 정부 관료로부터 대학교수와 금융전문가에 이르기까지 내로라하는 사람들 모두가 미국의 투자은행을 마이더스의 손으로 여기며 부러워하였다. 언제면 우리나라도 미국의 투자은행과 같은 금융기관을 가질 수 있을까 생각할 정도로 미국의 투자은행은 금융 관련 인사들의 로망이었다. 그런 상황에서 KIC가 미국 제3위의 투자은행에 지분투자를 한다고 하니 귀가 솔깃하지 않을 수 있었겠는가? 이러한 시대적 분위기는 2008년 산업은행이 리먼 브러더스를 인수하려고 했던 일에서 극명하게 드러난다. 리먼 브러더스가 몰락의 길로 들어서는 절체절명의 상황이었음에도 불구하고 당시 산업은행은 리먼 브러더스 인수 작업에 열을 올렸다.[79]

끝으로, 재경부는 KIC가 설립되면 세계 금융시장에 대한 생생한 정보를 실시각으로 입수할 수 있어서 우리나라가 세계적 위기에 효율적으로 대응할 수 있을 것이라는 취지를 국회에 보고한 바 있다.

---

79   이에 대해서는 Part 06에서 다시 살펴본다.

그러나 KIC는 2008년 글로벌 금융위기가 밀려오고 있음에도 불구하고 이를 전혀 알아채지 못했다. KIC는 메릴린치에 지분투자할 경우의 위험을 제대로 감지할 수 없어 무모한 투자를 감행하기에 이르렀던 것이다. 정부 고위관계자의 국회 보고까지 이처럼 명백히 허언으로 드러나 버렸다. 당시 정부가 동북아 금융허브 구축이라는 신기루에 사로잡혀 얼마나 무리하게 KIC 설립을 밀어붙였는가를 단적으로 보여주는 사례이다.

금융규제 완화와
정책의 오류

01

금융규제 완화에 앞장 선
감독기관 수장(首長)

2008년 9월 미국의 투자은행인 리먼 브러더스가 파산하면서 글로벌 금융위기가 시작되자 우리나라는 순식간에 엄청난 위기의 파고 속으로 휩쓸려 들어갔다. 환율이 급등하고 주가가 곤두박질쳤다. 이러한 우리나라의 외환시장과 주식시장 상황을 접하면서 많은 국민들은 사태가 왜 이렇게 악화일로를 걷고 있는 것인지 이해할 수 없었다. 큰 불은 뉴욕에서 났는데 1만 1천 킬로미터나 떨어진 한국경제가 미국에 버금갈 정도로 위기에 처하게 된 상황을 쉽게 받아들이기가 어려웠다.

1997년 말 외환위기 이후 천문학적인 공적자금을 투입하여 금융부문의 구조조정을 완료한 것이 바로 엊그제 같은데 우리나라 금융기관들이 이렇게 허약해 있었다는 말인가? 2008년 6월말 현재 우리나라의 외환보유액은 2,581억 달러에 달하였다. 세계에서 몇 째 안에 들 정도로 외환보유액이 많다고 한창 자랑했던 터였다. 그런데 그 엄청난 외환보유액을 가지고도 감당하지 못할 정도로 우리나라 외채가 그렇게 빨리 늘어났다는 말인가? 사태가 단기간에 안정될 기미를 보이지 않음에 따라 국민들은 그동안 감독당국이 제대로 은행들을 감독했는지에 대해서 의구심을 갖기 시작했다. 국내은행들의 예대율이 비정상적으로 높아지고 단기외채가 급증하고 있었음에도 불구하고 감독당국은 무엇을 하고 있었다는 말인가?

우리나라는 1990년대 이후 역대 정부마다 규제완화를 꾸준히 추진하여왔다. 이것은 노무현 정부가 들어와서도 마찬가지였다. 특히 노무현 정부는 동북아 금융허브 구축을 주요 국정과제로 삼았기 때문에 규제완화가 더욱 중시될 수밖에 없었다. 외국 유수 금융기관들의 본지점이나 사무소들을 최대한 우리나라로 끌어들이려는 것이 바로 동북아 금융허브 계획이다. 그렇게 하려면 금융기관들의 영업활동에 대한 규제수준을 역내 금융허브인 홍콩이나 싱가포르보다 더 낮추어야 할 필요성이 있었다. 2003년 12월 11일 노무현 정부가 '동북아 금융중심' 을 구축하기 위하여 제시한 7개의 과제 중에서 금융규제 완화와 관련된 내용은 여섯째 항목에 들어가 있었다. 그만큼 금융규제 완화는 노무현 정부에서 동북아 금융허브 구축의 성패를 좌우하는 핵심과제로 자리매김 되고 있었다.

여섯째, 정부는 시장 참여자들이 느끼는 체감 자유도를 대폭 개선하기 위해 금융관련 규제를 네거티브 시스템으로 전환하고, 일선 금융감독 행정을 획기적으로 개선할 계획이다. 특히 규제의 투명성과 가측성을 제고하기 위해 감독규정에 대한 금융감독 당국의 해석을 문서로 작성하여 공개하는 방안을 적극 검토할 것이다. 동시에 금융기관에 대한

건전성 감독과 외환투기에 대한 감독규율을 확립하여 부작용을 최소화할 것이다.[1]

정부 내에서 금융기관에 대한 규제업무를 총괄하는 부처는 금융감독위원회였다. 이런 연유로 금융규제 완화는 노무현 정부에서 금융감독위원회의 중점 추진과제로 자리매김하게 되었다. 그러므로 노무현 정부의 규제완화 및 금융감독에 대한 입장이나 견해를 제대로 알기 위해서는 당시 금감위원장을 지낸 인사들의 연설 및 강연 내용을 살펴보는 것이 지름길이 될 수 있다. 노무현 정부에서는 이정재, 윤증현, 김용덕 3인이 금융감독위원장 겸 금융감독원장을 역임하였다.

이 중 노무현 정부의 금융규제 완화 및 금융감독 정책에 가장 큰 영향을 미쳤던 인사는 윤증현 금감위원장이었다. 그는 2004년 8월 3일부터 3년간 금감위원장으로 재임함으로써 정해진 3년의 임기를 성공적으로 마쳤다. 윤 위원장에 앞서 이정재 금감위원장은 김대중 정부에서 임명되어 2004년 8월까지 재임하였다. 노무현 정부와 호흡을 맞춘 기간은 1년 5개월에 그쳤다. 김용덕 위원장도 노무현 정부 말기인 2007년 8월에 임명되어 이명박 정부가 출범한 2008년 2월까지 약 7개월 재임하는데 그쳤다.

그러므로 여기서는 장기간 금감위원장으로 재임하면서 당시 우리나라의 금융감독에 지대한 영향을 미쳤던 윤증현 위원장이 규제완화 및 금융감독에 대해 어떤 철학을 가지고 있었는지를 그의 연설 및 강

---

1   대한민국정부, 『역동과 기회의 한국』, 재정경제부 편저, 2004. 6. 14. pp.183~84.

연을 중심으로 살펴보도록 하겠다. 이러한 접근은 2008년 9월 리먼 사태 이후 한국이 위기상황에 이르는 데에 당시 금융감독 정책이 어떤 영향을 미쳤는지를 이해하는 데 도움이 될 수 있을 것이라고 생각한다.

윤 위원장은 2004년 8월 3일 취임식에서 국민들이 금감위원장에게 기대할 수 있는 거의 완벽한 수준의 취임사를 하였다. 그는 이때 다음과 같이 논리정연하고 흠 잡을 데 없는 금융감독 철학을 설파하였다.[2] "감독정책의 수립과 집행에 있어 중립성과 전문성을 확보하여, 우리 금융시장에 엄정한 룰을 세우고 준수 여부를 밀착 감시함으로써 시장의 불확실성을 제거하고 공정경쟁 여건을 조성"해 나가야 함을 강조하였다. 더 나아가 "국가경제의 성장이 우리 금융의 발전에 필요조건인 것은 분명하지만, (경제성장이) 금융감독의 직접적 정책목표가 될 수 없음"을 역설하였다. 금융감독이 국민경제의 성장을 직접적인 정책목표로 삼아서는 안 된다는 발언은 금융감독 정책이 경제성장을 위한 수단으로 쓰여서는 안 된다는 것을 천명하였다는 점에서 매우 인상적인 언급이었다. 그는 "오히려 우리는 법에서 주어진 감독목표에 충실함으로써 국가경제의 내실 있고 지속적인 성장에 간접적으로 기여할 수 있다"고 힘주어 말했다. 이날 취임식에서의 언급대로 그가 금감위원장 3년 재임기간 동안 금융감독 정책을 운영하였다면 우리나라 금융감독 정책이 금융산업을 육성하기 위한 수단으로 변질되는 일은 막을 수 있었을 것이다.

---

2   금융감독위원회·금융감독원, 「신뢰받는 금융감독, 세계적인 금융시장 : 윤증현 금융감독위원장 겸 금융감독원장 연설문집」, 2007, p.16.

취임식에서 밝힌 그의 금융감독 철학은 7개월 정도 유효했던 것으로 분석된다. 취임할 때부터 2005년 2월 말까지 행해진 각종 연설 및 강연에서 그는 금감위원장 직책에 걸맞게 비교적 치우치지 않은 감독정책 방향을 제시하였다. 그는 2004년 10월 12일 매경 세계지식포럼 금융총회에서의 기조연설에서 "한국정부가 동북아시아의 새로운 금융 중심지로의 도약을 모색하고 있다"고 정부의 동북아 금융허브 구상에 대해 언급하였다. 그러면서도 그는 단기자본을 중심으로 한 외국자본의 유출입 확대에 대해 강한 경계심을 표명하면서 "한국의 경우 외국인투자가 장기적이고 안정적인 해외직접투자(inward FDI)보다는 포트폴리오 투자 위주로 이루어지고 있어 대내외 환경변화에 따라 시장교란 요인으로 작용할 가능성이 있다"고 말하였다.[3] 아울러 "외국인 투자자금 중 단기성 자금은 국내 및 해외의 경제상황에 따라 유출입이 확대되어 그 과정에서 금융자산 가격의 변동성, 특히 주가나 환율의 변동성을 높일 가능성이 있다"고 우려하였다.

이와 같이 그는 단기자본의 유출입 확대를 경계하면서 향후 단기투기성 자금(hot money)의 시장교란을 방지하기 위한 국제협력의 강화 필요성을 강조하였다.[4] 같은 해 12월 29일 서울이코노미스트클럽 초청 강연과 다음 해 2월 22일 외신기자회견에서의 기조연설을 보더라도 그는 금융감독 수장에 걸맞은 균형감각을 견지하고 있었다. 곧 금융감독과 관련된 규제개혁을 해 나감에 있어 '규제완화' 및 '건전

---

3   윤증현 위원장, '매경 세계지식포럼 금융총회' 기조연설, 2004. 10. 12, p.1, pp.13~4, p.20.
4   윤증현 위원장은 "hot money 유출입에 따른 시장교란을 방어하기 위해 국제협력 특히 아시아 역내의 다양한 금융협력 채널을 확충하고 감독당국 간의 교류의 폭도 확대해 나가겠다"고 밝혔다.

성을 보장하기 위한 규제강화'를 쌍방향으로 추진하겠다는 견해를 다음과 같이 밝혔다.

규제개혁은 규제를 없애거나 완화하는 것이라는 인식에서 벗어나, 시장규율의 정도, 규제의 목적과 실효성 등 현실적 고려사항을 충분히 반영하면서 규제의 완화 혹은 강화를 추진해야 할 것이다. 이러한 의미에서 시장에서의 자유로운 경쟁을 도모하기 위한 규제완화와, 건전성을 보장하기 위한 규제강화를 동시에 추진해 나갈 것이다.[5]

그러나 그로부터 한 달 뒤인 3월 29일 국회 금융정책연구회 창립총회 축사를 변곡점으로 하여 금융감독에 대한 윤 위원장의 기본철학은 크게 달라졌다. 이때부터 그는 감독정책의 주안점이 금융산업을 신성장동력으로 육성하는 데 두어져야 한다고 생각하기 시작했던 것으로 분석된다. 그는 이날의 축사를 통해 금감위원장 취임 이후 처음으로 금융산업을 향후의 성장동력 산업으로 만들어야 할 필요성에 대해 언급하였다.[6] 그러므로 이날의 연설은 그가 동북아 금융허브 구축의 전도사이자 나팔수로 등장한 첫 번째 연설이었다고 해도 과언이 아니다.

그는 축사의 모두에서 "과거 개발시대에 있어 우리나라의 금융산업은 실물경제를 지원하는 역할을 우선적으로 강조하여 왔지만, 미국이나 영국 등 선진국의 사례에서 볼 수 있듯이 오늘날 금융산업은

---

5   윤증현 위원장, '서울이코노미스트 클럽 초청 강연', 2004. 12. 29, p.38 ; '외신기자회견' 기조연설, 2005. 2. 22, p.16.
6   윤증현 위원장, '국회 금융정책연구회 창립총회' 축사, 2005. 3. 29, pp.1~2.

그 자체가 부가가치를 창출하는 국가경제의 중요산업으로서 주목받고 있다"고 소개하였다. "특히 동북아 금융 중심지로의 도약을 지향하고 있는 현 시점에서 금융산업을 미래의 성장동력으로 육성할 필요성은 더욱 커지고 있다"고도 말했다. 또한 2005년 금융감독 정책방향에 대해서도 언급하였지만, 규제완화에만 치우치지 않고 금융기관의 건전성 제고를 위해 필요시 규제를 강화할 수도 있다는 종전의 그의 감독철학은 이 연설을 계기로 규제완화를 강조하는 입장으로 다음과 같이 크게 바뀌었다.

우리나라 금융산업이 21세기 핵심 지식기반산업으로 발전할 수 있는 환경을 조성해 나가겠다. 이를 위해 시장효율과 경쟁을 제한하거나 불합리한 규제는 과감히 폐지 또는 완화하고, 금융권역별 특성에 맞는 경쟁력 제고방안을 추진하여 금융권역간 확대 균형발전을 도모하겠다.[7]

이처럼 윤 위원장의 규제개혁에 대한 기본철학이 바뀐 것은 강연 및 연설의 소제목이 바뀐 데에서도 그대로 드러났다. 곧 2004년 12월 29일 강연 및 2005년 2월 22일 연설에서는 세 번째 꼭지 제목이 '규제개혁 및 감독선진화'라고 되어 있었다. 그러나 3월 29일의 축사에서는 거의 비슷한 연설 내용이었는데도 꼭지 제목이 '금융산업 경쟁력 제고를 위한 환경조성'으로 바뀌었다. 이는 윤 위원장의 인식이 몇 개월 사이에 규제개혁이나 감독 선진화보다 금융산업의 경쟁력

---

7   앞의 자료, pp.8~9.

강화를 중시하는 쪽으로 전환되었음을 말해준다고 하겠다.

윤 위원장은 이후에도 우리나라가 동북아 금융허브를 구축해야할 필요성을 역설함과 아울러 우리나라의 금융규제가 완화되어야 한다는 소신을 꾸준히 피력하였다. 2005년 4월 22일 금감위 및 금감원출입기자단 세미나와, 같은 해 7월 6일 중앙공무원교육원 고위정책과정 강연에서는 "요즈음과 같이 자본이동의 국경이 없어진 글로벌시대에, 더구나 동북아 금융허브를 지향하는 시점에서 자본의 국적을 따지는 것은 득보다는 실이 많다. 오히려 외국자본이 정당한 영업활동을 통해 투자자본의 회수를 도모하는 것에 대해서는 인정해 주는 자세가 필요하다"고 말하였다.[8] 그는 계속해서 "외국자본의 부작용을 방지하기 위해 단기적으로 새로운 규제를 도입하거나 강화하기보다는 공정하고 투명한 시장을 만들어 나가야 함"을 강조하면서 다음과 같이 국내자본과 외국자본에 대한 동등 대우원칙을 천명하였다. 이 원칙은 그후 '외국자본에 대한 3원칙'이라고 불리면서 그의감독 철학을 상징하는 트레이드 마크가 되었다.

첫째 지속적인 규제완화를 통해 자본의 국적에 상관없이 실질적인 공정경쟁 기반을 보장하고(Level Playing Field), 둘째 법규·감독·관행 등에 있어 국내자본과 외국자본을 차별없이 동등 대우하며(Equal Treatment), 셋째 불공정 행위, 불건전 회계·공시 등 시장질서를 교란하고 신뢰를 훼손하는 행위에 대해서는 국적을 불문하고 엄정

---

8   금융감독위원회·금융감독원, 『신뢰받는 금융감독, 세계적인 금융시장 : 윤증현 금융감독위원장 겸
     금융감독원장 연설문집』, 2007, pp.338~39, p.394.

대처할 것이다.

윤 위원장은 외국인 투자자 및 금융인들을 대상으로 한국정부의 규제완화 노력을 제대로 알리기 위해서도 부단히 노력하였다. 우리나라가 동북아 금융허브가 되려면 외국 금융기관 및 외국자본들을 가능한 한 많이 국내로 유치하는 것이 긴요하다고 생각하였기 때문이다. 그는 2006년 2월 8일 주한미국상공회의소에서 '한국경제에서 금융감독기구의 역할'이라는 제목으로 연설할 때 그동안 한국정부가 취해온 금융규제 개혁의 내용을 소상하게 설명하였다.[9] 그는 "민간 합동 태스크 포스가 제시한 269개의 규제를 최근에 완화하거나 철폐하였는데 이 가운데 52개가 외국인기업이 제기한 사안이었다"고 밝혔다.

같은 해 4월 12일에는 파이낸셜 타임스지가 개최한 '아시아 금융센터 정상회의(Asian Financial Centers Summit)'에서 연설하면서 동북아 금융허브가 되기 위한 노력의 일환으로 한국정부가 추진하고 있는 규제완화 정책에 대해 설명하였다.[10] 그는 "한국에서 규제 비용이 외국인 투자자들을 크게 괴롭히고 있음"을 인정하고 "한국정부는 규제의 수(number)를 계속 줄여 나가는 한편 외국인 투자자들이 한국에서 실제적으로 체감하는 규제비용을 보다 효과적으로 줄이기 위해 규제의 질(quality)을 높여나갈 것"이라고 말했다. 그는 이를 위해 "법과 규정을 보다 투명하고 예측가능하게 만들어나가겠다"고 밝혔다.

---

9   앞의 책, p.86.
10   앞의 책, p.93.

당시 금융감독 당국은 금융기관들이 실제로 체감하는 규제의 수준을 낮추기 위해서 부단히 노력하였다. 예를 들어 거의 매년 정례적으로 금융감독원이 실시하여 왔던 대형 금융기관들에 대한 종합검사 주기도 2~3년으로 바꿨을 정도였다. 금융감독원 고위관계자는 2010년 2월 한국금융연구원이 개최한 심포지엄에서 "지난 2007년과 2008년 일부 은행들의 외형확대 경쟁사례에서도 본 바와 같이 금융회사들의 리스크 관리에 문제점이 많았는데도 불구하고 종합검사 주기를 2~3년 기준으로 운영함에 따라서 공백 기간이 길어져서 사전 예방적인 감독이 어려웠다"고 실토한 바 있다.[11] 이 당국자는 그렇기 때문에 "금년(2010년)부터 대형 금융회사에 대해 매년 종합검사를 실시하기로 한 바가 있다"고 설명하였다.

윤 위원장은 2007년 5월 29일 런던에서 영국 금융회사 CEO들이 모인 라운드 테이블(Round Table)에서 오찬 연설을 하면서 한국이 동북아 금융허브로 발전해 나가기 위해 다음과 같이 금융규제를 완화하고 있음을 소개하면서 영국 금융회사들이 한국시장에 적극 진출해 줄 것을 호소하였다.

한국정부는 고부가가치 서비스산업인 금융산업의 발전이 한국경제가 선진국으로 도약할 수 있는 주요한 요소로 판단하고 있다. 따라서 금융시장의 규제를 완화하여 진정한 세계적인 금융허브에 걸맞게 국내외 금융기관이 자유롭고 창조적으로 영업할 수 있는 매력적인 시장을 조성하기 위하여 노력하고 있다.(중략) (한국 정부는) 규제완화, 투자자

---

11   한국금융연구원, 『금융선진화를 위한 비전 및 정책과제』, 2010. 4, p.316.

위주의 규제체계 구축 및 시장규율 정착 등의 규제개혁에 감독정책의 초점을 두고 있다.[12]

금감위원장의 임기가 2007년 8월에 끝나게 되어 있었음에도 불구하고 우리나라를 금융 강국으로 만들려는 윤 위원장의 열정은 식을 줄을 몰랐다. 그즈음에 행한 연설 및 강연에는 한국의 금융산업에 대해 품고 있는 그의 꿈과 사랑, 그리고 금융감독에 대한 그의 독특한 견해가 담겨 있었다.[13]

첫째, 그는 금융 강국의 꿈을 이루기 위해 우리 국민 모두가 헌신해야 함을 역설하였다. 그는 "이제 우리 경제는 금융업 부문에서 또 한 번 선진국을 추격하려는 새로운 도전의 출발선상에 있다"며 "대형투자은행의 육성, 국내 금융회사의 해외진출, 동북아 금융허브의 구축 등은 이를 위해 꼭 달성해야 할 과제"라고 말하였다.[14] 금융산업 육성에 대한 그의 뜨거운 열정을 평가하여 당시 언론은 그에게 '금융산업의 장보고'라는 별칭을 붙인 바 있다. 안치용은 "윤증현 위원장이 장보고에 비견되는 것을 좋아 한다"며 "해적을 소탕하고 동북아 해상무역 질서를 바로 잡아 국가를 부흥시킨 장보고처럼 윤 위원장이 '외국자본에 대한 3원칙'과 같은 글로벌 스탠더드로 한국을 동북아 금융허브로 키우겠다는 포부를 품고 있다"고 평가하였다.[15]

12   윤증현 위원장, '영국 금융회사 대표 Round Table' 오찬 연설, 2007. 5. 29, pp.2~3.
13   여기서는 2007년 6월 20일 Korea Economic Forum에서 '한미 FTA와 금융감독 선진화'라는 제목으로 했던 연설과 2007년 7월 24일 제2차 국회 금융정책포럼에서 '최근 금융산업의 변화와 감독정책의 변화'라는 제목으로 행했던 연설 내용을 중심으로 살펴보았다.
14   윤증현 위원장, '제2차 국회 금융정책포럼' 기조연설, 2007. 7. 24, pp.23~4.
15   안치용, 『블루오션의 거상』, 해바라기, 2006, pp.128~33.

둘째, 그는 Korea Economic Forum에서 행한 연설에서 2007년 중반 한국의 금융감독 수준이 '금융기관들을 가볍게 툭 건드리는 정도'로 가벼운 감독(light touch regulation)이 이루어지는 영국 수준에 근접하고 있다고 자평하였다.[16] 그는 "한국은 IMF 이후 금융감독 회계제도 및 기업공시 등에 있어 국제적 수준에 맞도록 금융시스템을 정비하여 오고 있다"고 밝히고 "(이런 점에 비추어) 본인의 판단으로는 한국의 감독 규제수준이 영국 등 금융허브 국가의 규제수준에 근접해 가고 있다고 생각한다"고 밝히면서 "다만 여러분이 이에 대한 체감 정도가 크지 않은 것은 정부 규제당국자와의 대화와 이해의 부족에서 비롯된 측면도 있다"고 덧붙였다.

셋째, 그는 Korea Economic Forum의 연설을 통해 "(금감위원장으로서) 금융감독 당국 본연의 기능인 금융시장의 건전성 감독 및 소비자보호 기능에 충실하면서도 금융규제 완화 및 시장제도 개선 등을 적극 추진하겠다"는 소신을 피력하였다.[17] 국회 금융정책포럼에서의 기조연설에서는 여기서 한참 더 나아갔다. 그는 "우리나라 감독당국은 선진국 감독당국과 달리 건전성 감독이나 금융소비자 권익보호 등과 같은 기본적 임무에 더하여 현 금융산업의 발전단계를 업그레이드시킬 막중한 역할까지도 추가로 담당하여야 할 것"이라고 강조하였다.[18] 금융감독 당국이 본연의 업무 이외에 동북아 금융허브 구축 및 금융산업 육성에도 발 벗고 나서야 함을 역설하는 발언이었다.

윤 위원장은 2007년 7월 5일 그의 재임 3년을 평가하는 기자간담

---

16   윤증현 위원장, Korea Economic Forum기조연설, 2007. 6. 20, pp.14~5.
17   위 자료, p.20.
18   윤증현 위원장, '제2차 국회 금융정책포럼' 기조연설, 2007. 7. 24, pp.24~5.

회에서 크게 두 가지를 '그 동안의 성과'로 들었다.[19] 첫째, "주택담보대출 리스크 관리 강화대책을 시의적절하게 시행함으로써 가계대출 연착륙과 금융시장의 안정에 크게 기여한 점"을 들었다. 당시 금융감독위원회가 담보인정비율(LTV)과 총부채상환비율(DTI) 등의 규제를 강화한 것은 주택담보대출의 급증을 막은 중요한 조치로서 평가할만하였다. 둘째, "금융감독제도를 글로벌 스탠더드에 부합하도록 지속적으로 개선함으로써 우리나라의 국제신인도 제고에도 일조한 점"을 들었다. 그는 이러한 노력의 결과 "우리 금융시장 및 금융산업은 그 어느 때보다도 안정된 가운데 견실한 성장을 지속하고 있다"고 자평하였다.

그러나 끝이 좋아야 모든 것이 좋은 법이다. 윤증현 위원장이 퇴임했던 2007년 8월 당시 한국의 금융산업은 그의 장밋빛 평가와는 전혀 다르게 속으로 곪아가고 있었다. 국내은행들은 높은 예대율과 과다한 단기 외자차입에 의존하는 등의 문제점을 안고 있었다. 바로 1년 뒤 리먼 브러더스 사태 직후 이런 취약요소들이 드러나면서 한국 금융산업은 거의 위기국면에 처하게 된다.

앞에서 취임 초부터 퇴임 때까지 윤증현 위원장이 금융감독에 임했던 철학이 어떻게 변화하였는지를 살펴보았다. 그는 취임사를 통해 금융건전성 감독에 전념하고자 하는 소신 있는 금감위원장의 모습을 보여주었다. 그러나 시간이 지나면서 동북아 금융허브 구축 및 금융산업 육성을 위한 전도사로서의 강한 면모를 보여주었다. 금감위원장으로서 국민에게 보여준 두 모습 사이에는 건널 수 없는 큰 간

---

19   윤증현 위원장의 금감위원장 기자간담회 모두 말씀, 2007. 7. 5, pp.5~6.

극이 있다. 그 간극만큼이나 당시 금융감독위원회와 금융감독원은 금융건전성 감독 및 금융소비자 보호에 소홀할 수밖에 없었을 것이다.

동북아 금융허브 구축이라는 단꿈에 사로잡혀 우리나라의 금융감독을 영국과 같이 '가볍게 툭 건드리는 정도'의 수준으로 약화시킨 결과 여러 가지 부작용이 발생하였다. 금융감독 당국은 금융기관들의 대출경쟁과 외화영업 경쟁에 제대로 대응하지 못했다. 예대율 규제에도 나서지 않았다. 금융감독 수장이 신주단지처럼 규제완화를 떠받들고 있는데 그의 신념과 철학에 역행하면서 조직 내 어느 누가 예대율을 다시 규제해야 한다는 말을 꺼낼 수 있었을까? 그것은 우리나라처럼 상명하복의 권위주의적 조직문화가 강한 풍토에서는 거의 기대할 수 없는 일이었다.

이처럼 금융산업의 육성을 위해 새로운 규제를 도입하는 데 주저하였기 때문에 감독당국은 키코(KIKO, Knock-in Knock-out)[20] 사태와 같은 일이 일어나는 것도 미리 막을 수 없었다. 이찬근은 키코 사태와 관련하여 "그러면 감독 당국은 어디서 무엇을 했단 말인가? 어디까지나 민간계약이므로 당국이 관여할 여지가 없던 것일까? 금융상품에 내재되어 있는 위험성에 대해 면밀한 검사를 실시하고 금융기관에 시정조치를 요구해야 했던 것은 아닐까?"라고 주장한 바 있다.[21]

---

20 환율의 범위를 지정해 그 안에서 지정된 환율로 외화를 거래하는 상품으로, 만들어 판 곳은 은행이고 산 곳은 주로 중소 수출기업이다. 키코를 산 수출기업은 향후 원화 환율이 약정된 구간 내에서 움직이면 미리 약정한 환율에 약정한 금액의 달러를 팔 수 있으므로 환위험을 헤지하는 효과를 거둘 수 있다. 하지만 향후 환율이 약정된 구간을 벗어나면 크게 손실을 보도록 설계되어 있다. 따라서 키코는 환위험 헤지와 투기를 혼합시킨 상품이라고 볼 수 있다.(이찬근, 『금융경제학 사용설명서』, 도서출판 부키, 2011, p.364.)

21 앞의 책, p.367.

2008년 글로벌 금융위기 직후 한국경제는 주가가 폭락하고 환율이 급등하는 등의 큰 어려움을 겪었다. 이것은 노무현 정부에서 금융감독 당국이 동북아 금융허브 구축 및 금융산업 육성에 혈안이 된 나머지 금융건전성 감독을 소홀히 했던 데 따른 필연적 결말이었다. 이러한 사례는 금융감독 당국이 본연의 사명인 금융건전성 감독을 방기한 채 금융산업 육성에 주력할 경우 국민경제에 엄청난 위험과 부작용을 자초할 수 있음을 극명하게 보여주고 있다는 점에서 매우 교훈적이라고 하겠다.

02

은행의 수익중시 풍조,
증권사와 외은 출신 영업통 은행장 발탁

　　글로벌 금융위기 직전에 국내은행들은 조선업체와 자산운용사들이 매도한 대규모의 선물환을 짧은 기간에 집중 매입하였다. 이에 따라 국내은행들은 외국환 포지션 조정을 위해 대규모의 외화자금을 차입해야 했으나 국내은행들의 역량으로는 필요한 외화자금 전액을 국제금융시장에서 단기간에 조달하기가 어려웠다. 결국 국내은행들은 외국은행 국내지점(이하 '외은지점'이라고 칭함)과의 스왑거래를 통해 이 문제를 상당 부분 해결할 수밖에 없었다.

　　그 결과 국내은행과 외은지점을 합한 예금취급기관의 외채 중 국내은행이 차지하는 비중은 2002년 말 67.1%에서 2008년 9월 말에는 55.6%로 11.5%포인트나 낮아졌다. 반면 예금취급기관의 외채 중 외은지점이 차지하는 비중은 2002년의 32.9%에서 2008년 9월 말에는 44.4%로 크게 높아졌다. 특히 외은지점은 해외에서 차입한 외화자금을 대부분 단기로 조달하였기 때문에 우리나라 외자조달에서 외은지

〈표 5-1〉 예금취급기관의 외채 추이(기말 잔액 기준)

(단위: 억 달러)

	2002	2004	2005	2006	2007	2008. 9
국내 은행	392.4	505.7	583.9	821.1	1089.6	1220.5
	〈67.1〉	〈67.9〉	〈70.0〉	〈60.1〉	〈56.5〉	〈55.6〉
(장기)	182.3	271.2	304.2	378.5	543.2	566.1
(단기)	210.1	234.5	279.7	442.6	546.4	654.4
외은 지점	192.3	239.2	250.4	544.	839.2	974.0
	〈32.9〉	〈32.1〉	〈30.0〉	〈39.9〉	〈43.5〉	〈44.4〉
(장기)	20.9	29.2	17.3	25.9	45.8	34.7
(단기)	171.4	210.0	233.1	518.3	793.4	939.3
합 계	584.7	744.9	834.3	1365.4	1928.8	2194.5
	〈100.0〉	〈100.0〉	〈100.0〉	〈100.0〉	〈100.0〉	〈100.0〉

〈   〉내는 구성비(%)
자료: 한국은행 경제통계시스템

점에 대한 의존도가 높아진 데 비례하여 우리나라 단기외채도 급증하였다.

이처럼 국내은행들이 필요로 하는 외화자금을 국제금융시장에 진출하여 자기 힘으로 적시에 조달하는 역량은 2000년대 들어서도 확충되지 못하였다. 이것은 무엇보다 국내은행들의 신용도가 낮아 국제금융시장에서 단기차입 이외에는 장기로 자금을 조달할 상황이 못되었기 때문이다.[22] 반면 외은지점은 본지점 차입을 통해 본점의 신용도로 장기 및 단기자금을 원활하게 조달할 수 있었기 때문에 우리나라의 외자조달에서 외은지점에 대한 의존도는 꾸준히 높아질 수밖에 없었다.

---

22   이처럼 국제금융시장에서의 차입여건이 여의치 않았기 때문에 우리나라는 오랫동안 정부 차관이나 국책은행의 전대차관을 통해 장기자금을 조달하여 대규모 플랜트나 공기업 및 기간산업에 투입하여 온 역사를 가지고 있다.

국내은행들이 외환 및 국제금융 업무에 임하는 자세도 언제부터인가 크게 바뀌었다. 곧 국민경제의 건실한 발전에 이바지한다는 인식이 점차 퇴조함과 아울러 은행 자체의 영업증대와 수익성 향상을 강조하는 방향으로 주안점이 달라졌다. 그러면 무엇이 이처럼 국내은행들로 하여금 국제금융 업무에 임하는 생각을 달라지게 만들었을까? 여기에는 몇 가지 그럴 만한 이유가 있었다.

첫째, 금융 국제화의 개념과 그 구체적 내용이 1997년 말 외환위기 이후 상전벽해라고 할 만큼 엄청나게 달라졌다. 1991년 남상우 등 일군의 KDI 연구위원들은 '금융국제화'의 의의에 대해 "금융국제화는 금융서비스 거래가 국제간에 보다 자유스럽게 이루어지는 과정이며, 구체적으로 (금융국제화는) 금융기관의 국제화와 금융·자본시장의 개방으로 구분된다"고 규정하였다.[23] 이들은 계속해서 "금융기관의 국제화란 국내 금융기관이 본국에 거점을 두고 해외로 영업활동을 넓혀가는 것을 비롯하여 금융기관 자신이 외국 혹은 여러 주요 국제금융시장에 진출하여 전 세계를 대상으로 업무를 수행하는 것을 의미한다"라고 정의를 내렸다.

우리나라는 1997년 말 외환위기 이전에는 금융국제화를 추진하면서도 금융기관의 국제화에 주안점을 두었으며, 금융·자본시장의 개방에 대해서는 매우 신중한 자세로 접근하였다. 그래서 금융국제화라고 하면 많은 사람들은 우리나라 금융기관이 주체가 되어 국제금융시장에서 가능한 한 낮은 금리로 장기 외화자금을 조달하여 국내기업들에게 빌려주는 것을 연상하였다. 금융기관들도 당시에는 이

---

23   남상우 외, '금융국제화에 따른 금융산업의 과제', 한국개발연구원, 1991. 3, p.11.

러한 외화자금의 공급확충을 통하여 한국의 경제발전에 이바지하는 것을 목표로 삼았다.

우리나라는 1997년 말 외환위기 이후 IMF로부터 긴급자금을 지원받는 과정에서 그동안 빗장을 걸어 잠갔던 금융시장과 자본시장을 거의 전면적인 수준으로 개방하였다. 당시 우리나라 금융산업이 미국, 영국 등 선진국과 겨루어 볼 수 있을 정도의 국제경쟁력을 가지고 있었다면 상호주의에 입각하여 이들 선진국 시장에 적극 진출할 수 있었을 것이다. 이를 통해 금융기관의 국제화를 앞당기는 한편 세계 금융시장에서 개방에 따른 과실을 따 올 수 있었을 것이다. 그렇게 되었더라면 우리나라는(바로 앞에서 남상우 등이 정의했던 대로) 금융기관의 국제화와 금융·자본시장 개방을 두 축으로 하여 금융국제화를 추진하는 이상적인 나라가 될 수 있었다.

그러나 우리나라의 금융산업은 자본력과 금융기법 등 거의 모든 면에서 금융 선진국에 뒤져 있었다. 그 결과 국내은행들은 국내시장은 다 열어줬으면서도 해외에 진출하지 못한 채 국내에 안주할 수밖에 없었다. 준비가 안 된 상황에서 강요된 개방을 수용했던 데 따른 가슴 아픈 결말이었다. 이에 따라 금융의 국제화를 받치는 두 축의 하나인 '금융기관의 국제화'는 사실상 거의 포기한 명제가 되어버렸다. 결국 금융 국제화는 1997년 말 외환위기 이후 우리나라에서는 '금융·자본시장의 개방'을 뜻하는 말로 변질되었다.

이런 추세가 반영되어서인지 언제부터인가 우리나라 금융감독 당국도 '금융국제화'라는 용어를 거의 쓰지 않고 있다. 예를 들어 윤증현 금감위원장은 2007년 4월 26일 '자본시장통합법과 금융투자업의 발전방향'이라는 제목으로 연설하면서 "대형화와 겸업화·개방화는 오늘날 세계금융시장의 거스를 수 없는 조류"라고 말했다.[24] '금융국제화'라는 용어를 써도 될 자리에 '개방화'라는 말을 대체하여 사용하였던 것이다.

둘째, 1997년 말 외환위기를 극복하는 과정에서 금융의 공공성을 강조하는 견해들이 퇴조하고 금융의 상업성을 중시하는 견해들이 득세하게 되었다. 금융기관들도 엄연히 하나의 회사로서 상업성에 입각하여 수익을 많이 내야 한다는 시대적 요구에 직면하게 되었던 것이다. 우리나라가 1997년 말 외환위기를 겪었던 데에는 금융기관의 부실이 큰 원인으로 작용하였다. 외환위기의 재발을 막기 위해서도 금융기관의 건전경영이 강조될 수밖에 없었고 건전경영의 바로미터 중의 하나가 수익성이었다. 이에 따라 금융기관의 수익성 증대에 관심이 모아졌던 것이다.

특히 정부 입장에서는 금융기관들이 영업을 잘 하여 주가를 크게 높일 경우 금융 구조조정 과정에서 금융기관에 투입하였던 공적자금을 더 많이 회수할 수 있는 이점이 있었다. 그렇기 때문에 금융의 상업성은 정부로부터도 매우 존중받는 명제가 되었다.

당시 정부가 얼마나 국내은행들의 영업력 증대에 혈안이 되어 있었는지는 1997년 말 외환위기 이후 행해진 주요 은행장 인사에서 뚜렷하게 나타나고 있다. 1998년 김정태 동원증권 사장이 주택은행장으로 취임하였다. 그는 2001년에는 국민은행과 주택은행을 합병한 자산 185조원의 공룡 은행인 국민은행을 이끌고 갈 합병 국민은행장

---

24 금융감독위원회 · 금융감독원, 『신뢰받는 금융감독, 세계적인 금융시장 : 윤증현 금융감독위원장 겸 금융감독원장 연설문집』, 2007, p.315.

이 되었다. 2000년에는 도이체방크의 강정원 한국대표가 서울은행장에 취임하였다. 그는 미국 시티은행과 뱅커스 트러스트 등 외국계 은행에서 줄곧 근무해온 경력을 가지고 있었다. 한국경제신문은 그가 이헌재 금융감독위원장에 의해 서울은행장으로 발탁되었다고 보도하였다.[25] 강정원 행장은 다시 2004년 김정태 행장의 뒤를 이어 국민은행장에 취임하였다.

2001년에는 하영구 씨티은행 서울지점장이 한미은행장에 취임하였다. 2004년 씨티은행이 한미은행을 인수함에 따라 하영구 행장은 같은 해에 한국씨티은행장에 취임하였다. 2003년에는 최동수 조흥은행장이 취임하였는데 그도 20여년 간 미국 체이스맨하탄은행과 호주 웨스트팩은행 서울지점장 등으로 일한 경력을 가지고 있었다. 2004년에는 황영기 전 삼성증권 사장이 우리금융지주회사 회장 겸 우리은행장에 취임하였다. 그는 삼성물산, 뱅커스 트러스트은행에서 근무한 후 삼성증권으로 옮긴 경력을 가지고 있었다. 이데일리는 2004년 3월 31일 황영기 회장이 취임하면서 이른 바 '삼성식' 경영기법이 도입되고 있다며 "우리금융에 '삼성 바람'이 불고 있다"고 보도하였다. 우리금융은 예금보험공사가 대주주이기 때문에 황영기 회장의 인사에는 정부 입김이 작용했다고 생각할 수 있다. 황영기 회장도 강정원 행장과 함께 '범(凡) 이헌재 사단'에 속한다고 보도되었다.[26]

한국일보는 강정원 전 서울은행장이 차기 국민은행장 후보로 내정된 직후였던 2004년 10월 11일 '외국은행 출신 은행장 전성시대'

---

25   한국경제신문, 2004. 11. 8.
26   한국경제신문, 2004. 11. 8.

라는 제목의 기사를 내보냈다. 강정원 국민은행장이 취임할 경우 서울의 8개 시중은행장 중 김승유 하나은행장과 신상훈 신한은행장을 제외한 6개 은행장이 외국은행 출신이거나 외국인으로 채워지게 된다는 보도였다. 당시 제일은행과 외환은행은 외국인인 로버트 코헨(Robert A. Cohen) 행장과 로버트 팰런(Robert E. Fallon) 행장이 재직하고 있었다.

이처럼 1997년 말 외환위기 직후부터 우리나라에서는 증권회사 CEO 및 외국은행 국내지점장 출신 인사들이 제1금융권의 주요 은행장으로 꾸준히 발탁되었다. 이들 중 일부 인사들은 이헌재 사단에 속한다고 이야기가 되고 있다. 이헌재 씨는 김대중 정부에서 외환위기 직후의 금융 구조조정을 진두지휘하는 금융감독위원장에 이어 재경부장관을 역임하였다. 그는 노무현 정부에서도 부총리 겸 재경부장관을 역임하였다. 이것이 바로 주요 은행장 인사에 그의 의중이 반영되어 있다고 짐작되는 이유였을 것이다.

위에 열거한 은행장 인사들을 볼 때 당시 우리나라에서는 대형 국내은행의 은행장들을 고를 때 금융의 공공성을 시현할 수 있는 능력보다 저돌적인 영업력에 훨씬 더 주안점이 두어졌던 것으로 분석된다. 이들 은행장들은 수익성 증대를 제1의 목표로 하는 증권회사와 외국은행 국내지점에서 장기간 근무하였기 때문에 금융의 공공성 확보와는 거리가 있는 사람들이었다. 정부로서는 이들 은행장들이 외환위기 이전의 낡은 패러다임에서 벗어나 신선하고 역동적인 선진 경영 및 금융기법으로 국내은행들을 환골탈태시킬 것을 기대하였을 것이다. 그렇게 되면 국내은행의 건전성이 제고될 뿐 아니라 해당 은행의 주가가 크게 높아져 공적자금 회수에도 도움이 될 수 있었기 때문이다. 곧 공적자금 회수에 역점을 둘 수밖에 없는 정부당국으로서는 주가를 띄우기 위해서도 영업력이 있는 저돌적인 금융계 CEO들을 필요로 하고 있었다.

이런 시대적 배경에서 은행장으로 취임한 인사들에게 외환위기 이전에 운위되던 금융 국제화라는 명제는 주된 관심사가 될 수 없었다. 이들 중 상당수는 외국은행 국내지점에서 장기간 근무했던 터라 금리스왑과 통화스왑 등 최신 금융기법을 잘 터득하고 있었다. 그러므로 이들 은행장들은 외국은행 국내지점과의 스왑거래를 잘 활용하면 해외에 직접 나가지 않아도 국내에서 필요한 외화자금을 조달하는 데 별 문제가 없다는 것을 잘 알고 있었다.

특히 우리나라 금융기관들이 자기신용과 국제적 평판에 의거 장기 외화자금을 저리로 도입하려면 먼저 장기간에 걸쳐 금융기관을 건전하게 경영하여 양호한 실적을 거두어야 한다. 이를 토대로 국제신용평가회사로부터 높은 신용등급을 받는 한편 세계 유수의 국제상업은행들과 장기적인 신뢰관계를 다져나가야 한다. 문제는 이와 같이 금융국제화를 차분하고 단계적으로 추진해 나가려면 장기간이 소요될 수밖에 없다는 점이다. 그런데 외환위기 이후 취임한 은행장들은 이처럼 자기 은행을 국제화해 나가는 것과 같이 장기적인 시계를 필요로 하는 일보다는 단기간에 그 성과가 가시화되는 국내영업에 집중하는 것을 선호하였다. 은행장들이 이처럼 생각하게 된 데에는 외환위기 직후 은행장들이 높은 수익을 창출할수록 높은 보수를 받는 stock option제도가 도입되었던 것도 한 요인이 되었다.

셋째, 국내은행들이 장기자본 도입을 경시하게 된 데에는 국제자본이동에 임하는 IMF의 견해와 정책이 직간접적으로 영향을 미쳤다.

1997년 말 외환위기를 극복하는 과정에서 IMF는 우리나라에 대해 외국환관리 규제를 크게 완화하도록 권고하였으며, 그 결과 외환관리에 대한 우리나라의 규제정책이 눈에 띠게 달라졌다. 이에 따라 국내은행들이 해외에서 장기자금을 조달할 것을 의무화하는 규제가 상당히 완화되었다. 하나의 예로 금융기관들에 대한 외국환 포지션 관리제도를 보기로 하자. 외국환 포지션 관리가 매우 느슨해진 결과, (Part 03에서 살펴본 대로) 은행들이 기업으로부터 장기 선물환을 매입하더라도 이에 대응하여 단기로 외화차입을 일으키면 선물환 포지션 규제를 충족한 것으로 인정받게 되었다. 은행들이 억척같이 장기로 외화자금을 조달해야 할 필요성이 크게 낮아졌던 것이다.

그렇다면 1997년 말 외환위기 직후 IMF가 우리나라에 대해 외국환관리를 크게 완화하도록 권고했던 배경은 무엇일까? IMF가 편제한 『국제수지 매뉴얼』제5판을 통해 살펴보기로 하자. IMF는 이 편람에서 제4판까지 엄격하게 구분 관리하여 온 '장기자본'과 '단기자본'을 '포트폴리오 투자'로 통합해 버렸다.[27] 이것은 더 이상 단기자본과 장기자본을 엄격하게 구분할 실익이 없다는 IMF의 판단이 반영된 결과였다. 국제금융시장에서는 실시각으로 금리스왑과 통화스왑 등 다양한 파생상품 거래가 엄청난 규모로 활발하게 이루어지고 있다. 그러므로 IMF는 어디까지를 단기자금으로 분류하고 어디부터를 장기자금으로 분류하는 것이 적합할 지 구분하기가 어렵다고 판단하였다. IMF는 어떤 나라일지라도 금리 및 환율이 자유롭게 변

---

27   한국은행 조사제2부, 『국제수지 매뉴얼 : IMF BOP MANUAL 5판』 번역판, 1996. 2, pp.3~4, 83~4.

동되도록 시장에 맡겨진 가운데 자본거래를 자유화하면 국경을 넘어 자본이 자유롭게 이동하면서 각국이 필요로 하는 외화자금 소요액을 충분히 조달할 수 있다고 생각하였던 것이다.

IMF의 『국제수지 매뉴얼』은 IMF 회원국이 국제수지표를 편제할 때 기준으로 삼도록 되어 있다. 한국은행은 외환위기 직후인 1998년 3월부터 IMF의 『국제수지 매뉴얼』 제5판에 의거 국제수지를 편제하여 발표하고 있다. 이처럼 국제수지표의 작성방법이 바뀌면서 장기자본 및 단기자본 도입을 엄격하게 구분하지 않게 된 것도 정책당국자는 물론 국내은행들이 단기 외화자금 차입에 대한 경계를 느슨하게 하는 요인이 되었다.

넷째, 외은지점들이 불만을 제기했던 규제[28]들이 1997년 말 외환위기 이후 거의 사라졌다. 이에 따라 외은지점들은 한국 내 영업을 크게 확장할 수 있는 동력을 확보하게 되었다. 외은지점들은 최신 국제 금융기법을 활용하여 국내은행들이 필요로 하는 자금들을 적시에 필요한 만큼 해외에서 조달하여 국내에 공급하기 때문에 국내은행들은 외화자금 조달을 위해 굳이 해외로 진출할 필요가 없었다. 곧 국내은행들은 국내에 대거 진출해 있는 외은지점들과의 스왑거래를 통해 필요로 하는 외화자금을 손쉽게 확보할 수 있었다. 또 외은지점을 통해 차입할 경우 금리면에서도 유리할 뿐 아니라 국제금융시장에서 직접 차입함에 수반되는 여러 비용이 절감되는 이점이 있었다. 한 예

---

28 미국은 1980년대 후반부터 우리나라에 대해 강도 높은 개방 압력을 가해왔다. 이 중에는 외국은행 국내지점에 대한 일부 차별적 조치를 철폐하여 완전한 내국민대우(national treatment)를 해 줄 것과 금리자유화 등의 조치를 취할 것을 요구하는 내용 등이 포함되어 있었다. (남상우 외, '금융국제화에 따른 금융산업의 과제', 한국개발연구원, 1991. 3 , p.13)

로 국내은행의 경우 국제상업은행들과 비교하여 신용평가 등급이 낮기 때문에 자기신용으로 차입하려고 할 경우 더 높은 가산금리를 지급하여야 했는데 외은지점과의 거래를 통해 이를 어느 정도 절감할 수 있었다.

국내은행들은 필요한 외화자금의 상당 부분을 외은지점과의 스왑거래를 통해 조달하였다. 조선업체 및 자산운용사로부터 막대한 규모의 선물환을 매입한 국내은행들은 포지션 조정을 위해 외화차입을 필요로 하고 있었다. 그런데 당시 국내외 금리 및 현물환율과 선물환율 구조 아래에서 외은지점들은 국내은행과의 금리스왑 및 통화스왑 등 스왑거래를 통해 차익을 획득할 수 있었다. 그렇기 때문에 당시 외은지점들은 국내은행들의 외화자금 수요에 상응하여 엄청난 규모의 외화자금을 공급하였다. 그리고 국내은행들과의 스왑 거래를 통해 확보한 원화자금으로 국고채 등에 투자하였다.

결과적으로 외은지점들은 자금조달과 운용에 있어 금리 및 환율 변동위험을 부담함이 없이 꾸준히 안정적으로 수익을 확보할 수 있었다. 한 마디로 외은지들은 '땅 짚고 헤엄치기'와 같이 수월하게 영업을 하였다. 이것은 외자조달에 있어 국내은행들이 외은지점에 크게 의존하고 있었기 때문에 가능하였다. 2008년 글로벌 금융위기가 도래하기 이전에 외은지점은 이처럼 국제상업은행들의 한국 내 전초기지(base camp) 역할을 충실히 수행하였다. 이를 볼 때 1997년 말 외환위기 이후 우리나라의 금융 국제화 또는 개방화는 순전히 외은지점에 의해 서울에서 주도되고 있었다고 해도 과언이 아니다. 글로벌 금융위기가 발발하기 이전에 서울의 금융시장은 상당 부분 외은지점들의 훌륭한 놀이터가 되어 있었던 것이다.

외은지점이 국내은행들과 스왑 거래를 하기 위해 해외에 있는 본점에서 외화자금을 단기로 차입한 결과 단기외채를 중심으로 우리나라의 외채가 급증하였다. 그리고 리먼 사태로 글로벌 금융위기가 발발하자 이들 자금이 자동으로 빠져 나가면서 우리나라는 큰 어려움에 처하게 되었다. '우리나라가 국제금융자본의 현금인출기로 전락했는가?' 라는 자조 섞인 넋두리는 이렇게 해서 나오게 된 것이다.

앞에서 살펴 본 대로 1997년 말 외환위기 이후 국내 은행들의 외화자금 조달을 상당 부분 외은지점에 의존하는 기형적인 구조가 만들어진 것은 여러 가지 요인이 복합적으로 작용한 결과였다. 그런 점에서 외국환관리 규제를 느슨한 채로 두었던 것이 옳았는지, 금융의 상업성을 지나치게 중시한 결과 증권회사 및 외국은행 국내지점 출신의 영업통 인사들을 대거 은행장으로 발탁하였던 파격적인 은행장 인사에 문제는 없었는지 등에 대해 깊은 성찰이 필요한 것이다.

03

또 하나의 정책 실패 :
외화유출 촉진책

　　　　　정부는 1997년 외환위기 직후 위기극복을 위해 외화유동성 확충이 절체절명의 과제로 대두됨에 따라 외화유입을 촉진하는 데 중점을 두고 외환정책을 수립 운영하였다. 정부는 1997년 말 채권시장을 개방한 데 이어 1998년에는 주식시장 및 단기자금시장을 전면 개방하였다. 이와 함께 외국인투자 업종에 대한 개방 폭을 확대하고 외국인의 국내 부동산 취득을 자유화하였다. 1998년 9월에는 IMF의 권고를 수용하여 1962년부터 시행되어 온 규제·관리 위주의 외국환관리법을 폐지하고 외국환거래를 자유화하는 것을 주내용으로 하는 외국환거래법을 제정하여 1999년 4월부터 시행하였다.[29] 이 법에 따라 자본거래에 대한 규제방식이 '원칙규제·예외허용 체계(positive system)'에서 '원칙자유·예외규제 체계(negative system)'로

29　　한국은행, 『우리나라의 외환제도와 외환시장』, 2010. 12. p.4.

전환됨으로써 기업과 금융기관의 대외 영업활동과 관련된 대부분의 자본거래가 자유화되었다.[30]

정부는 더 나아가 1999년 12월 7일 우량 해외 유가증권에 대한 투자 활성화 방안을 발표하였다. 이 조치는 우리나라 국민들이 2000년 1월부터 국내 투신사 등에 설립되는 해외투자펀드를 통해 해외 유가증권에 간접 투자할 경우 그 매매차익에 대해 비과세하는 것을 주요 내용으로 하고 있었다.[31] 그때까지 해외 유가증권 투자에서 생기는 투자수익에 대해서는 14%의 소득세가 부과되고 있었다. 따라서 해외 주식이나 채권 등에 간접 투자할 경우 발생하는 매매차익에 대해 비과세하기로 한 조치는 당시로서 매우 의욕적인 외화유출 촉진 정책이었다.[32]

우리나라가 1997년 말 외환위기를 비교적 짧은 기간에 잘 극복함에 따라 외환시장에서는 매년 외환의 공급우위 현상이 계속되었다. 외국인투자자금 유입이 지속적으로 확대된 데다 환율상승(원화가치의 절하) 등에 힘입어 경상수지가 흑자를 지속하였기 때문이다. 정부는 외환위기를 조기에 극복하였다는 자신감을 바탕으로 외환시장을 더욱 활성화하고 외화유출을 촉진하는 방향으로 외환정책을 수립 운영하였다. 이것은 원화가치가 단기간에 과도하게 상승하는 것을 막고 외환시장을 안정시키기 위한 데에 목적이 있었다.

2003년 2월 노무현 정부가 들어선 이후 정부는 공식적으로 외화

---

30 한국은행, 「연차보고서」(1998), p.112.
31 재정경제부 보도자료, '해외증권투자펀드 활성화를 통한 외환수급 안정도모 주요내용', 1999. 12. 7.
32 우리나라의 외화보유액은 1999년 말 현재 741억 달러에 그쳤으며 우리나라가 외환위기 극복을 위해 IMF로부터 빌렸던 차입금의 상환을 완료한 것이 2001년 8월 23일이었다. 이런 점에 비추어볼 때 당시 우리나라의 외화유출 촉진정책은 다소 성급한 결정이었다고 평가된다. 정부가 외환시장에서의 원화절상 압력해소에 지나치게 집착함에 따라 빚어진 결과였다고 생각된다.

유출을 촉진하겠다는 방침을 천명하였다. Part 01에서 살펴본 바와 같이 노무현 정부는 2003년 12월 11일 동북아 금융허브를 구축하기 위한 7개의 구체적인 주요 과제를 제시하였다. 이중 세 번째 과제가 바로 '투자목적의 외화유출 장려 및 시장안정장치와 무관한 외환규제 철폐'였다. 정부는 외화유입을 촉진하고 유출을 억제하는 기존 정책기조에서 벗어나 투자목적의 건전한 외화유출을 장려하는 방향으로 정책을 전환할 것임을 천명하였던 것이다. 당시에 확정 발표된 '동북아 금융허브 추진전략'에 입각하여 외화유출 장려 정책이 꾸준히 추진되었다. 정부가 외화유출을 촉진하는 데 계속 드라이브를 걸었던 것은 이러한 정책이 막대한 외자 유입에 따른 원화절상을 완화하는 데 도움이 된다고 판단했기 때문이다.

재경부는 2007년 1월 15일 '기업의 대외진출 촉진과 해외투자 확대방안'을 발표하였다.[33] 이 방안은 기업의 대외진출을 확대하고 개인 등 일반투자자들의 해외 포트폴리오 투자 및 해외부동산 투자를 활성화하는 것을 주요내용으로 하고 있었다. 재경부는 이날 배포한 보도자료를 통해 "우리나라 국제수지 구조를 선진국형 국제수지 구조인 '경상수지 흑자, 자본수지 유출초' 형태로 탈바꿈시켜 나갈 필요가 있다"고 강조하였다. "경상수지 흑자의 안정적 유지를 위해서는 소득수지의 안정적 흑자가 긴요하고 이를 위해서는 해외투자 활성화로 투자과실의 국내유입 기반을 구축해 나갈 필요"가 있다고 그 이유를 설명하였다. 재경부는 "일본의 경우 과거 해외투자로 인한 배당ㆍ이자소득 등이 본국으로 송금되면서 2005년부터 경상수지 흑

---

[33] 재정경제부 보도자료, '기업의 대외진출 촉진과 해외투자 확대 방안', 2007. 1. 15.

자 중 소득수지 비중이 50% 이상을 차지"하고 있음을 예로 들었다.

재경부는 이처럼 명목상으로는 해외직접투자 및 포트폴리오 투자를 활성화하려는 정책목표로서 '선진국형 국제수지 구조로의 전환'이라는 비전을 제시하였지만 실제적으로는 정책 의도가 다른 데에 있음을 숨기지 않았다. 재경부는 먼저 "경상수지 및 자본수지의 동시 흑자에 따른 외환 초과공급으로 외환시장의 어려움이 지속되고 있음"을 토로하면서 "자본수지 흑자를 적정수준으로 조절하는 것이 바람직하다"고 밝혔다. 다시 말해서 "외화유출을 촉진하고 외화유입을 적정수준으로 조절하여 외환시장에서 수요·공급의 균형을 유지"할 필요가 절실함을 개진하였다. 일본 및 대만의 사례를 들기도 하였다. 이들 나라의 경우 국내금리가 매우 낮은 상태에서 해외로의 자본유출이 확대됨에 따라 외환시장 안정에 상당한 도움이 되고 있다고 소개하였다.

이날 발표된 정책 중에서 국민경제에 심대한 영향을 미친 정책은 일반 국민들의 해외 포트폴리오 투자 활성화 조치였다. 정부는 "개인 등 일반투자가들이 신흥시장에 대한 투자 시 상대적으로 리스크가 큰 점을 감안해서 해외투자에 관한 전문성과 경험이 축적되어 있는 펀드형 해외투자를 유도"할 방침임을 밝혔다. 정부는 이를 위해 투자신탁 및 투자회사의 해외 주식투자에서 발생한 양도차익 분배금에 대해 3년간 한시적으로 비과세한다고 발표하였다. 그때나 지금이나 국내주식 양도차익 분배금에 대해서는 과세를 하지 않고 있다. 이와는 달리 해외 주식거래에서 발생한 양도차익에 대해서는 소득세 14%를 원천징수하고 있었다. 그러므로 당시 재경부가 발표한 해외 포트폴리오 투자 활성화 조치로 국내 거주자들은 투자신탁 및 투자회사가 설정한 해외 주식형 펀드에 투자할 경우 양도차익에 대해 3년간 비과세 혜택을 받게 되었다.

그런데 재경부가 야심차게 내놓은 해외포트폴리오 투자 활성화 조치는 다음과 같이 정책 타이밍 면에서 적합하지 않았던 데다 정부의 당초 의도와는 달리 우리나라 외채를 크게 늘리는 부작용을 낳는 등 치명적인 문제점을 안고 있었다. 첫째, 이대기·이규복은 이 조치의 타이밍이 적합하지 않았다고 비판하였다.[34] 정부가 기존에 수립하였던 외화유출 촉진정책의 틀에 얽매인 나머지 당시 경상수지 및 자본수지 변화추이를 제대로 감안하지 않은 채 정책을 결정하였다는 비판이다. 이들은 "당시 우리나라는 경상수지 흑자폭이 감소추세에 있었고, 비외채성 자금인 외국인 주식투자자금은 대거 유출되고 있었던 반면, 자본수지 흑자의 대부분은 외채성 자금인 외국인의 국내 채권투자와 단기외채로 구성되어 있었음에도 불구하고 정부가 이를 간과하는 우를 범했다"고 주장하였다.

우리나라의 경상수지 흑자규모는 2004년의 282억 달러에서 2005년에는 150억 달러로 반감된 데 이어 2006년에는 흑자규모가 전년의 1/3 수준인 54억 달러로 더욱 줄어든 상태에 있었다. 외국인주식투자 유입자금도 2004년에는 95억 달러에 달했으나 2005년에는 33억 달러로 줄어들었고 2006년에는 84억 달러의 유출초로 바뀌었다. 2006년중 자본수지가 대폭 흑자를 나타냈던 것은 외국인채권투자자금이 165억 달러 유입된 데다 단기차입이 424억 달러 늘어났기 때문이다.

---

34   이대기·이규복, '외환위기 정책의 재조명과 바람직한 외환정책', 한국금융연구원 국제 세미나 발표자료, 2009.8. 11, p.17.

IMF가 정한 국제수지 매뉴얼에 따라 외국인주식투자자금은 우리나라의 외채로 계상되지 않는 반면 외국인채권투자자금과 단기차입은 외채로 계상된다. 결론적으로 자본수지 흑자폭이 2005년의 48억 달러에서 2006년에는 180억 달러로 급증했지만 이는 단기차입의 급증에 따른 결과였다.

그렇기 때문에 외환당국은 당시 자본수지 추이를 매우 신중하게 해석했어야 했다. 더욱이 2005년 이후 경상수지 흑자폭이 계속 크게 줄어들고 있던 터였다. 당시 외환당국이 이런 점들을 십분 고려했다면 섣불리 일반 국민들의 해외 주식투자를 부추기는 자본유출 정책을 결정할 수는 없었을 것이다. 한 마디로 선량한 일반 국민을 동원하면서까지 자본유출 정책을 개시할 타이밍이 아니었다. 단기외채가 빠른 속도로 증가하는 엄중한 국제수지 상황에 대해 당시 정부가 매우 안이한 인식을 지니고 있었음을 알 수 있다. 다른 한편으로 정부가 급변하는 국내외 경제정세에 탄력적으로 대응하지 못했던 것은 2003년 12월 11일 확정된 동북아 금융허브 전략에서 제시된 '외화유출 촉진'이라는 외환정책 방향에 지나치게 얽매어 있었기 때문이었다고도 생각된다.

〈표 5-2〉 국제수지 추이

(단위: 억 달러)

	2004	2005	2006	2007	2008
경상수지	282	150	54	59	−58
자본수지	76	48	180	71	−501
(외국인주식투자유입)	95	33	−84	−287	−336
(외국인채권투자유입)	89	108	165	591	77
(단기차입유입)*	33	57	424	345	−243

* 한국은행 경제통계시스템의 국제수지 통계(8.1.1) 기타투자(부채) 중 단기차입액

자료: 이대기 · 이규복, '외환위기 정책의 재조명과 바람직한 외환정책', 한국금융연구원 국제 세미나 발표자료, 2009.8.11, p.17 ; 한국은행 연차보고서 및 한국은행 경제통계 시스템

둘째, 안병찬은 외국자본의 유입에 대응하는 방안으로서 국내 거주자의 해외투자 촉진정책이 갖는 한계를 지적하였다.[35] 그는 2008년 글로벌 금융위기 당시 한국은행 국제국장을 역임하였다. 그의 비판은 외화유동성 위기를 온몸으로 막으면서 실전에서 터득한 값비싼 경륜의 소산이었다. 그는 "외국자본이 국내로 과도하게 유입되는 상황에서 국내 거주자가 해외 주식이나 채권을 사는 등 해외 포트폴리오 투자가 활성화되면 논리적으로는 정책당국이 시장개입에 따른 비용부담을 지지 않으면서 해외에서 유입되는 외화자금을 다시 해외로 유출시킬 수 있을 것 같지만 여기에는 상당한 위험이 따른다"고 주장하였다.

그 논거로 "우리나라에 유입되었던 외국자본이 썰물처럼 빠져나갈 때 이에 맞추어 국내 거주자가 과거 해외에 투자한 자금을 회수해 온다는 보장이 없다"는 점을 지적하였다. 무엇보다 투자이익을 극대화해야하는 국내 거주자로서는 자기한테 큰 이익이 되는 시점에서 해외 투자자금을 회수하려고 할 것이다. 그러므로 국내에서 외국자본이 빠져나갈 때 국내 거주자가 애국심에 입각해 해외 투자자금을 무턱대고 회수해 주리라고 기대하는 것은 무리라는 것이다.

안병찬은 실제로 "2008년 9월 리먼 사태 이후 우리나라에서 외국자본이 유출될 때 우리나라 국민들의 해외 주식투자 자금은 전 세계적인 주가폭락 때문에 회수되기 어려웠다"고 술회하였다. 이대기·이규복도 "글로벌 금융위기 이후 단기외채의 연장이 어려워지자 국내 외환시장의 유동성 사정은 급격한 어려움에 직면한 반면 내국인

---

35 안병찬, 「글로벌 금융위기 이후 외환정책」, 한나래출판사, 2011, pp.234~35.

해외주식투자는 큰 폭의 손실을 기록함과 동시에 환 헤지로 인하여 환차익을 얻지도 못하여 국내로 재유입되는 자금의 규모가 매우 제한적이었던 것으로 평가된다"고 주장하였다.[36]

셋째, Part 03에서 살펴본 바와 같이 정부는 우리나라 국민들의 해외 주식투자가 환 헤지를 유발하고 그 과정에서 단기외채 증대를 초래하게 된다는 사실을 전혀 예측하지 못하였다. 일반 국민들의 해외주식투자 활성화 정책을 결정하면서 정책이 가져올 편익(benefit)은 발 빠르게 헤아렸을망정 정책추진에 수반된 비용(cost)은 제대로 측정하지 않았다는 뜻이다. 재경부가 정책 결정에 앞서 일선에서 관련 업무를 수행하는 은행 직원 및 전문가들의 의견을 폭 넓게 수렴했더라면 환 헤지에 수반된 단기외채 증대 위험을 미리 파악할 수 있지 않았을까 하는 아쉬움이 있다.

더욱이 해외 주식투자 활성화 정책을 시행한 직후에라도 면밀한 모니터링을 통해 환 헤지에 따른 예상치 못한 단기외채 증대 등의 부작용을 조기에 감지했다면 신속하게 대응 대책을 마련할 수 있었을 것이다. 곧 정부가 마음만 먹었다면 해외 주식투자에서 발생한 양도차익 분배금에 대한 비과세 조치를 앞당겨 종료할 수 있었을 것이다. 2007년 초 정부가 해외포트폴리오 투자 활성화 정책을 발표할 때 환 헤지 상품이 오히려 환노출 상품보다 수익률이 낮을 수 있음을 국민들에게 적극 홍보하였더라도 단기외채의 증대를 어느 정도 막는 데 기여할 수 있었을 것이다.

---

36 이대기 · 이규복, '외환관리 정책의 재조명과 바람직한 외환정책', 금융연구원 국제회의 발표자료, 2009. 8. 11, p.16.

그러나 정부의 상황 인식과 대처는 매우 안이하였다. 해외투자 활성화 정책이 환 헤지를 유발함으로써 단기외채의 증대 및 외환시장에서의 환율상승 압력을 가중시키고 있음을 알면서도 해외투자 활성화 정책의 근간인 양도차익 분배금에 대한 비과세 조치에 대해서는 전혀 손을 대지 않았다. 그 결과 정부의 비과세 조치는 당초 발표되었던 대로 3년의 시한을 다 채우고 2009년 말에 종료되었다. 정부가 한 일은 해외투자 활성화 정책을 시행한 지 1년이 지난 2008년 1월 15일에 가서야 보도참고자료를 배포한 것뿐이었다.

이 자료도 구차스럽게 국제금융센터가 연구한 보고서를 첨부하면서 그 내용을 소개하는 정도에 그쳤다. 재경부의 보도참고자료였음에도 불구하고 제목부터 '국제금융센터, 「해외펀드 환헤지 효과 및 개선방안」보고서 발간'으로 되어 있었다. 표지에 실린 주요 내용도 "해외펀드 판매기관들은 헤지 여부를 투자자 스스로 선택하도록 헤지의 최종 비용부담은 투자자라는 점, 헤지 비용 및 헤지 여부에 따른 손익 등에 대해 자세히 설명할 필요"가 있다는 국제금융센터의 의견을 그대로 전재하였다. 재경부는 이 자료를 홍보하는 데에도 적극적이지 않았던 것으로 추정된다. 이는 이 자료의 내용을 보도한 곳이 3개 언론사[37]에 그쳤다는 데에서 짐작된다.

---

37 국민일보, 2008. 1. 14 ; 한겨레신문, 2008. 1. 15 ; 동아일보, 2008. 1. 15.

04

숫자놀음에 그친
외화유동성 규제

2008년 글로벌 금융위기가 도래하기 이전에 국내은 행들은 외국인[38]과의 스왑거래 등을 통해 외화자금을 획득한 후 이를 국내기업들에게 장기로 대출해 주었다. 대출해 준 금액이 외화로 표시되기 때문에 이를 외화대출이라고 한다. 국내은행들은 스왑 만기시점이 도래하면 당연히 당초 체결했던 스왑거래 계약에 따라 외국인에게 외화자금을 인도해 주어야 했다. 국제금융시장이 원활하게 돌아갈 때에는 당초에 국내은행들이 단기로 외화를 조달하여 국내기업들에게 장기로 대출을 했어도 외국인에게 외화자금을 인도해 주는데 아무 문제가 없었다. 국내은행들이 외국인들로부터 계속 단기로 외화를 차입할 수 있었기 때문이다. 그런데 2008년 9월 리먼 사태 이후 국제금융시장이 경색되면서 단기차입이 여의치 않게 되었다. 외

---

38   외국은행 국내지점 포함.

국인으로부터 단기차입을 계속 받지 못하게 되었던 것이다. 국내은행들은 국내기업들에 해 준 외화대출의 상환기일이 도래하지 않은 상황에서 외국인과의 스왑계약 기일이 닥침에 따라 심각한 외화유동성 부족사태에 직면하게 되었다. 이에 따라 국내 은행들은 외화자금 확보를 위해 사방팔방으로 뛸 수밖에 없었다.

설혹 외화대출의 상환기일이 도래하여 국내기업들에게 원리금 상환을 독촉해 보아도 국내은행들은 자금회수에 있어 뾰족한 성과를 거둘 수 없었다. 외화대출을 받았던 기업이 수출기업인 경우에는 수령한 수출대금으로 원리금을 상환할 수 있었으므로 어려움이 크지 않았다. 그러나 외화대출을 받은 다수의 기업들은 수출과 관계가 없는 내수기업이었다. 이들은 시설자금은 물론 운전자금으로 쓸 용도로 외화대출을 받았던 터였다. 이들 기업들은 영업활동을 통해 외화를 확보할 수 없었기 때문에 만기일에 외환시장에서 외화를 매입하여 거래은행에 외화대출 원리금을 상환해야 했다.[39] 그런데 2008년 글로벌 금융위기 이후 외환시장에서 환율이 급등함에 따라 눈 깜짝할 사이에 원리금 상환부담이 가중되었다. 자연스러운 결말이지만 많은 차입 기업들이 약속된 날짜에 외화대출 원리금을 갚을 수 없게 되었다.

한편 금융감독 당국은 미시 외환건전성 감독의 일환으로 국내은행들이 외화유동성 관리지표를 지킬 것을 요구하고 있다. 대표적인 외화유동성 비율로는 '3개월 외화유동성 비율'을 들 수 있다.[40] 이

---

[39] 실제 업무에서는 외화표시 차입금액에 당일 미달러 환율을 곱한 원화금액을 거래은행에 상환하면 된다.

[40] 현행 은행부문 외화유동성 관리지표에는 이밖에도 갭 비율(외화자산·부채 만기 불일치 비율)과 중장기외화대출재원 조달비율이 있다.

비율은 잔존 만기 3개월 이내 외화부채에 대한 잔존 만기 3개월 이내 외화자산의 비율을 말하는데 은행업감독규정에 의거 국내은행은 이 비율을 85% 이상으로 유지하도록 되어 있다. 2008년 당시 기획재정부와 금융감독원은 보도자료를 통해 국내은행들의 3개월 외화유동성 비율이 지도비율 85%를 훨씬 웃도는 100% 수준을 유지하고 있는 점을 들면서 국내은행들의 외화유동성 상황이 양호함을 적극 홍보한 바 있다.[41]

2008년 글로벌 위기 직전에 국내은행들은 국내기업들로부터 외화대출 만기일에 당연히 원리금을 상환 받을 수 있을 것으로 예상하고 있었다. 그렇기 때문에 대출 약정기일이 3개월 안으로 다가오면 당연히 위의 '잔존 만기 3개월 이내 외화자산'에 포함시켜 외화유동성 비율을 계산하였다. 금융감독원은 이러한 국내은행들의 보고만을 믿고 국내은행들의 '3개월 외화유동성 비율'이 100% 수준을 유지하는 등 외화유동성 사정이 양호하다고 호언장담하였다. 그러나 국내 외환시장이 경색되고 환율이 급등함에 따라 외화대출을 받았던 대다수의 내수기업들은 외화대출 원리금을 갚을 수가 없었다. 당연한 귀착이지만 국내은행들은 2008년 9월 글로벌 금융위기 이후 외화유동성 면에서 심각한 어려움을 겪었다. 이에 따라 금융감독원이 수행하는 미시 외환건전성 감독의 문제점이 드러나게 되었다.

박원암·김동순·박대근은 "2008년 국제금융위기에 있어서 한 가지 특이사항은 국내은행들이 외화건전성 유지를 위해 요구되는 외

---

41 기획재정부 보도참고자료, '파이낸셜 타임스(FT) Lex 칼럼 내용 검토', 2008. 8. 14, p.4 ; 금융감독원 보도해명자료, 'Financial Times, 「한국의 은행들」기사에 대한 해명', 2008. 10. 7, p.5.

화유동성 관리지표를 모두 충족시켰음에도 불구하고 은행들이 외화유동성 위기에 직면했다는 사실"이라고 비판하였다.[42] 그렇다면 2008년 글로벌 금융위기 직후 국내은행들이 외화유동성 위기 상황에 몰렸음에도 불구하고 어떻게 관련 지표들은 금융감독원이 규제하는 수준 이상으로 양호하게 나올 수 있었을까? 지금까지의 국내 연구결과를 보면 다음의 두 가지 설명이 가능한 것으로 생각된다.

먼저 위 3인은 "(국내은행들이) 단기외채로 조달한 외화자금을 단기대출의 차환 형태로 기업에 대출해 준다면 외화유동성 관리지표는 충족될 수 있다"고 주장하였다. 이것은 국내은행들이 실제로는 기업에 대해 장기로 외화대출을 하면서도 장부에는 단기대출을 한 것으로 기입하고 만기가 도래하면 계속 단기대출을 하는 것으로 연장처리하여 왔다는 주장이다. 은행들이 이런 방식으로 외화대출 업무를 처리할 경우 외화유동성 관리지표에는 아무 문제가 없는 것으로 나오게 된다는 설명이다.

한편 이대기·이규복은 금융위기 기간 내내 국내은행들의 외화유동성 비율이 감독당국의 지도비율을 현격히 웃도는 것으로 나타났던 것은 이들 지도비율이 평균잔액이 아닌 월말 잔액 또는 연말 잔액처럼 말잔 금액을 기준으로 하여 관리되고 있었기 때문이라고 주장하였다.[43] 이들에 따르면 "국내은행들이 월말에 무리한 자금조달을 통해서라도 지도비율을 맞추었기 때문인데 이는 월말 외화자금시장의

---

42   박원암·김동순·박대근, '통화 및 외환정책', 「금융위기 이후, 우리나라 금융이 나아갈 방향」, 전국경제인연합회, 2009, pp.239~40.
43   이대기·이규복, '외환관리 정책의 재조명과 바람직한 외환정책', 한국금융연구원 국제회의 발표자료, 2009. 8. 11, p.22.

수급을 왜곡시키는 요인으로 작용했다"는 것이다.

위의 두 가설 중에서 어느 쪽이 실제 일어났던 상황을 보다 잘 설명하는 것일까? 그것도 아니면 이밖에 다른 원인이 있었던 때문은 아니었을까? 금융감독 당국이 이에 대한 조사결과를 공식적으로 발표한 바 없기 때문에 무어라고 예단하기는 어렵다. 그러나 어떤 이유에서건 금융감독 당국이나 국내은행들 모두 제때 상환 받지도 못할 외화대출을 잔존 3개월 이내 외화자산에 포함시켜 '3개월 외화유동성 비율'이 100%가 넘는다고 으시댔으니 결과적으로 부질없는 숫자놀음을 한 셈이었다.

산업은행의
리먼 브러더스
인수 추진

01

의아스러운 리먼 브러더스
서울대표의 산업은행장 임명

2008년 6월 2일 전광우 금융위원장은 언론브리핑을 가졌다.[1] 이 자리에서 전 위원장은 먼저 산업은행의 민영화 및 한국개발펀드[2] 설립 방안을 발표하였다. 아울러 정부가 제34대 산업은행장[3]으로 민유성 리먼 브러더스(이하 Part 06에서는 '리먼'이라고 칭함)증권 서울지점 대표를 내정하고 임명 절차를 진행하고 있음을 밝혔다. 이 날의 언론 브리핑은 전 위원장 스스로 밝혔듯이 급작스럽게 이루어진 측면이 없지 않았다. 당시 전 위원장은 런던과 뉴욕 출장을 마치

---

1   이날 언론브리핑의 내용은 '산업은행 민영화 및 한국개발펀드 설립 방안'이었다. (금융위원회, 『전 광우 금융위원회 위원장 연설문집』, 2009, pp. 48~53 참조)
2   추후 국회 입법과정에서 정책금융공사로 명칭이 바뀌었다.
3   2009년 5월 21일 시행된 개정 한국산업은행법(법률 제9703호)에 의거 산업은행 수장의 직위 명이 종전의 산업은행 총재에서 산업은행장으로 바뀌었다. 따라서 민유성 리먼 브러더스 대표가 산 업은행의 수장으로 임명되었던 2008년 6월 당시 그의 공식 직함은 산업은행 총재였다. 그러나 그는 2008년 6월 11일 정부로부터 임명장을 받은 직후 "이제부터는 산은 총재가 아니라 산은 행장으로 불러달라"고 산업은행 직원들에게 당부하였다. (한국경제신문, 2008년 6월 11일) 이 점을 고려하여 Part 06에서는 산업은행 수장을 처음부터 산업은행장으로 통일하여 쓰기로 한다.

고 귀국한 직후였다. 그러면 당시 그는 왜 갑자기 언론브리핑을 갖게 되었던 것일까?

첫째, 산업은행 민영화 추진에 대한 정부의 확고한 정책의지와 방향을 시장에 전달할 필요가 있었다. 당시 전 세계적으로 서브프라임 위기가 수그러들지 않음에 따라 간헐적으로 국내외 시장 불안이 나타나고 있었다. 이러한 대내외 경제여건의 불확실성은 경우에 따라 산업은행의 민영화 추진에 걸림돌로 작용할 수 있었다. 가변적인 경제여건 등을 이유로 정부가 산업은행 민영화를 차일피일 미루다가는 이를 추진하는 동력 자체가 상실될 수 있었다. 그런데 산업은행 등 '국책은행의 단계적 민영화 추진'은 이명박 대통령의 핵심 대선 공약의 하나였다.[4] 이명박 정부가 출범한 지 얼마 지나지 않았는데 벌써부터 중요 대선공약이 용도폐기된다면 대통령의 국정추진력에 빨간 불이 켜질 수 있는 일이었다. 청와대를 중심으로 한 정권 핵심에서 이같은 우려가 제기됨에 따라 해외 출장에서 돌아온 전 위원장이 서둘러 언론브리핑을 갖게 되었다고 추측할 수 있겠다. 정부가 이미 내부적으로 확정한 산은 민영화 방침을 하루빨리 발표하여 이를 기정사실화할 필요가 있었던 것인데, 이것은 이날 전 위원장의 브리핑 모두발언에서도 그대로 드러났다.

당초 산업은행 민영화 방안은 여타 공기업들의 민영화 방안과 연계하여 발표코자 발표 일정을 다소 늦추어 왔으나 지난 주 제가 런던, 파리를 다녀오면서 국제금융계의 동향과 분위기를 살펴보니 서브프라

---

4   매일경제신문사, 『MB노믹스 : 이명박 경제독트린 해부』, 2008. 1. 2, p.248.

임 사태 이후 내외 투자자들의 불확실성에 대한 불안감이 아직 큰 상황이고 자칫 부정적 인식이 추가로 확산될 우려도 있어, 불필요한 불안감과 오해를 불식하는 차원에서 확정된 방침은 조속히 발표함으로써 시장의 우려를 덜어 줘야 되겠다는 생각에서 서둘러 일자를 잡아 발표를 추진하게 되었다.

전광우 위원장이 이날 언론 브리핑을 가졌던 둘째 이유는 신임 산업은행장에 민유성 리먼 증권 서울지점 대표를 내정한 것과 관련이 있었다. 이명박 정부가 출범한 직후 추진된 금융기관장 물갈이 인사로 김창록 총재가 사표를 제출함에 따라 당시 산업은행장은 공석이었다. 전 위원장은 언론브리핑에서 "그간 산업은행 민영화 및 투자은행으로의 전환에 대비하여 산업은행장의 역할을 훌륭히 수행할 국제경쟁력을 갖춘 CEO를 물색하여 왔으며, 이에 민유성 대표가 적임자라고 판단하였다"고 밝혔다. 전 위원장은 "내정자는 그동안 IB 분야에 근무하면서 국내외 금융계 인사들은 물론 실물경제 인사들과도 폭넓은 인적 네트워크를 형성하여 국내외 시장과 원활한 의사소통이 가능할 것으로 기대되며, 정부 정책에 대한 이해도도 높은 것으로 평가된다"고 덧붙였다. 더 나아가 "정부는 내정자가 그간 보여준 풍부한 경험과 식견을 바탕으로, 앞으로 산업은행의 신임 CEO로서 산업은행 민영화를 성공적으로 이끌어 나갈 것으로 기대하고 있다"며 그에 대한 높은 신뢰감을 숨기지 않았다.

이처럼 금융위원장이 산업은행장 내정사실을 직접 발표하고 내정자를 극찬한 것은 매우 이례적인 일이었다. 통상적으로 보면 이 정도의 일은 금융위원회 공보관이 한 장짜리 짧은 보도자료를 기자실에 배포하고 배경설명을 곁들이면 될 사안이었다. 금융위원장이 산업은행장의 임명 제청권자이긴 하여도 언론 브리핑을 통해 직접 내정 사실을 공표한 것은 관행과 상식에서 한참 벗어나는 일이었다.

전광우 위원장이 민유성 대표를 띄웠던 것은 그 동안 그를 둘러싸고 여러 갈래로 제기된 자격 논란을 잠재우기 위한 대응의 성격이 있었을 것이다. 여론의 집중 포화로 무너질 수 있을 민유성 대표를 보호하기 위해 금융위원장이 총대를 메고 나선 격이었다. 민유성 대표가 유력한 산업은행장 후보로 떠오른 것은 2008년 5월 27일이었다.[5] 그런데 산업은행 노동조합은 기다렸다는 듯이 같은 날 "민유성 대표가 산업은행장 자격이 없다"는 내용의 성명서를 발표하였다.[6] 산업은행 노조는 그 근거로 민유성 씨가 대표로 있는 리먼 증권 서울지점이 최근 주가조작 혐의로 물의를 빚은 바 있음을 지적하였다. 산업은행 노조는 "금융위가 함량미달의 인사를 국가경제의 중추적 역할을 담당하는 산업은행 수장으로 제청하려는 것은 터무니없고 무책임한 처사"라고 비판하였다.[7]

민유성 대표에 대한 자격 논란은 수그러들지 않았다. 이번에는 그가 과거 우리금융그룹 재무담당 부회장으로 재직할 당시와 그 직후의 행적이 도마 위에 올랐다. 5월 30일 경향신문은 1991년부터 3

---

5   동아일보, 2008. 5. 28 ; 국민일보, 2008. 5. 28자 등 많은 언론들이 금융위원회 고위 관계자의 5월 27일 발언을 인용하면서 이를 보도하였다.

6   아시아경제가 2008년 9월 16일 보도한 바에 따르면 리먼 브러더스 증권 서울지점은 2001년 12월 27일 설립되었으며, 2008년 7월 말 현재 직원 96명, 총자산 1조 8,000억 원, 자기자본 4,075억 원인 점포였다. 한편 산업은행은 '2008년 연간 경영공시'에 따를 경우 직원 2,472명, 총자산 169.7조 원, 자기자본 15.7조 원에 달하는 대표적인 국책 금융기관이었다. 그렇기 때문에 민유성 대표의 산업은행장 임명은 당시 내외에서 매우 파격적인 인사로 받아들여졌다.

7   파이낸셜뉴스, 2008. 5. 28.

년간 리먼 증권 서울지점 부소장을 지낸 바 있는 민유성 대표가 2002
년 우리금융에 재직하면서 우리금융과 리먼이 지분비율 51 대 49로
설립한 회사에 우리금융과 우리카드 등이 보유했던 부실채권을 처리
토록 한 바 있다고 보도하였다. 이 회사는 이때 벌어들인 수천억 원
대의 수익을 7(리먼) 대 3(우리금융)으로 배분했다. 더욱이 민 대표는
자발적 의사로 2004년 6월 우리금융 부회장을 사임하고 1년 뒤 리먼
서울지점 대표로 취임하였다. 은행권 관계자 및 산은 노동조합은
"부실채권 매각을 담당하면서 자신이 과거 근무했던 회사와 합작한
것도 석연치 않지만 퇴직 후 그 회사 대표로 옮긴 것은 도의적으로
문제가 될 수 있다"고 주장했다.[8]

　　이런 전후사정을 살펴볼 때 전광우 위원장의 언론 브리핑은 민유
성 대표의 산업은행장 임명을 기정사실화함과 아울러 외부에서 더
이상 그를 공격할 수 없도록 정부가 나서서 확실하게 보호막을 치려
고 했던 데 있었음을 짐작할 수 있다. 당시 이명박 정부가 추진하는
산업은행의 민영화 추진 구상과 관련하여 민 대표가 매우 중요한
역할을 맡도록 애초부터 계획되어 있었음을 암시하는 대목이라고
하겠다.

　　민유성 대표의 산업은행장 내정이 발표된 직후인 6월 4일 월스트
리트저널(WSJ) 온라인 판은 "자금난에 빠진 것으로 알려진 리먼이 한
국을 포함한 해외자본의 유치를 추진중이며, (그 일환으로) 한국산업은

8　　경향신문, 2008. 5. 30자는 민유성 대표가 "공개경쟁 입찰을 통해 합작회사를 선정했고, 당시 리
먼이 가장 좋은 조건을 제시해 선정한 것"이라며 "부실채권 매각과정은 투명하게 진행했으며 전
과정을 문서로 기록해 보관하고 있어 문제될 것이 없다"고 밝혔다고 보도하였다. 아울러 민 대표
가 "리먼 서울지점 대표로 간 것은 당시 전임 대표가 자리를 옮겨 공석이었기 때문이었다"고 해명
했다고 덧붙였다.

행, 우리금융그룹 등과 투자 논의를 진행하고 있다"고 보도하였다.[9] 이 보도에 대해 산업은행은 즉각 "리먼으로부터 투자 요청을 받은 적이 없다"고 해명하였다.[10] 파이낸셜뉴스는 산업은행 관계자가 "투자가치가 있다면 고려해볼만 하지만 리먼 쪽에서 공식 요청을 받은 이후에나 검토해볼 문제"라고 말했다고 보도하였다. 이 신문은 "리먼 측의 요청이 있더라도 산업은행 입장에서는 조심스럽다"고 산업은행 내의 신중한 분위기를 전하면서 다음의 세 가지 이유를 들었다.

첫째, 산업은행장에 내정된 민유성 내정자가 리먼 서울지점 대표를 지냈다는 점에서 자칫 특혜 의혹에 휩싸일 수 있다. 둘째, 글로벌 금융환경이 미국의 서브프라임 영향권에서 벗어난 것이 아니어서 무리수를 두기에는 부담스럽다. 셋째, 국내은행들이 외화조달에 어려움을 겪고 있는 현실에서 부실기업에 투자했다가 불똥이 튈 수도 있다.

2008년 6월 11일 민유성 대표가 산업은행장에 취임하였다. 취임 직후 그는 런던과 뉴욕 등지에서 산업은행의 민영화와 관련된 해외 투자설명회를 개최하는 한편 주요 기관투자가들을 만났다.[11] 그는 6월 20일 뉴욕에서 열린 해외투자설명회가 끝난 뒤 한국 특파원들과 만난 자리에서 "앞으로 5년내 아시아에서 투자은행(IB) 최강자로 군림하겠다는 게 첫 번째 목표"라고 밝혔다. 7월 24일에는 여의도 산업은행 본점에서 기자간담회를 갖고 "산업은행이 아시아를 포함한 해외시장에서 인수·합병(M&A)하는 방안을 검토하기 시작했다"고 밝

---

9   이데일리, 2008. 6. 4 ; 파이낸셜뉴스, 2008. 6. 4.
10   파이낸셜뉴스, 2008. 6. 4.
11   파이낸셜뉴스, 2008. 6. 10.

했다.[12] 그는 "글로벌시장 여건이 악화돼 해외 금융회사의 몸값이 떨어질 때가 산업은행의 해외 비중을 늘릴 절호의 기회이기 때문에 해외 M&A를 생각하지 않을 수 없다"고 말했다.

전광우 금융위원장도 7월 28일 국회 공기업관련대책특별위원회에 출석해 "(외국의 대형 투자은행을 인수합병[M&A]하는 것을) 정부 차원에서도 검토하고 있다"고 밝혔다. 이 같은 발언은 이날 김성식 의원이 7월 25일자 파이낸셜타임스지의 보도를 인용하면서 "박해춘 국민연금공단 이사장이 '외국의 대형 IB 지분을 사겠다, 관심 있다, 그리고 좋은 기회가 왔다' 이런 표현을 했다"라며 "사견이 어떤가?"라고 질의한 데 대해 답변하는 과정에서 나왔다.[13]

전 위원장은 산업은행이 민영화된 이후 IB로 발전해 나가는 방법에 대해서도 "다른 은행이나 금융그룹과 연합된 다음에 발전하는 방법, 스스로 IB 역량을 키워 나가는 방법, 또 필요하다면 M&A를 통해서 국제적인 IB 역량을 바로 접목시켜서 발전하는 방법 등 다각적인 방법을 검토하고 있다"고 정부의 구체적인 구상을 개진하였다.

---

12   매일경제, 2008. 7. 24.
13   국회 공기업관련대책특별위원회 회의록, 2008. 7. 28, pp.22~5.

02

리먼 인수 시도 : 무능과
도덕적 해이의 극치

해외 언론들은 8월 하순 들어 산업은행의 리먼 인수와 관련된 뉴스들을 쏟아내기 시작했다. 영국의 파이낸셜타임스지는 8월 21일 리먼이 8월 초에 한국산업은행과 중국 시틱증권에 지분 50%를 매각하기 위한 비밀협상을 벌였지만 무산됐다고 보도하였다.[14] 이 소식은 뉴욕 증시에서 금융주들의 동반하락으로 이어졌고 8월 21일 뉴욕 증시는 혼조세로 마감했다. 그러나 8월 22일 오전 로이터 통신은 산업은행 대변인이 "모든 가능성을 염두에 두고 있으며 리먼 (인수)도 그 중 하나"라고 언급했음을 인용하면서 여전히 산업은행이 리먼을 인수할 가능성이 있다고 보도하였다. 이 보도에 힘입어 뉴욕 주식시장에서 리먼 주식은 장중 16%나 급등했고 다우지수는 200포인트 가깝게 뛰었다. 이처럼 당시 뉴욕 주식시장은 산업은행의 리

---

14   파이낸셜뉴스, 2008. 8. 21.

면 인수와 관련된 뉴스에 매우 민감하게 반응하였다.[15]

이러한 언론보도들에 대해 민유성 행장은 기자와의 통화에서 "리먼 인수와 관련된 것은 그 어떤 것도 언급할 수 없다"며 "(협상이 끝난 것인지 진행 중인 지에 대해서도) '노코멘트' 할 수밖에 없는 상황을 이해해 달라"고 즉답을 피했다.[16] 언론들은 이러한 산업은행의 대응을 인용하면서 산업은행이 리먼 인수 카드를 여전히 움켜쥐고 있으며, 어떤 형태로든 협상의 문을 열어두고 있는 것으로 보인다고 보도하였다.

그러나 산업은행의 리먼 인수는 전광우 금융위원장의 발언을 계기로 추진동력이 크게 약화되는 전환점을 맞게 된다. 전 위원장은 8월 25일 금융위원회 출범 6개월을 맞아 열린 기자간담회에서 산업은행이 주도하는 리먼 인수에 대해 부정적인 입장을 피력하였다. 그는 "산업은행이 미국 서브프라임 모기지론 사태 이후 가격이 떨어진 세계 유수의 투자은행(IB) 인수 가능성을 검토하는 것으로 알고 있지만 정부 산하의 공적기관이 과도한 부담을 안는 인수주체가 되는 것은 적절치 않다"고 말했다. 그는 "이런 종류의 거래는 민간이 주도가 돼 참여범위와 조건에 대해 핵심적인 의사결정을 하는 것이 바람직하다"며 "글로벌 투자은행(IB)들의 가격이 많이 내려왔다는 점은 인정하지만 금융시스템 안정이 우선시돼야 하는 현 시점에서는 바람직하지 않다"고 확실히 선을 그었다.[17]

머니투데이는 9월 1일 "우리금융지주회사 이팔성 회장이 8월 28일 뉴욕 현지에서 우리투자증권을 통한 유럽 증권사 인수 가능성을

---

15   이데일리, 2008. 8. 23 ; 머니투데이, 2008. 8. 24.
16   서울경제, 2008. 8. 24.
17   서울신문, 2008. 8. 26.

언급한 데 대해서도 전광우 위원장이 곧바로 우리금융 측에 우려의 목소리를 전달했다"고 보도하였다. 이 신문은 이명박 정부 출범 직후부터 국내은행들의 글로벌 IB 인수 가능성을 언급하고 독려해 온 사람이 전 위원장이었다는 점을 들면서 "산업은행이나 우리금융의 해외 M&A에 제동을 걸고 나선 것이 그의 개인 판단은 아닌 것으로 보인다"고 보도하였다. 전 위원장에게 영향력을 미칠 정도로 힘이 있는 정권 실세 또는 청와대의 의중이 반영된 결과라는 해석이었다.

8월 25일에 있었던 전 위원장의 입장 표명을 계기로 언론에서도 기다렸다는 듯이 산업은행의 리먼 인수에 대한 시시비비에 적극 나서기 시작하였다. 이를 종합해 보면 찬성론에 비해 반대론이 훨씬 우세하였다. 찬성하는 사람들은 헐값에 매물로 나온 월가의 굵직한 투자은행(IB)을 국내 금융기관이 인수할 경우 단번에 글로벌 금융회사로 도약할 수 있는 기회가 될 것이라고 주장하였다.[18] 여기에는 "국내은행이 자체적으로 글로벌 IB로 성장하는 것은 거의 불가능한 만큼 통째로 인수하는 것이 가장 쉽고 효율적인 방법"이라는 견해가 뒷받침되고 있었다.[19]

한편 반대론의 근거로는 다음과 같은 점들이 지적되었다.[20]

첫째, 리먼이 서브프라임 모기지(비우량 주택담보대출)에 물린 부실 규모를 정확하게 모르는 상태이므로 투자 자체를 논하기가 어렵다. 장부상 가격이 중요한 것이 아니다. 왜 리먼이 이같은 처지로 몰렸는

---

18 한국일보, 2008. 8. 28.
19 한국경제, 2008. 8. 31.
20 반대론은 한국일보 2008. 8. 28 ; 한국경제 2008. 8. 31 ; 이데일리 2008. 9. 1 ; 머니투데이 2008. 9. 2 ; 매일경제 2008. 9. 2 ; 서울경제 2008. 9. 3 ; 세계일보 2008. 9. 4 등에 게재된 보도기사 및 사설 등을 정리하였다.

지 살펴보아야 하고 아직 부실이 더 남았는지 지켜보아야 한다. 지금은 신용위험이 크고 불확실성이 높은 상황이기 때문에 글로벌 IB들의 자산을 우량자산과 부실자산으로 구분할 수 없다. 이런 상황에서 산업은행이 최대 주주가 된다면 부실이 더 커지거나 숨은 부실이 드러남으로써 산업은행이 완전히 물릴 수 있다.

둘째, 산업은행이 리먼을 인수하더라도 리먼을 제대로 경영하거나 통제·관리할 능력이 없다. 인원 및 글로벌 네트워크 등 모든 면에서 10배 이상 규모가 큰 리먼을 산업은행이 장악하는 것은 사실상 불가능하다. 더욱이 리먼이 산업은행에 인수되면 리먼의 핵심 인재들이 다른 IB로 대거 이탈할 가능성이 있고 결국 산업은행은 껍데기만 사는 결과가 초래될 수 있다.

셋째, 리먼이 필요로 하는 자본 확충을 지원해주기 위해서는 수십억 달러를 당장 리먼에 집어넣어야 한다. 그런데 국내외 금융시장이 악화되고 있는 상황에서 이는 매우 어렵고 바람직스럽지 못한 일이다. 리먼 인수가 초읽기에 들어간 것 같은 분위기가 감지되자 벌써 시장이 들썩이고 있지 않은가.

넷째, 산업은행 민영화를 코앞에 둔 상태에서 규모가 큰 글로벌 IB를 사들여 덩치를 키울 경우 민영화 추진에 걸림돌로 작용할 수 있다. 어렵게 인수한 해외 금융기관이 부실 등으로 애물단지가 되면 민영화할 때 제값을 받기가 어려워진다. 성공한 M&A가 된다고 해도 몸집이 너무 커지면 과거 우리금융의 민영화 추진 때처럼 매각이 어렵게 될 수 있다. 그렇게 되면 이명박 정부 임기 내 민영화를 완료한다는 정부 계획에 차질이 생길 수 있다.

다섯째, 지난 6월 초에 한국투자공사(KIC, 이하 KIC라고 칭함)는 최고의사결정기구인 운영위원회를 열고 격론 끝에 리먼에 투자하지 않는 것으로 결정한 바 있다.[21] 국부펀드인 KIC가 2개월 전에 포기한 투자 건에 대해 만일 국책은행인 산업은행이 나서기로 결정한다면 국민들에게 분명히 합리적인 이유를 밝혀야 한다.

여섯째, 민유성 행장이 보유하고 있는 것으로 알려진 리먼 스톡옵션이 큰 쟁점으로 부각되었다. 매일경제신문은 '지금이 리먼 인수 거론할 때인가'라는 제목의 사설을 통해 산업은행의 리먼 인수에 반대하는 입장을 표명하였다.[22] 반대하는 주요 논거의 하나로는 민 행장이 보유하고 있는 리먼의 스톡옵션이 거론되었다. 곧 이 신문은 리먼 인수에 앞서 해결되어야 할 당면과제로 "민유성 산업은행장이 보유한 리먼 스톡옵션을 투명하게 처리하는 문제, 리먼 인수과정에 등장한 몇몇 인물들에 대한 소문이 더 이상 나돌지 않도록 하는 것 등"이라고 주장하였다. 세계일보는 이 문제에 대해 경제개혁연대 김상조 한성대 교수가 "민 행장은 리먼에서 일했던 것만으로도 이번 인수를 추진하는 게 부적절할 수 있는데 스톡옵션까지 갖고 있다면 심각한 이해상충의 상황"이라고 논평했다고 보도하였다.[23]

산업은행의 리먼 단독 인수에 대한 전광우 위원장의 부정적인 입장 표명과 비등하는 반대 여론에도 불구하고 민유성 행장은 리먼 인수에 대한 집착을 버리지 않았다. 머니투데이는 8월 29일 "취임 전

---

21   당시 KIC 운영위원회 위원장이었던 김인준 서울대 경제학부 교수는 조선일보(2008. 9. 17) 칼럼을 통해 "그 당시 투자가 이루어지지 않은 이유는 추가 부실에 대한 우려가 매우 크며 상대적으로 시가총액 규모가 다른 투자은행에 비해 현저히 작아서 외부 충격이 올 경우 자본이 완전히 잠식될 우려가 매우 높았기 때문"이었다고 밝힌 바 있다.
22   매일경제신문, 2008. 9. 2.
23   세계일보, 2008. 9. 4.

리먼 서울대표를 역임한 민유성 행장의 공격적 성향과 민영화를 앞
둔 산업은행의 '파격' 가능성 때문에 리먼 인수설은 사그라지지 않
고 있다"고 분석하였다. 민 행장은 9월 2일 기자들과 만나 "리먼을
단독으로 인수하는 것보다는 공동 인수하는 것이 바람직하다는 생각
에 민간은행들과 컨소시엄을 구성하는 방안을 논의하고 있다"면서
"(인수문제와 관련해) 정부와 견해차가 없다"고 말했다.[24] 그러나 당시
산업은행과의 공동 인수 파트너로 거론되고 있던 한국의 은행들은
"공동인수를 제안 받지 않았고 관심도 없다"며 컨소시엄 구성 가능
성을 부인하였다.[25]

이처럼 산업은행의 리먼 인수와 관련된 논란이 계속되던 2008년
9월 초 전광우 금융위원장은 집무실로 민유성 산업은행장을 불렀
다.[26] 전 위원장은 민 행장에게 "리먼 인수 추진을 중단하는 게 좋을
것 같다. 국내외 경제상황을 감안할 때 잠재 부실규모가 불확실한 리
먼을 인수하는 건 무리인 것 같다"고 말했다. 전 위원장은 9월 8일
기자간담회를 통해서도 산업은행의 리먼 인수는 신중할 필요가 있다
는 입장을 재차 강조했다. 서울신문은 이 자리에서 전 위원장이 "인
수합병(M&A)은 조건이 안 맞으면 중단됐다가 여건이 성숙하면 다시
추진될 수도 있다. 현재 금융시장 여건 하에서는 매우 신중한 접근이
요구된다"고 말했음을 인용하면서 "(전 위원장이 산업은행의 리먼 인수에
대해) 사실상 반대의사를 밝혔다"고 보도하였다.[27]

---

24   동아일보, 2008. 9. 3.
25   MBC, 2008. 9. 2 ; 이데일리, 2008. 9. 4.
26   한국경제신문, 2012. 9. 17.
27   서울신문, 2008. 9. 9.

결국 산업은행은 9월 10일 보도자료를 통해 "현 시점에서 리먼과 거래조건에 이견이 있고 국내외 금융시장 상황을 고려하여 협상을 중단하였다"고 발표하였다. 그로부터 닷새 후인 9월 15일 리먼은 미국 뉴욕법원에 파산보호 신청을 하였다. 이를 계기로 전 세계는 글로벌 금융위기의 심연으로 빨려 들어갔다.

03

국회 등에서
제기되었던 비판

    산업은행이 국회 국정감사에서 밝힌 바에 따르면 민
유성 행장이 추진하다가 결국 불발로 그친 리먼 인수는 대략 다음과
같은 골격으로 되어 있었다.[28] 첫째, 산업은행은 리먼의 부실자산을
분리한 후의 Good Bank에 대한 투자만을 고려하였다. 둘째, 산업은
행은 컨소시엄 투자자의 일원으로서 10억~20억 달러의 투자를 고려
하였다. 셋째, 리먼에 대한 예상투자액은 총 60억 달러 규모였는데
컨소시엄의 구성은 산업은행 및 해외투자자를 포함한 4개사 정도를
고려하였고 나머지 금액은 투자목적회사가 차입하는 구조였다. 넷째,
산업은행이 컨소시엄의 일원으로서 투자할 10억~20억 달러는 산업
은행의 유동성이나 조달능력으로 충분히 가능하다고 판단하였다.

---

28 2008년도 국정감사 정무위원회 회의록, 2008. 10. 21, p.51 ; 같은 회의록(부록), 2008. 10. 21,
    p.54. 민유성 행장은 국정감사에서의 답변을 통해 "실제로 저희가 6조 원 투자를 하게 되면 실제
    산업은행이 투자할 지분 부담은 약 1~2조 원 정도로 생각이 됐다"고 답변하였다.

리먼이 천문학적인 부실 규모로 인해 결국 파산함에 따라 국내에서는 산업은행의 인수 시도에 대한 비판이 봇물처럼 쏟아지기 시작했다. 국회의원들은 미국 금융시장 관련 현안을 보고받기 위해 2008년 9월 17일 열린 국회 정무위원회와 약 한달 후 시작된 국정감사[29] 등에서 이를 집중 성토하였다. 국회의원들의 비판은 다음 해 국정감사에까지 이어졌다. 국내에서 이 문제가 점차 잊혀져갈 무렵인 2012년에는 재미 한국 언론인이 미국에서 입수한 정보를 공개하면서 이 문제에 다시 불을 붙였다.

첫째, 의원들은 부실 덩어리인 리먼을 인수하려고 했던 산업은행의 무모함에 대해 비판하였다. 의원들은 리먼의 부실규모에 대한 정보가 매우 빈약하였고 산업은행이 제대로 실사를 할 수 없는 여건이었음에도 불구하고 시종일관 공격적으로 리먼 인수를 추진했던 데 대해 질타하였다. 고승덕 의원은 "리먼이 산업은행 측에 제대로 정보를 주지 않고 엉터리 실사를 시켜서 금융위원회와 청와대를 설득하고 산업은행을 적당히 속여 60억 달러를 받아내려고 했다"며 "산업은행도 금융위에 리먼의 부실 규모를 자체적으로 파악한 것보다 축소 보고하는 등의 잘못을 저질렀다"고 추궁하였다.[30] 그는 "리먼 인수 건은 대한민국 건국 이래 최대의 금융 사기사건 미수였다"고도 주장하였다.[31] 박상돈 의원은 "국민들은 망해 가는 리먼을 살리려다가 함께 망할 뻔한 은행이 산업은행이라는 시각을 가지고 있다. 미국

---

29 2008년 국회 정무위원회 국정감사는 금융위원회에 대해서는 10월 16일과 10월 24일에, 산업은행에 대해서는 10월 21일에 각각 실시되었다.

30 2008년도 국정감사 정무위원회 회의록, 2008. 10. 21, pp.22~3.

31 위 회의록, 2008. 10. 16, p.22.

정부가 골드만삭스나 메릴린치를 구제하면서도 리먼을 포기한 것은 회생 가능성이 적었기 때문이다. 그런데 우리는 너무나 용감하게 달려들었다"고 비판하였다. 그는 영국 파이낸셜타임스지의 보도 등을 인용하면서 "리먼을 우리가 인수했더라면 세계적인 금융위기 속에서 한국이 새로운 (금융위기의) 진앙지가 될 뻔 했다"고 말했다.[32]

고승덕 의원은 "산업은행이 리먼 인수를 포기한 다음에 리먼이 뱅크오브아메리카(BOA)에 인수해 달라고 손을 내밀었는데, 뱅크오브아메리카가 리먼의 부실자산을 커버하기 위해 미 연준에 자금 지원을 요청했던 금액이 650억 달러였다"고 밝혔다. 그는 "산업은행이 60억 달러 만들어서 인수하면 된다고 생각했지만 뱅크오브아메리카는 650억 달러 가지고도 안 되기 때문에 결국 망한 것인데 아직도 민유성 행장은 60억 달러 넣었더라면 (리먼을) 살릴 수 있었다고 국민들을 기망하고 있다"고 비판하였다.[33]

둘째, 의원들은 부실 덩어리로 판명난 리먼의 인수를 저돌적으로 추진한 민유성 행장의 도덕성에 대해 강도 높게 비판하였다. 고승덕 의원은 "민유성 행장이 리먼 스톡옵션을 보유하고 있음에도 불구하고 재산신고시 '리먼 주식 0주'라고 표기하고 스톡옵션은 언급하지 않았다"며 "이는 공직자윤리법을 위반한 것으로 해임 또는 징계 사유에 해당한다"고 비판하였다. 그는 "(민 행장이) 자기가 보유한 스톡옵션의 가치를 높이기 위해서 특수관계가 있는 회사(리먼)와 말도 안 되는 거래를 시도했다"고 주장했다.[34] 이에 대해 전 위원장은 "2008

---

32 앞의 회의록, 2008. 10. 21, pp.74~5.
33 앞의 회의록, 2008. 10. 24, p.61~2.
34 고승덕 의원과 전광우 금융위원장의 질의답변 내용은 제278회 국회(정기회) 정무위원회회의록, 2008. 9. 17, p.25~27 및 서울경제신문 2008. 9. 18 보도에 따른 것이다.

년 7월 처음 산업은행으로부터 (리먼 인수와 관련된) 가능성을 보고받았고, 이때 민 행장이 '그 회사에 스톡옵션이 있기 때문에 오해의 소지가 많이 있어서 이 건이 추진된다면 스톡옵션을 모두 포기한다는 각서를 쓰겠다'고 먼저 얘기했었다"며 "(민 행장이) 이 일로 개인적 이득을 취하려 했다는 데에는 동의하기가 어렵다"고 답변하였다.

국회 정무위원회에서 이 문제가 거론되던 9월 17일 산업은행은 이와 관련된 보도자료를 배포했다. 이 자료에 따르면 첫째, 민 행장은 공직자재산신고 당시 "리먼 현물주식 또는 스톡옵션을 전혀 보유하고 있지 않으며, 다만 리먼 근무 시 부여받은 스톡 어워드(stock award) 5만 9천주를 보유하고 있다"고 리먼의 스톡 어워드를 정확하게 기재하여 신고하였다.[35] 둘째, 그런데 관보에 게재될 때 공직자재산신고서의 비고란에 기재되었던 스톡 어워드 부분이 어떤 연유에서인지 표시되지 않았을 뿐이다. 산업은행은 해명 내용의 신뢰도를 높이기 위해 민 행장의 공직자 재산등록신고서류 사본도 공개하였다. 한편 KBS는 민유성 행장이 리먼 인수 협상 성공시 스톡 어워드를 포기하겠다고 8월 4일 이사회에 밝혔다고 보도하였다.[36]

한편 박상돈 의원은 "민 행장이 (리먼으로부터) 약 6만주에 달하는 스톡 어워드(stock award)[37]를 받았기 때문에 우리 국민들이 민 행장의 처신을 불안하게 보아 왔다"고 지적하였다. 박 의원은 민 행장이 "(리먼 인수 협상 성공시 스톡 어워드를 포기하겠다고) 얘기를 했지만 그것을 실

---

35 산업은행은 이 보도자료에서 "스톡 어워드(stock award)는 현재 보유주식이 아니라, 퇴직 후 일정기간이 경과한 뒤, 정해진 스케줄에 따라 주식으로 지급되는 일종의 상여금 형태"라고 설명하였다.
36 KBS, 2008. 9. 17.
37 박상돈 의원은 "(리먼이 산업은행에) 사달라고 할 때의 주식가격인 1주당 17달러 정도로 환산하면 100만 달러가 넘는 돈"이라고 말했다.

행에 옮긴 것은 아니다"라고 비판하였다. 박 의원은 "만일 국가를 살리기 위해 이 문제에 뛰어든 사람 같으면 스톡 어워드 6만주 정도는 내던졌어야 했다"고 말하였다. 그는 "그런 스톡 어워드를 가지고 있는 당사자가 협상의 주체가 된 데다 일부에서는 산업은행장으로 부임하기 이전부터 리먼 인수작업을 했다고 의심하는 상황이기 때문에 (국민들의 눈에는 민 행장이) 리먼의 입장에서 협상을 주선한 사람이 되고 더군다나 국익에 반하는 것 아니냐는 의심들을 하게 된다"고 부연 설명하였다.[38]

셋째, 박선숙 의원과 박상돈 의원은 권력의 배후조종설을 제기하였다. 박선숙 의원은 "아무리 여러 가지 자료를 들여다봐도 리먼 인수는 민유성 행장 단독으로 추진했다가 행장의 판단으로 거둬들인 것이라고 보기가 어렵다"고 주장하였다. 박선숙 의원은 "민유성 행장의 발탁에서부터 추진과정 전 과정에 대하여 자료를 쭉 받아봤는데 (민 행장이) 금융위원회와 지속적으로 논의를 해 왔음"을 지적하였다. 박선숙 의원은 계속해서 '8월 25일 그 언저리에 금융위원장이 생각을 바꾸거나 입장을 변경할 만한 불가피한 사유가 발생한 것으로 해석할 수밖에 없다"고 주장하면서 "금융정책의 수장이 석 달 만에 생각을 바꾸는 것을 보면서 국민들과 시장은 뭐라고 하겠는가?"라고 질의하였다.[39] 전광우 위원장은 이에 대해 "정부와 금융당국이 리먼 건과 관련해서 입장을 바꿨다든지 신뢰를 주지 못하는 방향으로 대처했다고 하는 말에는 동의할 수가 없다"고 답변하였다.[40]

38   2008년도 국정감사 정무위원회 회의록, 2008. 10. 21, p.74.
39, 40 제278회 국회(정기회) 정무위원회 회의록, 2008. 9. 17, p.18.

박상돈 의원은 이명박 정부가 (리먼이 부실 덩어리인 것을) 알고 있음에도 불구하고 인수하려고 했던 것은 금산분리 및 민영화와 연계시켜서 산업자본인 특정 재벌이 리먼 인수를 마친 산업은행을 통째로 인수하도록 하기 위한 데 있었다고 주장하면서 다음과 같이 권력의 배후설을 거론하였다.

그러면 (정부가) 왜 그러냐? 금산분리, 금융공기업의 민영화, 이것이 바로 숨겨진 열쇠(hidden key)이다. 산업은행의 리먼 인수는 결코 민 행장 단독작품이 아니다. 큰 그림은 금산분리정책 완화에 포인트가 있다. 산업은행이 리먼을 인수하여 몸집을 불리면 여기에는 부실자산이 들어온다. 그러면 민영화가 굉장히 어려워지게 되는데 이것을 할 수 있는 우리의 대기업 집단이 있다. 정부가 보조를 해 주면 이것을 먹으려 하는 대기업 집단이 있다고 생각한다. (정부가) 금산분리, 민영화와 연계시켜서 바로 이런 작품을 만들어 내려고 했다. 특정 재벌을 염두에 두고, 능력 있는 사람은 거기밖에 없으니까, 사내유보금을 많이 쌓아 놓고 있는 산업자본이 있으니까, 그것을 믿고 이런 일을 했다고 생각한다. 이것이 산업은행의 리먼 인수가 갖는 정치적 의미다.[41]

넷째, 재미 언론인 안치용 씨는 산업은행의 리먼 인수가 산업은행이 아니라 이명박 전 대통령과 매우 가까운 친구인 김승유 전 하나금융그룹 회장의 주도로 추진되었다고 주장하였다. 또 다른 형태의 음모설인 셈이다. 그는 2012년 10월 17일 자신의 블로그 「SECRET

---

41   2008년도 국회 국정감사 정무위원회 회의록, 2008. 10. 21, p.75.

OF KOREA」를 통해 이를 주장하는 근거 자료를 공개하였다. 그것은 리먼 파산관재위원회가 리먼에서 압수한 문건이었다. 이 문건은 조건호 리먼 부회장이 2008년 5월 29일 리먼 최고 경영진에게 '한국컨소시엄의 리먼 투자 관련 기회와 핵심 쟁점 브리핑'이라는 제목으로 보낸 두 장짜리 문서였다. 안치용 씨는 이 문서를 통째로 자신의 블로그에 올렸다. 이에 따르면 '비밀메모(confidential memorandum)'라고 명시된 이 문서는 5월 29일 작성됐고 이 메모를 받은 사람은 리먼의 최고 경영진들이었다.

안치용 씨는 이 문서를 분석해 볼 때 다음과 같은 충격적인 사실이 드러났다고 주장하였다. 먼저, 김승유 하나금융그룹 회장은 조건호 부회장에게 이명박 대통령과 강만수 기획재정부장관으로부터의 지원을 확약하였다. 또한 전광우 위원장은 종전에 알려진 것과는 달리 민유성 대표가 산업은행장으로 임명되기 이전인 5월 24일 조건호 부회장과 민 대표로부터 리먼 투자에 관한 브리핑을 받았으며, 이 투자 건을 강력하게 지지한다고 밝혔다. 아울러 기존에 알려진 것과는 달리 이명박 대통령과 매우 친한 친구인 김승유 하나금융그룹 회장이 산업은행 KIC 국민연금공단 등 3개 기관을 이끌며 리먼 인수를 배후 조종하고 있었다. 김승유 회장과 조건호 부회장이 만났던 5월 26일 이들은 산업은행(20억 달러), 하나금융그룹(10억 달러), KIC(10억 달러), 국민연금(10억 달러) 등으로 구성된 한국컨소시엄이 리먼에 50억 달러를 투자하는 문제를 논의했다.

참고로, 산업은행은 2008년 국정감사에서 리먼 인수에 소요될 예상투자액이 60억 달러였다고 밝힌 바 있다. 이를 통해 볼 때 당초 하나금융 등이 중심이 되어 리먼 인수에 나설 당시에는 리먼 인수에 소요될 예상투자액이 50억 달러였으나 협상의 주체가 민유성 행장으로 바뀐 이후에는 그 금액이 60억 달러로 증가했던 것으로 추정할 수 있겠다. 민 행장은 2008년 산업은행에 대한 국회 국정감사에서 "분명히 국민들한테 밝힐 수 있는 부분은 5월 말, 6월 초에 제가 산업은행장에 취임하기 전의 협상은 하나금융그룹이 주도를 하면서 하나금융그룹이 산업은행에 인수 참여, 컨소시엄 참여를 제안했다"고 밝혔다.[42]

마지막으로, 안치용 씨는 공개된 리먼의 내부 문건에 따를 경우 "민유성 대표를 산업은행장에 임명한 정부 인사에도 리먼 인수를 염두에 둔 김승유 행장의 입김이 작용했을 가능성이 있다"고 주장하였다. 그는 그 근거로 조건호 부회장이 위에 인용된 문서를 통해 산업은행장으로 민 대표가 6월 2일 임명될 것으로 예상된다고 미국 본사에 보고했던 점을 들었다. 그런데 실제로 6월 2일 민 대표는 신임 산업은행장으로 내정되고, 전광우 위원장이 같은 날 언론 브리핑을 통해 이를 직접 발표하였다. 이는 김승유 회장이 며칠 후에 있을 산업은행장 인사내용을 정확하게 알고 있었음을 말해준다.

안치용 씨는 "이 메모가 작성되었던 5월 29일 당시에는 민 대표가 산업은행장 물망에 올랐을 뿐 누가 행장이 될지 오리무중이었지만 조건호 부회장은 6월 2일 임명될 것이라고 날짜까지 밝혔고 실제로 민 대표는 같은 날(6월 2일) 산업은행장에 내정되었다"고 말하였다. 안치용 씨는 이것이 바로 "민 대표를 산업은행장에 임명한 정부 인사에도 리먼 인수를 염두에 둔 김승유 행장의 입김이 작용했을 가

---

[42] 앞의 회의록, 2008. 10. 21, p.23. 이 회의록에는 '하나금융그룹'이 아니라 '한화금융그룹'으로 두 차례나 기록되어 있다. 그러나 이것은 '하나금융그룹'을 잘못 받아쓴 것으로 추정되므로 위의 본문에서는 이를 모두 '하나금융그룹'이라고 고쳐서 썼다.

능성을 시사하는 대목"이라고 주장하였다. 또한 "리먼에서 상당한 금액의 스톡옵션을 받은 상태에 있었던 민 대표는 리먼의 주가가 오르면 오를수록 큰돈을 벌 수 있는 상황이었다. (이와 같이) 리먼의 흥망성쇠에 이권이 걸린 민유성에게 리먼과의 투자협상을 맡긴 것은 고양이에게 생선을 맡긴 것과 같다. 이처럼 명백히 이해관계가 충돌되는 사람을 산업은행장에 임명한 것을 볼 때 강만수, 김승유, 전광우 등 MB정부에서 금융계를 좌지우지하는 사람들이 과연 정상적인 사고를 하는 사람들인지 의심하지 않을 수 없다"고 비판하였다.

한편 프레시안은 2012년 10월 19일 안치용 씨의 주장을 보도하면서 "전광우 전 금융위원장과 김승유 전 하나금융그룹 회장 모두 당시 조건호 리먼 부회장이 리먼 본사에 보고한 문서 내용이 사실이 아니다"고 말했다고 보도하였다. 이 신문에 따르면 전광우 전 위원장은 "2008년 5월 24일 일정을 체크하고 민유성 전 산업은행장과 통화를 해서 확인을 했는데 (조건호 부회장과 민유성 대표를 그 날) 만난 적이 없다"고 주장했다. 김승유 전 하나금융그룹 회장도 안치용 씨가 공개한 문건에 대해 "검토 끝에 2008년 4월 (리먼에) 투자하지 않기로 결정했고 컨소시엄 구성 등 구체적 논의를 한 적도 전혀 없다"고 반박했다.

그러나 안치용 씨는 2012년 10월 21일 그의 블로그를 통해 리먼 파산관재위원회가 압수한 또 다른 문서를 공개하면서 김승유 전 하나금융그룹 회장의 해명이 거짓이라고 주장하였다.[43] 안치용 씨가

---

43   안치용 씨의 블로그 「Secret of Korea」에는 이밖에도 리먼 인수 시도와 관련하여 안치용 씨가 쓴 글이 10여개 올라와 있다.

이날 공개한 문서는 하나금융이 리먼과 체결했던 6페이지 분량의 비밀유지협정서였다. 문제는 이 문건의 작성 시점이 6월 2일이었다는 점이다. 안치용 씨는 "비밀유지 협약이 하루아침에 작성되지 않는다는 점에서 김승유 전 회장이 늦어도 2008년 5월 중순부터 산업은행, KIC, 국민연금공단 등을 좌지우지하면서 리먼과 사전조율을 했다는 사실을 뒷받침한다"고 주장하였다.

다섯째, 의원들은 산업은행의 리먼 인수 시도와 관련된 정부 및 산업은행의 설명이 부정직하고 일부 내용의 경우 위증의 소지가 있다고 비판하였다. 2008년 국정감사에서 고승덕 의원은 "민 행장이 산업은행장으로 취임하기 이전인 2008년 5월 하순부터 산업은행과 리먼 간 협상이 있었다"는 의혹을 제기하며 이를 추궁하였다. 고 의원은 그 근거로 파이낸셜타임스지와 월스트리트저널 등 외국 언론이 산업은행과 리먼 간의 협상 전말을 보도한 기사들을 제시하였다.[44] 민 대표가 산업은행장으로 취임하기 이전인 2008년 5월 하순부터 인수협상을 진행했다는 의원들의 추궁에 대해 전 위원장과 민 행장은 끝까지 이를 부인하였다.

이석현 의원은 2009년 국정감사에서 산업은행의 리먼 인수 시도가 산업은행이 먼저 적극적으로 리먼 측에 제안하면서 시작된 일이었다고 주장하였다.[45] 이석현 의원은 그 주장의 근거로 로렌스 맥도날드 (Lawrence G. McDonald) 등의 저서 『상식의 실패』[46]의 내용을 인용하였

---

44 2008년도 국회 국정감사 정무위원회 회의록, 2008. 10. 16, p.97 ; 같은 회의록, 2008. 10. 21, pp.23~4.
45 2009년도 국회 국정감사 정무위원회 회의록, 2009. 10. 20, pp.12~3.
46 로렌스 G. 맥도날드와 패트릭 로빈슨 공저, 『상식의 실패』, 컬처앤스토리, 2009. 9. 15.

다. 맥도날드는 리먼 파산 당시 리먼에서 부사장으로 근무했던 사람이다. 맥도날드 등은 2008년 봄 폴슨 미 재무장관과 풀드 리먼 회장 간의 만찬에서 오간 대화내용을 『상식의 실패』 456페이지에 소상하게 소개하고 있다. 산업은행의 리먼 인수와 관련된 내용은 다음과 같다.

> 폴슨 미 재무장관은 (풀드 회장에게) 리먼은 국영인 한국산업은행(KDB)으로부터 온 은밀하지만 확실한 제안을 심각하게 고려해야 한다고 조언했다. KDB의 인수제안은 주당 약 23달러인 것으로 알려졌다. 폴슨 재무장관은 이 제안이 몇 달 동안 검토단계를 거치고 있었고, 리먼을 진정으로 소유하기를 원한다는 KDB 측의 의지를 반영한다는 사실을 중국 친구들로부터 들어서 알고 있었다.

맥도날드 등은 『상식의 실패』 463페이지에서 "그해 여름 한국산업은행은 한 번 더 주당 약 18달러의 가격을 제안했지만 풀드 회장은 (이를) 거절했다"고 서술하였다. 또한 같은 페이지에서 "(리먼 주가가 8월 22일 16달러 55센트까지 회복된 직후에) 한국정부의 장관 한 명이 실제로 관심을 확증하는 발언을 한 뒤 (산업은행으로부터) 세 번째 제안이 들어왔다. 이는 리먼의 기업가치를 44억 달러로 측정한 것이었다. 그런데 풀드 회장은 더 높은 가격을 원했기 때문에 이번에도 거절했다. 양방은 의견 차이를 전혀 좁히지 못했는데 그때부터 모든 것이 조용해졌고 더 이상은 아무 소식도 들을 수 없었다"고도 서술하였다.

이석현 의원은 이처럼 산업은행의 리먼 인수 시도는 산업은행이 먼저 리먼에 은밀하게 제안하면서 시작된 것으로 보임에도 불구하고 "산업은행은 2008년 국정감사 때 '리먼으로부터 투자요청을 받았으나 참여를 거절했다'고 보고한 바 있다"고 전제하고 그런 보고가 위증이 아닌지에 대해 질의하였다. 이에 대해 민 행장은 『상식의 실패』의 저자는 전혀 저희 카운터파트들과는 관계가 없는 사람들"이라고 밝히고 "23달러는 전혀 저하고는 관계가 없는 숫자"이며 "18달러 얘기도 리먼 쪽에서 그 가격에 공개 매수해 달라고 해서 저희가 거절한 가격이었다"고 답변하였다. 이 의원의 질의에 대해 민 행장이 엉겁결에 행했던 답변이 흥미를 끌만하다. 그는 "23달러는 전혀 저하고는 관계가 없는 숫자"라고 답변하였는데 이 '23달러'는 민 행장이 리먼 인수를 위한 협상의 주체가 되기 전에 우리나라 쪽의 협상 당사자가 리먼 측에 제시하였던 숫자가 아닌가 짐작된다.

또한 『상식의 실패』에 인용된 폴슨 전 재무장관의 발언이 사실이라면 산업은행의 리먼 인수 시도는 우리나라가 먼저 발동을 걸어 시작된 일이었을 뿐 아니라 처음 착수했던 시점도 2008년 5월보다 훨씬 이전인 2007년 말 또는 2008년 초로 거슬러 올라갈 수 있다. 왜냐하면 그 책에 따르면, 폴슨 전 재무장관과 풀드 전 리먼 회장 간의 만찬은 2008년 봄에 있었기 때문이다. 또한 이 두 사람간의 만찬이 2008년 3월 16일 자산규모 5위인 미국 투자은행 베어스턴스가 미 정부 주도 하에 JP모건체이스에게 인수된 직후에 있었다고 씌여 있다. 폴슨 전 재무장관의 말대로 이때로부터 몇 달 전에 산업은행이 리먼 측에 인수를 제안했다면 그 시기는 2007년 12월 또는 2008년 1월로 거슬러 올라가게 된다.

이때는 이명박 후보가 2007년 12월의 대통령 선거에서 당선된 직후였다. 다시 말해 이때쯤 우리나라 쪽에서 리먼 측에 처음으로 인수 제안을 했다고 추정할 수 있겠다. 곧 산업은행이 주축이 되어 리먼을 인수하려고 했던 계획은 2007년 12월 대통령선거에서 이명박 대통령이 당선된 직후인 2007년 말 또는 2008년 초부터 매우 치밀하게 추진되기 시작했다고 짐작할 수 있다. 그런데 이때에는 민유성 행장이 산업은행장으로 취임하기 훨씬 이전이었다. 그렇다면 당시 누가 산업은행을 대표하여 리먼 측에 주당 23달러라는 인수가격을 제안할 수 있었을까? 아마도 이 가격을 제안했던 한국측 인사는 리먼이 보기에 산업은행을 충분히 대표한다고 인정할 만큼 한국 내에서 영향력이 있고 대통령 측근의 실세들과 깊은 교감을 나눌 수 있는 인사였을 것이라고 생각할 수 있다.

여섯째, 박선숙 의원은 2008년 국정감사에서 산업은행이 리먼 인수를 추진하는 과정에서 금융위원회와 산업은행이 법 규정을 제대로 지키지 않았다고 비판하였다. 국책 금융기관인 산업은행이 잘못될 경우에는 그 부담이 모두 정부에 귀속되기 때문에 산업은행의 업무 활동에는 원칙적으로 많은 제약이 가해지고 있다. 일례로 산업은행법 제18조 제2호에서는 산업은행이 일반 민간기업의 주식을 인수할 수 있는 한도를 산업은행의 납입자본금과 적립금 합계액의 2배를 초과하지 못하도록 금지하고 있다. 이를 초과하는 민간기업의 주식을 인수하고자 할 경우에는 사전에 정부의 승인을 받도록 하고 있다.[47]

---

47 한국산업은행법 제18조(업무) 제2호는 "주식의 인수는 한국산업은행의 납입자본금과 제43조 제1항에 따른 적립금의 합계액의 2배를 초과하지 못한다"고 규정하고 있다. 그러나 같은 조 제8호는 "(한국산업은행은) 제1호부터 제7호까지의 업무 외에 제1조에 따른 목적을 달성하기 위하여 필요한 업무로서 금융위원회의 승인을 받은 업무"를 수행할 수 있다고 규정하고 있다. 따라서 당시 제2호에 따른 출자한도에 여유가 없다고 하더라도 산업은행의 리먼 인수가 법 제1조에 규정된 한국산업은행의 설립 목적인 "국민경제 발전을 촉진하기 위한 자금공급"에 부합하는 업무라고 금융위원회가 승인할 경우 산업은행은 제8호 규정에 의거 리먼 브러더스 인수에 나설 수 있다는 법률적 해석을 내릴 수 있다.

더욱이 산업은행의 감독관청은 금융위원회인데 금융위원회는 합의제 의결기구라는 특성을 지니고 있다. 이는 산업은행에 대한 정부의 승인업무 등 감독업무가 보다 신중하게 이루어지려면 금융위원장 단독이 아니라 금융위원회의 중지에 맡기는 것이 국익에 도움이 된다는 판단을 전제로 하고 있는 것이다.

리먼 인수를 추진할 당시 산업은행은 신규투자에 쓸 수 있는 출자한도가 거의 소진된 상태였다. 리먼 인수를 추진하려면 정부로부터 출자한도에 대한 예외적용 승인을 받아야만 할 처지에 놓여 있었다. 다시 말해 산업은행이 리먼 인수로 부담해야 할 자금 규모는 최소한 1~2조 원(10억~20억 달러)에 달하는 것으로 추정되었다.[48] 그러나 2008년 8월 산업은행이 리먼 인수에 쓸 수 있는 출자한도는 겨우 616억 원에 불과하였다.[49] 그러므로 산업은행이 정부로부터 출자한도에 대한 예외적용 승인을 받는 것은 리먼 인수를 추진하는 데 있어 매우 중요하고도 핵심적인 과제였다.

박선숙 의원은 민유성 행장을 상대로 한 질의에서 이런 점을 들면서 "금융위원회에서 누구가 승인을 해 줄 것이라고 (사전에) 암시하거나 혹은 구두로라도 해 준 사람이 있는지" 끈질기게 추궁하였다.[50] 결국 민유성 행장은 "(리먼과 체결한) MOU를 가져오면 출자한도의 예외적용을 승인할 것인지의 여부에 대하여 (금융위원회에) 상정하겠다는 언질을 받았다"고 인정하였다. 아울러 "3차에 걸쳐서 금융위원회

---

48 2008년도 국회 국정감사 정무위원회 회의록, 2008. 10. 21, p.80. 민유성 행장은 박선숙 의원의 질의에 대해 "(리먼 인수와 관련하여) 산업은행이 대개 약 1조 원, 또는 만약 한국에서 컨소시엄이 전혀 안 될 경우에는 2조 원을 투자하는 것을 생각했다"고 답변하였다.
49 위 회의록, 2008. 10. 21, p.80.
50 위 회의록, 2008. 10. 21, pp.80~1.

에 보고를 했고, 금융위원장이나 부위원장이 '굉장히 조심해야 할 건이다, 상당히 쉽지 않고 금융위원회의 승인을 받을 수 있을지 없을지에 대해서도 누구도 보장을 할 수 없다'는 등의 말을 했다"고도 밝혔다.[51]

그러나 전 위원장은 2008년 10월 24일 금융위원회에 대한 국정감사에서 박선숙 의원이 민 행장의 발언 내용을 소개하며 사실관계를 확인해 달라는 요구에 대해 "무슨 MOU니 이렇게 진전된 얘기를 해 본 적이 없으며 '예외적용 승인문제에 대해서 검토하겠다'는 등의 진전된 얘기도 해 본 적이 없다"고 주장하였다. 전 위원장은 "부위원장이 직접 들었는지 (모르지만), 저는 아주 개괄적인 얘기를 했지 구체적인 얘기를 나눈 기억이 잘 없다"고 덧붙였다.[52] 국정감사장에서 박선숙 의원의 추궁은 이 정도에서 끝났다. 그렇지만 산업은행의 리먼 인수 시도의 배경에 금융위원회의 명시적인 지원이 있었고, 그 과정에서 출자한도의 예외 승인이라는 중대한 법적 장치가 제대로 작동되지 않고 곁가지 정도로 치부되고 있었음을 밝혀낸 것은 큰 수확이었다.

그렇다면 리먼 인수 업무에 임하여 산업은행과 금융위원회는 어떻게 해야 했을까? 그것은 바로 산업은행법대로 하는 것이었다고 생각한다. 산업은행이 리먼과의 협상에 나서기 전에 리먼 인수에 나설 의향이 있음과 협상 시 임할 포괄적인 전략 등에 대해 금융위원회에 공식적으로 보고했어야 했다. 인수를 위한 구체적인 투자금액 등에

---

51   앞의 회의록, 2008. 10. 21, p.81.
52   앞의 회의록, 2008. 10. 24, pp.32~3.

대해서도 사전에 승인을 받도록 했어야 했다. 그런데 금융위원회는 9인으로 구성된 합의제 기구이기 때문에 금융위원장이 상정한 출자한도 예외승인 건이 꼭 통과되리라는 보장이 없다. 만일 금융위원회 전체회의에서 이에 대한 반대의견이 많았다면 이를 좇아 산업은행이 인수 추진의사를 접으면 되는 일이었다.

 이런 점에 비추어 볼 때 산업은행이 몇 차례에 걸쳐 금융위원회 위원장과 부위원장에게 리먼 인수에 대해 서면·및 구두보고를 했음에도 불구하고 금융위원장 또는 부위원장이 이를 금융위원회 전체회의에 보고하지 않았던 것은 직무수행상 부적절한 일이었다. 만일 당시에 산업은행이 리먼 인수 추진을 금융위원회 전체회의에 보고했다면 협상기밀이 새어나감으로써 협상과정에서 상당한 어려움이 있었을 것이다.[53] 그렇더라도 금융위원회는 전체회의를 열고 산업은행으로부터 리먼 인수추진에 대한 보고를 받고 출자한도 예외승인 여부에 대해 어느 정도 공감대를 모아 두었어야 했다고 생각한다. 그러나 실제로는 MOU가 체결된 이후 출자한도 예외적용을 승인해 주겠다고 언질함으로써 금융위원회를 합의제 의결기구로 만든 입법정신을 위배하고 사실상 금융위원회 전체회의를 무력화시켰다.

---

53 당시 금융위원회도 이를 우려하여 리먼 인수 건을 금융위원회 전체회의에 보고하지 않았을 수 있다.

04

몇 가지
교훈

　　2008년 산업은행의 리먼 인수 시도는 당시 이명박 정부가 출범 초부터 우리나라에서 글로벌 투자은행(IB)을 만들기 위해 얼마나 전력투구하고 있었는지를 보여주는 상징적인 사건이었다. 대통령 선거에서 연 7%의 성장을 달성하겠다고 공약했던 이명박 정부는 금융산업을 새로운 성장동력으로 적극 육성할 방침을 세웠다. 이를 위해서는 우리나라에서도 글로벌 투자은행(IB)이 나와야 한다고 생각하였다. 당시 정부는 물론 많은 금융 전문가들이 투자은행을 만들면 글로벌 시장에서 노다지를 캘 수 있다고 생각하였다. 그렇기 때문에 정부는 민영화될 산업은행을 향후 세계적인 투자은행으로 육성하려고 하였다. 그런데 이를 그냥 시장에 맡겨두면 언제 그렇게 될지 기약할 수 없는 일이었으므로 정부는 결국 부실 조짐이 있는 글로벌 투자은행과의 인수합병을 통해 앞으로 민영화될 산업은행을 세계적인 투자은행으로 만들어 나가기로 방침을 정했을 것이다.

이명박 정부가 출범한 이후 청와대와 금융위원회는 이러한 기본 구상 아래 물밑에서 리먼 인수 추진을 독려하는 한편 신임 산업은행장 감으로는 리먼 인수를 효과적으로 완결지을 수 있는 인물을 고르려고 노력하였다. 그 과정에서 떠오른 사람이 바로 리먼 서울지점의 민유성 대표였다. 전광우 위원장의 소개에 따르면 그는 "국제경쟁력을 갖춘 CEO"이자 "그동안 IB분야에 근무하면서 국내외 금융계 인사들과 폭넓은 인적 네트워크를 형성"하여온 것으로 평가받았다는 것이다. 청와대와 금융위원회가 수립한 각본에 따라 열심히 뛰어줄 배역으로 민유성 대표가 뽑힌 셈이었다.

박상돈 의원이 국정감사에서 지적했던 대로 민유성 행장은 충실히 맡은 배역을 소화하였다.[54] 그는 리먼의 인수가 산업은행이 한 걸음에 글로벌 투자은행(IB)으로 비약할 수 있는 절호의 기회라고 판단하였다. 더욱이 청와대는 물론 금융위원회도 처음부터 산업은행의 리먼 인수를 전폭적으로 지지하고 있음을 확신하였다. 박병원 청와대 경제수석은 2008년 9월 19일 MBC라디오 「손석희의 시선집중」에서 산업은행의 리먼 인수 시도에 대해 "가치 있는 미국 은행을 굉장히 싼 값에 인수할 수 있다면 그 가능성을 한번 검토해 보는 것은 당연한 일"이라고 말하고 "조건이 안 맞아서 그만둔 것이지, 너무 일방적으로 안 할 일을 했다고 볼 일은 아닌 것 같다"고 말했다.[55] 그는

---

54 박상돈 의원은 "산은의 리먼 인수는 결코 민 행장 단독작품이 아니라고 생각한다. … 개인적으로 민 행장께서 나름대로 열심히 뛰었다고 생각한다. 그 틀에서는 뛰었다. 그러나 좀 더 이것을 오픈 시켜 놓고 보면 이렇게 터무니없는 일을 받아 온 것이다 이렇게 평가할 수도 있다"라고 말했다. (2008년도 국정감사 정무위원회 회의록, 2008. 10. 21, p.75)

55 오마이뉴스, 2008. 9. 19. 박병원 경제수석은 이 자리에서 청와대 개입여부에 대해서는 "제가 보고를 받은 적이 있는데 인수해라 말라 얘기한 적은 없다"고 부인했다.

또한 "전 세계 금융시장에는 리먼 같은 세계적인 은행이 한국의 산업은행한테 주식 인수를 검토해 달라고 할 정도로 산업은행이 대단한데구나 하고 산업은행 선전을 엄청나게 (해서) 위상을 높인 면도 있다"고 덧붙였다. 당시 리먼 인수 추진에 대해 청와대가 가지고 있던 시각을 짐작할 수 있는 대목이다.

이처럼 청와대 등에서 성원하고 있다고 생각했기 때문에 민유성 행장은 시중의 반대여론에도 불구하고 끝까지 끈질기게 협상에 매달렸다. 리먼 측에서 산업은행이 지급해야 할 인수가격을 턱 없이 높게 부를 때에도 이를 단칼에 거부하지 않고 참을성 있게 협상에 임하였다. 어떻게든 일을 성사시켜보려고 총력을 기울였다. 더욱이 리먼 인수협상을 포기한 이후에도 산업은행의 리먼 인수 시도가 잘했던 일이라고 당당하게 얘기했다. 이는 고승덕 의원이 "망하기 직전의 리먼을 인수했더라면 60억 달러가 아니라 그 이상을 물릴 수도 있는 엄청난 일을 자행하고도 마치 이게 산업은행의 위상을 세계에 빛낸 것처럼 이야기를 하고 있다"고 그를 비판[56]했던 데에서 잘 나타나고 있다.

그렇다면 산업은행의 리먼 인수 시도와 관련해서 결정적으로 무엇이 잘못되었던 것일까? 먼저, 정부는 금융 강국 및 글로벌 투자은행 설립이라는 정책목표를 달성하기 위해 국책금융기관인 산업은행을 무리하게 동원하려고 했다. 산업은행의 리먼 인수 시도는 한 마디로 제철소가 없었던 1960년대에 정부가 직접 나서서 총력을 기울여 포항제철을 만들려고 했던 것과 비슷한 성격의 일이었다. 1960년대

---

56   앞의 회의록, 2008. 10. 21, p.22.

와 70년대에 정부는 경제개발 5개년 계획을 수립하고 이를 달성하기 위해 정부 주도 아래 모든 자원을 총동원했다. 2008년 리먼 인수의 경우 청와대와 금융위원회 등이 수립한 기본계획 아래 국책 금융기관인 산업은행이 행동대장으로 동원되었다. 정부가 영향력을 행사할 수 있는 은행들과 연기금도 이에 합세하도록 계획이 세워졌다.

이렇게 산업은행이 리먼을 인수하여 글로벌 투자은행으로 비약하려고 했던 시도는 21세기의 한국이 아직도 박정희 대통령 시대의 정부 주도적 경제개발계획의 프레임 속에서 벗어나지 못하고 있음을 보여주는 사례였다. 더욱이 당시 이명박 정부는 산업은행을 민영화하기 위한 관련 법안이 국회에 제안도 되지 않은 상태[57]였음에도 불구하고 산업은행의 민영화를 전제로 민영화된 산업은행을 글로벌 투자은행으로 만들기 위해 리먼 인수를 추진하였다. 일의 순서가 얼마나 잘못되었는지 알 수 있는 대목이다.

설령 정부가 우리나라에서 반듯한 글로벌 투자은행이 나오는 게 국익에 크게 도움이 된다고 판단했더라도 정부의 역할은 그러한 여건을 조성할 수 있도록 법과 제도를 마련하는 선에서 그쳤어야 했다. 세계 어느 나라를 둘러보아도 정부가 100% 채무를 보증하고 있는 국책 금융기관을 동원하여 글로벌 투자은행을 인수했거나 인수하려고 했던 사례는 없다. 영국의 바클레이즈는 리먼 브러더스가 파산보호 신청을 한 직후 17억 5천만 달러에 리먼 브러더스의 미국 및 캐나다의 자본시장 부문을 인수하였다. 일본의 노무라홀딩스(Nomura

---

[57] 산업은행을 민영화하기 위한 법안인 '한국산업은행법 일부개정법률안'은 2008년 12월 24일 김영선 의원 등 16인이 제안한 후 정무위원회 및 법사위원회의 심의를 거쳐 2009년 4월 29일 국회 본회의에 상정되었으며 같은 날 의결되었다.

Holdings)도 2008년 9월 리먼 브러더스의 아시아-태평양 지역사업 및 유럽과 중동지역 사업을 인수하였다.[58]

그러나 바클레이즈나 노무라홀딩스는 엄연히 민간기업이지 산업은행과 같은 국책 금융기관이 아니다. 싱가포르의 국부펀드인 테마섹과 중동의 국부펀드 등이 2008년 글로벌 금융위기를 틈타 몇몇 부실 금융기관을 인수하였지만 이들 기관들도 재정부문에서 축적된 흑자재원 또는 원유생산에서 나온 여유자금을 적극 활용하기 위하여 만든 기구라는 점에서 산업은행과는 질적으로 다르다.

2008년 당시 많은 사람들은 우리나라를 금융강국으로 만들어야 함을 강조하면서 영국의 '빅 뱅(Big Bang)'에 대해 언급한 바 있다. '빅 뱅'은 1986년 런던이 금융 중심지로 거듭나기 위해 단행하였던 개혁조치였다. 그러나 '빅 뱅'과 관련하여 영국정부가 했던 역할은 시장에서 자유경쟁을 제고하여 효율성을 높일 수 있도록 여건을 조성하고, 투자자 보호를 위해 '금융서비스법(Financial Services Act)'을 제정하는 등으로 한정되어 있었다.[59] 증권거래제도 전반에 걸쳐 자유경쟁원리를 도입하는 구체적인 조치들은 런던증권거래소 및 영란은행의 주도 아래 이루어졌다. 특히 영국 '빅 뱅'의 경우 정부가 직접 재정자금을 투입하여 새로운 금융 공기업을 만들거나 국책 금융기관이 나서서 세계 유수 금융기관과의 인수합병(M&A)에 나서거나 하는 등의 일들은 전혀 없었다.

다음으로 산업은행법에 따라 엄격하게 규율되고 있는 산업은행의

---

58 최혁, 『2008 글로벌 금융위기 : 현대인을 위한 금융 특강』, 도서출판 K-books, pp.27~8 ; 조선일보, 2008. 9. 23.
59 한국은행 '영국의 증권거래제도 개혁', 『조사통계월보』(1987. 9), pp.47~60.

업무처리 절차에 비추어 보더라도 국책 금융기관인 산업은행은 생태적으로 리먼 인수처럼 위험성이 높은 거래 또는 협상과정에 엄격한 보안을 요하는 거래를 추진하는 데 부적합하였다. 산업은행은 국책 금융기관이므로 업무수행에 있어서 매우 위험 기피적이며 신중할 수밖에 없다. 이는 산업은행법이 리먼 인수 등과 같은 큰 거래(big deal)가 성사될 경우의 경제적 이익을 극대화하는 데 맞추어져 있지 않고, 혹시 그러한 거래가 잘못될 경우 정부에 되돌아 올 수 있는 비용이나 피해를 방지하는 데 맞추어져 있기 때문이다.

다시 말해서 산업은행은 국책 금융기관이므로 수행하는 업무나 추진하는 거래에도 일정한 내재적 한계가 있다. 시장에 맡겨두었으나 제대로 잘 돌아가지 않기 때문에 산업은행이 정부를 대신하여 어쩔 수 없이 나서고 있으나 이러한 개입은 최소한에 그쳐야 함을 알 수 있다. 이런 점들에 비추어 볼 때 리먼 인수는 국책 금융기관인 산업은행이 나서기에는 애초부터 부적절하고 부적합한 일이었음에도 불구하고 당시 민유성 행장은 이러한 내재적 한계를 도외시한 채 무모한 일을 벌이려고 했다.

민간 기업이 다른 기업을 인수 합병할 경우에는 그 결과가 안 좋거나 잘못되더라도 민간기업이 망해버리면 문제가 해결된다. 일이 잘못될 경우 모든 위험을 자기가 져야 하기 때문에 민간기업은 기업인수에 나서는 데에도 매우 신중한 태도를 보인다. 2008년 글로벌 금융위기로 전세계적인 유수 금융회사들이 도산위기에 내몰리는 상황에서도 국내 재벌계열 소속 금융회사들은 함부로 인수합병(M&A)에 나서는 등의 경거망동을 하지 않았다. 이와는 대조적으로 국책 금융기관이 인수합병 등 큰 위험이 수반되는 거래를 맺은 후 문제가 생길 경우에는 어떻게 될까? 이를 추진하였던 CEO가 그 자리를 물러서면 그것으로 끝이다. 그렇지만 그 부담은 고스란히 정부로 넘겨져 결국 국민들에게 귀속된다.

이런 점 때문에 국책 금융기관의 CEO는 잘못 통제될 경우 민간 기업의 CEO보다 더 위험 선호적인 행태를 보일 수 있다. 국책 금융기관인 산업은행의 경우가 바로 그러하다. 산업은행이 민간기업이고 민유성 행장이 대주주였다면 그처럼 무모하게 리먼 인수에 나서기는 어려웠을 것이다. 금융위원회 등 감독관청이 국책 금융기관을 엄격하게 감독토록 하고 있는 것도 이러한 CEO의 위험 선호적인 행태를 막기 위한 것이다. 그런데 산업은행의 리먼 인수 추진에 있어서는 당초 산업은행장 임명과정에서부터 정부의 의중을 충실하게 수행할 수 있는 인사를 골랐고 정부가 사실상 배후에서 이를 부추겼기 때문에 이러한 견제 및 감독장치가 무너져 있었다고 봄이 타당하다.

또한 산업은행의 리먼 인수 시도는 정부 정책을 추진하는 데서 야기될 수 있는 이해상충(conflicts of interest) 문제에 대해 우리나라 정책 당국자들이 무지하거나 매우 안이한 인식을 지니고 있음을 단적으로 보여주었다. 먼저 전광우 위원장은 2008년 10월 16일 국회 정무위원회 국정감사에서 "(민유성 산업은행장이 취임한 후 한 달쯤 지난) 2008년 7월경에 (산업은행의 리먼 인수 추진과 관련된) 얘기를 처음 들었다"고 증언하였다.[60] 이러한 증언이 사실이라면 전 위원장은 바로 그 시점에서 민 행장에게 이해상충 문제를 들어 산업은행의 리먼 인수 추진을 중단시키거나 민 행장과 이해상충 소지가 없는 다른 투자은

---

60   2008년도 국정감사 정무위원회 회의록, 2008. 10. 16, p.97.

행을 인수 대상으로 물색하도록 종용했어야 했다. 민 행장은 리먼 서울지점 대표를 역임하였다. 그런 그가 산업은행장으로서 리먼을 인수하는 일에 나선다면 리먼과의 거래에서 산업은행의 이익, 곧 대한민국의 이익보다는 민 행장이 오랫동안 근무했던 리먼의 이익을 우선시할 수 있다. 특히 민 행장은 과거 우리금융 재직 시 리먼 서울지점에 큰 이익을 안겨주는 거래를 주도한 후 리먼 서울지점 대표로 옮긴 전력 때문에 임명 당시부터 여론의 거센 비판을 받은 바 있다. 이런 점을 고려했다면 전 위원장은 당연히 민 행장의 리먼 인수 추진을 초기단계에서부터 막았어야 했다.

일부 국회의원이 주장했던 대로 정부가 산업은행의 리먼 인수를 충실하게 수행할 적임자로 민유성 대표를 선정한 후 산업은행장으로 임명하였다면 이는 정책 당국자가 직면할 수 있는 이해의 상충 문제를 이명박 정부가 100% 도외시하였다는 말과 같다. 산업은행이 리먼을 인수하려면 협상을 통해 적정 인수가격을 결정하고 산업은행이 이를 지불하여야 한다. 우리 정부 입장에서는 어떻게 해서라도 산업은행이 가장 낮은 가격을 지불토록 감독하는 것이 의무이자 책임이다. 그런데 민유성 대표가 산업은행장이 된다면 이런 사람이 추진할 거래는 산업은행 측에 불리한 거래가 될 소지가 있다. 그러므로 산업은행 감독당국인 금융위원장은 결국 국익을 해할 수 있다고 판단되는 인사를 산업은행장 후보로 제청해서는 안 된다. 청와대도 당연히 인사 검증단계에서 이런 점을 감안하여 민 대표를 산업은행장에 임명하는 일이 없도록 했어야 했다. 결론적으로 민 대표를 산업은행장으로 임명할 당시 정부 내에서는 정책추진 당국자가 직면할 수 있는 이해의 상충문제를 제어하는 장치가 전혀 작동되지 않았다.

리먼 인수 시도와 관련하여 정부의 배후설 등 이른바 음모설이 끈질기게 제기되었던 것도 이와 같은 상식 밖의 일이 버젓이 행해졌기 때문이다.

마지막으로 2008년 미국의 서브 프라임 사태로 국제 금융시장이 이미 불안한 상태로 진입하고 있었음에도 불구하고 산업은행은 몰락해 가는 리먼을 인수하기 위하여 안간 힘을 썼다. 당시 기획재정부가 호언장담하며 계획하던 10억 달러의 외평채 발행을 사실상 포기해야만 할 정도로 국제금융시장은 이미 경색되어 있었다. 그렇기 때문에 산업은행이 실제로 리먼을 인수하기로 결정했다면 이에 소요되는 막대한 외화자금을 국내 외환시장이나 외화자금시장에서 조달할 수밖에 없는 상황이었다. 그럴 경우 환율의 급등을 초래하거나 차익거래 유인을 증대시킴으로써 외환시장에 큰 어려움을 초래할 수 있었다. 그런데도 이를 추진하였던 산업은행과 이를 암묵적으로 지원했던 금융위원회는 당초 외환시장 안정 등의 문제에는 아예 눈을 돌리지 않았다. 리먼 인수가 산업은행을 국제수준의 투자은행으로 발전시키는 토대가 된다는 점만을 강조하였다.

전광우 금융위원장이 뒤늦게나마 급브레이크를 밟음에 따라 산업은행의 리먼 인수는 불발로 끝났다. 지금 생각해도 국민경제의 안정과 발전을 위해 정말로 다행스러운 일이었다. 그때나 지금이나 원화는 기축통화가 아니다. 그렇다고 정교하고 섬세한 사전 준비가 있었던 것도 아니었다. 더군다나 당시 국제금융시장은 파국을 향해 줄달음질치고 있었다. 이런 절체절명의 상황이었음에도 불구하고 정부와 산업은행은 엄청난 외화자금을 필요로 하는 국책사업을 추진하려고 하였다. 이처럼 모험주의가 초래할 수 있는 치명적인 위험에 대해 깨

우쳐 주었다는 점에서 산업은행의 리먼 인수 시도는 매우 교훈적인
사건이라고 하겠다.

'금융강국' 신기루

2008년 외환위기의 전개와 수습

01

위기의 시작과[1]
9월 위기설

　　글로벌 금융위기는 2008년 9월 15일 리먼 브러더스
가 미국 뉴욕법원에 파산보호를 신청[2]함에 따라 본격화되었다. 그러
나 서브프라임 모기지 채권의 부실문제가 세계적 관심을 끌기 시작
했던 것은 그 전년도 여름으로 거슬러 올라갈 수 있다. 2007년 8월 9
일 프랑스 최대은행인 BNP 파리바(BNP Paribas SA)가 미국의 서브프
라임 모기지 채권에 주로 투자하고 있던 세 개의 펀드에 대한 자금인
출을 일시 중단하고 유럽의 여러 자산운용회사들도 이를 따르면서
국제금융시장은 요동치기 시작했다.[3] 이때를 기점으로 국제금융시장

---

[1]　세계 및 우리나라의 실물경제 동향, 금융시장 및 외환시장 동향을 집필함에 있어서는 한국은행 연
　　차보고서(2007, 2008, 2009, 2010), 한국은행 금융안정보고서 제11호(2008. 4), 제12호(2008.
　　10), 제13호(2009. 4) 및 기획재정부·한국은행의 보도자료 등을 참고하였다.

[2]　리먼 브러더스가 신청한 파산보호는 미국 파산법 제11장에 의해 정해진 기업의 구조조정절차로서
　　보통 챕터11(Chapter 11)이라고 부른다. 챕터11은 세부적인 면에서는 차이가 있지만 대체로 한국
　　의 법정관리절차와 비슷하다. (최혁, 『2008 글로벌 금융위기 : 현대인을 위한 금융 특강』, 도서출
　　판 K-books, p.25)

에서는 서브프라임 모기지 부실 여파가 전방위로 확산되는 모습을 보였다. 신용경색이 심화되고 금리, 환율, 주가 등의 변동성이 확대되었다. 모기지 투자 관련 손실이 현재화되면서 금융기관의 수익성 및 건전성도 악화되었다. 이에 따라 시장의 불확실성이 증폭되고 투자자의 위험회피성향이 뚜렷해졌다.

이러한 국제금융시장의 불안은 별다른 시차 없이 바로 우리나라 시장에 영향을 미치기 시작하였다. 국내은행들의 단기 외화차입(차입기간 1년 이내, 이하 같음) 가산금리는 2007년 6월 중에는 6bp[4]에 머물렀으나 2008년 3월 중에는 34bp로 크게 상승하였다. 한국물(5년물, 이하 같음) CDS[5] 프리미엄도 2007년 상반기 중에는 10bp 후반대 수준에 그쳤으나 8월 이후 가파른 상승세를 지속하여 2008년 3월에는 102bp로 크게 확대되었다. 그러나 이때까지만 하여도 우리나라는 해외차입을 하는 데 어려움을 겪지 않았다. 2007년 8월부터 2008년 3월까지 국내은행의 해외차입금 차환율[6]은 100%를 상회하였다. 곧 이 기간 중 국내은행의 해외차입 규모는 만기도래 규모를 웃도는 것으로 나타나 순차입이 지속되었다.

---

3   최혁, 『2008 글로벌 금융위기 : 현대인을 위한 금융 특강』, 도서출판 K-books, pp.141~42.

4   bp는 basis point의 약자이다. 국제금융시장에서 금리나 수익률을 나타내는 데 사용하는 기본단위로 100분의 1%를 의미한다.

5   한국물(5년물) CDS(Credit Default Swap)는 한국정부가 외국에서 발행한 외화표시채권(만기 5년)에 대해 원리금을 제대로 갚지 못하는 경우에 대비하여 채권을 보유하고 있는 기관이 매입한 금융상품을 말한다. 채권을 보유하고 있는 기관은 이를 매입함으로써 보유채권이 채무불이행 위험에 '노출'되는 것을 피할 수 있다. 보험에 가입하면 보험료를 내야 하듯이, CDS를 매입한 기관은 주기적으로 프리미엄(premium)을 내야 한다. 채무불이행 위험이 큰 채권일수록 CDS 프리미엄이 높다. CDS를 매도한 기관은 프리미엄을 받는 대신에 채권에 대한 채무불이행 사태가 날 경우 CDS를 매입한 기관에 대해 손실액을 보전해 준다. (최혁, 『2008 글로벌 금융위기 : 현대인을 위한 금융 특강』, 도서출판 K-books, pp.187~89)

6   해외차입금 차환율 = (신규차입액 + 차환액) / 만기도래액 × 100

환율은 2007년 들어 하락세를 지속하여 11월 2일에는 2006년 말 대비 3.0% 절상된 902.2원까지 떨어졌다. 그러나 11월 중순 이후 원화는 달러화에 대해 강세를 보였던 엔화와 유로화 등 주요국 통화와는 달리 약세를 보였다. 이에 따라 2008년 3월말 환율은 2007년 11월 2일 대비 9.0% 절하된 991.7원으로 높아졌다. 이 기간 중 환율이 크게 상승(원화가치의 하락)한 것은 외국인 주식투자자금이 순매도를 지속하고 비거주자의 차액결제선물환(NDF) 순매입이 증가한 데다 경상수지 적자전환 등의 요인이 작용하였기 때문이다.[7] 원화환율의 변동성도 국제금융시장의 불안이 지속되면서 점차 확대되었다.

우리나라의 국채수익률(3년 만기 국고채 유통수익률 기준)도 2007년 하반기 들어 급등락을 반복하였다. 2007년 6월 5.2%였던 국채수익률은 7월 이후 CD 및 은행채의 대규모 발행이 지속되고 한국은행 기준금리 조정 등의 영향으로 오름세를 이어가다가 11월 하순경 외화자금시장[8] 불안이 겹치면서 거의 6% 수준까지 급등하였다. 그러나 국채수익률은 12월 중순 이후 외화자금시장 불안이 진정되고 한국은행 기준금리 인하기대 등이 작용하여 급락세로 돌아섰으며 2008년 3월에는 5% 내외 수준에서 등락하였다.

코스피 지수는 2007년 7~8월 서브프라임 모기지 부실 우려 등으로 조정을 받기도 하였으나 대체로 오름세를 지속하여 2007년 10월

---

7 한국은행, 『금융안정보고서』(2008. 4, 제11호), p.48.
8 외화자금시장은 금리를 매개변수로 하여 대출과 차입 등 외환의 대차거래가 이루어지는 시장을 말한다. 대표적인 외화자금시장으로는 스왑(외환 및 통화스왑)시장이 있다. 스왑거래의 경우 외환의 매매 형식을 취하고 있으나 실질적으로는 금리를 매개로 하여 여유통화(예: 미 달러화)를 담보로 필요통화(예: 한국원화)를 차입한다는 점에서 대차거래라고 볼 수 있다. (한국은행, 『우리나라의 외환제도와 외환시장』, 2010, p.154)

말에는 사상 최고치인 2,065까지 상승하였다. 그러나 11월 이후 코스피 지수는 서브프라임 모기지 부실과 관련한 불확실성 증대로 글로벌 증시가 부진한 가운데 외국인의 대규모 순매도 지속 등으로 크게 하락하였다. 2008년 들어서도 주식시장에서 불안한 기조가 이어짐에 따라[9] 2008년 3월말 현재 코스피 지수는 2007년 10월말 대비 17% 하락한 1,704에 머물렀다.

이런 상황에서 2008년 5월경부터 서울에서는 '9월 위기설' 또는 '3/4분기 대란설'이 끈질기게 유포되어 시장참가자들의 관심을 끌었다. 여느 위기설과 마찬가지로 시작단계에서 9월 위기설은 '우리나라가 금명간 외화 유동성 면에서 어려움을 겪을지 모른다'는 가벼운 전망의 형태로 제기되었다. 예를 들어 머니투데이는 5월 16일 "2008년 3/4분기 중 외국인 채권투자 만기가 100억 달러에 달하고 있는데 이중 90%가 몰려 있는 9월에 특히 관심이 집중되고 있다"고 보도하였다. 또한 "만기도래하는 외화자금이 한꺼번에 우리나라에서 빠져나갈 경우 거래 대상인 은행권이 그만큼 차입을 해야 하기 때문에 3/4분기에 금융회사의 외화자금 조달·운용이 시험대에 오를 것으로 보인다"면서 "금융시장 일각에서 '3분기 대란설'이 제기되고 있다"고 전했다.

당초에 대두되었던 '9월 위기설' 또는 '3분기 대란설'의 시나리오는 매우 단순하였다. 2008년 9월에 만기가 도래할 채권은 대부분 국고채와 통화안정증권이었다. 외국인[10]들은 해외에서 미 달러화 자

---

9 외국인의 주식 순매도 규모(유가증권시장 기준)는 2005. 1~2007. 6중 월평균 0.5조 원에서 2007. 7~2008. 3중에는 월평균 4.1조 원으로 단기간에 급격히 확대되었다.

10 외국은행 국내지점 포함.

금을 들여와 국내은행들과 외화자금시장에서의 스왑거래[11] 등을 이용해서 원화자금으로 바꾼 후 이 자금으로 우리나라 채권을 매입한 터였다. 외국인들은 투자한 채권의 만기가 도래하면 채권 원리금을 원화로 받는다. 그리고 당초 약정했던 선물환율을 적용하여 원화자금을 외화자금으로 교환한다. 따라서 국내은행들은 외국인들에게 인도할 외화자금을 마련하여야 한다.

이때 외국인들은 두 가지 선택을 할 수 있다. 먼저 외국인들은 회수한 외화자금으로 다시 국내은행과 스왑거래를 체결하여 원화자금을 확보한 후 한국채권에 대한 투자에 나설 수 있다. 이렇게 되면 외화자금이 계속 국내에 머무르게 되는 효과가 있게 된다. 이 경우 국내 은행들은 외국인들에게 인도할 외화자금을 마련하는 부담에서 벗어날 수 있다. 따라서 국내 시장에 미치는 부정적 영향은 사실상 없다. 그러나 외국인들은 회수한 외화자금을 국내에 투자하지 않고 그대로 해외에 갖고 나가거나 해외에서 빌렸던 외화자금을 상환하기 위해 해외로 송금할 수 있다. 이 경우에는 그 영향이 바로 우리나라 시장에 나타난다. 국내은행들이 외국인에게 갚아야 할 외화자금을 당장 마련해야 하므로 원화를 달러화로 바꾸려고 하는 과정에서 달러화 자금에 대한 수요가 증대된다. 그 결과 환율이 크게 오르거나 해외에서 외화자금을 빌리는 금리가 크게 오를 수 있다. 국제금융시장 여건이 나쁠 경우에는 외국에서 신규로 자금을 도입하는 데 어려움이 따를 수 있다. 이러한 어려움을 예측하면서 이에 붙여진 하나의

---

11   외국인들은 국내은행들과 미 달러화 현물환을 매도함과 아울러 일정기간 경과 후 미 달러화를 사전에 정한 가격으로 매입하는 선물환 매입 계약을 동시에 체결하는 sell&buy 스왑거래를 체결하였다.

수사(修辭)가 바로 '9월 위기설' 또는 '3분기 대란설' 이었다.

그러나 시간이 지나면서 9월 위기설은 점차 많은 사람들이 그런 상황이 올 수도 있다고 믿는 예언으로서의 확고한 실체를 갖게 되었다. 모건스탠리는 6월 초 '한국에 제2의 IMF사태가 진행중' 이라는 논조의 보고서를 발표하였다.[12] 박태견 뷰스앤뉴스 대표는 6월 30일 내일신문 칼럼을 통해 "금융계에 '9월 금융위기설' 등 각종 '괴담' 이 난무하는 데에서도 알 수 있듯, 한국경제를 불안하게 바라보는 시각이 최근 국내외에서 급증하고 있다"고 주장하였다.[13] 머니투데이는 7월 10일 "국제금융시장의 이상 조짐과 환율불안이 동시에 나타나면서 주식, 채권 등 국내 금융시장 전체가 들썩인다"고 보도하였다. "외국인들은 주식을 연일 던지다시피 팔고 그동안 사 모은 국채마저 처분하고 있다"며 "(이러한 것들이) 3분기 대규모 채권 만기도래와 맞물려 9월 금융위기설이 유포되는 배경"이라고 보도하였다.[14]

그러면 어떻게 해서 이처럼 9월 위기설이 계속 확산되었을까? 경제적 요인과 경제외적 요인으로 나누어 살펴볼 수 있겠다. 경제적 요인으로는 다음의 네 가지를 들 수 있다.

첫째, 한국경제 실적이 악화되는 조짐이 점차 가시화되었다. 경상수지 적자가 지속되는 가운데 단기외채를 중심으로 외채가 크게 증가하고 있었다. 우리나라는 오랫동안 경상수지 흑자를 지속해 왔으나 고유가에 주도되어 2008년 들어 경상수지가 적자로 전환되었으

---

12   서울신문, 2008. 6. 11과 6. 13.
13   내일신문, 2008. 6. 30.
14   머니투데이, 2008. 7. 10.

며 그 규모도 점차 증대되고 있었다. 총외채도 급격히 늘어나고 있었다. 총외채가 2007년 한 해에만 1,082억 달러 증가한 데 이어 2008년 1/4분기에도 248억 달러가 늘어났다.

둘째, 정부 및 한국은행이 발표하는 외환보유액이 과연 유사시 외환위기로부터 우리나라를 지켜줄 만큼 충분한지, 그리고 바로 인출해서 쓸 수 있도록 유동성에는 문제가 없는 지에 대한 의구심이 증대되고 있었다. 특히 7월 7일 기획재정부와 한국은행이 물가안정을 위하여 외환시장 안정이 긴요하다고 공동발표[15]한 이후 거의 무차별적인 외환시장개입이 이루어지고 있었다. 원화환율을 일정 수준 이하로 억제하기 위하여 정부와 한국은행이 외환시장 개입을 지속한다면 외환보유액이 빠르게 소진되는 것은 명약관화한 일이었다. 시장에서는 이미 7월 한 달에만도 외환시장 개입으로 상당한 외환보유액이 감소한 것으로 짐작하고 있었다.[16]

셋째, 우리나라 금융기관들의 건전성을 우려하는 견해들이 함께 제기되고 있었다. 모건스탠리는 6월 들어 '한국에 제2의 IMF사태가 진행중'이라는 논조의 보고서를 발표하면서 국내 은행들의 높은 예대율을 지적하였다.[17]

넷째, 당시 미국의 서브프라임 모기지 부실 여파로 촉발된 국제 금융시장 불안은 수습되어가기는커녕 계속 확산되고 있었다. 그 결과 시장 개방도가 매우 높은 한국경제에 미치는 부정적 영향도 점차

---

15 기획재정부 · 한국은행 보도자료, '최근의 외환시장 동향에 대한 견해', 2008. 7. 7.
16 강만수 기재부장관은 국회에서 "2008년 7월 한 달에만 60억 달러나 외환시장에서 매도하는 등 강도 높은 (외환시장) 개입에 나섰다"는 의원 추궁에 대해 "부인하지 않는다"고 답변하였다.(인포맥스, 2008. 10. 6)
17 서울신문, 2008. 6. 11과 6. 13.

증대되고 있었다. 외국인 주식투자자금 및 채권투자자금을 중심으로 외국자본들이 대거 한국시장을 빠져나가고 있었을 뿐 아니라 국내은행들은 만기가 된 외화자금을 연장하는 데에도 어려움을 겪기 시작하였다.

경제외적 요인으로는 "한국경제가 위기국면에 있다"는 정부 당국자들의 연이은 발언이 정부의 의도와는 관계없이 당시 9월 위기설을 증폭시키는 한 원인이 되었다. 당시 집권당인 한나라당의 임태희 정책위의장은 6월 11일 기자간담회에서 "현재의 경제상황을 어떻게 보는가"라는 질문에 대해 "1997년 외환위기 전에 나타났던 유사한 현상이 보이고 있다"며 거시경제의 위험요인으로 물가, 단기외채 급증, 경상수지 적자 등을 지적하였다.[18] 언론들은 임태희 의장의 발언을 보도하면서 "'제2의 IMF 위기론'이 촉발됐다"고 보도하였다.[19]

6월 30일에는 청와대 이동관 대변인이 경제위기론에 불을 지폈다. 그는 청와대 브리핑을 통해 "쇠고기다 남북문제다 이런 것에 가려져 있지만 경제상황이 국난적 상황에 가까워가고 있다"고 언급하고 "이는 최근 청와대 수석회의 등에서 거론되는 공통적인 분위기"라고 말하였다.[20] 당시에는 한미 FTA에 따른 미국으로부터의 쇠고기 수입을 반대하는 촛불집회 때문에 이명박 정부가 곤경에 처해 있었다. 이동관 대변인은 이를 의식한 듯 "이런 말을 하면 쇠고기 정국을 경제위기설로 돌파하려 한다는 오해도 있을 수 있는데 그건 정말 아니다"라면서 "1년 전보다 유가가 3배 올랐고 이는 70년대 오일쇼크

---

18   한국경제신문, 2008. 6. 12.
19   이데일리, 2008. 7. 26.
20   MBC, 2008. 6. 30.

가 재연되는 양상"이라고 덧붙였다.

이명박 대통령은 7월 8일 국무회의에서 "경제팀은 기획재정부를 중심으로 협력하여 고유가 등 경제현안에 적극 대응할 것"을 지시하였다. 당시에는 유가가 곧 배럴당 150달러를 넘어설 것으로 전망되고 있었다.[21] 대통령의 지시에 따라 정부는 당분간 고유가로 인한 경제위기를 극복하기 위해 기획재정부 장관 주재로 관계부처 장관이 참여하는 '위기관리대책회의'를 개최키로 결정하였다. 정부는 이를 위해 기존의 경제정책조정회의를 위기관리대책회의로 명칭을 바꾸었다. 7월 10일 과천 정부청사에서 처음으로 위기관리대책회의가 개최되었다.[22] 이 자리에서 강만수 기획재정부장관은 "현재의 경제상황을 위기라고 단정할 수는 없지만 좋은 경제지표가 하나도 없는 만큼 트렌드는 위기로 빠져들고 있는 것으로 판단된다"고 말했다.

이처럼 정부 스스로가 당시의 경제상황을 위기국면으로 규정하고 떠들썩하게 대책 마련에 나섰던 것도 한국경제의 위기설을 확산시키는 데 기여하였다. 예를 들어 영국의 파이낸셜 타임스지는 9월 위기설이 한참 지난 뒤인 2008년 10월 14일 '가라앉고 있는 느낌(Sinking feeling)'이라는 제목의 기사를 통해 한국의 경제위기 가능성에 대해 상세하게 보도하였다. 이를 뒷받침하는 근거의 하나로 강만수 장관이 7월 22일 국회에서 의원들의 질의에 답하면서 "투자, 소비, 실업률, 경상수지 적자 등 수출을 제외한 모든 것이 외환위기와 비슷하

---

[21] 기획재정부 보도자료, 「위기관리대책회의」 운영, 2008. 7. 8.
[22] 이명박 정부는 이때부터 2010년 12월 22일까지 위기관리대책회의를 개최하였다. 이 회의는 2011년부터 경제정책조정회의로 환원되었으나 2011년 10월부터 다시 위기관리대책회의로 명칭을 바꿔 개최되었다.

다"고 말했음을 인용하였다. 한 마디로 말해 자기 도끼에 발등이 찍힌 격이었다.[23]

처음에 가벼운 전망의 형태로 떠돌기 시작한 9월 위기설은 이처럼 한국경제와 관련된 안 좋은 뉴스들이 덧칠하듯이 첨가됨과 아울러 정부여당이 국내 경제상황을 위기국면으로 규정하면서 점차 뚜렷한 실체가 있는 것처럼 국내외적으로 크게 부각되어 버렸다. 특히 9월 위기설은 처음에 한국 언론에만 보도되었으나 시차를 두고 다시 외국의 주요 언론을 타게 되었다. 외국 언론들은 우리나라 사정에 어두울 수밖에 없다. 외국 언론들이 처음부터 위기설을 만들어서 배포하기는 어려운 일이다. 외국 언론들은 국내 언론에 보도되거나 국내외 투자자문회사들이 분석한 경제보고서 등을 점검하다가 기사가 될 만하다고 생각되는 이슈를 발견하면 금융회사나 전문가들과 접촉하여 확인을 받은 후 보도하는 과정을 거치게 된다.

9월 위기설이 외국 언론에 보도될 때도 거의 마찬가지였다. 외국 언론이 보도한 뉴스들은 국내에 어느 정도 알려진 내용들이었지 전혀 새로운 것들은 아니었다. 곧 한국 내에서 이미 보도되었거나 한국 내의 경제전문가 또는 투자전문가들이 문제가 많다고 생각하는 이슈들이 집중적으로 해외 언론의 뉴스거리가 되었다. 그런데 문제는 이러한 외국 언론의 보도내용이 다시 국내로 수입되어 보도되면서 일반 국민들에게는 더욱 신뢰도가 높은 일종의 예언처럼 크게 부각되었다는 점이다. 9월 위기설이 거의 절정에 이르렀던 8월말 환율은 6

---

23 같은 날 정부는 보도 내용을 반박하는 해명자료를 배포하였다. 기획재정부 · 금융위원회 · 금융감독원 보도해명자료, Financial Times, 'Sinking feeling' 기사(08. 10. 14일자) 관련, 2008. 10. 14.

개월 전인 2월말 대비 13.4% 절하된 1,081.8원으로 높아졌다. 코스피 지수도 2008년 8월말에는 1,474를 기록하여 3월말에 비해 13% 하락하였다.

02

위기의
전개와 수습

9월 위기설의 단초로 제시되었던 대규모 외국인 보유 채권에 대한 만기상환이 2008년 9월 초순에 순조롭게 마무리[24]되면서 '9월 위기설'은 결국 근거가 없는 것으로 밝혀졌다. 그러나 며칠이 지나지 않아 리먼 브러더스가 뉴욕법원에 파산보호 신청을 하면서 전 세계는 글로벌 금융위기로 치닫게 되었다. 리먼 사태 이후 국내 금융시장은 국제금융시장 불안 및 실물경제 침체 우려로 변동성이 커지고 금융기관 및 기업의 유동성 상황이 악화되는 모습을 보였다.[25]

24 　금융감독원은 2008년 9월 9일과 10일에 각각 만기가 도래한 외국인 보유 채권 6,868억 원 및 4조 9,959억 원에 대한 상환이 모두 완료되었으며 외국인들이 채권 만기도래분의 상당 부분을 한국에 재투자하였다고 발표하였다. (세계일보, 2008. 9. 11)

25 　리먼 사태 이후 금융시장 및 외화자금시장 동향을 집필함에 있어서는 2008년 10월 19일 기획재정부, 금융위원회, 한국은행이 공동으로 발표한 보도자료 '국제금융시장 불안 극복방안'을 참고하였다.

글로벌 증시 불안이 확대되면서 외국인의 매도세가 지속됨에 따라 주가는 큰 폭으로 하락하였다. 8월 말에 1,474였던 코스피 지수는 계속 추락하여 10월 24일에는 연중 최저치인 939를 기록하였다. 이는 코스피 지수가 2,065로 최고점에 달했던 2007년 10월 31일과 비교하면 54.5%가 폭락한 것이었다. 9월 12일 1,106원이었던 환율은 리먼 사태 이후 미국의 금융시장 악화 및 외화 유동성부족 우려 등에 따른 심리적 불안으로 10월 초순 이후에는 1,300원대로 치솟았다. 자금시장에서는 안전자산 선호현상이 증대되면서 제2금융권에서 은행권으로의 자금이동 현상이 두드러졌다. 이와 같은 은행권으로의 자금이동은 제2금융권의 유동성 악화를 초래하였다.

외화자금시장에서도 신규자금의 조달이 어려워지고 차환 여건이 악화됨에 따라 국내은행들은 외화자금 차입에서 계속 어려움을 겪었다. 중장기 외화차입이 거의 중단된 상황에서 한국물(5년물) CDS 프리미엄은 9월의 150bp에서 10월에는 387bp로 크게 상승하였다. 9월 중 56bp 수준이었던 단기 외화차입 가산금리도 10월 들어서는 166bp로 크게 높아졌으나 1개월물만 소액 거래가 이루어질 뿐 1개월물을 초과하는 외화 신규차입은 거의 없었다.

이처럼 금융시장 불안이 심화되고 국내은행들의 외화차입 여건이 크게 악화됨에 따라 정부와 한국은행은 금융시장을 안정시키고 국내은행들의 외화자금 조달에 활로를 열어주기 위해 다각적인 대책을 마련하였다. 기획재정부와 한국은행, 금융위원회·금융감독원 등이 리먼 사태 이후 취했던 주요 조치를 보면 다음과 같다.

기획재정부는 리먼 사태 직후 국내 외화자금시장이 크게 경색됨에 따라 10월 6일 외화자금시장에 100억 달러 이상의 외화유동성을 공급하였다. 또한 수출금융 및 원자재수입금융을 지원하기 위해 수출입은행을 통해 60억 달러의 외화 유동성을 공급하였다. 기획재정부는 10월 19일 국내은행의 대외채무에 대해 정부가 지급보증할 방침임을 공표[26]하였으며 국회는 10월 30일 이에 대한 지급보증안을 통과시켰다.[27] 그 결과 국내은행(해외지점 포함)이 2009년 6월 30일까지 해외로부터 차입하는 외화자금에 대하여 차입 발생일로부터 3년간 정부가 지급을 보증하게 되었다. 2009년 6월 말까지 만기도래하는 국내은행의 대외채무가 약 800억 달러로 추정되고 있음을 감안하여 정부의 총 보증규모는 1천억 달러로 책정되었다.

이러한 정부의 국내은행 대외채무에 대한 지급보증 조치는 은행간 차입에 대해 각국 정부가 보증[28]에 나서는 상황에서 국내은행들이 해외자금 조달시 불이익을 받는 것을 방지하기 위한 것이었다. 아울러 기획재정부는 한국은행과 함께 충분한 규모의 외화유동성을 은행권에 공급키로 하고 우선 300억 달러를 추가적으로 공급키로 하였다. 또한 주식시장 및 자산운용사 수신의 안정을 도모할 수 있도록 3년 이상 장기보유 주식 및 채권 펀드를 대상으로 세제지원 조치를 강구하는 한편 중소기업 금융지원 확대를 위해 기업은행에 대하여 1조원의 현물출자를 추진할 계획임을 밝혔다.

---

26 기획재정부 · 금융위원회 · 한국은행 보도자료 '국제금융시장 불안 극복방안', 2008. 10. 19 ; 기획재정부 · 한국은행 · 금융위원회 · 금융감독원 보도자료 '수출입금융 지원을 위한 외화유동성 공급 방안', 2008. 11. 13.

27 국회본회의 회의록, 2008. 10. 30, pp.8~13. 이날 '국내은행이 비거주자로부터 차입하는 외화표시채무에 대한 국가보증 동의안'은 국회 본회의에서 재석 238인 중 찬성 218인, 반대 10인, 기권 10인으로 가결되었다.

28 영국(10월 8일), 독일(10월 13일), 프랑스(10월 13일), 스페인(10월 13일), 네덜란드(10월 13일), 포르투갈(10월 13일), 호주(10월 12일), 유로존 15개국(10월 12일) 등이 은행간 채무에 대해 정부가 지급보증하는 조치를 취하였다. (앞에서 인용한 보도자료 '국제금융시장 불안 극복방안')

다음으로 기획재정부는 11월 3일 실물경제를 활성화하기 위하여 11조 원의 공공지출을 확대하고 3조 원 수준의 세제지원을 확대하는 것을 주요내용으로 하는 '경제난국극복 종합대책'을 발표하였다. 이러한 정부의 확장적인 재정정책은 글로벌 금융시장의 불안 등에 따른 세계경제의 침체가 우리나라 실물경제에 미치는 부정적 영향을 최소화하기 위한 것이었다. 2008년 2/4분기중 우리나라의 GDP 성장률(전기대비, 이하 같음)은 투자부진이 지속된 데다 민간소비도 감소로 전환되면서 1/4분기의 1.1%보다 낮은 0.4%에 그쳤다. 3/4분기에는 수출이 감소로 전환되어 GDP 성장률이 0.2%로 더욱 낮아졌다.[29]

리먼 사태 이후 한국은행이 취한 조치는 크게 통화신용정책과 외환시장 안정화 조치로 나누어 살펴볼 수 있다. 먼저 한국은행은 국제금융시장 불안 및 세계경제 침체 심화 등 해외여건 악화가 국내 금융시장 및 실물경제에 미치는 부정적 영향을 최소화하는 데 역점을 두고 통화신용정책을 운영하였다.[30] 한국은행은 이러한 정책기조 아래 2008년 10월 이후 2009년 2월까지 여섯 차례에 걸쳐 기준금리를 큰 폭으로 인하하였다. 그 결과 기준금리는 연 5.25%에서 2.0%로 크게 낮아졌으며 총액한도대출 금리도 연 3.5%에서 1.25%로 하향 조정되었다.

또한 2008년 11월과 12월 한국은행은 신용위험도가 높은 은행채 및 일부 특수채 등 신용위험증권 시장으로의 자금흐름을 유도하기

---

29 정부가 2008년 11월 3일 '경제난국 극복 종합대책'을 발표한 것은 이런 추세가 지속될 경우 경제성장이 크게 위축되어 우리 경제가 실물 면에서도 경제위기로 치달을 수 있음을 우려하였기 때문이다.

30 이하 통화신용정책과 관련된 내용은 한국은행, 『통화신용정책보고서』(2009. 3), pp.30~6을 참고하였다.

위해 공개시장조작 대상증권 및 대상기관을 확대하였다. 공개시장조작 대상증권에 기존의 국채, 정부보증채, 통화안정증권 이외에 은행채 및 일부 특수채를 포함하였으며, 환매조건부증권매매 대상기관으로 기존의 19개 은행 1개 증권사 및 한국증권금융에 더해 12개 증권사를 추가로 선정하였다. 아울러 2008년 11월에는 공개시장조작을 통해 채권시장안정펀드[31] 출자 금융기관에 대해 최대 5조 원까지 유동성을 지원하기로 결정하고 12월중 2.1조 원의 자금을 공급하였다. 한편 CP, CD 및 은행채 시장의 거래 활성화를 위해 2008년 10월 이후 은행 및 증권사에 장기 환매조건부채권 매입을 통해 유동성을 지원하였다.

다음으로 한국은행은 중소기업 등에 대한 은행의 신용공급이 원활히 이루어질 수 있도록 2008년 11월부터 총액대출한도를 종전의 6.5조 원에서 9.0조 원으로 2.5조 원 증액하였다. 이중에서 1조 원은 일시적으로 자금난을 겪고 있는 중소기업들이 지원받을 수 있도록 '특별지원한도'로 설정되었다. 2008년 12월에는 BIS 자기자본비율 개선을 통한 은행의 신용공급 여력 확충을 위해 한국은행에 예치한 은행들의 지급준비예치금에 대해 5,002억 원의 이자를 지급하였다. 이처럼 한국은행이 공개시장조작 대출 및 지준제도 등 다양한 정책 수단을 통해 적극적으로 금융완화에 나서면서 본원통화 증가율(평잔, 전년동월 대비)이 2008년 8월의 8.7%에서 2009년 1월에는 27.4%로 크

---

[31] 리먼 브러더스 파산보호 신청 이후 금융 시스템에 잠재적 불안을 야기할 수 있는 회사채, 건설사 PF-ABCP, 은행채 시장 등 취약부문에 선제적으로 유동성을 공급하기 위해 은행, 보험사 및 증권사 등이 출자하여 채권시장펀드를 조성하였다. 채권시장펀드는 약 10조 원 규모로 하되 금융기관들의 순차적인 출자로 조성키로 하였으며 2008. 12. 17일 1차로 5조 원이 출자되었다.

게 높아졌다.

리먼 사태 이후 한국은행이 취했던 외환시장 및 외화자금시장 안정화 조치는 다음과 같다.[32] 한국은행은 2008년 9월 이후 글로벌 금융위기 심화에 따른 국내 외환시장에서의 불안심리 확산을 차단하기 위해 10월 30일 미국 연방준비제도와 300억 달러 한도의 통화스왑계약 체결을 발표하였다. 환율은 한미통화 스왑이 체결되기 직전에는 1,400원대를 상회하기도 하였으나 한미 통화스왑이 체결된 데 힘입어 다소 안정세를 보였다. 국회가 같은 날 국내은행들의 외화 채무에 대한 지급보증안을 통과시킴에 따라 외화자금 차입여건도 다소 호전되었다. 한국물에 대한 CDS 프리미엄은 10월 27일의 699bp에서 10월 30일에는 394bp로 하락하였다. 아울러 한국은행은 12월 12일 일본은행과의 통화스왑 계약 한도 확대 및 중국인민은행과의 1,800억 위안 한도 통화스왑계약 체결을 발표하였다.

〈표 7-1〉 한국은행과 주요국 중앙은행간의 통화스왑계약 체결 내용

계약 상대	발표일	스왑 만기일	스왑 한도	스왑통화
미국 연방준비제도	2008.10.30	2010. 2. 1*	300억 달러	원/달러
중국인민은행	2008.12.12	2012. 4. 19	1,800억위안(38조원)	원/위안
일본은행	2008.12.12	2010. 2. 1**	200억달러 상당액***	원/엔

* 2009. 2. 4일과 6. 26일에 스왑 계약기간을 당초의 2009. 4. 30일에서 각각 6개월 및 3개월 연장.
** 2009. 3. 31일과 10. 16일에 스왑 계약기간을 당초의 2009. 4. 30일에서 각각 6개월 및 3개월 연장.
*** 기존 30억 달러 상당액에서 2008. 12. 12일 200억 달러 상당액으로 확대.
자료: 한국은행, 『연차보고서』(2008, 2009)

32　이하 외환시장 및 외화자금시장 안정화 조치에 관련된 내용은 한국은행, 『연차보고서』(2008)
　　pp.123~124를 요약하였다.

한국은행은 해외로부터의 외화자금 조달에 어려움을 겪고 있는 외국환은행에 대해 2008년 10월부터 7회의 경쟁입찰방식 스왑거래를 통해 102.7억 달러를 공급하였으며, 2008년 12월 중 3회의 경쟁입찰방식 대출거래를 통해 103.5억 달러를 지원하였다. 또한 외국환은행의 수출금융을 지원하기 위해 1999년 이후 중단하였던 중소기업 수출환어음 담보 외화대출을 100억 달러 규모로 2008년 11월 17일부터 재개하였다.[33] 그리고 외화자금시장 불균형을 완화하기 위해 2007년 9월부터 실시하여 온 스왑시장 참여를 계속하면서 11월 이후에는 장기물 통화스왑(CRS pay)을 통한 장기 외화자금 공급규모를 확대하였다.

정부와 한국은행이 글로벌 금융위기로 인한 국내 외화자금시장 불안을 완화하기 위하여 기울였던 노력은 글로벌 금융위기를 전후로 우리나라 외환보유액이 대폭 감소하였던 데에서 그대로 드러나고 있다. 리먼 사태 이후 우리나라의 외환보유액이 가장 적었을 때는 2008년 11월 말이었다. 이때의 외환보유액은 2,005억 달러로서 리먼 사태 이전 외환보유액이 사상 최대 규모였던 2008년 3월 말의 2,642억 달러에 비해 637억 달러가 감소하였다. 물론 외환보유액이 이처럼 줄어든 데에는 이명박 정부 출범 이후 리먼 사태 이전까지 환율을 안정시키기 위한 외환시장 개입과정에서 일부 외환보유액이 소진되었기 때문이기도 했지만 주된 원인은 외환당국이 외화유동성을 지속적으로 공급한 데 기인하였다.

---

33 한국은행은 2008년 12월 29일부터는 2009년 말까지 한시적으로 수출환어음담보대출 지원대상을 중소기업에서 모든 국내기업으로 확대하였다.

금융위원회와 금융감독원[34]은 글로벌 금융위기로 은행들의 유동성사정이 악화됨에 따라 2008년 10월 31일 은행의 원화유동성비율 산출대상을 잔존만기 3개월 이내에서 1개월 이내의 유동자산·부채로 변경하였다. 또한 2008년 12월 29일에는 경기침체로 인한 부실자산 증가로 은행의 자본적정성이 하락하는 것을 방지하기 위해 신종자본증권[35]의 기본자본 인정한도를 15%에서 30%로 상향조정하였다. 그리고 같은 날 신BIS기준 도입을 위한 이행조치와 관련하여 자기자본비율 산정시 바젤 I 과 바젤 II 방식중 높은 비율을 적용할 수 있도록 한 병행산출기간을 2009년 말까지 1년간 연장하였다.

이런 와중에 2009년 2월에 들어와서는 일부 동유럽 국가들의 국가부도 시 이 지역에서 금융시장 불안이 촉발되어 서유럽을 거쳐 미국과 아시아로 파급될 것이라는 우려가 제기되었다. 더욱이 이러한 국제금융시장 불안이 우리나라의 외화 유동성 상황을 악화시킬 가능성이 제기되면서 '3월 위기설'이 나돌기도 하였다. 환율은 리먼 사태 이후 글로벌 디레버리징 등에 따른 외화자금 순유출로 가파른 오름세를 보이면서 2009년 3월 3일 1,573.6원까지 상승하였다. 그러나 국제금융시장 불안이 완화되고 경상수지 흑자폭이 확대되면서 3월 말에는 1,300원대로 하락하였다. 국내은행의 단기외화차입 가산금리는 2008년 8월의 45bp에서 가파르게 상승하여 2009년 1월에는 232bp를 기록하였으나 3월에는 171bp로 다소 낮아졌다. 한국물에

---

34 금융위원회와 금융감독원이 글로벌 금융위기에 대응하여 취한 조치의 내용은 한국은행, 『연차보고서』(2008, 2009)의 제5장 제2절 내용을 요약하였다.

35 변제 우선순위가 후순위채보다 후순위인 채권이지만 BIS비율 계산시 기본자산(Tier I)으로 인정하는 증권을 말한다.

대한 CDS 프리미엄도 2008년 8월의 104bp에서 2009년 2월에는 384bp로 크게 확대되었으나 4월에는 292bp로 낮아졌다.

주가는 리먼 사태 이후 투자심리가 급속히 악화되고 외국인의 주식매도가 크게 늘어남에 따라 큰 폭의 하락세가 이어졌다. 그러나 우리나라를 비롯한 주요국의 금융안정 및 경기부양 조치 시행, 외국인의 매도세 진정 등으로 12월 이후에는 조금씩 회복되는 모습을 보였다. 다만 장기 시장금리는 한국은행의 정책금리 인하 및 유동성 공급 확대 등에 힘입어 빠르게 하락하는 모습을 보였다. 3년 만기 국고채 유통수익률은 2008년 말 현재 3.41%를 기록하여 전년말 대비 2.33% 포인트 하락하였다.

글로벌 금융시장의 불안 등에 따른 세계경제의 침체는 우리나라 실물경제에 점차 부정적 영향을 미치기 시작하였다. 2008년 4/4분기 중 GDP 성장률은 리먼 브러더스 파산보호 신청 이후 수출과 내수가 급격히 위축됨에 따라 마이너스 5.1%를 나타내었다. 이것은 1997년 말 외환위기 이후 최대의 감소폭이었다. 그 결과 2008년 중 GDP 성장률은 외환위기 이후 최저수준인 2.2%를 기록하였다.

정부와 한국은행은 3월 위기설 등에 대응하여 2009년 2월 26일 '국제금융시장 불안 장기화에 따른 우리경제 위험요인 해소를 위한 정책적 대응방안'을 발표하였다. 이날 정부와 한국은행은 앞으로 상황이 악화될 가능성에 선제적으로 대응할 수 있도록 외화유동성 확충을 위한 제도개선 방안을 마련하겠다고 밝혔다. 이에 따라 정부는 2009년 3월에는 공공기관의 해외차입을 억제토록 되어 있던 규정을 완화하는 한편 국내은행에 정기예치를 목적으로 해외에서 송금한 1만 달러 초과 외화자금에 대해서는 국세청 통보대상에서 제외토록 조치하였다.[36] 4월에는 30억 달러 규모의 달러 표시 외국환평형기금 채권을 발행하여 외환보유액을 확충하였다. 5월에는 비거주자에 대해서도 미분양주택 취득에 대한 양도세 및 미분양펀드 배당소득에 대한 소득세를 감면하는 한편 재외동포 전용펀드를 신설하여 배당소득에 대한 원천과세 세율을 인하하였다. 아울러 외국인의 국채 투자 시 발생하는 이자소득과 양도차익에 대해서도 과세를 면제하였다.

금융위원회는 2009년 2월 6일 주택금융시장 침체로 금융기관에 유동성 문제가 발생하는 경우 한국주택금융공사가 자기자본의 70배까지 지급보증을 할 수 있도록 함으로써 채권유동화를 통해 금융기관에 유동성을 긴급 지원할 수 있는 길을 열었다. 2월 25일에는 은행권이 실물경제 지원과 구조조정에 적극 나설 수 있도록 은행 자본확충펀드 조성 및 운용방안을 발표하였다.[37] 자본확충펀드는 한국은행으로부터 10조 원, 산업은행으로부터 2조 원, 기관 및 일반투자자들로부터 8조 원을 각각 조달하여 총 20조 원을 조성하고 이 재원으로 은행권으로부터 후순위채, 신종자본증권 등을 인수하기로 하였다. 5월 13일에는 금융기관의 부실자산 인수·정리, 기업구조조정 지원 등을 위해 한국자산관리공사에 구조조정기금을 설치하였고, 6월 1일에는 금융기관이 부실화되기 이전에 선제적으로 자금을 지원할 수 있도록 한국정책금융공사에 금융안정기금을 설치하였다.

국내 금융시장은 2009년 2/4분기 이후에는 외환수급사정이 호전되는 가운데 국내 경기 개선 등의 영향으로 가격변수의 변동성이 축

---

36 2009년 중 정부의 외환시장 및 외화자금시장 안정정책의 내용은 한국은행, 『연차보고서』(2009) p.122를 요약하였다.
37 금융위원회 보도자료, '「은행 자본확충 펀드」 조성 및 운영방안', 2009. 2. 25.

소되는 등 빠르게 안정을 되찾았다. 2009년 중 금융기관의 해외차입 여건은 글로벌 신용경색 완화, 국내 외화유동성사정 호전 등에 힘입어 크게 개선되었다. 단기 외화차입 가산금리는 1월 중 232bp에서 12월에는 29bp로 낮아졌다. 한국물(5년물)에 대한 CDS 프리미엄도 3월 중 398bp에서 12월 중 89bp로 급락하여 대체로 2008년 상반기 수준을 유지하였다. 환율도 2009년 3월 이후 큰 폭의 경상수지 흑자 지속, 외국인 증권투자자금 순유입 확대 등으로 외환공급이 늘어나면서 하향 안정세를 이어갔다. 2009년 말 환율은 1,167.6원으로 전년 말 대비 7.7% 절상되었다. 장기 시장금리는 안전자산 선호경향 약화 및 경기회복 기대감의 확산 등으로 완만한 오름세를 보였다. 2009년 말 현재 국고채(3년물) 유통수익률은 4.41%를 기록하여 전년 말 대비 1.00%포인트 상승하였다. 주가는 국내외 경기회복 기대가 확산되고 외국인의 대규모 순매수가 이어지면서 큰 폭으로 상승하여 9월 22일에는 연중 최고수준인 1,719를 기록하였다. 이후에는 단기 급등에 대한 부담 등으로 조정국면을 보여 연말에는 전년 말보다 49.7% 상승한 1,683을 기록하였다.

2009년 중 국내 경기는 적극적인 재정정책 및 통화신용정책 운용과 수출여건 개선 등에 힘입어 2/4분기 이후 그간의 하강세에서 벗어나 빠르게 회복되는 모습을 보였다. 다만 연간 GDP 성장률은 1/4분기까지 이어진 경기부진으로 인해 외환위기 이후 가장 낮은 0.3%를 나타내었다. 기간별로 보면 1/4분기에는 전기 대비 0.2% 성장에 그쳤으나 2/4분기에는 수출이 늘어난 데다 정책효과에 힘입어 내수가 뚜렷이 개선되면서 성장률이 2.4%로 높아졌으며 3/4분기에는 재고조정 효과가 가세하면서 성장률이 3.2%로 더욱 높아졌다.

4/4분기에는 2/4분기 및 3/4분기의 빠른 성장에 따른 반사효과 등으로 성장률이 0.2%로 낮아졌다. 2010년에는 수출이 호조를 보이고 내수가 회복되면서 GDP 성장률이 전년의 0.3%에서 6.2%로 크게 높아졌다.

2008~09년 한국경제가 겪었던 위기의 성격

       우리나라는 다음과 같은 점들에 비추어 볼 때 2008년 10월부터 2009년 4월까지 사실상 외환위기를 겪었던 것으로 평가할 수 있겠다.

  첫째, 프랑켈과 로즈는 "통화가치가 25% 이상 하락하고 해당연도의 절하율이 전년의 절하율을 10%포인트 상회한 경우 외환위기가 발생한 것으로 본다"고 주장[38]한 바 있는데 2008년 10월부터 2009년 4월까지의 우리나라가 바로 여기에 해당하였다. 이 기간 중 월평균 또는 월말 대미 달러환율의 전년 동기 대비 절하율은 모두 25%를 웃돌았으며, 절하율은 모두 전년의 절하율을 10% 이상 상회하였다.

---

[38]   Jeffrey A. Frankel, Andrew K. Rose, "Currency Crashes in Emerging Markets: An Empirical Treatment", Journal of International Economics 41(1996) 351~366.

(단위: %)

	2008.10	2008.11	2008.12	2009.1	2009.2	2009.3	2009.4
월중평균환율	31.0	34.0	32.3	30.0	33.9	33.0	26.5
월말 환율	29.7	37.3	25.4	31.0	38.2	28.0	25.8

자료: 한국은행 경제통계시스템

둘째, 2008년 10월부터 2009년 4월까지 환율의 변동성이 크게 높아졌으며 2008년 중 외환보유액이 단기간에 현저히 감소한 바 있다. 카민스키와 라인하트는 "환율변동률 내외금리차 변동 및 외환보유액 변동률의 가중합계를 이용하여 측정하는 외환시장압력지수가 장기평균치에 비해 표준편차의 3배 이상 벗어나는 경우 외환위기가 발생한 것으로 본다"고 주장한 바 있다.[39]

먼저 환율의 변동성은 2008년 4/4분기와 2009년 1/4분기에 뚜렷하게 높아졌다. 그날의 환율이 전날과 비교하여 얼마만큼 변동하였는지를 나타내는 전일대비 변동률이 2006년과 2007년에는 각각 0.33%와 0.22%에 그쳤으나 리먼 사태 이후인 2008년 4/4분기와 2009년 1/4분기에는 2.18%와 1.17%로 대폭 확대되었다. 하루 중에 환율이 얼마나 변동하였는지를 나타내는 일중 변동률도 2006년과 2007년에는 0.48%와 0.32% 수준에 그쳤으나 2008년 4/4분기와 2009년 1/4분기에는 각각 3.32%와 1.83%로 크게 높아졌다.

다음으로 우리나라의 외환보유액은 2008년 3월 말 2,642억 달러에 달하였으나 리먼 사태 이후인 2008년 11월 말에는 2,005억 달러

---

39   Kaminsky, G. L. and C. M. Reinhart, "The Twin Crises: the Causes of Banking and Balance-Of-Payments Problems", American Economic Review 89, no.3, 1999, 473~500.

〈표 7-3〉 환율의 변동성 (기간중 평균)

(단위: %, 원)

	2006	2007	2008 I	2008 II	2008 III	2008 IV	2009 I	2009 II
전일대비 변동률* (전일대비 변동폭)	0.33 (3.2)	0.22 (2.1)	0.41 (4.0)	0.47 (4.8)	0.85 (9.3)	2.18 (29.2)	1.17 (16.6)	0.78 (10.1)
일중 변동률** (일중변동폭)	0.48 (4.6)	0.32 (3.0)	0.62 (6.0)	0.80 (8.2)	1.20 (13.1)	3.32 (45.2)	1.83 (26.2)	1.32 (17.1)

* (금일 종가 – 전일 종가)의 절대값 / 전일 종가 × 100(%)
** (일중 최고가 – 일중 최저가)/ 당일 평균환율 × 100(%)
자료: 한국은행, 『연차보고서』(2008, 2009)

로 줄어들었다. 8개월 만에 637억 달러 감소하였던 것이다. 1998년 이후 우리나라의 외환보유액이 견실하게 증가하여왔음을 고려할 때 단기간에 600억 달러가 넘는 외환보유액이 감소한 것은 하나의 사변 (事變)이었다고 함이 타당할 것이다. 그만큼 당시 시장에서는 외환에 대한 초과수요 압력이 팽배해 있었다.

셋째, 〈표 7-4〉에서 보는 바와 같이 리먼 사태로 촉발된 글로벌 금융위기 이후 각국 통화의 절하율을 보면 원화의 절하율이 31.3% 로 신흥시장국 중 여섯 번째로 높았다. 우리와는 대조적으로 상당수 신흥시장국의 통화 절하율은 상대적으로 낮은 수준에 머물렀다. 당시 한국경제 내부에 취약요인이 없었다면 우리나라도 상당수 신흥시장국과 같이 환율급등 등의 어려움을 겪지 않을 확률이 높았을 것이다. 그런데 외국 언론들이 줄기차게 주장했던 대로 당시 한국경제는 외환 금융 면에서 단기외채가 과다하고 예대율이 고수준을 유지하는 등 취약 요인을 안고 있었다. 그러므로 당시 한국경제 내에 온존해 있었던 취약요인들을 찾아내어 치유하기 위해서도 2008~09년 당시 한국경제가 겪었던 어려움을 외환위기라고 규정하는 것은 의

(단위: %)

30% 이상인 국가	20~30%인 국가	10~20%인 국가	10% 미만인 국가
브라질(34.6%)			말레이시아(8.9%)
터키 (34.6%)			싱가포르(8.7%)
멕시코(33.6%)	인도네시아(26.2%)	인도(15.4%)	필리핀(8.2%)
남아공화국(33.4%)		대만(10.4%)	태국(5.7%)
러시아 (32.6%)			아르헨티나(4.0%)
한국 (31.3%)			

자료: Datastream
출처: 이승호, 「환율의 이해와 예측」, 삶과지식, 2012, p.226.

미 있는 일이라고 하겠다.

넷째, 1997년 말 우리나라의 외환위기는 IMF로부터의 긴급자금 지원에 의해서 수습의 가닥을 잡기 시작하였다. 한편 리먼 사태 이후 매우 불안한 모습을 보였던 외환시장은 2008년 10월 30일 한국은행과 미 연준 간에 300억 달러의 통화스왑 계약이 체결된 데 힘입어 안정을 되찾기 시작하였다. 두 경우 모두 우리나라 자력에 의해서가 아니라 IMF 또는 미 연준 등 외부의 조력으로 대규모 외화유동성이 지원되면서 외환시장이 안정되기 시작했던 것이다. 이런 점을 감안하면 우리나라가 2008~09년에 겪었던 경제적 어려움을 외환위기라고 규정하더라도 큰 무리가 없다고 하겠다.

그러나 2008~09년 당시 한국경제가 겪었던 어려움에 대해 '외환위기'라고 명명하는 사례가 거의 없는 실정이다. 2008년 9월 글로벌 금융위기가 발발한 직후 이제민은 이에 대해 외환위기라고 지칭하는 글을 발표[40] 한 바 있으나 이러한 흐름은 대세가 되지 못하였다. 2008~09년에 '위기'[41] 또는 '외화유동성 위기'[42]를 겪었거나 '외환상의 어려움' 또는 '외화자금 조달상의 어려움' 등을 겪었던 것으로 평가하는 견해들이 주조를 이루고 있는 것으로 보인다.

그러면 2008~09년에 겪었던 어려움에 대해 외환위기라고 불러도 큰 문제가 없을 것 같은 데도 많은 사람들이 '외환위기'라는 말을 쓰지 않고 에둘러 약화된 표현을 쓰는 것은 무슨 연유에서일까?

무엇보다 2008~09년에 우리나라가 겪었던 외환 및 금융 면의 어려움은 기본적으로 미국의 서브프라임 모기지 사태와 리먼 브러더스 투자은행의 갑작스러운 몰락이라는 외부요인에 의해 촉발되었기 때문이다. 또한 당시 한국경제가 겪었던 어려움은 그 강도 및 파급 영향력 등의 면에서 1997년 말 외환위기보다 작았고 지속기간도 훨씬 짧았기 때문이다. 1997년 말 외환위기는 바로 금융위기로 전이됨으로써 상당수 금융기관의 폐업, 인수 및 합병을 야기하였다. 그 결과 대규모 금융구조조정이 단행되었으며 그 과정에서 천문학적인 공적자금이 투입되었다. 설상가상으로 이러한 외환 및 금융위기는 광범위한 경제위기로 확산되어 1998년 우리나라의 실질 GDP가 5.7% 감소하는 등 한국경제는 중병을 앓았다.

2008~09년에는 외환 및 금융 면의 어려움이 더 이상 금융위기로 전이되지 않았으며 실물경제의 어려움도 1997년 말 외환위기 때보다

40　이제민, '한국의 두 차례 외환위기', 『월간금융』(2009년 5월호), 전국은행연합회, 2009. 5, pp.12~4. 그는 이 글에서 "한국은 1997년에 외환위기를 겪은 데 이어 최근 6~7개월 동안 사실상 또 한 번의 외환위기를 경험하고 있다. 10여 년의 간격을 두고 두 번의 외환위기를 겪은 나라는 아마도 한국밖에 없지 않은가 싶다"라고 기술했다.

41　김경수 등이 공동 집필한 『금융위기 이후 우리나라 금융이 나아갈 방향』(전국경제인연합회, 2009년)은 머리말에서 "우리나라가 외환위기를 겪은 지 10년 만에 다시 어려움을 겪을 정도로 취약했던 이유가 무엇인가? 어떻게 하면 이러한 위기를 피할 수 있을까?"라고 하고 있다.

42　안병찬은 그의 저서 『글로벌 금융위기 이후 외환정책』(한나래플러스, 2011)의 프롤로그에서 우리나라가 2008년 9월 리먼 사태 이후 "외화유동성 위기에 직면했다"고 쓰고 있다.

는 훨씬 가벼웠다. 곧 1930년대의 대공황(Great Depression)에 비견되었던 글로벌 금융위기에도 불구하고 우리나라는 실질 GDP 성장률이 2008년과 2009년에 각각 2.3%와 0.3%를 나타내는 등 비교적 선방하였다.

바로 이런 점들을 종합적으로 고려하여, 2008~09년 한국경제가 겪었던 어려움을 지칭할 때 본문에서는 '외환 금융 면에서 어려움을 겪었다'거나 '환율이 급등하고 주가가 폭락하는 등의 경제적 어려움을 겪었다'라고 표현하였으며, 간략하게는 '위기'라고 한 것이다. Part의 제목에서는 그 역사성을 강조하기 위하여 '2008년 외환위기'라고 하였다.

04

금융 · 외환 상황에 대한
정부의 잘못된 시각과 홍보

　　9월 위기설이 제기된 2008년 상반기부터 정부와 한국은행은 한국경제에 대한 시장의 우려를 잠재우기 위하여 혼신의 노력을 기울였다. 이러한 노력은 금융시장과 외환시장이 대체로 안정을 되찾았다고 평가되는 2009년 상반기까지 지속되었다. 정부와 한국은행은 위기설의 기초가 되었던 외채, 외환보유액 및 예대율 등에 관한 정확한 정보가 전달될 수 있도록 보도자료를 배포하는 한편 고위당국자들이 수시로 기자간담회를 가지는 등 시장과의 소통을 강화하였다.

　　한국은행은 2006~07년중 늘어난 우리나라의 외채가 1997년 말 외환위기 이전에 증가했던 외채와는 성격이 다르므로 우리나라의 외채 상황을 평가함에 있어서는 이런 점이 충분히 고려되어야 한다고 주장하였다. 한국은행은 1997년 말 외환위기 이전에 증가했던 외채는 경상수지 적자를 보전하기 위한 차입 때문에 증가했다고 설명하였다. 반면 2006~07년중 늘어난 우리나라의 외채 중 상당부분은 가까운 장래에 우리나라가 받게 되어 있는 외환 수입에 바탕을 두고 있다고 강조하였다.[43] 곧 "2006~07년중 조선·중공업체의 선물환 순매도와 관련된 약 470억 달러의 외채는 향후 선물환 만기도래에 따른 수출대금 수취시 외채를 감소시키는 요인으로 작용하게 된다"고 설명하였다. 또한 "2006~07년중 해외증권투자자의 선물환 순매도와 관련된 약 590억 달러의 외채도 해외증권투자 자산과 연계되어 있다는 점에서 경상수지 적자 보전을 위한 외채와 차이가 있다"고 지적하였다.

기획재정부도 외국 언론의 보도내용에 대한 보도해명자료에서 한국은행의 논리를 원용하였다. 기획재정부는 영국의 파이낸셜 타임스지[44]와 더 타임스지[45]가 8월 13일과 9월 1일에 각각 보도한 내용에 대해 반박하면서 "최근 외채는 조선업계 선물환 등 미래수익에 기반한 일시차입 성격으로서, 외환위기시의 경상수지 적자보전용 외채와 구분"됨을 역설하였다.[46] 기획재정부는 "IMF에서도 (이런 점을 고려하여) 현 외채상황은 과거 외환위기와 달리 위험성이 낮은 것으로 판단하고 있다"고 밝혔다.

이처럼 당시 정부는 불안한 금융·외환시장을 안정시키기 위하여

---

43 한국은행 보도참고자료, '최근 외채 동향에 대한 평가', 2008. 6. 17, p.3.
44 '한국, 1997년 위기상황이 재연되고 있다(Korea : 1997 rewind)', Financial Times Lex 칼럼, 2008. 8. 13.
45 '한국이 원화와 관련된 여러 문제들이 누적되어 위기로 향하고 있다(South Korea heads for black September as problems pile up for the ailing won)', The Times, 2008. 9. 1.
46 기획재정부 보도참고자료, '파이낸셜 타임스(FT) Lex 칼럼 내용 검토', 2008. 8. 14, p.2 ; 기획재정부, 보도해명자료 '2008.9.1(월) The Times 「South Korea heads for black September as problems pile up for the ailing won」제하 기사 관련', 2008. 9. 2, p.2.

가능한 한 많은 정보를 제공하려고 노력하였지만 이중에는 시장을 납득시키기 어려운 내용들이 일부 포함되어 있었다. 우리나라의 금융·외환 상황이 나쁘지 않다는 점을 강조하는데 집착한 나머지 정부가 국제기준이나 상식에 어긋나는 주장을 전개하였던 데 기인한다. 논란이 될 수 있었던 대표적인 사례들을 몇 가지 살펴보기로 하자.

첫째, 기획재정부는 8월 14일 배포한 보도참고자료를 통해 당시 우리나라 외채의 증가 원인 및 성격이 과거와 다름을 강조하면서 그 논거 중 하나로 "(2008년 6월 말 현재) 우리나라 단기외채의 절반 정도인 875억 달러가 외은 지점이 본점과의 거래를 통해 발생한 채무"임을 지적하였다. 기획재정부는 9월 2일 배포한 보도해명자료에서는 더 나아가 "총외채의 20%, 단기외채의 45%가 외은지점 외채인데 외은지점 외채는 외국본점에서 관리하고 있어 이를 순수한 외채로 보기 어려운 점이 있다"고 주장하였다.[47] 이러한 정부의 인식은 2008년 10월 19일 발표한 '국제금융시장 불안 극복방안'에도 그대로 나타났다. 정부는 "2009년 6월 말까지 만기도래하는 국내은행의 대외채무는 약 800억 달러 수준으로 추정된다"고 전망하였다. 우리나라 은행들이 지고 있는 총외채에서 외은지점의 외채를 의도적으로 제외하여 발표하였던 것이다.

이러한 정부 발표에 대해 문화일보는 10월 21일 한국투자증권 전민규 등이 작성한 시장 리포트[48]를 인용하면서 "(2009년 6월 말까지 만기

---

47 다만 2008년 10월 14일에 기획재정부·금융위원회·금융감독원이 공동 배포한 보도해명자료에서는 이런 논리에 문제점이 있다고 판단했는지 "외국본점에서 유동성을 관리하고 있는 외은지점 외채는 국내은행 (외채)에 비해 그 위험성이 매우 낮다"고 한 발짝 물러서는 자세를 취했다.

48 전민규·윤창용·진은정, '외화부채의 실상 파악과 정부의 적극적 대응 필요성', 한국투자증권, 2008. 10. 17.

도래하는) 국내은행의 단기외채에는 외은지점이 해외본점에서 들여온 외채도 포함되어야 하므로 우리나라 은행의 단기외채는 정부가 발표한 800억 달러가 아니라 훨씬 더 많은 규모가 된다"고 보도하였다. 전민규 등은 2008년 6월 말 현재 국내은행(외은지점 제외)의 단기외채는 660억 달러이며 외은지점의 단기외채는 795억 달러이므로 실질적으로 국내은행이 상환의무를 지는 단기외채는 1,455억 달러가 된다고 주장했던 것이다. 이들은 외은지점이 해외본점에서 자금을 차입한 후 스왑거래를 통해 국내은행에 이 자금을 제공했기 때문에 결국 국내은행이 이 자금에 대한 실질적인 상환의무를 지게 된다고 지적하였다. 이러한 주장은 당시 정부가 외채 규모를 가능한 한 축소하여 발표하던 상황에서 매우 용기 있는 문제제기였으며 이론적으로나 실무적으로도 타당한 것이었다.

그러나 기획재정부는 같은 날 보도해명자료를 통해 다음의 두 가지 점을 들면서 "외은지점이 스왑거래를 통해 국내은행에 제공한 자금은 국내은행의 부채로 볼 수 없다"고 주장하였다. 첫째, 원·달러 스왑거래는 현재시점에서 달러와 원화를 교환(현물환거래)하고 일정시점이 지난 후에 달러와 원화를 반대방향으로 교환(선물환거래)하는 것으로서 그 자체는 부채의 성격을 갖고 있지 않으며 회계처리 상으로도 부채로 보지 않는다. 둘째, 국내은행은 조선사·자산운용사와의 선물환계약에 따라 미래에 달러를 받기로 약정되어 있다. 그렇기 때문에 외은지점과의 스왑거래가 청산되는 시점에서 국내은행은 조선사·자산운용사로부터 기존 계약에 따라 받게 되는 달러를 외은지점에 지급하면 된다.

Part 03에서 살펴본 바와 같이 조선업체 및 자산운용사가 매도한 선물환을 매입함에 따라 국내은행들은 매입초과 포지션에 처하게 되었다. 이에 따라 국내은행들은 외환포지션 조정을 위해 직접 해외에서 단기로 외화자금을 차입하거나 국내에서 외은지점과 단기로 스왑거래를 체결하였다. 외은지점은 국내은행과의 스왑 자금 마련을 위해 해외본점에서 단기로 외화자금을 차입했다. 국내은행이 직접 국제금융시장에서 단기로 외화자금을 차입하든 외은지점이 국내은행과의 단기 스왑거래를 위해 본점에서 외화자금을 차입하든 어느 경우에도 결과적으로 단기외채가 증가하였다. 반면 은행들이 조선업체들로부터 매입한 선물환의 경우에는 만기가 1년을 초과하는 장기물이 많았다.[49] 그러므로 국제금융시장이 경색되거나 우리나라의 대외신인도가 급락하는 경우 국내은행들은 조선업체로부터 매입한 선물환 기일이 도래하지 않았는데도 외은지점 등으로부터 단기로 받았던 외화자금을 바로 인도해 주어야만 하는 힘겨운 상황에 직면할 수 있었다.

더욱이 선박 제조를 완료하더라도 해외경제 여건이 크게 악화될 경우 조선업체는 발주업체로부터 수출대금을 제때 받지 못할 수 있다. 예를 들어 전세계적으로 해운경기가 크게 침체된다면 발주업체들은 해운경기가 호전될 때까지 제조가 완료된 선박 인수를 차일피일 미룰 수 있으며 이 경우 수출대금 지급은 지체된다. 국제금융시장에 신용경색이 발생하여 선박 발주업체의 자금사정이 어려워질 경우에도 수출대금을 지급하지 못하는 사례가 발생할 수 있다. 매일경제

---

49   Part 03에서 살펴보았던 대로 국내은행 입장에서는 외화자산과 외화부채 간에 만기가 일치하지 않는 미스매치(mismatch) 문제가 발생하게 되었다.

신문은 2008년 8월 5일 "대우조선해양, 현대미포조선 등 우리나라 조선업체들이 선주사의 대금 미납을 이유로 선박계약을 취소함에 따라 조선업체 주가가 일제히 급락하는 사태가 빚어졌다"고 보도하였다.[50] 이렇게 선주사가 대금을 내지 못하게 되면 조선업체들은 당초 국내은행과의 선물환 계약을 이행할 수 없게 된다. 곧 국내은행들에게 외화자금을 내줄 수 없게 된다. 이 경우 국내은행은 외은지점과 맺었던 스왑계약에 의거 외은지점에 인도하도록 되어 있는 외화자금을 어떻게든 확보해야 하는 문제에 봉착하게 된다.

자산운용사의 경우에도 같은 사정이 적용될 수 있다. 2008년 9월의 경우처럼 글로벌 금융위기의 발발로 국제금융시장이 경색되거나 해외 주식형 펀드의 투자 대상국에 천재지변 등 예기치 못했던 재앙이 발생할 경우 해당국 주가가 폭락할 수 있다. 그 결과 해외투자 수익률이 크게 부진할 경우 국내 개인 투자자는 당초 생각했던 투자만기가 도래하더라도 투자자금의 회수를 뒤로 미룰 수 있다. 그렇게 되면 자산운용사는 당초 예상했던 기일이 도래하더라도 해외 투자자금을 국내로 회수할 수 없게 되므로 국내은행과 맺었던 선물환 계약을 이행할 수 없게 된다. Part 05에서 살펴보았던 대로 안병찬과 이대기·이규복은 2008년 9월 이후 우리나라에서 실제로 그런 현상이 나타났다고 주장한 바 있다. 이런 경우 국내은행은 어떤 수단을 동원해서라도 시장에서 외화자금을 확보하여 외은지점에 인도해 주

---

50 2008년 8월 7일 열렸던 한국은행 금융통화위원회에서도 모 금통위원이 이 사실을 인용하면서 "이러한 현상이 일시적인 것으로 그치지 않고 앞으로 세계경제 둔화에 따라 추가로 발생할 가능성이 있는 만큼 이에 대한 모니터링을 강화할 필요가 있다"는 의견을 밝혔다. (한국은행 금융통화위원회 의사록, 2008년도 제16차 회의, 2008. 8. 7, p.4)

어야 한다.

이런 점들에 비추어 볼 때 당시 기획재정부가 보도해명자료를 통해 "외은지점이 스왑거래를 통해 국내은행에 제공한 자금은 국내은행의 부채로 볼 수 없다"고 주장했던 것은 한마디로 말해 강변이었다. 스왑거래의 만기가 도래하면 국내은행은 무슨 일이 있더라도 외은지점에 달러자금을 넘겨주어야 한다. 스왑거래를 이행하지 못할 경우 해당 국내은행은 기술적으로 채무불이행 사태에 빠지게 된다. 시장에서는 이를 한국의 은행들이 외환위기에 접어드는 조짐이라고 판단할 것이다. 국내외 언론이 이를 대서특필하는 것은 불문가지다. 그런데도 외은지점이 스왑거래를 통해 국내은행에 제공한 자금이 우리나라 은행들이 실질적으로 갚아야할 외채가 아니라면 말이 되겠는가.

특히 기획재정부가 9월 2일 배포한 보도해명자료에서 "외은지점 외채는 외국본점에서 관리하고 있어 이를 순수한 외채로 보기 어려운 점이 있다"고 밝혔던 것은 건전한 국제금융 상식에도 맞지 않은 위험한 주장이었다. 우리나라에 진출해 있는 외은지점은 엄연히 우리나라의 금융기관이다. 서울에 주재하고 있는 외국 대사관과 달리 어떠한 치외법권도 허용되고 있지 않다. 금융감독에 있어서도 당연히 우리나라 관청의 감독을 받는다. 따라서 외은지점의 외채도 당연히 우리나라의 외채인 것이다. 그렇기 때문에 외은지점이 어떤 이유에서든 해외본점으로부터 빌렸던 외화자금을 갚지 못하는 경우가 발생한다면 시장에서는 이를 한국의 외환시장과 외화자금시장에 신용경색 등의 문제가 발생했다는 조짐으로 받아들일 것이다. 그런 문제가 짧은 기간에 다수의 외은지점에서 반복적으로 나타난다면 시장에서는 이를 한국의 전체 은행권에서 외화차입과 관련되어 채무불이행 (default)이 발생하는 조짐으로 평가하게 될 것이다.

"외은지점 외채는 순수한 외채로 보기 어렵다"는 기획재정부의 주장은 당시 모기지 관련 부실채권 문제를 처리함에 있어 미국 금융 기관과 미국내 외국금융기관을 차별하지 않고 동등하게 취급했던 미국의 사례에 비추어 보더라도 국제기준에 부합하지 않는 억지 주장의 성격이 강했다.

헨리 폴슨 미 재무장관은 2008년 9월 21일 7천억 달러의 공적자금을 사용해서 금융회사의 모기지 관련 부실자산을 인수하는 구제 프로그램에 미국에서 영업 중인 외국금융기관들의 모기지 관련 부실자산도 포함되어야 한다고 밝혔다.[51] 그는 이날 ABC방송의 '디스 위크'에 출연한 자리에서 "미국에서 고용 및 영업을 하면서 유동성을 상실한 자산 때문에 (미국 국내에 진출한 외국금융기관들의) 자금 흐름이 막혀 있다면 미국인들에게 다른 금융기관들과 마찬가지로 충격을 준다"고 말했다. 폴슨 장관은 "미국정부는 외국의 금융당국에 대해 미국과 비슷한 금융안정화 조치를 취해줄 것을 요청하고 있으며, 다른 나라들도 그렇게 할 것이라고 믿는다"고도 말하였다.[52]

정부가 외은지점의 외채에 대해 독특한 주장을 폈던 것은 우리나라 외채규모를 가능한 한 축소함으로써 시장을 하루빨리 안정시키려는 애국적인 충정에서 비롯된 행위였지만 그렇다고 해서 일반적으로

---

51   연합통신, 2008. 9. 22.
52   실제로 한국은행은 2008년 12월 2일부터 미 연준과의 통화스왑 자금을 활용한 경쟁입찰방식 외 화대출을 실시함에 있어 입찰 참가기관에 외국은행 국내지점을 포함시켰다. (보도자료 '미 연준과 의 통화스왑 자금을 활용한 경쟁입찰방식 외화대출 실시', 2008. 11. 27)

널리 받아들여지고 있는 국제금융의 셈법이 바뀌지는 않는다. 특히 외채의 정의와 포괄범위 등에 대하여 알 만한 위치에 있는 일부 경제학자까지 잘못된 정부 견해에 편승하는 내용의 칼럼을 언론에 기고하였던 것은 우려스러운 일이었다.[53]

둘째, 금융위원회·금융감독원은 우리나라 은행들이 매우 높은 예대율을 보이고 있어 은행 건전성에 문제가 있다는 외국 언론의 보도를 반박하면서 한국 일반은행의 예대율이 크게 높지 않으며 한국의 경우 일반은행의 예대율을 계산함에 있어서는 CD를 예금에 포함하는 것이 논리적으로 타당하다고 주장하였다.[54] 금융 선진국의 경우 CD는 주로 자금거래규모가 큰 대형투자자나 금융기관들 간에 거래되는 도매금융 성격의 시장성 수신으로 분류되고 있다. 금리변동에 매우 민감하므로 금융 선진국의 은행들은 대출을 위한 안정적인 재원으로 CD를 활용하는 것을 매우 조심스럽게 생각하고 있다. 이런 점을 고려하여 예대율 산정시 당연히 CD잔액은 분모인 예금액에서 빼고 있다.

반면 당시 금융위원회·금융감독원은 우리나라의 경우 2008년 7월 말 현재 CD 잔액중 은행창구를 통한 직접 판매 비중이 80.2% 수준에 달하고 있음을 지적하면서 한국에서 CD는 단순히 소매 금융상품일 뿐이라고 주장하였다. 이처럼 CD를 예금에 포함시켜 계산하면

---

53 2008. 9. 8자 중앙일보에 게재된 '시장은 원래 소란한 곳'이라는 칼럼에서 "근래 단기외채 증가는 반갑지 않은 일이지만 그 상당 부분은 외국계 은행 몫이고 조선 등 수출업체의 환헤지용이므로 수주자금이 입금됨에 따라 자동 해소된다"고 기술하였다.

54 금융감독원 보도해명자료, 'Financial Times, 「한국의 은행들」기사에 대한 해명', 2008. 10. 7 ; 금융위원회·금융감독원 보도해명자료, '국내 일반은행의 예대율 현황', 2008. 10. 13 ; 금융위원회·금융감독원 보도해명자료, 'Financial Times, Sinking feeling 기사(08. 10. 14일자) 관련', 2008. 10. 14.

국내은행 예대율은 2008년 9월 말 현재 103.2% 수준이 된다. 금융위원회·금융감독원은 일본의 예대율이 CD를 포함해서 74% 수준이고 미국의 예대율이 CD를 포함해서 112%인 점에 비추어 볼 때 외국 언론이 보도하는 것처럼 한국의 국내은행 예대율이 크게 높은 수준은 아니라고 주장하였다. 우리나라 은행들의 건전성에 별 문제가 없음을 설득하려는 금융위원회·금융감독원의 노력은 여기서 끝나지 않았다. 금융위원회·금융감독원은 이들 보도해명자료에서 "은행채를 통한 자금조달까지 감안하면 원화조달금액이 원화대출금을 상회하고 있는 상황"이라고 밝히고 은행채를 포함할 경우 예대율은 85.0%로 낮아진다고 주장하였다.

CD나 은행채는 금융시장 상황에 따라 조달금리가 크게 오르기도 하고 크게 내리기도 하는 등 금리변동이 상대적으로 크다. 더욱이 2008년 글로벌 금융위기 당시와 같이 금융시장이 갑자기 얼어붙게 되면 시장에 돈줄이 막혀 CD나 은행채를 통한 자금조달 자체가 어려워질 수 있다. 은행이 CD나 은행채 등 시장성 수신에 의존하는 것을 경계해야 할 이유가 여기에 있다. Part 02에서 소개한 바와 같이 영국의 노던 록(Northern Rock)은행은 자금조달에 있어 시장성 수신 비중이 너무 높은 결과 2007년 유동성 위기를 맞았으며 결국 국유화되었다. 결과적으로 우리나라의 예대율이 그리 높지 않다는 금융위원회와 금융감독원의 해명은 국제기준에 합치하지 않는 내용을 포함하고 있었기 때문에 시장의 우려를 말끔히 해소하기에는 미흡하였다.

경위야 어떻든 2009년 12월 16일 금융위원회는 은행간 외형경쟁 유인을 최소화하고 건전경영을 도입하기 위해 예대율 관련 제도를 도입한다고 발표하였다.[55] 곧 예대율을 정의[56]함에 있어 CD를 제외하기로 하였으며, 예대율 목표비율은 100%로 하되 2013년 말까지 유예기간을 부여하기로 하였다. 2008년 글로벌 금융위기 과정에서 얻은 경험을 교훈삼은 올바른 정책 전환이었다.

셋째, 금융위원회·금융감독원은 "우리나라 은행들이 1997년 외환위기 직전과 같이 달러를 빌려서 원화로 대출했으며 원화가 하락하자 위기를 맞게 되었다"고 외국 언론들이 보도한 데 대해 "외화로 조달한 자금은 대부분 외화로 운용되고 있어, 이것은 사실이 아니다"라고 해명하였다. 그리고 국내은행들의 외화자금 조달목적은 국내 중소기업 등에 대한 원화대출 목적이 아니라 외화대출, 외화증권 매입 등 외화자산 운용에 있음을 강조하였다.[57]

그러나 당시 금융감독 당국은 외국 언론들이 왜 "한국의 은행들은 외화로 조달한 자금을 원화로 대출하고 있다"고 주장하는지 그 배경을 잘 이해하지 못했던 것으로 여겨진다. 앞의 Part 03에서 살펴본 바와 같이 2006년부터 2008년까지 우리나라 은행들은 선물환 매입을 확대하려고 모든 노력을 기울였다. 그것은 외환매매 수수료 수입 증대에 이바지했을 뿐 아니라 선물환 매입에 상응한 외환포지션 조정을 위해 해외로부터 차입한 외화자금을 처분하여 원화자금을 확보할 수 있었기 때문이다. 은행들은 이렇게 조성한 원화자금으로 대출을 한 후 이자수입을 얻어 외화차입금 이자를 지급할 수 있었다.

---

55 금융위원회·금융감독원 보도자료, '예대율 제도도입을 위한 은행업감독규정 개정추진', 2010. 3. 26.

56 예대율 = 〔원화대출금 / 원화예수금 (CD 제외)〕 × 100%

57 금융감독원 보도해명자료, 'Financial Times, 「한국의 은행들」기사에 대한 해명', 2008. 10. 7 ; 금융위원회·금융감독원 보도해명자료, 'International Herald Tribune 「한국의 은행들 과거 실수 망각」 기사에 대한 해명', 2008. 10. 9 ; 금융위원회·금융감독원, 보도해명자료 'Financial Times, Sinking feeling 기사(08. 10. 14일자) 관련', 2008. 10. 14.

또한 2008년 글로벌 금융위기 이전에 우리나라 외화대출은 운전자금 및 국내 시설재 구입자금 등 원화자금 소요 용도를 중심으로 크게 증가한 바 있다. 당시 외국 언론들은 이러한 국내은행들의 자금조달 및 운용 행태를 가리켜 "외화자금을 조달하여 원화로 대출하고 있다"고 비판하였던 것이다. 이러한 사례를 두고 볼 때, 당시 금융감독 당국이 은행들의 자금조달 및 운용과정을 소상하게 파악하지 못하고 있었던 것은 아니었나 하는 의구심을 접을 수가 없다.

05

우리나라 위기대응 시스템의 취약성

2008년 9월 리먼 사태 이후 우리나라는 예기치 않게 빠른 속도로 위기 국면으로 내몰리게 되었다. 당시 많은 언론들은 정부와 한국은행이 위기에 대응해 나가는 과정에서 정책 혼선과 갈등을 빚고 있는 데 대해 질책하는 한편 위기관리를 책임지고 이끌고 가는 사령탑이 보이지 않는다고 주장하였다. 왜 이런 비판들이 제기될 수밖에 없었는지 그 배경에 대해 살펴보도록 하자.

당시 정부와 한국은행이 일사불란하게 위기 극복을 위한 정책을 수립하고 집행하지 못했던 데에는 매우 근본적인 원인이 있었다. 무엇보다도 위기대응 관련 정부기관들이 다기화되어 있는 상황에서 각 기관들이 평상시 가지고 있는 권한과 위기시 활용할 수 있는 정책수단 간에 워낙 비대칭성이 큰 것이 커다란 장애요인으로 작용하였다. 그 결과 위기극복을 위한 정책수립 및 집행과정에서 불가피하게 비효율이 초래되었을 뿐 아니라 이들 기관 간에도 보이지 않게 갈등구조가 형성되는 경향이 있었다. 금융 및 외환위기 대응 관련 정부기관들로는 기획재정부, 금융위원회·금융감독원 및 한국은행을 들 수 있다. 이제 이들 기관 간에 평상시 권한과 위기시 정책수단이 얼마만큼이나 불균형적으로 분포되어 있는지를 살펴보기로 하자.

먼저 금융위원회와 금융감독원은 평상시 막강한 금융감독 권한을 지니고 있음에도 불구하고 막상 위기가 도래한 때에는 자체 역량만으로 금융기관들을 도와주는 데에 커다란 한계가 있다. 리먼 사태 이후 국내은행들은 원화 및 외화조달 면에서 어려움이 가중됨에 따라 금융감독 당국인 금융위원회와 금융감독원에 지원을 호소하였다. 평상시라면 금융위원회와 금융감독원이 국내은행들에게 튼튼한 버팀목이자 방패막으로서의 기능을 훌륭하게 수행할 수 있었을 것이다. 그런데 상황은 위기국면이었다.

위기 상황에 처한 은행들이 절실하게 바랐던 것은 바로 지금 쓸 수 있는 자금, 곧 원화 및 외화 유동성이었다. 그런데 위기상황에서 금융위원회나 금융감독원이 타 기관에 의존하지 않고 독자적으로 할 수 있는 일은 감독규정을 준수하는 데 따른 은행의 부담이 줄어들 수 있도록 규제완화를 하는 일 등에 한정된다. 곧 금융위원회나 금융감독원은 국내은행들에게 원화자금이나 외화유동성을 지원해 줄 수 있는 어떤 정책수단도 가지고 있지 않다. 어쩔 수 없이 당시 금융위원회와 금융감독원은 원화자금에 대해서는 한국은행, 외화자금에 대해서는 기획재정부와 한국은행에 대해 지원에 나서 줄 것을 요청할 수밖에 없었다.

기획재정부의 경우에는 비교적 많은 정책수단을 가지고 있지만 그렇다고 위기대응을 독점할 만큼 정책수단이 충분한 것은 아니다.

기획재정부는 국회의 의결을 거쳐 필요시 부실금융기관에 투입할 공적자금을 조성하고 국내은행들의 해외차입에 대해 보증해 주거나 재정지출을 확대하는 일 등을 할 수 있다. 다만 정부는 평소 가까스로 세입과 세출을 맞춰나가고 있기 때문에 정부재정으로 국내은행들이 필요로 하는 막대한 원화자금을 지원하기는 불가능한 실정이다. 또한 2008년 3월말 현재 2,642억 달러였던 외환보유액 중 정부 보유분은 25%인 약 640억 달러에 그치고 있었기 때문에 국내은행들이 필요로 하는 외화자금을 충분히 지원해 주는 데에도 한계가 있었다.[58]

한국은행의 사정은 어떠했을까? 한국은행은 원화자금에 대해 최종대부자 기능을 수행할 수 있는 우리나라의 유일한 기관이다. 한국은행은 발권은행인 데다 그 업무가 자본금에 의해 제약을 받지 않도록 무자본 특수법인으로 설립되었기 때문이다. 따라서 한국은행법이 정한 범위 내에서 금융통화위원회가 필요하다고 결정할 경우 금융기관을 지원하는데 원화자금 면에서 아무 제약이 없다. 또한 한국은행은 2008년 3월말 현재 우리나라의 외환보유액 중 75%에 달하는 약 2천억 달러를 한국은행 자산으로 보유하고 있었다. 외화자금에 대해 최종대부자 기능을 최대한도로 수행할 수 있는 기관은 대한민국에서 오직 한국은행밖에 없었다고 해도 과언이 아니었다.

연합뉴스는 2008년 10월 24일 "미국발 금융위기가 세계 금융위기

---

58   한국은행에 대한 국회 기획재정위원회의 국정감사에서 이성태 총재는 외환시장 개입과 관련한 의원 질의에 대하여 "(외환시장 개입과 관련된) 법률적 권한 및 관행은 정부가 정책을 최종 담당하는 것으로 돼 있지만 실제 동원할 수 있는 자금은 한은이 보유한 것이 훨씬 많다"며 "이 문제는 앞으로 제도적으로 제대로 고쳐 놓아야 정책이 원활히 돌아갈 수 있다"고 답변한 바 있다. (2008년도 국회 국정감사 기획재정위원회 회의록, 2008. 10. 20, p.20)

로 번지고 급기야 부도 위기에 처한 국가들이 속출하는 가운데 국내 금융시장도 자금 경색이 심화되자 정부는 물론 은행과 증권사 등 제2금융권까지 모두 한국은행만 쳐다보는 형국이다"라고 보도하였다. 연합뉴스는 이 기사의 모두에서 "'은행의 은행'인 한국은행이 계속되는 금융 불안 속에서 해결사로 부상하고 있다"고 위기상황에서의 한국은행의 위상을 평가하였다. 그런데 한국은행은 이처럼 위기시 동원할 수 있는 정책수단을 많이 가지고 있음에도 불구하고 평상시 기관의 권한은 매우 협소한 실정이다. 한국은행법에 의해 물가안정목표제를 중심으로 통화정책을 수행하는 데에 그 기능이 맞추어져 있기 때문이다.

각 기관이 평상시 가지고 있는 권한과 위기시 활용할 수 있는 정책수단이 이처럼 매우 비대칭적으로 분포되어 있는 상황에서 정부와 한국은행은 위기에 대응하고 있었다. 그런데 일례로 한국은행과의 사전협의나 합의가 이루어지지 않은 상황인데도 한국은행이 돈줄을 풀어야 정책으로서 성립이 되는 제안들이 언론에 먼저 공개되는 일들이 자주 발생하였다. 총액한도대출의 증액, 2008년 말까지 만기가 돌아오는 25조 원 규모의 은행채 매입, 자산운용사와 증권사에 대한 2조 원 규모의 긴급 유동성 지원문제 등이 모두 이런 사례에 해당하였다. 이 모든 것이 한국은행이 나서야 해결할 수 있는 과제였는데 당시 금융위원회는 언론에 먼저 공개한 후 여론의 압박을 통해 이를 관철하려고 하는 듯한 모습을 보였다.[59] 이런 사례가 발생할 경우 한

---

59 2008년 10월 23일 기획재정부와 한국은행에 대한 국회 기획재정위원회의 종합 국정감사에서 이성태 한국은행 총재는 "은행들이 은행채를 매입해 달라고 (한은에) 요청한 것은 없고, 언론을 통해 들었다"고 답변하였다. (2008년도 국회 국정감사 기획재정위원회 회의록, 2008. 10. 23, p.6)

국은행은 이를 확인하는 언론 취재에 대해 당연히 "지금 처음 듣는 이야기"라거나 "현재 검토중이고, 아직 확정되지 않았다"라는 코멘트를 하는 경우가 많았다.

이와 같이 금융위원회 등 정부 부처가 설익은 정책 아이디어를 뜬금없이 언론에 먼저 흘리고 한국은행이 이를 완곡하게 부인하는 모습이 잦아지면서 정부와 한국은행 간에 불협화음이 많은 것으로 비쳐졌다. 일부 국회의원들은 이런 모습을 빗대어 "세계 금융위기 속에서 한국은행이 소극적 늑장 대처를 하고 있다"거나 "한국은행이 현재 금융위기를 방관하는 것 같다"고 비판하였다.[60] 한국은행은 상황을 이런 식으로 몰아가는 정부의 언동에 대해 내심 불쾌한 마음을 금할 수 없었다. 서울경제신문은 "관계부처 장관들이 참석한 서별관 회의에서 한은 이성태 총재가 회의 도중 버럭 화를 낸 것으로 알려졌다"고 보도하였다.[61] "사고는 누가 치고 왜 우리가 뒤치다꺼리를 해야 하느냐. 은행들이 자산관리를 못해 일을 벌였고 정부가 감독을 제대로 못해 이 꼴을 만들었는데 이제 한은이 나서서 뒷감당을 해야 하느냐"는 지적이었다고 보도하였다.

한국은행이 처한 어려운 입장을 이해하면서 금융위원회 등 정부의 행태를 비판한 국회의원도 없지 않았다. 이광재 의원은 2008년 10월 23일 기획재정부와 한국은행에 대한 국회 기획재정위원회의 종합 국정감사에서 "은행채를 매입하는 것은 한국은행 금융통화위원회의 의결사항"이라며 "내부적으로 한국은행의 동의를 구해서 조심스럽

---

60 연합뉴스, 2008. 10. 20 ; 머니투데이, 2008. 10. 21.
61 서울경제신문, 2008. 10. 24.

게 해서 함께 발표를 해야 될 일이지 (한국은행을) 협박하는 일도 아니고···"라고 정부의 행태를 비판하였다. 이 의원은 "이런 일들이 정부와 한국은행 간의 정책공조에 나쁜 영향을 주고 있다"고 지적하였다.[62]

그렇다면 한국은행은 이런 상황에서 정부부처가 요청하면 지체 없이 모든 조치를 취하여야만 했을까? 이를 중앙은행의 최종 대부자 기능과 결부하여 생각해 보자.[63] 예를 들어 어떤 금융기관이 건전한 금융기관인데도 불구하고 근거 없는 악소문 등에 휩싸여 예금 인출 사태에 직면했다고 하자. 개별 금융기관이 직면한 뱅크 런 사태는 금융이 지니는 민감한 속성 때문에 경우에 따라 다른 금융기관으로까지 쉽게 확산되어 전체 금융 시스템의 안정을 뒤흔들 수 있다. 이때 개별 금융기관에 엄청난 규모의 유동성을 신속하게 적시에 공급해 줌으로써 개별 금융기관이 유동성 위기사태에서 벗어나게 해줌은 물론 금융 시스템 전반의 안정을 도모할 수 있는 기관은 중앙은행밖에 없다. 이것은 중앙은행이 발권력을 독점하고 있기 때문이다. 이것이 바로 중앙은행의 최종대부자 기능이다.

중앙은행이 수행하는 최종대부자 기능은 발권력에 의존하는 것이기 때문에 중앙은행은 너무 부족하게 금융기관을 지원해도 안 되지만 너무 넉넉하게 지원해도 안 되는 내재적 한계에 직면한다. 너무 부족하게 지원하면 최종대부자 기능을 활용하는 의의가 없어지는 반면 너무 지나치게 지원하면 발권력 남용의 문제가 제기되기 때문에 중앙은행의 최종대부자 기능은 금융감독 기능과 불가분의 관계를 가

---

62   앞의 회의록(2008. 10. 23), p.50.
63   이하 중앙은행의 최종대부자 기능과 관련된 내용은 졸저 『금리전쟁』, 학민사, 2009, pp. 486~93을 참고하였다.

진다.

중앙은행이 유사시 최종대부자 기능을 최적상태에서 수행하려면 금융기관과의 직접 접촉을 통하여 평소 개별 금융기관이 어떻게 돌아가고 있는지 경영상태를 늘 정확하게 파악할 수 있어야 한다. 또한 금융기관의 건전경영에 문제가 있을 경우에는 중앙은행이 초기단계에서 이를 바로 잡을 수 있어야 한다. 이런 것들이 바로 금융감독 기능이다. 중앙은행이 금융감독 기능을 가질 경우 금융기관들이 중앙은행의 최종대부자 기능에 의존하는 사태가 생기는 것을 미연에 방지하는 데 크게 도움이 된다. 더욱이 일단 긴급상황이 발생했을 때에도 중앙은행이 신속하게 최종대부자 기능을 수행함으로써 최소의 비용으로 금융시스템의 안정을 도모할 수 있다. 이런 점을 감안하여 미 연준을 포함한 많은 중앙은행들이 금융감독 기능을 수행하고 있다. 우리나라도 1950년 한국은행을 설립했을 때부터 한국은행이 은행감독 기능을 수행토록 하여 온 오랜 역사와 전통을 가지고 있다.

그런데 1997년 말의 한국은행법 개정으로 한국은행은 미 연준 등과 비교할 때 금융감독 기능이 없는 반쪽짜리 중앙은행으로 전락하였다. 직접적인 은행감독 권한을 모두 금융위원회 및 금융감독원에 빼앗겼기 때문이다. 그 결과 한국은행은 금융기관의 경영상태를 상시 파악하고 문제가 있을 경우 이를 즉각 바로잡을 수 있는 권능을 일거에 상실하였다. 이것이 바로 광범위한 금융감독 권한을 보유하고 있는 미 연준과 한국은행 간의 큰 차이점이다. 더욱이 금융감독기구와 금융기관은 평소 상호 유기적인 협력관계를 맺고 있다. 수많은 문서와 보고서를 주고받으며 다양한 현안에 대해 사전에 의견을 교환한다. 엄청난 양의 정보가 쌍방향으로 흐르고 있다. 그렇지만 한국은행은 이러한 정보 공유 시스템에서 빠져있었기 때문에 금융감독기구와 금융기관들이 그동안 무엇을 어떻게 해 왔는지를 정확하게 제대로 알 수 없었다.

이처럼 법적으로 한국은행이 금융감독 권한을 가지고 있지 않은 상황에서 글로벌 금융위기의 영향으로 우리나라 금융기관들이 위기에 봉착하게 되었다. 어려움에 처하게 된 금융기관들은 금융위원회와 금융감독원을 통해서 또는 여론을 무기삼아 한국은행이 나서서 신속하게 지원해야 한다고 아우성을 쳤다. 반면 한국은행으로서는 평소 이들 금융기관들을 개별적으로 상시 모니터링하거나 감독했던 것이 아니기 때문에 최종대부자 기능을 수행해야 할지의 여부와 최종대부자 기능을 수행하는 구체적인 방법 등을 정하는 데에 시간이 다소 걸릴 수밖에 없었던 것이다. 한국은행의 지원을 긴급하게 필요로 하는 금융기관 입장에서는 이런 한국은행이 답답하게 보였다. 그러다 보니 "왜 한국은행의 지원이 한 박자, 두 박자 늦느냐?"거나 "왜 뒷북을 치느냐?"하는 말들이 나왔던 것이다.[64]

결론적으로 당시 금융감독 권한이 없는 한국은행을 금융감독 권한을 보유하고 있는 미 연준의 경우와 단순 비교하면서 한국은행이 굼뜨다고 비판했던 것은 설득력이 떨어지는 이야기였다. 앞으로 외환위기가 다시 도래하는 것을 막고 위기시 한국은행이 위기 극복에 신속하고 적극적으로 나서도록 하는 것이 국리민복에 도움이 된다면 한국은행이 그렇게 일을 할 수 있도록 한국은행법과 금융감독기구 설치에 관한 법률 등을 개정하는 것이 타당하다.

---

64   서울경제신문, 2008. 10. 24 ; 매일경제, 2008. 10. 28.

다음으로 2008년 글로벌 금융위기 직후 언론들이 위기대응 과정에서 정부와 한국은행이 정책 혼선과 갈등을 빚고 있다고 질책하는 한편 위기관리의 사령탑이 보이지 않는다고 비판했던 것은 우리나라의 경우가 미국의 사례와 극명하게 대비되었기 때문이다. 미국의 경우 헨리 폴슨 재무장관과 벤 버냉키 연준 의장이 쌍두마차를 이루어 엄청난 추진력으로 미증유의 위기를 극복하기 위해 혼신의 노력을 기울이고 있었다. 두 사람이 지닌 돌파력과 카리스마가 가히 절대적이었기 때문에 한국에서도 이 두 사람에 대한 관심이 높았다.

　　조선일보는 뉴욕타임스(NYT)지 등을 인용하면서 "세기의 허리케인이 몰아치는 세계 금융의 중심지 뉴욕 월스트리트에서 미국경제를 구출해내고 있는 최고 통수권자는 조지 부시 대통령이 아니라 폴슨 재무장관과 버냉키 미 연준 의장"이라고 보도하였다.[65] 고교ㆍ대학 시절 미식축구 선수로 이름을 날렸던 폴슨 재무장관은 저돌적으로 상대선수를 밀어붙이는 경기스타일 때문에 '망치'라는 별명을 갖고 있었다. 프린스턴 대학교 경제학 교수 시절 "디플레이션이 오게 되면 헬리콥터로 돈을 뿌리면 된다"고 말했던 버냉키 연준 의장은 '헬리콥터'라는 별명을 갖고 있었다. 조선일보는 "이 두 사람이 한 팀을 이뤄 망치처럼 돌격해 헬리콥터에서 돈을 뿌리는 것처럼 공적자금을 퍼부으면서, 1930년대 대공황 이후 최악의 금융위기상황을 돌파하고 있다"고 보도하였다.

　　반면에 한국의 경우는 어떠했는가? 우선 위기관리를 책임지고 있는 사람들이 기재부장관, 금융위원장, 한국은행 총재, 금융감독원장

65　　조선일보, 2008. 9. 22.

등 네 명으로 숫자부터 너무 많았다.[66] 이것은 한국은행이 미 연준과 달리 금융감독 권한을 갖고 있지 못한 반쪽자리 중앙은행인 데다 이명박 정부가 출범하면서 금융감독위원회를 확대 개편한 금융위원회[67] 위원장과 별도로 금융감독원장이 임명[68]됨에 따라 미국보다 금융수장 수가 두 자리 더 많았기 때문이다.

미국보다 땅덩어리가 엄청나게 작고 경제력도 훨씬 못한 데도 위기대응에 관련된 기관이 미국보다 더 많았던 것이다. 그러다 보니 국민들에게 혼란을 주고 경제·금융 수장들의 면모와 역할이 크게 부각되기가 어려웠다. 더욱이 정부부처와 한국은행의 수장들 간에 리더십 격차가 현저하였다. 이것은 특히 기획재정부 강만수 장관의 리더십이 리먼 사태가 일어나기 훨씬 이전부터 약화되어 있었기 때문에 더욱 두드러지게 보였다. 강 장관은 2008년 2월 취임 직후부터 의욕적으로 추진하여 온 인위적인 고환율정책의 실패로 정작 2008년 9월 글로벌 금융위기가 닥친 이후에는 제대로 리더십을 발휘할 수가 없었다.

강만수 장관은 이명박 대통령의 선거공약인 7%의 경제성장을 달성하기 위해서는 수출 증대가 긴요하다고 판단하고 고환율정책을 추진하였다. 그렇지 않아도 당시에는 국제금융시장의 경색 영향으로 외환시장에서 환율상승의 마그마가 끓어오르고 있었는데, 이런 상황

66 　매일경제는 2008년 10월 24일자에서 전날 기획재정위원회 국정감사장에 출석하여 좌정한 이들 4명의 사진을 보도하면서 이 사진에 '금융사령탑은 누구?'라는 제목을 붙였다.

67 　이명박 정부가 출범하면서 이루어진 정부조직 개편으로 금융정책을 총괄하는 금융위원회가 독립부처로 설립되었다. 금융위원회는 과거 금융감독위원회의 금융감독 기능뿐만 아니라 과거 재정경제부의 금융정책 기능을 이관 받아 수행하게 되었다.

68 　이명박 정부 이전에는 금융감독위원회 위원장이 금융감독원장을 겸임하였다.

에서 추진되었던 고환율정책은 결국 환율상승에 기름을 퍼부은 격이 되어버렸다. 더욱이 원유가 급등이 이에 가세하면서 국내 물가가 급등함에 따라 민심이반의 조짐까지 나타났다. 결국 정부는 2008년 5월 이후 정책 방향을 180도 바꿔 환율안정을 위한 외환시장 개입에 나서기 시작했다. 7월 7일에는 기획재정부와 한국은행이 공동으로 '최근의 외환시장 동향에 대한 견해'라는 제목의 보도자료를 통해 "향후 외환수급 사정, 환율 움직임을 예의 주시할 것이며 불균형이 과도하다고 판단될 경우 필요한 조치를 강력히 취할 것임"을 밝혔다.

언론들은 당국이 환율안정을 위해 외환시장에 대거 개입했다고 보도하였다. 그러나 이미 세계적인 신용경색의 영향으로 환율이 급등하고 있었기 때문에 외환당국은 상당한 외환보유액을 소진했음에도 불구하고 환율을 안정시키는 데 실패하였다. 이대기·이규복은 "정책당국의 시장개입과 함께 2008년 3월 말 2,642억 달러였던 외환보유액이 리먼 사태 직전인 8월 말에는 2,432억 달러로 약 210억 달러 감소하였다"고 주장하였다.[69] 이처럼 국제금융 정세를 제대로 파악하지 못한 채 몇 개월 앞도 내다보지 못하고 시장역행적인 환율정책을 추진해 온 것으로 평가됨에 따라 강장관의 리더십은 위기에 직면할 수밖에 없었다.[70]

또한 우리나라가 미국과 달리 일사불란하게 단합된 분위기에서 위기극복을 위한 정책을 수행할 수 없었던 것은 경제현황을 파악하고 향

---

[69] 이대기·이규복, '외환관리 정책의 재조명과 바람직한 외환정책', 금융연구원 국제회의 세미나 자료, 2009. 8. 11, p18. 이대기·이규복은 같은 페이지에 강만수 장관의 환율 관련 발언 추이 및 '정부의 리먼 사태 이전 외환시장 개입 일지'를 정리하여 보고하고 있다.

[70] 중앙일보는 2008. 10. 27일 "시장에서는 강만수 장관을 '올드 보이'(시대에 뒤떨어졌다는 의미)로 본다"고 보도하였다.

후 경제를 예측하는 정부부처들의 능력과 역량에 한계가 있었기 때문이다. 그 결과 정부가 국회 및 한국은행 등을 설득하는 데 어려움이 따랐으며 국민들에게도 불안감을 안겨줬다. 몇 가지 사례를 보기로 하자.

2008년 9월 11일 김동수 기재부차관은 한 라디오 방송과의 회견에서 "그동안 9월 위기설의 원인으로 지적됐던 국고채 만기문제가 혼란 없이 마무리됐다"고 밝히면서 "9월 위기설은 한여름 밤의 괴담, 실현되기 어려운 괴담 같은 것"이라고 말했다. 그의 발언은 "이제 위기가 종료됐으니 시장은 안심하라"는 말과 다르지 않았다. 반면 한국은행 이성태 총재는 9월 11일 금융통화위원회가 끝난 후 열린 기자간담회에서 "9월 위기설로 촉발된 국내 금융시장의 불안정성이 앞으로도 계속 이어질 가능성이 크다"며 "(위기가) 이제 다 지나갔다고 말하는 것은 조금 성급하다"고 말했다.[71] 이 총재는 이러한 전망의 근거로 다음 두 가지를 들었다. 첫째, 한국의 주식과 환율이 워낙 외국자본에 많이 노출돼 있기 때문에 전체적으로 안정되기 전까지는 변동성이 가끔 있을 수 있다. 둘째, 국제금융시장이 안정돼야 9월 위기설 등의 '설'도 없어질 텐데 국제금융시장 사정이 미국의 주택시장과 연결돼 있어 가까운 장래에 평온을 되찾기는 어려울 것이다. 급기야 한승수 국무총리가 금융시장을 불안하게 하는 발언을 했다는 이유로 이성태 총재에게 비공개 구두메시지를 전달하는 기상천외한 일이 벌어졌다.[72]

---

71 KBS, 2008. 9. 11.
72 뉴시스는 2008년 9월 16일 "총리실은 한승수 국무총리가 이성태 총재에게 비공개 구두 경고했다는 보도와 관련해서 '시장에 혼돈을 초래하거나 불안정하게 하지 말자는 취지'였다고 해명했다"고 보도했다.

9월 17일 국회 기획재정위원회는 기획재정부와 한국은행으로부터 '미국 금융시장 관련 현안보고'를 받았다. 이 자리를 통해 리먼 브러더스의 파산 신청과 BOA의 메릴린치 인수 등 리먼 사태를 보는 시각이 두 기관 간에 판이하게 다르다는 것이 드러났다.[73] 강만수 기획재정부 장관은 모두발언을 통해 "(이번 일은) 그 동안 국제금융시장에 확산되어 온 불확실성을 완화시키는 긍정적인 측면도 있다"고 밝혔다. 곧 "리먼 브러더스와 메릴린치가 항상 문제가 되어 왔는데 종결이 되었으니까 어느 정도 불확실성이 해소된 것"으로 본다는 인식이었다. 반면 이성태 한국은행 총재는 "미국 부실 금융기관의 처리에 따른 국제금융시장의 충격으로 국내 금융 외환시장의 변동성이 증대될 것"이라고 밝혔다. 이 총재는 "1년 이상 끌어온 문제들이 하나씩 하나씩 전개되고 있는 과정이므로 앞으로도 어려운 시기가 조금은 더 지속될 것"이라고 덧붙였다.

강봉균 의원이 "리먼 사태가 글로벌 금융위기의 시작이 아니냐"는 질의에 대해서도 두 사람의 답변은 많이 달랐다. 강만수 장관은 "그런 견해를 가지고 있는 사람도 있지만 (위기의 시작인지의 여부를) 판단하기가 아주 어려운 상황"이라고 말했다. 반면 이성태 총재는 "(글로벌 위기가) 금융 쪽에서는 어느 정도 진행이 되고 있는 상황이고 실물 쪽은 이제 막 시작이 됐다고 볼 수 있다"고 평가했다. 언론들은 이를 보도하면서 "재정부–한은 '금융위기' 놓고 시각차"라고 보도하였다.[74]

---

73 국회 기획재정위원회 회의록, 2008. 9. 17, pp.2~9, 10~11.
74 아시아투데이, 2008. 9. 18.

박병원 청와대 경제수석은 "(외국인 투자자들의 국내 증시 이탈은) 국내 주식시장에서 비정상적으로 높았던 외국인 비중이 낮아지는 계기가 되고 있다. 환율이 높아지면서 경상수지 적자도 해소되고 있다"면서 "우리 경제에 오히려 호재로 작용할 가능성이 있다"고 말했다.[75] 그런데 기획재정부, 한국은행 및 청와대 중에서 어느 기관의 예측이 맞았는지 판별하는 데에는 시간이 그리 오래 걸리지 않았다. 리먼 브러더스의 파산으로 우리나라는 물론 전 세계가 순식간에 글로벌 금융위기라는 블랙홀 속으로 빨려 들어갔기 때문이다.

기획재정부는 2008년 9월 11일 10억 달러 규모의 외국환평형기금채권(외평채)을 발행할 예정이었다.[76] 기획재정부 관계자는 9월 4일 외평채 발행을 위한 해외 로드쇼 출정에 나서면서 "최근 국내시장에서 나오는 9월 위기설이 진짜인지 아닌지 보여주려고 한다"고 단언하였다.[77] 외평채를 성공적으로 발행함으로써 한국이 위기가 아닌 것을 증명하겠다는 호언장담이었다.[78] 그러나 국제금융시장의 여건 악화로 외국인 투자자들이 높은 가산금리를 요구함에 따라 기획재정부는 외평채 발행을 무기 연기했다. 결과적으로 정부는 외평채 발행에 실패함으로써 한국에 대한 국제 신인도의 저하를 자초하였다. 9월 위기설을 잠재우는 기회로 외평채 발행을 활용하려고 했던 기획재정부의 무모함에 대해 비판이 쏟아진 것은 너무나 당연한 일이었다.

---

[75] 동아일보, 2008. 9. 18 ; 조선일보, 2008. 9. 19.

[76] 기획재정부는 "2008년도 외평채 만기도래분(2008. 4. 15) 중 10억 달러 상당의 외화표시 외평채 차환 발행을 하반기에 추진키로 하고 발행에 필요한 절차에 착수한다"고 2008년 8월 6일 보도자료 '10억 달러 상당의 외화표시 외평채 차환 발행'을 통해 밝혔다.

[77] 헤럴드경제, 2008. 9. 12.

[78] 중앙일보, 2008. 10. 25.

더욱 이해할 수 없었던 것은 외평채 발행이 계획되어 있던 9월 11일 하루 전인 9월 10일 산업은행이 리먼 브러더스 인수에 나서지 않기로 결정했다고 공식 발표했다는 사실이다. 산업은행의 발표로 시장 분위기가 얼어붙으면서 우리나라 외평채에 붙는 가산금리가 급등하게 되었던 것이다. 추후 국정감사 과정에서 외평채 발행 및 산업은행의 리먼 브러더스 인수추진 등에 관해 기획재정부와 금융위원회 간에 사전 정보교환 및 조율이 없었음이 밝혀지면서 주요 정책추진에 있어서의 정부 내 난맥상이 여실히 드러나 버렸다.

이와 같이 위기의 초기단계에서 청와대는 물론 기획재정부와 금융위원회 등 정부부처들은 급변하는 국제 금융정세를 제대로 파악하지 못하고 사태가 악화된 후에야 뒤늦게 대응하는 모습을 국민들에게 여러 차례 보여주었다. 그 결과 정부부처에 대한 시장의 신뢰가 훼손되었을 뿐 아니라 위기관리 사령탑으로서의 정부 리더십이 손상되었다.

그렇다면 미국의 경우는 어떠했을까? 미국에서는 폴슨 재무장관이 위기 극복을 위한 정책 대안을 마련하는 과정에서 버냉키 연준 의장의 의견을 경청하고 이를 존중하였다. 조선일보가 뉴욕타임스지 등을 인용하여 보도한 다음 기사 내용이 이를 말해 준다.

월스트리트 저널은 2008년 9월 21일 "폴슨·버냉키 팀의 이번 작업은 미 자본주의를 통째로 바꾸는 것"이라고 평가했다. 지난 1980년대 이후 추진된 금융규제 완화, 정부의 시장간섭 최소화라는 금융정책의 방향을 송두리째 뒤집는 것이다. 투자은행 골드만삭스 회장 출신인 폴슨은 애초 이 같은 정책전환에 탐탁해하지 않았다고 뉴욕타임스(NYT)

지는 보도했다. 그러나 경제학 교수 출신의 버냉키가 1990년대 일본정부가 제대로 시장에 개입하지 못해 '잃어버린 10년'을 초래한 실패사례를 들면서 폴슨을 설득했다는 것이다. 결국 부실 금융회사 국유화, 대대적인 공적자금 투입이라는 정부개입에 합의한 두 사람은 한 팀원으로 공동보조를 맞추기 시작했다.[79]

버냉키 연준 의장은 1930년대의 대공황에 관해 장기간 연구해온 손꼽히는 경제학자이다. 더욱이 미 연준은 많은 경제학자를 보유하고 있는 경제 금융 부문의 탁월한 두뇌집단이다.[80] 걸출한 경제학자, 그것도 대공황 전문가인 버냉키가 세계 최고의 두뇌집단인 미 연준을 이끌고 있었다. 미 연준은 오래 전부터 일본의 디플레이션 사례를 주도면밀하게 연구해 온 것으로도 알려지고 있다. 폴슨 재무장관은 합리적이고 실용주의적인 성향의 공직자였다. 따라서 그는 뛰어난 경제학자로서의 버냉키와 탁월한 역량을 보유한 미 연준을 존중하여 버냉키 의장의 의견을 경청했던 것이다. 그 결과 두 기관 간의 불협화음이 드러나지 않았고 두 기관 모두 승리할 수 있었다. 물론 최후의 승자는 이처럼 훌륭한 공직자들을 가지고 있는 미국이자 미국 국민들이었다.

한국에서도 단일기관으로서 한국은행만큼 유능한 경제학자를 다수 확보하고 있는 곳을 찾기 어렵다. 특히 당시 한국은행을 이끌었던 이성태 총재는 시장의 높은 신뢰를 받았던 탁월한 중앙은행가(central

---

79   조선일보, 2008. 9. 22.
80   미 연준의 역량에 대해서는 졸저 '미국 연방준비제도의 역량', 한국은행, 1998 참조.

banker)였다. 중앙일보는 2008년 9월 19일 사설에서 "그나마 지난 7개월간 한은 총재만큼 적절하게 대처한 당국자도 별로 눈에 띄지 않는다"고 평가하였다. 동아일보도 2008년 10월 23일 경제전문가 20명을 대상으로 실시한 경제팀 수장 3명의 리더십에 대한 설문조사에서 강만수 장관이 54점, 이성태 총재가 67점, 전광우 금융위원장이 63점을 받았다고 보도하였다.

미국의 경우에서와 같이 한국에서도 당시 기재부와 금융위원회 등 경제부처들이 국내외 경제정세 등에 관한 한국은행의 판단을 경청하는 한편 정책대안 마련에 있어서도 한국은행의 의견을 수용하려는 자세를 가졌다면 어떠했을까? 부처간 불협화음을 해소하여 한국경제의 위기극복에 크게 도움이 되었을 뿐 아니라 경제위기로 불안해진 국민들의 마음을 한결 편안하게 해 줄 수 있었을 것이라고 확신한다.

　　　　　　　2003~08년 중 노무현 정부와 이명박 정부가 야심차게 추진하였던 금융강국 건설의 꿈은 2008년 글로벌 금융위기를 맞아 허망한 결말을 맞게 되었다. 글로벌 금융위기의 영향 탓이긴 하지만 금융강국 건설의 성적표는 매우 초라한 실정이다. 노무현 정부는 자산운용업에 특화된 금융허브를 구축하기 위해 KIC를 설립하는 등의 묘수를 동원하였다. 정부는 2005년 6월 3일 KIC의 보유자산을 외국자산운용사에 위탁함으로써 세계 50대 자산운용사 10~20여개를 국내에 유치할 방침임을 천명한 바 있다. 그러나 한국에 진출한 외국계 자산운용사[1]의 수는 2005년의 12개사에서 2014년 3월에는 21개사로 9개사가 증가하는데 그쳤다.[2] 특히 세계 50대 자산운용사 중 동북아 지역이나 아시아 지역본부를 총괄하는 지역본부는 여태까지 하나도 우리나라에 진출해 있지 않다.[3] 당초 계획이나 기대에 현저히

---

[1]　　외국자본이 50% 이상 지분을 소유한 외국계 자산운용회사 기준.
[2]　　박재하, 「자산운용업 특화 금융허브 구축방안」, 한국금융연구원, 2006. 12, pp.40~1 및 금융투자협회 홈페이지 자료.
[3]　　조선일보, 2013. 11. 19.

못 미치는 실적임을 알 수 있다.

2008년 초 이루어졌던 KIC의 메릴린치 지분투자는 6년이 거의 지난 2013년 12월 현재 투자원금 대비 약 45%의 손실을 기록하였다. 이명박 정부가 '글로벌 플레이어' 급 대형 금융기관이 출현할 수 있도록 하기 위해 추진하였던 산은지주회사의 민영화도 박근혜 정부 들어와 U턴할 운명에 놓여 있다. 결과적으로 노무현 정부와 이명박 정부에서 신성장동력이라고 추앙받던 금융산업의 위상은 10년 가까운 세월이 흘렀어도 큰 변화가 없는 실정이다. 이는 우리나라 명목GDP(2010년 기준년도)에서 금융보험업이 차지하는 비중이 2003년의 6.2%에서 2013년에는 5.0%로 오히려 하락한 데에서 단적으로 드러나고 있다.

2003~08년 중 금융강국 건설을 위해 추진되었던 제반 정책의 영향으로 한국경제는 2008년 글로벌 금융위기 직후 커다란 어려움에 직면한 바 있다. 강물이 빠지면 강 밑바닥에 쌓였던 잔해가 고스란히 드러나는 법이다. 한국 시장에 밀물처럼 쏟아져 들어왔던 외국자본이 한꺼번에 빠져나가면서 한국 금융기관의 취약성 및 단기외채 문제의 심각성이 백일하에 드러나 버렸다. 그 결과 환율이 급등하고 주가가 폭락하는 등 한국경제는 사실상 외환위기에 버금가는 위기를 맞게 되었다. 이처럼 한국 금융의 건전성이 취약해지고 외채구조가 악화된 데에는 앞서 살펴본 바와 같이 금융강국 건설을 위한 무리한 정책 추진이 깊숙이 자리하고 있었던 것이다.

정부는 2008년 9월 리먼 사태 이후 드러난 외환정책 및 금융감독

면에서의 취약점들을 개선하기 위하여 그동안 제도적 보완조치들을 강구하여왔다.[4] 은행들을 대상으로 선물환포지션을 규제하고 비예금 외화부채에 대해 외환건전성 부담금을 부과하도록 하는 새로운 제도들을 도입하는 한편 종전까지 면제하여온 외국인들의 국내 채권투자에 대해서도 이자소득세를 부과하기로 하였다. 외화유동성비율 규제를 정비하고 총 외화자산의 2% 이상을 외환안전자산으로 보유하도록 의무화하는 등 은행들에 대한 외환건전성 감독을 강화하였다. 외화대출을 받을 수 있는 경우를 해외사용 용도로만 엄격하게 제한하였으며 중장기외화대출 재원조달 비율도 과거의 80%에서 100%로 상향 조정하였다. 국회는 한국은행법을 개정하여 한국은행이 설립목적으로 명시되어 있는 물가안정 이외에 금융안정에도 유의하여 통화신용정책을 수행하도록 하였다.

그렇다면 한국경제가 이런 조치들에 힘입어 과거보다 외환위기로부터 훨씬 더 안전해졌다고 평가할 수 있을까? 정책당국자이건 경제전문가이건 이 질문에 대해 '그렇다'라고 자신 있게 말하기는 어려울 것이다. 한국경제를 둘러싸고 있는 대외 경제여건이 급변하고 있는 데다 소국 개방경제의 특성상 당초 예상하지 못한 쪽에서 위기가 촉발될 가능성이 상존하고 있기 때문이다. 그러므로 한국경제의 기

---

[4] 기획재정부 · 금융위원회 · 한국은행 · 금융감독원 보도자료, '자본유출입 변동 완화방안', 2010. 6. 14 ; 기획재정부 · 금융위원회 · 한국은행 · 금융감독원 보도자료, '거시건전성부담금 도입 방안', 2010. 12. 19 ; 금융위원회 보도자료, '금융회사의 외환건전성 제고 및 감독 강화 방안'. 2009. 11. 19.

초여건을 더욱 튼튼하게 다져 나가야 할 필요성은 아무리 강조해도 지나치지 않을 것이다.

이제 위기 재발을 막기 위해 어떻게 해야 할 것인가에 대해 이 책을 쓰면서 느꼈던 점들을 간략하게 정리해 보도록 하겠다.

첫째, 대통령선거에 출마하는 후보자들은 직접적으로 경제성장률 목표를 공약으로 제시하는 등 인기영합적인 선거운동을 하지 말아야 하며 국민들도 이를 분별할 줄 아는 냉철함을 지녀야 할 것이다. 노무현 대통령과 이명박 대통령이 금융강국의 건설에 매진하게 된 것은 두 사람 모두 연 7%의 경제성장률 달성을 선거공약으로 제시하였던 원죄가 있었기 때문이다. 고성장을 이룩하기 위한 신성장동력으로 금융산업을 선정하고 이를 조급하게 육성하려고 하는 과정에서 많은 문제들이 생겨났다.

고성장을 싫어할 국민들은 없겠지만 대통령이 선거공약에 얽매여 짧은 임기 내에 높은 성장이라는 가시적 성과를 달성하는 데 집착하다 보면 정부 차원에서 그만큼 무리를 할 수밖에 없게 된다. 그 결과 경제안정 등 면에서 커다란 대가를 치를 수밖에 없으며 소국 개방경제인 우리나라의 경우 잘못하면 외환위기가 촉발될 수 있다. 정부의 정책목표는 단기간내 고성장을 직접적으로 달성하는 데 두어져서는 안 되며, 한국경제의 장기적인 성장잠재력을 제고하는 쪽에 두어져야 할 것이다.

둘째, 정부는 어떤 목적에서든 모험주의적인 정책을 추진해서는 안 되며 이를 달성하기 위해 공기업을 주요 수단으로 이용해서도 안 된다. KIC는 정부가 맡긴 외환보유액으로 어설프게 메릴린치 지분 투자에 나섰다가 엄청난 투자 손실을 보았다. 국책은행인 산업은행도 부실화된 리먼 브러더스 인수에 통 크게 달려들다가 막판에 가서야 가까스로 제지당했다. 당시 KIC와 산업은행은 정부의 암묵적인 지원과 동의 아래 불나방처럼 모험주의적인 사업에 뛰어들었다가 낭패를 보았다.

이 책에서 다룬 내용은 아니지만 몇몇 공기업들도 그동안 에너지 자원의 개발이라는 미명하에 야심차게 해외 탐사사업을 추진하였으나 그 결말은 참담한 실패 그 자체였다. 이처럼 공기업들이 정부가 주도하는 모험주의적인 프로젝트에 뛰어들었다가 실패한 사례는 부지기수로 많다. 그 결과 공기업의 부채가 눈덩이처럼 불어남으로써 한국경제의 커다란 우환이 되고 있다. 그렇지 않아도 복지 프로그램의 확충 등으로 재정적자가 급속히 늘어나고 있는 실정이다. 어떤 이유에서든 정부나 공기업은 차입이나 채권 발행 등 부채의 증대를 통해 자금을 조달한 후 프로젝트성 사업에 나서는 등의 무모한 일을 벌이지 말아야 한다. 이러한 모험사업들이 정말 돈이 된다면 민간기업들이 그 일에 달려들지 않을 리가 없다. 이런 일들은 모험자본(venture capital)이 나서서 하도록 민간 부문에 맡겨 두어야 할 것이다.

셋째, 금융산업도 엄연히 서비스산업이므로 산업정책 차원에서 육성해 나가야 할 필요성이 있지만 여기에는 반드시 금융산업의 특수성을 감안하는 섬세함이 있어야 할 것이다. 특히 우리나라는 기축통화국이 아닌 데에서 오는 태생적 한계(original sin)를 가지고 있다. 그러므로 금융기관의 건전성을 취약하게 할 우려가 있거나 단기간에 우리나라의 외화자금 소요액을 크게 증대시켜 결과적으로 환율 급등 및 외채증대 등을 초래할 우려가 있는 정책을 채택함에 있어서는 매우 신중을 기해야 한다. 이 책에서 살펴본 대로 금융기관 대형화 및 외화유출 촉진 등의 정책이 당초 정책의도와는 달리 한국경제에 심각한 부작용을 야기한 바 있음을 뼈아픈 교훈으로 삼아야 할 것이다.

아울러 시간이 다소 걸릴지라도 금융산업이 자생적으로 발전할 수 있도록 정부와 온 국민이 기다려 줄 줄 아는 지혜가 있어야 하겠다. 금융산업이 제대로 발전하기 위해서는 우선 금융기관이 전문적인 금융인들에 의해서 경영될 수 있도록 고질적인 낙하산 인사 관행이 없어져야 한다. 어제까지만 해도 공무원이나 대학교수, 연구기관 종사자, 또는 소규모 외국은행 점포의 지점장이었던 인사가 갑자기 대형 금융기관의 CEO로 등장하는 일들이 없어질 때 한국 금융도 점차 제자리를 찾아갈 수 있을 것이다.

넷째, 금융감독의 독립성을 확립하여야 한다. 금융감독 당국이 오로지 금융 건전성 감독에만 전념하도록 금융정책에 관한 업무는 금융위원회로부터 기획재정부로 이관되어야 한다. 금융위원회를 금융감독원 내부의 의사결정기구로 새롭게 자리매김하고 명칭도 이명박 정부 이전과 같이 금융감독위원회로 바꿔야 한다. 이와 동시에 금융위원회의 하부조직인 실국 등을 폐지하고 소속 공무원들은 금감원 임직원으로 전직시키거나 정부부처로 복귀토록 하여야 한다. 금융감독 업무도 행정업무이기 때문에 공무원들이 수행해야 한다는 견해가 있다. 그러나 행정업무의 수행 주체가 반드시 공무원이어야 한다는 논리적 근거가 없음을 겸허히 받아들여야 한다. 그리고 설령 그 필요성이 있다 하더라도 금융감독원장과 내부의 최고의사결정기구인 금융감독위원회의 위원들을 모두 대통령이 임명하고 이들을 공무원 신분으로 한다면 이런 논란을 잠재울 수 있을 것이다.[5]

이와 같이 금융감독의 독립성과 효율성을 제고하였음에도 불구하고 금융감독이 종전과 같이 정부 금융정책의 수단으로 전락하여 2008년과 같은 감독 실패의 사례가 재발한다면 금융감독원의 업무 중 은행감독 업무를 분리하여 은행감독원을 신설하고 이를 한국은행의 내부기구로 만드는 특단의 대책을 강구하여야 할 것이다. 곧 은행감독원을 금융통화위원회의 지시감독을 받는 한국은행의 내부기구

---

[5] 미국 연방준비제도의 경우 공무원 월급을 적용받는 사람은 연준 의장 및 연준이사 6명 등 총 7명에 그치고 있다. 연준 이사회에 근무하는 약 1,700명의 직원들과 12개 지역 연방준비은행의 직원들에 대해서는 공무원 보수규정과 다른 별도의 봉급체계가 적용되고 있다.

로 바꾸도록 한다.[6] 한국은행이 설립되었던 1950년부터 1998년까지 은행감독원 및 그 전신인 은행감독부는 한국은행의 내부기구였다.

다섯째, 금융감독 업무의 효율성을 높이기 위해 감독기관간 자유 경쟁이 도입되어야 한다. 정부는 감독기관간 선의의 경쟁을 통해 나타난 결과를 바탕으로 좋은 실적을 거양한 기관에 대해서는 감독 대상기관 및 업무의 범위를 점차 넓혀주고 나쁜 실적을 보인 기관에 대해서는 그 범위를 점차 축소하는 등 실용주의적인 접근을 하여야 한다. 조만간 금융소비자보호원이 신설될 경우 금융감독과 직간접적으로 관련된 기관들은 금융감독원(금융감독위원회), 한국은행, 예금보험공사, 금융소비자보호원 등으로 다기화될 전망이다. 금융정책 업무를 이관 받게 될 기획재정부는 어느 기관이 금융감독 업무를 제대로 수행하는지 그 성과를 공정하게 평가하여 일을 잘하는 기관 쪽으로 금융감독 및 검사업무가 흘러갈 수 있도록 공정한 분배자이자 중재자로서의 역할을 수행하여야 할 것이다. 필요하다고 판단될 경우에는 감독 실적이 열악한 기관을 폐쇄함으로써 금융감독 관련 기관의 수를 줄이는 방안도 검토하여야 한다.

국회도 금융정책 및 금융감독에 대한 평가를 공정하게 실시하여

---

6   영국은 1997년 중앙은행인 영란은행으로부터 은행감독업무를 떼어내어 신설된 통합감독기구인 금융감독원(Financial Services Authority)에 이관한 바 있으나 2008년 글로벌 금융위기 이후 금융감독원을 폐지하고 은행감독업무를 다시 영란은행으로 이관시켰다.

이를 제도 개선에 반영하도록 노력하여야 한다. 따라서 국회가 이러한 중차대한 사명을 효율적으로 수행할 수 있도록 기획재정부, 금융감독원(금융감독위원회), 한국은행 등에 대한 소관 상임위원회를 기획재정위원회로 일원화하는 개혁조치가 긴요하다. 지금까지는 소관 상임위원회가 기획재정부와 한국은행에 대해서는 기획재정위원회, 금융위원회 및 금감원에 대해서는 정무위원회로 나뉘어져 있어 국회 상임위원회 차원에서도 제 식구 감싸기 식의 행태를 보이는 경우가 적지 않았다.

여섯째, 우리나라 헌법은 대통령이 행정부의 수반일 뿐 아니라 법률안 제안권 및 예산안 편성권을 가지고 있는 등 이른바 제왕적 대통령제를 채택하고 있다. 이에 따라 대통령이 어떤 구상을 국정과제로 제시하면 행정부 및 감사원은 물론 국회까지 나서서 총력체제로 이를 구현하려고 필사적인 노력을 기울이게 된다. 정부 외곽에 있는 산하기관이나 연구소들도 이에 동조하게 되어 야당 이외에는 이를 통제할 세력이 거의 없는 실정이다. 그 결과 대통령이 잘못된 정책을 일단 발의할 경우 이를 제어하기가 사실상 어려워 결국 나라 전체가 잘못된 길로 계속 달려 나가게 될 가능성을 배제할 수 없다. 이 책에서 다룬 2003~08년 한국의 모습이 바로 그러하였다. 당시 우리나라에서는 금융강국 건설이라는 꿈에 취해 행정부는 물론 입법부조차도 벼랑 끝까지 질주하는 모습을 보여주었다.

더욱이 주요 국정과제를 오로지 대통령이 정하는 현행 대통령제 하에서는 대통령의 임기 종료와 더불어 해당 국정과제가 용두사미가 되어 버리는 경우도 나오게 된다. 가까운 예로 이명박 대통령의 녹색 성장 전략이 이에 해당한다고 하겠다. 이명박 대통령으로서는 박근혜정부가 녹색성장 전략을 계승해 줄 것을 희망하겠지만 그 전도는 불투명하다. 더욱 안 좋은 것은 대통령이 임기중 추진하던 국정과제가 임기 종료로 중도하차하게 될 개연성을 잘 알고 있는 대통령으로서는 임기중 국정과제를 마무리하기 위해 더욱 무리하게 사업추진에 매달릴 수 있다는 점이다. 그 결과 국민경제에는 회복할 수 없는 깊은 상처가 남을 수 있다.

　　이런 사태의 재발을 막을 수 있도록 우리나라도 이제는 개발경제 시대에 유효했던 우리나라 특유의 제왕적 대통령제에 종지부를 찍어야 하겠다. 조만간 헌법을 개정할 기회가 온다면 현재 행정부가 가지고 있는 법률안 제안권 및 예산안 발의권을 폐지하여야 하며 감사원도 국회 산하로 이관하여야 할 것이다. 미국과 같이 전통적인 대통령제 국가에서는 의회가 법률안 제안권과 예산안 발의권을 모두 가지므로 여야당의 합의가 없이는 중요 장기 국정과제를 추진하기가 거의 불가능하다.[7] 곧 미국과 같은 대통령제 하에서는 국정과제가 보다

7　　미국의 사례에 대해서는 조지형, 『헌법에 비친 역사 : 미국 헌법의 역사에서 우리 헌법의 미래를 찾다』(푸른역사, 2009. 2. 20)를 참고하였다.

합리적인 시각에서 채택될 수 있고 의회가 정책의 큰 윤곽을 정하게 되므로 이 책에서 보는 바와 같이 행정부가 막무가내로 국정과제를 추진하는 것을 어느 정도 막을 수 있다.

마지막으로 노무현 정부 및 이명박 정부가 추진하였던 금융강국 건설의 꿈과 그 허망한 결말은 우리나라에서 쏠림현상이 얼마나 심각한지를 단적으로 보여주는 사례였다고 생각된다.[8] 지금 돌이켜보면 허황된 일장춘몽과 같은 목표였음에도 불구하고 당시에는 행정부 내에서는 물론 국회, 정치권, 언론 어디에서도 이를 제어하려는 결정적 움직임이 없었다. 나라 전체가 꿈에 취하여 비몽사몽 헤매는 모습을 보였다고 해도 과언이 아니었다. 당시 사태가 그렇게까지 심각하게 흘러갔던 데에는 한 마디로 한국사회에 고질적인 권위주의적이고 단기적 효율성을 지나치게 숭상하는 문화의 영향이 컸기 때문이었다고 생각한다.

1960년대 이후 높은 경제성장을 가져왔던 정부 주도의 경제개발에 대한 향수 때문에 많은 국민들은 경제성장률을 높이려는 정부의 정책을 높이 신뢰하고 전폭적으로 이를 지지하는 경향이 강하다. 정부 정책을 둘러싼 국회에서의 장시간에 걸친 토론과 협의에 대해서

---

8   당시 금융기관간 자산경쟁이 치열하게 전개됨에 따라 한국금융연구원은 2006년 11월 「우리나라 금융시장의 쏠림현상」이라는 금융조사보고서(저자 강경훈)를 발간한 바 있다.

는 비효율적이라고 생각하는 사람들이 많다. 정부 내 관련부처 또는 정부와 한국은행 간의 갈등 및 대립에 대해서도 어느 부처(기관)가 옳고 어느 부처(기관)가 그른지를 판별하기 보다는 이유여하를 불문하고 밥그릇싸움이라고 폄하하거나 비효율적인 일이라고 비판하는 경향이 있다. 정부가 수립하는 정책이나 지침에 대해 관련 기관이나 국민들이 무조건 따라야 한다고 생각하는 경우도 많다. 강한 부처가 방침을 정하면 으레 여타 부처들은 이에 따라주어야 한다고 생각하기도 한다. 그렇기 때문에 경제부처를 조율하기 위해 경제부총리제가 필요하다고 생각하는 견해가 우세하다. 각 부처 산하에 있는 연구기관들이 관련 부처의 정책을 비판하는 것도 매우 어렵다.

이처럼 권위주의적이고 단기 효율성을 중시하는 문화 때문에 일단 정부가 결정한 정책에 대해 이의를 제기하기가 어렵고 자유로운 토론이 보장되지 않는다. 노무현 정부가 추진하였던 동북아 금융허브 구축 전략이나 이명박 정부가 추진한 금융 중심지 정책이 바로 이런 경우에 해당하였다. 그 결과 다수의 기관이 침묵하는 가운데 행정부에 의한 한 방향적인 정책 수립 및 추진이 가속화되는 등 쏠림현상이 심화되었다.

한국경제에 광범위하게 고착화된 재벌 중심의 독과점 구조도 쏠림현상을 가속화시키는 원인이 된다. 재벌들로서는 대통령 임기 중 대통령과 대척점에 서지 말고 성장해야 하므로 대통령이 정한 국정과제에 대해서는 재벌의 이해관계와 직접 관련이 없는 한 묵시적으로 동조하는 게 이익이라고 생각할 수 있다. 재벌의 기획조정실이 대통령이 수립한 국정과제에 대해 반대하지 말도록 방침을 정하면 재벌 산하 연구기관들도 자연히 이에 따르게 된다. 재벌 산하의 많은 연구기관들이 이처럼 정부가 정한 국정과제에 반대하는 목소리를 낼 여지가 좁아지므로 그만큼 국정과제와 관련된 대통령 중심의 쏠림현상은 심화될 수밖에 없다.

글래드웰(Gladwell)은 『아웃라이어』에서 1997년 8월 5일 김포공항을 출발한 대한항공 보잉747 여객기가 괌에 착륙하면서 공항 인근의 야산인 니미츠 힐(Nimitz Hill)을 들이받아 추락하였던 사고[9] 원인을 소상하게 분석하고 있다.[10] 그는 비행기 블랙박스에 녹음된 대화내용을 분석한 결과를 토대로 위계질서가 강하고 권위주의적인 한국적 조직문화가 사고발생의 중요 원인이었다고 지적하였다. 곧 항공 유도등의 고장 및 나쁜 날씨 때문에 비행 여건이 악화되고 있었음에도 불구하고 부기장과 기관사는 기장에게 애매한 완곡어법으로 겨우 변죽만 울리는 의견을 말하였다. 그 영향은 파국적인 결과로 이어졌다.

글래드웰은 상관을 어렵게 대하는 한국의 조직문화와 한국어에 고유한 복잡한 경어체계에 주목하였다. 그는 이런 문화적 특성 때문에 당시 동승했던 승무원 2명은 위기상태였음에도 기장과의 대화에

---

9   탑승자 254명 가운데 228명이 사고 직후 바로 숨졌다.
10   말콤 글래드웰, 『아웃라이어』, 김영사, 2009. 1. 27, pp.208~11, 242~57.

서 적절한 표현을 찾기 위해 엄청난 주의를 기울였고, 이것이 비극적 사고를 막는데 장애요인이 되었다고 지적하였다. 당시 대한항공은 여객기 추락사고가 거듭되는 데 따른 위기를 타개하기 위해 델타항공으로부터 미국인 항공전문가를 비행담당 책임자로 영입하였다. 글래드웰은 그의 책에서 미국인 책임자가 권위주의적인 대한항공의 조종실 문화를 바꾸기 위해 조종실에서는 승무원 간에 영어로 대화하도록 규칙을 바꿨던 사실[11]을 소개하고 있다. 대한항공이 오늘날 무사고를 자랑하는 세계적인 항공사로 발전하게 된 데에는 이처럼 조직문화를 뿌리째 바꾸는 강도 높은 내부개혁이 있었기 때문이다.

2003~08년에 추진되었던 동북아 금융강국의 건설과 같은 모험주의적인 정책이 다시금 발을 붙일 수 없게 하려면 우리나라도 대한항공의 사례처럼 주요 정책을 둘러싼 자유로운 토론과 이에 대해 반론을 제기하는 것을 장려하는 문화가 형성되도록 국가 차원의 노력이 경주되어야 하겠다. 한국사회에 상존하는 권위주의적인 문화의 잔재를 청산하고 단기적 효율성을 지나치게 숭상하는 문화를 개조해 나가는 데 정부가 앞장서야 할 것이다.

한국사회 특유의 쏠림현상을 방지하기 위한 방안의 일환으로 정부가 주요 경제정책을 수립함에 있어 한국은행 금융통화위원회의 자

---

11 비행담당 책임자로 영입된 데이비드 그린버그(David Greenberg)는 '대한항공의 공용어는 영어이다. 만약 대한항공의 조종사로 남고 싶다면 영어를 유창하게 구사할 수 있어야 한다'는 규칙을 세웠다.

문을 받도록 되어 있는 제도를 적극 활용할 필요가 있다. 한국은행법 제93조(정책수립시의 자문)는 "정부는 금융통화에 관한 중요한 정책을 수립하는 때에는 금융통화위원회의 의견을 들어야 한다"고 규정하고 있다. 법 규정이 그러함에도 불구하고 정부는 2003년 동북아 금융허브 전략을 수립하거나 2005년 KIC를 설립할 때에도 한국은행 금융통화위원회에 자문을 요청하지 않았다. 2007년 자본시장통합법을 제정하거나 2009년 산은금융지주회사 및 한국정책금융공사를 설립할 때에도 마찬가지로 자문을 의뢰하지 않았다. 한국은행 연차보고서를 보면 1998년 이후 지금까지 정부가 한국은행 금융통화위원회에 자문을 요청한 사례가 전혀 없었음이 드러나고 있다. 한국은행법 제93조가 훈시규정이라고 하더라도 정부가 명백하게 법을 위반하는 사례가 반복되어 왔음을 알 수 있다.

이 책에서 다룬 2003년 이후의 경제정책을 살펴볼 때 정부부처 및 정부 유관기관 중에서 비교적 정책 실수가 적었던 경제부처 또는 기관을 고른다면 한국은행을 선정하는 데 큰 주저함이 없을 것이다. 한국은행은 정부의 금융강국 건설 프로젝트에 부화뇌동하지 않았다. KIC에 맡기는 외화자금이 외환보유액으로서의 성격이 유지되어야 함을 역설하여 결국 이를 관철시켰다. 이러한 조치는 정부와 KIC 내의 일부 모험주의자들로부터 외환보유액을 지켜내는 토대가 되었다. 더욱이 한국은행은 우리나라의 외환보유액이 과다하다는 정부의 시각에 동조하지 않고 외환보유액의 확충에 지속적으로 힘쓴 결과 2008년 글로벌 금융위기 이후 외환위기의 재발을 막는 데 결정적으로 기여하였다.[12]

　　한국은행은 법과 관행에 의해 독립성이 보장되어 있는 기관이다. 상명하복과 권위주의적인 조직문화가 팽배해 있는 한국 사회에서 한국은행은 그래도 정부에 대해 '노(No)'라고 말할 수 있는 몇 안 되는 기관 중의 하나이다. 정부가 새로운 경제정책이나 제도 도입시 한국은행의 의견을 경청한다면 다시는 외환위기를 겪지 않도록 하는 데 큰 도움이 될 것이다. 한국은행도 미 연준[13]처럼 예언자적 사명을 수행하는데 주저함이 없어야 할 것이다.

카자흐스탄의 정치와 ★경제

중앙아시아의 신생독립국이자 자원대국
카자흐스탄!

김일겸 지음 | 값 15,000원

카자흐스탄에는 석유와 가스와 같은 에너지 자원이 다량으로 매장되어 있고, 다른 광물들도 풍부하게 매장되어 있다. 이런 점 때문에 독립 직후부터 세계적인 다국적 기업들의 집중적 관심의 대상이 되었다. 이 책은 카자흐스탄의 그 수난의 과거와 혼돈의 현재를 분석하고, 희망의 미래를 전망한다.

학민사
Hakmin Publishers

우리가 몰랐던 우리 역사 歷史

나라 이름의 비밀을 찾아가는 역사 여행

한반도에 존재했던
고구려, 백제, 신라 삼국부터
대한민국까지 국호에 대한 연구서

우리가 간과하고 있던 우리 역사와,
중국과 일본이 왜곡·날조한 동아시아
역사에 대해 새로운 인식을 갖는 계기!

우리 역사에 직간접으로 영향을 끼쳤던 일본과 중국 땅에서
흥망성쇠 했던 국가들의 국호에 대해서 살펴보면서, 이들 국
가들이 추구하고자 했던 국격과 정체성을 알아본다. 그 결과,
고구려는 태왕국이자 동아시아의 맹주로서 팍스 코리아나
(Pax Koreana) 세계를 형성했고, 백제는 대해상제국이었으며,
발해와 고려는 황제국이었다는 장중하고 당당한 우리 역사가
드러난다. 전라도는 훈요십조에서 말하는 배반의 땅이 아니
라 유사 이래 지금까지 한반도를 굳건하게 지탱했던 충절의
땅이며, 우리나라 제1성씨 김씨는 황금을 뜻하는 '금' 씨였다
는 사실도 확인할 수 있다. 조상들이 남겼던 하늘을 찌르는 눈
부신 역사와 자부심을 우리 아들딸들에게 전해주어 그들이 다
가오는 동아시아 시대에 당당한 주역이 되었으면 한다.

송 성 표 지음
값 18,000원

학민사
Hakmin Publishers